Schiffe aus Feuer

36 Geschichten aus Lateinamerika

Herausgegeben von
Michi Strausfeld

S. Fischer

Die Übersetzung aus dem Spanischen wurde mit
Mitteln des Auswärtigen Amtes unterstützt durch
litprom – Gesellschaft zur Förderung der Literatur
aus Afrika, Asien und Lateinamerika e.V.
Satz: Fotosatz Amann, Aichstetten
Druck und Bindung: GGP Media GmbH, Pößneck
Printed in Germany
ISBN 978-3-10-074438-8

Inhalt

Vorwort

Es rumort in Lateinamerika. Die Autoren, die nach dem Boom – der Publikation der legendären Meisterwerke in den sechziger Jahren von Julio Cortázar, Mario Vargas Llosa, Carlos Fuentes oder Gabriel García Márquez – geboren wurden, haben dezidiert nichts mehr mit diesen klassischen Autoren gemein. Im Gegenteil: Sie postulieren eine eigene Ästhetik.

»Enter the post-post-boom« heißt es programmatisch in der Lateinamerika-Ausgabe der von Francis Ford Coppola herausgegebenen Zeitschrift *Zoetrope*. Natürlich ist es nicht leicht, sich von den Übervätern zu befreien – zu denen noch so unterschiedliche Autoren wie Juan Rulfo, Augusto Roa Bastos, Alejo Carpentier, Juan Carlos Onetti, José Lezama Lima, Guillermo Cabrera Infante, Adolfo Bioy Casares sowie Jorge Luis Borges, César Vallejo, Pablo Neruda und Octavio Paz zu zählen sind. Mit der Fülle an herausragenden Büchern, die in gerade mal zwei Jahrzehnten publiziert und weltweit übersetzt wurden, hatte sich Lateinamerika innerhalb einer Generation an die Spitze der Weltliteratur geschrieben. Für die nachfolgenden Autoren war das eher eine Last als ein Ansporn. Und dazu kam noch die weltweite Erwartung, mehr von dem faszinierenden ›magischen Realismus‹ zu lesen.

»Basta«, sagen die Autoren dazu schon seit vielen Jahren, und ihr Ton wird lauter und entschiedener. Ihnen sind die berühmten Meisterwerke nicht näher oder ferner als andere Klassiker der Weltliteratur – und längst nicht alle gelten ihnen als Pflichtlektüre.

Damit ihr Protest auch wirklich gehört werde, bildeten sie Gruppen. Das geschah bereits Mitte der neunziger Jahre in Mexiko mit ›Crack‹, deren Wortführer Ignacio Padilla, Jorge Volpi und Eloy Urroz hießen. In einem Manifest beanspruchten sie absolute Freiheit für ihr Schaffen, nannten als Vorbilder Joseph Conrad, Franz Kafka und Marcel Proust und gaben sich bewusst weltoffen. Abgelehnt wurde jede Spielart des ›magischen Realismus‹ – das sei passé, das langweile, sei ein alter Hut. Auch die vielen Diskussionen um die »Identität« des Kontinents gehören inzwischen der Vergangenheit an. Gefordert wurde die Schaffung autonomer Welten, die sich thematisch nicht länger nur auf Lateinamerika beschränken.

In Kolumbien bildeten die Autoren die Gruppe ›Nueva Ola‹ und proklamierten ihre Abkehr und Distanz vom omnipräsenten Schatten des García Márquez; in Chile gab Alberto Fuguet 1996 gemeinsam mit Sergio Gómez eine Anthologie jüngerer Autoren Lateinamerikas heraus, die den Titel *McOndo* trug: auch dies eine Kriegserklärung an García Márquez und sein imaginäres Dorf Macondo. Der Terminus sollte auf die amerikanisierte Welt von McDonald's und die Realität der »Condominios«, also der neuen Wohnblocks und Hochhäuser, hinweisen. Schließlich wuchsen diese Autoren nicht mehr in idyllischen Dörfern oder verschlafenen Provinzstädten auf, sondern in komplexen Megacities, in denen Smog, Gewalt und Kriminalität den Alltag bestimmen.

Mexiko-Stadt zählte 1970 ca. 8 Millionen Einwohner, heute sind es geschätzte 22 Millionen. Ähnlich explodierten die anderen Metropolen Lateinamerikas: ob Buenos Aires oder Lima, Bogotá oder Santiago de Chile. Alle sind inzwischen Megastädte mit Millionen Bewohnern und Tausenden von ungelösten Problemen in der Infrastruktur. Und in allen Ländern ist die Gesellschaft unübersehbar brutal in eine märchenhaft reiche Oberschicht und eine wachsende Masse von bestürzender Armut gespalten. In den rasant wuchernden Elendsvierteln – villas miserias, pueblos jóvenes, barriadas – geht es nur ums Überleben. Dort fehlen fast alle Grundvoraussetzungen für ein menschenwürdiges Leben: Trinkwasser, Kanalisation, Arbeit, Wohnungen, Schulen …

Darüber hinaus wurde Lateinamerika seit den siebziger Jahren von schweren gesellschaftlichen und politischen Unruhen erschüttert und traumatisiert: die Militärregime in *Chile* (1973–1990), *Argentinien* (1976–1983) und *Uruguay* (1973–1985) mit Folterungen, Hunderttausenden von Toten und »Verschollenen« – dieser neue Begriff für Menschen, die nicht mehr aufzufinden waren, über deren Verbleib man nichts erfahren konnte und von denen es keine Leichen gab – oder den zur Zwangsadoption freigegebenen Kindern von »Terroristen«, denen man ihre Herkunft verschwieg und vieles mehr.

In *Peru* terrorisierte von 1970 bis 1990 die maoistische Bewegung ›Leuchtender Pfad‹ das ganze Land; die Bilanz sind ca. 70 000 Tote. Unvorstellbare Grausamkeiten wurden von den Guerilleros und von den Militärs begangen, Opfer von beiden waren die Indios. *Kolumbien* stand in den Siebzigern fest in der Hand der Drogenbarone, und Pablo Escobar war ihre schillerndste Gestalt. Medellín wurde zum Synonym für willkürlichen Mord, und ein Menschenleben war den meist jugendlichen Auftragskillern vielleicht 50 Dollar, vielleicht aber auch nur 10 Dollar wert. Etwa 50 000 Tote gab es allein in dieser Stadt. *Mexiko* konnte zwar 2000 die 71-jährige Herrschaft der PRI (Partei der Institutionalisierten Revolution) abschütteln und endlich einen demokratischen Machtwechsel durchführen, aber in den letzten Jahren hat sich der Drogenkrieg von Kolumbien nach Norden verlagert. Polizei und Militär sind offensichtlich überfordert, und Ciudad Juárez an der Grenze zu den USA weist zurzeit die höchste Mordrate der Welt auf. Besonders junge Frauen werden brutal umgebracht. Ein beängstigender Rekord. Die Revolution in *Nicaragua*, zunächst weltweit gefeiert, hat sich längst undemokratisch zurückentwickelt, und in verschiedenen

Ländern Mittelamerikas (*El Salvador, Honduras, Guatemala*) treiben kriminelle jugendliche Banden, die sich ›Mara‹ nennen, ihr Unwesen. Die *Kubanische* Revolution erlebte in den neunziger Jahren nach dem Zusammenbruch der UdSSR die sogenannte »Spezialperiode«, d.h. es fehlte nahezu alles im Land. Die Faszination dieser Revolution ist fünfzig Jahre später nur noch Geschichte, der kubanische Alltag hingegen ein kontinuierlicher Kampf. In *Argentinien*, vor fünfzig Jahren noch das siebtreichste Land der Welt, hat der Staatsbankrott 2001 jeden Bürger das Fürchten gelehrt. Das Geld auf der Bank wurde eingefroren, die Pensionen lösten sich auf, keine Regierung schien das Chaos bändigen zu können.

Auch wenn zurzeit in fast allen Ländern legitim gewählte Regierungen an der Macht sind, ist die gesellschaftliche und politische Situation in Lateinamerika explosiv. Auf diesem Kontinent aufzuwachsen heißt, täglich die Schattenseite der globalisierten Welt zu erleben. Kein Wunder, dass diese Autoren nichts mehr von »magischem Realismus« oder »wunderbarer Wirklichkeit« wissen wollen. Ihre Welt ist eine andere: Sie sind mit TV und Kino aufgewachsen, häusliche wie gesellschaftliche Gewalt ist ihnen vertraut, ebenso die unübersehbare soziale Ungerechtigkeit. *Die Zukunft gehört uns nicht* lautet der Titel einer Anthologie mit jungen lateinamerikanischen Autoren, die 2009 in Buenos Aires publiziert wurde.

Politisches Engagement ist ihnen kein intellektueller Luxus, sondern Notwehr, Freiheit keine Sache der Meinung, sondern eine Frage des Überlebens. Sie verteidigen die Würde des Menschen auch in schwierigen Situationen. Und – ganz bewusst – schreiben sie anders als die literarischen Väter und Großväter. Natürlich sind ihnen die sprachlichen Errungenschaften von Borges (präzise Adjektive, verbale Ökonomie) und Cortázar (die Wörter tanzen und hüpfen lassen) eine Selbstverständlichkeit, desgleichen die Auflösung und Befreiung der traditionellen Syntax bei Vargas Llosa und seine grandiosen Romankonstruktionen wie auch die ironischtragisch vertrackten Erzähllabyrinthe von Borges. Ihre Vorbilder sind jedoch international, sie reisen, so oft sie können, erhalten Stipendien, Preise und Einladungen, sind intellektuell ›globalisiert‹. Um sich und ihre Texte auch untereinander kennenzulernen, denn unverändert ist die Verbreitung ihrer Bücher über die Landesgrenzen ein immenses Problem (und der Umweg über eine Veröffentlichung in Spanien auch daher so beliebt), organisieren sie Symposien. In Bogotá fand z. B. 2007 ein Treffen von 39 Autoren des Kontinents statt, die nicht älter als 39 Jahre alt waren – ihre Kurzgeschichten wurden in der Anthologie *B' 39* dokumentiert.

In den einzelnen Ländern herrscht kreative Unruhe: In Mexiko und Buenos Aires, in Santiago de Chile und Lima, in Bogotá und Havanna melden sich junge Schriftsteller zu Wort, die exzellente Kurzgeschichten schreiben. Dieses Genre ist im Subkontinent ebenso beliebt wie in den USA. Das verehrte eigene Vorbild heißt Horacio Quiroga – und er ist ihnen genauso wichtig wie E. A. Poe, Maupassant oder Tschechow. So gibt es in allen diesen Ländern zahlreiche Anthologien, die neue Stimmen bekanntmachen, es wird polemisiert und debattiert, und viele Titel sind Programm: *La jóven guardia* (Argentinien, »Die jungen Wächter«), *Los últimos serán los primeros* (Kuba, »Die Letzten werden die Ersten sein«), *Líneas aéreas* (Madrid, »Fluglinien«), *Grandes Hits* (Mexiko) und viele andere.

Im Vorwort zu *Grandes Hits* heißt es: »Die Autoren dieser Anthologie gehören zu einer Generation von Enttäuschten, die Zuflucht zu Zynismus und Gleichgültigkeit nimmt, um nicht noch einmal betrogen zu werden. Sie glaubt an nichts mehr, weil ihr Leben ein einziger Betrug war. Eine ganze Generation ist mit einer Vielzahl von nicht gehaltenen Versprechungen erzogen worden.«

Zum einen finden wir also in den aktuellen Texten Zynismus und Gleichgültigkeit, oft aus Selbstschutz. Um angesichts der täglichen ›violencia‹ in Familie, Gesellschaft, Politik und Ökonomie, zwischen den Rassen und Klassen überleben zu können, setzt man auf einen ausgeprägten Individualismus, der bis zum Egoismus reichen kann. Zum anderen gibt es Protest, Denunziation der Demütigungen, die Anklage der straffrei bleibenden ›violencia‹, ein Aufbegehren gegen Korruption und Staatslügen; es ist ein kontinuierliches Sich-Aufbäumen gegen die Wirklichkeit, um trotz allem eine gerechtere Gesellschaft zu schaffen, die Würde der Menschen zu wahren, zu träumen und die Hoffnung lebendig zu halten, trotz allem etwas persönliches Glück zu finden.

Lateinamerika ist ein junger Kontinent, die Bevölkerung unterscheidet sich auffällig von unserem ›alten‹ Europa. Das Durchschnittsalter beträgt ca. 25 Jahre (nur in Argentinien und Chile liegt es höher, bei etwa 30) – in Deutschland hingegen sind ca. 44 Jahre. Das ergibt ein anderes Bild in den Städten, auch ein anderes Lebensgefühl, das sicher dazu beiträgt, dass trotz aller ungelösten Probleme so viel Lebensfreude, Optimismus und Zuversicht zu spüren sind und eine ansteckende Fröhlichkeit. Das alles findet sich auch in diesen Erzählungen, und es fasziniert die Vielfalt der Themen und Stile dieser neuen Generation.

Es gibt inzwischen andere post-boom Autoren, die allgemeine Wertschätzung erfahren. Einige haben ihre ersten Werke spät publiziert, wie Tomás Eloy Martínez (1934–2016), der Journalismus und Fiktion meisterhaft verbindet (*faction*), andere sind erst in den fünfziger Jahren geboren, so Leonardo Padura (Meister des Kriminalromans, ein Genre, das wie der Politthriller jetzt erfolgreich praktiziert wird) und Roberto Bolaño (1953–2003). Er verkörpert für viele die Musterbiographie eines zeitgenössischen lateinamerikanischen Schriftstellers: In Chile geboren und in Mexiko aufgewachsen, machte er schon früh die Erfahrung des Exils. Schließlich kam in Spanien nach schwierigen und finanziell prekären Jahren der literarische Durchbruch, zuletzt der Welterfolg, den er allerdings nur teilweise selbst erleben konnte. Heute ist Bolaño für viele ein Star, sie träumen von einem vergleichbaren Erfolg.

Weltweite Anerkennung und immense Verkaufszahlen, wie sie der Boom brachte, erzielten bislang nur einige Frauen, angefangen mit Isabel Allende, die 1982 ihren ersten Roman veröffentlichte, *Das Geisterhaus* – das Jahr, in dem García Márquez den Nobelpreis erhielt. Das war durchaus eine Zäsur im Literaturleben des Kontinents, zuvor schrieben Frauen Poesie oder Kurzgeschichten, selten einen Roman. Und viele von ihnen zerbrachen am Druck der Gesellschaft: eine erschreckend hohe Selbstmordrate gibt davon Zeugnis.

Das hat sich zum Glück geändert, und heute ist es eine Selbstverständlichkeit, dass Parität herrscht. Frauen und Männer publizieren, auch wenn der Literaturbetrieb noch immer eine Tendenz zu erkennen gibt, die offiziellen Literaturpreise eher Männern zuzusprechen. Frauen schrieben anders, so heißt es, schrieben vor allem für weibliche Leserinnen, und das erkläre ihre enorme, auch internationale Beliebtheit (Angeles Mastretta aus Mexiko, Elsa Osorio aus Argentinien, Carla Guelfenbein aus Chile). Ob das wirklich eine ausreichende Erklärung ist?

Liest man die Biographien der in dieser Anthologie versammelten post-post-boom Autoren, fällt auf, dass fast alle in den Metropolen ihrer Länder geboren wurden, einige in den bescheidenen Vororten oder sogar in den ›barriadas‹. Auch dies ist eine Novität. Aufbruch überall. Roberto Bolaño hat diese Veränderung einmal mit feiner Ironie beschrieben:

»Wir kommen aus der Mittelklasse oder einem einigermaßen wohlhabenden Proletariat oder aus Familien, die in zweiter Generation von Drogenhändlern abstammen und sich nicht mehr nach Kugelhagel sehnen, sondern nach Anerkennung.«

Michi Strausfeld

Berlin / Barcelona, im Dezember 2009

Daniel Alarcón

Peru, Lima, den 28. Juli 1979

Wir waren zehn und trugen alle denselben Namen: Compañero. Außer mir. Mich nannten sie Pintor. Zusammen bildeten wir im trüben Licht gleich hinter der Plaza so etwas wie einen Kreis um einen toten Hund. Alles war in Nebel gehüllt. Unser erster revolutionärer Akt, unsere erste Verlautbarung an die Nation. Wir hängten Hunde an alle Straßenlaternen und versahen sie mit wütenden markigen Slogans, *Sterbt, ihr kapitalistischen Hunde*, und dergleichen. Wir ließen die Hunde hängen, die Menschen sollten sehen, welcher Fanatismus in uns steckte. Mittlerweile ist klar, dass wir niemanden sehr verängstigten, sondern die Leute eher verärgerten und ihnen nur unsere merkwürdige Manie, unsere Verehrung frivoler Gewalt vor Augen führten. Die Angst kam später. Straßenhunde ermorden in den trüben grauen Stunden vor Sonnenaufgang, am Morgen des Unabhängigkeitstages, dem 28. Juli 1979. Anständige Menschen schliefen, wir aber machten Krieg, formten ihn mit unseren Händen, unseren Messern und unserem Schweiß. Alles lief gut, bis uns die schwarzen Hunde ausgingen.

Einer der Compañeros hatte angeordnet, dass alle Hunde schwarz zu sein hätten, und es stand uns nicht zu, dies in Frage zu stellen. Eine ästhetische Entscheidung, keine praktische. In Lima gibt es einen schier unerschöpflichen Bestand an Kötern, doch nicht alle sind schwarz. Gegen zwei Uhr kippten wir schwarze Farbe auf beige, braune und weiße Köter, die sich mit rötlichem Fell in letzten Atemzügen wanden.

Aufgrund meines einstigen Talents mit dem Pinsel übertrug man es mir, die nicht ganz Schwarzen anzumalen. Hier war so einer: tot, aufgeschlitzt, die Eingeweide auf dem Gehweg. Wir waren müde und fragten uns, ob der spezielle Braunton dieses Köters dunkel genug war, um als Schwarz durchzugehen. Ich erinnere mich nicht, dass es zu diesem Thema eindeutige Meinungen gab. Die betäubende Wirkung der Aktion ließ nach, und wir standen da mit einem blutenden Tier, tot, ein wenig zu hell.

Mir war egal, welche Farbe der Hund hatte.

Gerade als wir uns darauf einigten, den toten Köter vor unseren Füßen anzumalen, gerade da sah ich ihn aus dem Augenwinkel: Er schoss eine Straße hinunter, ein schwarzer Hund. Überwältigend schwarz, total schwarz, und bevor ich es merkte, rannte ich über das Kopfsteinpflaster hinter ihm her. Ich ließ den Pinsel, den mir einer meiner Compañeros gegeben hatte, fallen. Sie riefen mir hinterher: »Pintor!«, aber ich war weg.

Wutentbrannt jagte ich hinter dem schwarzen Tier her, ich wollte es töten, zurückbringen, aufknüpfen. So wie die Dinge standen, wollte ich in dieser Nacht mehr als alles andere, dass das, was ich tat, sinnvoll sei. Ich hatte genug vom Malen.

Ihr müsst wissen, dass die Straßenhunde in Lima eine bemerkenswerte Abgebrühtheit an den Tag legen. Sie sind die Herren der Straße, die Diebe der Kolonialstadt, entblößen die Müllhaufen und pinkeln in Kopfsteinpflasterecken, immer wachen Auges. Sie sind Zeugen von Mord, Diebstahl und Plünderung; voller Selbstvertrauen drängen sie durch die Straßen, mit einer Selbstsicherheit, die auf dem Wissen fußt, dass sie zum Überleben nicht jeden Tag etwas zu fressen brauchen. In dieser Nacht rannten wir über die ganze Plaza und schlachteten sie ab, bewunderten ihre Tricksereien, den rohen und durchschaubaren Spürsinn.

Ich wusste, wie viele Zigaretten ich jeden Tag rauchte, ich wusste, wie wenig ich rannte, außer gelegentlich mal einem Fußball hinterher, ich wusste, wie gering die Chance war, ihn zu fangen, und – ich geb's ja zu – es machte mich wütend, dass mich ein Hund besiegen könnte – und so beschloss ich, dass das nicht passieren würde. Wir rannten. Er jagte voran. Ich folgte ihm durch die engen Gassen von Limas Innenstadt, unter ihren baufälligen, heruntergekommenen Balkonen entlang, vorbei an ihren mit Brettern vernagelten Gebäuden, vergitterten Hauseingängen, ihren Schatten. Ich wollte den Köter tot sehen. Ich rannte voller Grausamkeit in der Brust, wie unter einer Droge, die mich schneller vorantrieb, dann knickte mein Bein weg, und ich hielt ungelenk an. Ich befand mich mehrere Straßen von der Plaza entfernt, auf dem grasbewachsenen Mittelstreifen einer von bleichen Palmen gesäumten, breiten und ruhigen Straße, schwindelig, nach Luft schnappend. Der arme Hund verlangsamte auf dem Gehweg am Straßenrand sein Tempo und drehte sich nach mir um, nur wenige Meter entfernt, er japste, sein Kopf ratlos amüsiert zur Seite gelegt, ein Blick, den ich kenne, von meiner Familie, von Freunden, sogar von Frauen, die das Pech hatten, mich zu lieben, der Blick derer, die über mich staunen, die etwas erwarten und schließlich enttäuscht werden.

Ihr müsst wissen, dass ich nichts für den Hund empfand außer blankem blau-schwarzen Hass. Ich war kalt und wütend. Gekränkt durch zu viele deutsche Philosophen in Übersetzung. Verletzt davon mit anzusehen, wie mein Vater unter großen Lederhäuten erblindete, die er bog und bearbeitete, bis plötzlich wie durch einen Zauber ein Gürtel, Sattel oder Fußball da war. Frustriert von einem absurden Abend, den ich mit Morden und Malen für die Revolution verbrachte. Ich hasste den Hund. In meiner Jugend in Arequipa hatte hin und wieder ein Straßenköter in unserem Hauseingang geschlafen, ich hatte ihn meistens ignoriert, ihn nie gestreichelt, aber dabei zugeschaut, wie er sich kratzte oder seine Hoden leckte, und es hatte mich nie bewegt. Viele Dinge habe ich geliebt, viele Menschen, aber diesem Viech gegenüber empfand ich keine Wärme. Stattdessen stellte ich mir verschiedene Stadien des Todes vor, verschiedene Grade, eine abwärtsführende Treppe, und ich wollte von ganzem Herzen diesen Köter mit seinem verfilzten schwarzen Fell ganz unten liegen sehen. Ich rief ihn, streckte meine Hand aus, schnalzte mit der Zunge, lockte ihn zu mir.

Und er kam. Mit über den Beton trappelnden Pfoten überquerte er die Straße, als käme er nach Hause, als wäre er ganz woanders, nicht mitten im Krieg. Ein schöner Hund, ein unschuldiger Hund. Mit einem glänzenden schwarzen Haarkleid. Er hatte nur gespielt. Doch ich spürte ihm gegenüber Wut, dass er mich zum Rennen gezwungen hatte, dass ich schwitzte, dass mein Herz so heftig schlug. Ich streichelte ihn kurz, dann packte ich ihn im Nacken, stieß das Messer durch sein schwarzes Fell und drehte es.

In jenem letzten Moment kämpfte der Hund mächtig, knurrte, warf sich herum, aber ich hielt stand, er schaffte es nicht, mich zu beißen, sondern sackte zu Boden, unter der Wunde breitete sich eine Blutlache aus.

Er stöhnte traurig, hilflos. Ich bewunderte ihn, wie er verblutete: die kräftigen weißen Zähne, die muskulösen Hinterbeine. Er keuchte und schnaufte. Ich wäre vielleicht die ganze Nacht dort geblieben, doch plötzlich blitzte ein Licht auf und eine raue Stimme rief. Es war ein Polizist, und er hatte eine Pistole.

In Arequipa schlug ich Verzierungen in die Sättel, die mein Vater alljährlich für die Paraden herstellte. Ich half ihm beim Färben des Leders, nahm den Hammer und das kleine Eisen und schlug und haute und blutete, bis alles schön war. So wuchs ich auf: mein Vater und ich in der Werkstatt, der betörende Geruch von gegerbtem Leder, die Werkzeuge, jedes mit seinem Zweck und seinem Mythos. Als ihn das Augenlicht verließ, erklärte er mir das Handwerk peinlich genau. Als ich es schließlich beherrschte, war er zu blind, um meine Arbeit zu sehen. Meine Mutter sagte: »Der Junge lernt«, und er strahlte.

Ich kleidete mich tadellos in die grau-weiße Schuluniform und tat stets mehr, als von mir erwartet wurde. Ich war Klassenbester und bestand die Aufnahmeprüfung für die Uni mit siebzehn. Ich bekam einen Studienplatz an der Universität von Lima, mein Kopf war kahlrasiert, mein Vater tanzte vor Glück, und meine Mutter weinte, denn sie wusste, ich würde sie bald verlassen. Lima war damals bekannt dafür, Leben zu schlucken, Menschen aus der Heimat wegzulocken und uns mit ihrem Beton und Lärm einzuhüllen. Ich wurde einer dieser Menschen. Ich sah die Stadt und fühlte ihr Chaos und ihre Energie; ich konnte nicht mehr nach Hause.

Ich habe Limas turbulente Jugend und ihr unbändiges Wachstum miterlebt. Jetzt gehört sie mir. Ich habe keine Angst vor ihr, obwohl ich nicht mehr in sie verliebt bin. An der Universität studierte ich Philosophie und wechselte dann zur Kunst, studierte Malerei. Ich malte wütende rot-schwarze Gemälde mit von Terror gezeichneten Gesichtern, die unter breiten Streifen kühner Farbe versteckt waren. Ich malte in Rímac, am anderen Ufer des dreckigen Flusses, in einem kleinen Zimmer mit einem Fenster, von dem aus die würdigen Konturen der Kolonialstadt zu sehen waren. Oft war es bewölkt, und meine alte Vermieterin, Doña Alejandra, ging gerne ohne zu fragen in mein Zimmer, um meine Arbeiten zu betrachten. An einem der wenigen sonnigen Tage, an die ich mich erinnere, fand ich sie dort schlafend in meinem Sessel in meine schäbige Decke gewickelt, ihre Brust hob sich unter ihren flachen Atemzügen. Ihr Zimmer hatte keine Fenster.

Eines meiner Bilder, das ich an der Hochschule ausstellte, erregte einige Aufmerksamkeit: das Portrait eines Mannes mit aufgerissenen Augen und einem zu einer Grimasse zusammengekniffenen Mund, einen Hammer in der rechten Hand und drauf und dran, sich einen Pflock in den linken Handteller zu schlagen. Blaue und braune geometrische Formen vor rotem Hintergrund. Mein Vater.

In der Cafeteria stiegen Studenten auf Tische und prangerten den Diktator und seine Kumpane öffentlich an. Auf den Mauern tauchten Slogans auf und wurden von ängstlichen Arbeitern entfernt, nur um dann aufs Neue aufzutauchen. Wir wussten, der Kampf würde kommen. Im ganzen Land war es dasselbe. Viele verließen die Schule, um sich auf den bevorstehenden Krieg vorzubereiten.

Die Blindheit meines Vaters hatte mir wehgetan. Ich wollte ihm so gern zeigen, was ich erreicht hatte. Bei meinem letzten Besuch zu Hause übermalte ich in unserem kleinen Vorraum meine Gemälde mit Wörtern, ganz langsam und nur für ihn. Leer starrte er auf die Wände. Ich erläuterte ihm meine Malerei vieler Jahre, schaffte es aber nicht, das unbeugsame Dunkel seiner Blindheit zu durchbrechen. Er nickte, sagte, er verstehe, aber ich wusste, ich hatte ihn enttäuscht.

Ich kam aus Arequipa zurück, und meine Entscheidung war gefallen. Zum letzten Mal trat ich aus der Hochschule, nur drei Monate, bevor ich meinen Abschluss in Kunst bekommen hätte. Stattdessen fuhr ich aufs Land und lernte dort mit meinen Compañeros etwas über Sprengstoff.

Wenn ich noch Maler wäre, könnte ich euch Wahrheiten über diese Orte zeigen: Kinder, die frieren und Hunger haben, die sich jeden Morgen am Brunnen anstellen und Wasser zu ihren Familien tragen. Fünf Kilometer. Sieben Kilometer. Neun. Die endlosen Busfahrten quer durch die Stadt, auf denen ein junger Mann in einem schlechtsitzenden Anzug einsteigt, Gedichte vorträgt und Kaugummi verkauft. »Ich bitte nicht um Almosen«, übertönt er das Rattern eines klapprigen Busses. »Ich verkaufe ein Gedicht, um Ihnen die Fahrt zu erleichtern!« Die Fahrgäste senken den Blick oder schauen weg.

1970 verschwand eine Stadt unter den Anden. Ein Erdbeben. Dann ein Bergsturz. Kein Dorf, eine ganze Stadt. Yungay. Es war an einem Sonntagnachmittag; mein Vater und ich hörten die Liveübertragung der WM aus Mexiko-City, bei der Peru gegen Argentinien ein respektables Unentschieden erzielte, als der Raum erzitterte, kaum wahrnehmbar. Und dann kamen langsam die Nachrichten, gefiltert, wie alles in Peru, aus der Provinz nach Lima und wieder hinaus in alle weit verstreuten Winkel unseres Scheinlandes. Wir wussten, dass etwas Unbeschreibliches geschehen war, konnten es aber in diesem Moment noch nicht benennen. Die Erde war in sich zusammengestürzt, ein wütendes Meer aus Schlamm und Fels, das Tausende unter sich begrub. Nur einige Kinder blieben verschont. Ein Wanderzirkus hatte weiter oben im Tal seine Zelte aufgeschlagen. So waren dort Clowns mit bunten Hüten und lachende Kinder, während die Eltern begraben wurden.

Im südlich gelegenen Arequipa hatten wir das Erdbeben kaum bemerkt: eine vom Fensterbrett geglittene Vase, ein schief hängendes Bild, ein bellender Hund.

Wenn ich noch Maler wäre, würde ich auf dem kahlen Fleck, auf dem jene Stadt einst stand, eine Leinwand aufstellen, meine wahrsten Farben suchen und euch zeigen, dass das Leben einfach so verschwinden kann. »Und was soll das sein, Pintor?«, fragt ihr dann vielleicht und zeigt auf das Ocker, Lila, Orange und Grau.

Zehntausend Gräber, seht ihr sie nicht?

Als ich noch Maler war, stromerte ich mit großen offenen Augen durch die Stadt. Auf meinem Heimweg kam ich jeden Nachmittag an den Mechanikern aus den kleinen Werkstattbuden vorbei, die am Ende ihres Arbeitstages am Rande der breiten Straße standen. Von Kopf bis Fuß mit schwarzem Öl beschmiert, waren sie die grimmigsten Engel, die lebenden Toten der Stadt. Lima war voll solcher vom Leben Zermürbter. Ich eilte nach Hause, wirbelte herum, machte von allem Gesehenen Skizzen auf Servietten, Blättern, auf meiner Haut, damit nichts undokumentiert bliebe. Alles bedeutete etwas, wies auf eine noch ungefragte, ungeahnte Frage hin. Die Antworten überzeugten mich nicht. Ich malte mich an die Fragen heran – einen Schlackenbetonstein auf einem verlassenen Parkplatz, einen zerbeulten Kotflügel, in dem sich die Straßen spiegeln – manchmal ein oder zwei oder gar drei Tage, zwischendurch ein Nickerchen in der Zimmerecke wie einst meine Vermieterin Doña Alejandra. Ich erwachte lange vor Sonnenaufgang, durchtränkt vom metallischen Geruch nach Farben und Schweiß und Hunger, und hatte meinen Körper fast völlig vergessen.

Dieses Gefühl hatte ich seitdem einige Male: verirrt im Dschungel, im Gestrüpp der Kletterpflanzen auf der Flucht vor einem Hinterhalt im Norden Perus; beim Bombenlegen unter einer Betonbrücke in der bitterkalten Sierra. Aber wie bei einer Droge wird der Adrenalinstoß jedes Mal schwächer, und jedes starke Donnern bedeutet weniger und weniger.

Seit der Nacht der Hunde habe ich nicht mehr gemalt. Keinen Strich Schwarz oder Rot, weder auf ein Tier noch auf eine Leinwand.

Und ich werde auch nichts mehr malen.

Außer auf die Wände meiner Zelle – falls sie mich schnappen – in einem Farbton wie der Himmel, damit ich meine letzten tristen Tage in Würde verbringen kann.

Woran ich mich erinnere: an seinen schmalen, kaum sichtbaren Schnurrbart und die Waffe. Ich sehe noch den verkürzten Lauf und den jenseitigen Glanz im Gegenlicht der Taschenlampe. Es hatte etwas Betrunkenes, wie er da schwankte, wie er die Pistole mit ausgestrecktem Arm zitternd und unsicher hielt. Ich glaube, er war zufällig über mich gestolpert, nachdem er mit Freunden etwas getrunken hatte. »Hey, du da!«, rief er. »Stopp! Polizei!« Stellt euch das vor: ein Mann, der in diesem Licht brüllt, unsicher wie ein Puppenspieler die Waffe hält. Ich sah mich nach ihm um und sagte sanftmütig, aus einer mir völlig unmöglichen Unschuld schöpfend: »Ja?«

»Herrgott, was machen Sie da?«, rief er hinter dem blendenden Licht hervor.

Ich suchte in meinem Kopf nach einer Erklärung, fand aber keine. Die Wahrheit klang unglaubwürdig; gerade die Wahrheit. Die Stille wurde vom Aufjaulen des Hundes durchbrochen. »Der Köter hat meinen kleinen Bruder gebissen«, sagte ich.

Er hielt geschult den Lauf weiter auf mich, wirkte skeptisch, trat aber näher. »Tollwut?«

»Weiß ich nicht genau, Herr Beamter.«

Er lehnte sich über den sterbenden Hund. In dünnen Strömen lief Blut durch das Gras in den Rinnstein. Es erinnerte mich an die Landkarten des Amazonas-Beckens in der Schule, mit seinem Netz aus krummen Nebenflüssen, die zum Meer fließen.

»Wo ist dein Bruder? Hat ein Arzt draufgeschaut?«

Ich nickte. »Er ist zu Hause bei meiner Mutter«, sagte ich und winkte mit meinem Arm, um einen Ort in der Nähe anzudeuten, ohne aber in eine bestimmte Richtung zu zeigen. Ein Funken Freundlichkeit flackerte in ihm auf, obwohl ich wusste, dass er mir nicht so recht glaubte. Ich war es nicht derart gewohnt zu lügen, wie ihr vielleicht denkt. Ich hatte Angst, er könne mich durchschauen. Also fuhr ich fort. Erzählte von meinem Bruder, dem schrecklichen Biss, dem furchtbaren Schrei, den ich gehört hatte, dem roten fleischigen Anblick der Wunde. Von seiner Unschuld, seinen leuchtenden Augen, seinem Lächeln, seinem Zauber. Ich verlieh meinem Bruder all die guten Eigenschaften, an denen es mir selbst mangelte, machte ihn schön und lustig, so vollkommen wie die blonden Puppen, mit denen im Fernsehen für Seife geworben wird. Ich schwitzte, mein Herz raste, ich erzählte ihm von den Witzen, die er erzählte, von den Noten, die er bekam. Ein kluger

Junge, mein Bruder! Und dann gab ich ihm einen Namen: »Manuel, aber wir nennen ihn Manolo, Manolito«, sagte ich, und der Beamte mit seiner Waffe in der Hand wurde weicher.

»Mein Name.«

Ich schaute hoch, ich wusste nicht genau, was er meinte.

»Ich heiße auch Manolo«, sagte er sanft und lachte beinahe. Ich lachte nervös in mich hinein. Der Hund winselte wieder. Wir schauten uns in der Stille der breiten Straße an, unser Lächeln traf sich.

Der Polizist steckte die Pistole ins Halfter und wollte mir die Hand geben. Ich wischte die Klinge am Oberschenkel ab und legte das Messer hin. Wir schüttelten uns kräftig die Hände, wie Männer. »Manuel Carrión«, sagte er.

Ich sagte auch einen Namen, aber natürlich nicht meinen und auch nicht Pintor.

Er war ein *cholo* wie ich, ich erkannte es daran, wie er sprach. Sein Vater arbeitete mit den Händen, das war so sicher, wie dass er Cousins oder Brüder oder Freunde hatte, die mit den Fäusten arbeiteten. Er sagte, er freue sich, mich kennenzulernen. »Aber was machst du da eigentlich? Den Köter töten?«, fragte er. »Was soll das bringen?«

»Ich bin ihm nachgejagt, um zu sehen, ob er Tollwut hat. Der kleine Scheißer hat sich mit mir angelegt. Da ist es wohl mit mir durchgegangen.«

Carrión nickte und beugte sich noch einmal über den Hund. Er stieß ihm mit dem Schlagstock leicht in den Bauch und entlockte ihm ein gedämpftes, klägliches Jaulen. Er schaute ihm genau in die Augen, ob sie diesen bestimmten Gelbton hatten, und in das offene Maul, ob dort der verräterisch schäumende Speichel zu sehen war. »Keine Tollwut. Ich glaube, Manolito ist nichts Schlimmes passiert.«

Ich war erleichtert, das über einen Bruder zu hören, den ich nicht hatte, über einen Biss, den es nie gegeben hatte. Mein Herz schlug höher. Ich sah vor meinen Augen Manolito, wie er gesund und munter herumrannte, mit seinen Freunden spielte, von der Wunde war nicht mal eine Narbe geblieben. Ich liebte meinen erfundenen Bruder.

Carrión war betrunken und freundlich. Wäre es an diesem dunklen Morgen anders gelaufen, wäre dieser Vorfall vielleicht eine seiner Lieblingsgeschichten geworden, wenn ein Freund oder Cousin ihn bei einem Gläschen gefragt hätte: »Hey, *cholo*, wie ist es da draußen so?« Okay, *compa*, dann erzähl ich dir wohl von der Nacht, als ich mal einem Mann half, einen Hund zu töten. Nein, das klingt zu banal. *Hombre*, einmal stieß ich auf einen Mann, der gerade einen Straßenköter enthauptete … Wer weiß, wie er die Geschichte jetzt erzählen würde? Ob er sie überhaupt erzählen würde?

»Ich war früher wie dein Manolito«, sagte er, »immer geriet ich in irgendwas hinein. Ich kämpfte gern mit den Großen, aber ich war klein. Kam immer nach Hause mit einem gebrochenen Dies oder einem blauen Das.« Carrións Worte klangen jetzt herzlich. »Willst du ihn irgendwo hinbringen? Den Köter, meine ich.«

»Der Arzt wollte ihn untersuchen«, sagte ich. »Einfach um sicherzugehen.«

Carrión nickte. »Klar. Viel Glück.« Er wollte aufstehen und gehen, richtete sich auf und klopfte sich das Gras von den Knien. »Du solltest ihn erlösen. Grausamkeit bringt nichts.«

Ich mochte ihn. Er war so schlicht und klar.

Ich bedankte mich und versprach es ihm. Wir machten uns gerade auf, unsere Abschiedsgrüße unruhig auf unseren Lippen, als plötzlich ein Geräusch zu hören war, ein kurzer Aufschrei. Ich schaute hoch und sah einen meiner Compañeros, außer Atem, keine dreißig Meter entfernt, brutal über einem Hund kauernd (weiß), ihn an der Schnauze hochhaltend, mit erhobenem Arm, das Messer in der Hand, bereit, in die weiche Stelle unten am Hals einzudringen. Er war aus einer Seitenstraße gekommen und hatte uns erst entdeckt, als es zu spät war. Jetzt sah er uns und hielt inne. Verwirrung. Panik. Verängstigt kehrte ich zurück zur Form, vergaß meine Ausbildung zum Revolutionär: Ich wollte das malen, den brutalen Umriss eines Mannes im Krieg mit einem Köter, auf frischer Tat ertappt, die Arme erstarrt in die Seite gestemmt. Ich sah, wie ich ausgesehen hatte. Carrión schaute in meine Richtung, verwirrt, dann wieder zu meinem Compañero, einen Moment waren wir drei gefangen in einem Dreieck von Wünschen, Fragen und Ängsten – eine Schallplatte mit einem Sprung, ein Stillleben, eine einvernehmliche Pause, in der jeder für sich die verwickelten unglücklichen Beziehungen überdachte, die zwischen uns bestanden. Einen Augenblick lang, mehr nicht.

Dann zog Carrión seine Waffe, gerade als ich nach meinem Messer griff. Mein Compañero ließ den Hund unsanft auf den Gehweg fallen und rannte los, die Straße hinunter, weg von der Plaza. Der weiße Hund machte sich winselnd davon. Und Carrión blickte mich an, jeglicher Anflug der Freundschaft, die wir kurz gepflegt hatten, verschwunden im Nebel. Ich ging vor meinem geistigen Auge die Möglichkeiten durch wie bei der Gliederung eines brutalen Texts: (A) den Beamten erstechen, umgehend; (B) wegrennen, schnell wegrennen, wie ein Irrer! (C) sterben wie ein Mann. Mehr produzierte mein Hirn nicht. In der Verzweiflung erschien mir nur die letzte Wahlmöglichkeit sinnvoll. Kann man es eine Wahl nennen? Ich trug ein Messer, wohl wahr, aber schwach und unentschlossen. Ich machte Anstalten, mich zu erheben, vielleicht sogar loszurennen, aber es passierte nichts. Und während ich mit schlappen halbgaren Gedanken herumtrödelte, handelte Carrión: vergab mir, verschonte mich unerklärlicherweise, versetzte mir einen Schlag mit dem Kolben seiner Waffe und rannte los, meinem Kameraden hinterher – sein eigenes Schicksal besiegelnd.

Er starb in dieser Nacht.

Wankend fiel ich in das, was ich für den Tod hielt. Doch es war nur der Schlaf. Ins Gras, mit zusammengebissenen Zähnen, die Augen geschlossen, alles wurde schwarz. Halbtote Hunde heulten und winselten. In der Ferne hörte ich einen Schuss.

Aus dem Amerikanischen von Friederike Meltendorf

Claudia Amengual

Das Abwasserrohr

Die Geschichte liegt jetzt etwa zwei Tage zurück, und seither kann ich nicht mehr schlafen. Ich hatte Nachtdienst, als der Anruf kam, dass ein Kind verschwunden sei. Darío bat mich zu warten, bis er fertig gegessen hätte, aber ich bestand darauf, gleich loszufahren. Wir hatten eine kleine Diskussion, nichts Ernsthaftes, wir sind nun mal verschieden und wissen schon, dass wir die Dinge aus völlig unterschiedlichen Blickwinkeln betrachten. In den Monaten unserer Zusammenarbeit haben wir uns aber zusammengerauft und schätzen einander inzwischen unvoreingenommen. Ich bin mir sicher, dass wir deshalb Freunde sind. Sich nur mit Gleichgesinnten abzugeben, ist langweilig.

An diesem Nachmittag hatte es wie aus Kübeln gegossen, ein Wolkenbruch, der gegen Mittag begann und stundenlang andauerte. Ich war mit meinen Gedanken bei Lucas, der auf der Rückreise aus dem Landesinneren war. Der Bus war schon seit einer Stunde überfällig, und wir hatten noch nichts gehört. Seine Mutter war dagegen gewesen, ihn für ein Fußballspiel auf eine so weite Reise zu schicken, aber ich hatte darauf bestanden und meine eigenen Ängste verschwiegen. Nun, mit der wachsenden Sorge, regten sich Schuldgefühle in mir. Auf einmal war ich mir nicht mehr sicher, ob ich die Reise tatsächlich aus den von mir angeführten Gründen befürwortet hatte.

Ich erinnere mich, dass wir uns fürchterlich angeschrien hatten. Cecilia fand, die Reise sei zu lang, unterwegs gäbe es mehrere Brücken zu überqueren, und die Straßen seien miserabel. Aber sie sagte nicht die ganze Wahrheit. Sie erwähnte kein einziges Mal, wie sehr sie es hasste, dass Lucas überhaupt Fußball spielte, wie sehr dieser Sport ihrer Meinung nach unsere Familie zerstört hatte. Aber ich wusste es. Wir wussten es beide, doch es gab keinen Grund, das Elend unserer erst kürzlich gescheiterten Beziehung wieder aufzuwühlen. Es war ein Streit voller Unaufrichtigkeiten. Cecilia wurde aggressiv, und ich setzte zu meiner Verteidigung meine beste Waffe ein: Ironie. Das bringt sie aus dem Konzept, sie verliert den Faden, und ihre Argumente werden lahm. Wir kennen uns einfach zu gut, schließlich haben wir uns einmal geliebt. Was ist bloß aus unserer großen Liebe geworden?

Ich war nicht fair bei diesem Streit, redete von Kastration und ihren eigenen Ängsten und Unsicherheiten und schrie sie an, sie mache eine Schwuchtel aus ihm. Billigste Psychologie. Ich ging sogar so weit, ihr zu drohen, dass ich ihn ihr wegnehmen würde. Das war gemein. Ich könnte mich gar nicht so gut um Lucas kümmern, wie sie es tut, aber ich sagte es, in der Hitze des Streits sagte ich es und sah, wie ihr zornrotes Gesicht plötzlich aschfahl wurde. Mit einem Schlag war sie still und bat mich, das Ganze in Ruhe zu bereden. Ich fühlte mich als Sieger und war zugleich beschämt. Wir beendeten den Streit um des Anstands willen mit ein paar hohlen Phrasen. Aber mein Entschluss stand fest. Cecilia protestierte noch eine Zeitlang, um ihre Würde zu wahren. In ihrer Stimme lag Angst, eine Angst, die mir unerklärlich war. Ich war ein paar Monate zuvor zu Hause ausgezogen und hatte nie die Verzweiflung empfunden, die ich nun in ihren Augen sah. Mir genügt es, Lucas zwei-, dreimal pro Woche zu sehen, ohne feste Zeiten, wie wir es vereinbart haben. Aber meine bloße Androhung, ihr das Kind wegzunehmen, schien Cecilia beinahe umzubringen. Also willigte sie in die Reise ein, und ich verkniff mir, ihr einzugestehen, dass mir die Straßenverhältnisse ebenfalls Angst machten.

Während der Fahrt wechselten wir kein einziges Wort. Darío fuhr, und ich versuchte, der Geschichte etwas abzugewinnen, was mich von meinen persönlichen Sorgen ablenkte. Ich wollte, dass das Ganze überhaupt nichts mit mir zu tun hatte, meinem eigenen Leben so fern wie möglich war, dass es mich nicht an Lucas erinnerte. Im günstigsten Fall würde es mich ein wenig ablenken, bis der Anruf kam, den ich immer ängstlicher herbeisehnte. Aber es gab zu viele verdammte Gemeinsamkeiten und Parallelen, die meine Gedanken hartnäckig immer wieder auf meine brennende Sorge lenkten.

Darío schaltete das Radio ein, wohl um das unbehagliche bleierne Schweigen zu durchbrechen, und ich dankte ihm im Stillen dafür. Ich versuchte, mich auf die Landschaft zu konzentrieren, die so schnell vorüberglitt, dass mir schwindelte. Alles erinnerte mich an Lucas, an ihn und an das verschwundene Kind. Lucas im Wagen. Lucas in einem Garten. Lucas an einer Ampel. Das verschwundene Kind hatte das Gesicht meines Sohnes.

Ich prüfte, ob mein Handy eingeschaltet war. Nur allzu gern hätte ich Cecilia angerufen, doch ich hielt mich zurück. Mein alberner Stolz hielt mich zurück. Ich stellte mir vor, wie sie mich verfluchte und sich selbst dafür hasste, so nachgiebig gewesen zu sein. Ich dachte an den armen Lucas und konnte kaum glauben, dass ich meinen eigenen Sohn dazu benutzt hatte, aus einem blödsinnigen Kräftemessen als Sieger hervorzugehen. Heftige Schuldgefühle plagten mich. Ich wollte so schnell wie möglich ankommen, um der Düsternis zu entgehen, in die meine Gedanken wieder und wieder abglitten.

Darío trat aufs Gaspedal, als hätte er meine Unruhe gerochen. Er nahm sich eine Zigarette und hielt mir die Schachtel hin. Ich zögerte; eigentlich hatte ich vor ein paar Tagen aufgehört zu rauchen. Aber dann dachte ich, dass sich ohne Lucas die Mühe nicht lohne, dass nichts sich lohne. Also klopfte ich eine Zigarette auf meine Handfläche, wartete einen Moment und zündete sie dann an. Mit dem ersten Zug wurde ich ein wenig ruhiger und gerade vernünftig genug, um einzusehen, wie übertrieben meine Besorgnis war. Ich quälte mich, weil ich es wollte, es war ein Gutteil Masochismus, mit dem ich vielleicht versuchte, mich von meiner Schuld reinzuwaschen.

»Wie weit ist es noch?«, fragte ich.

»Wir sind gleich da. Hast du noch nie über die Anlage berichtet?«

Ich schüttelte den Kopf. Die ›Anlage‹ war eine Mülldeponie, ein großes Gelände, auf dem die Müllwagen die Abfälle abluden. Ich hatte grausige Dinge über diesen Ort gehört, Geschichten von Kindern, die von Ratten gebissen wurden, und von Leuten, die sich an im Abfall versteckten Glasscherben verletzt hatten. Aber ich war nie dort gewesen.

Erst kürzlich hatte ich meinen Job als Sportreporter aufgegeben. Anfangs war er mir wie eine Berufung erschienen, doch zuletzt hatte ich genug: Ich verließ in aller Frühe das Haus und kehrte erst in den Morgenstunden zurück, nachdem ich noch eine Radiosendung gemacht hatte. Manchmal musste ich für ein paar Tage verreisen. Während der Woche arbeitete ich acht Stunden täglich, aber samstags und sonntags gab es mehr zu tun. Cecilia ging mit Lucas in den Park, aß bei ihren Eltern zu Mittag und machte mir Vorwürfe, weil sie sich vernachlässigt fühlte. Aber es war nun mal meine Arbeit, die uns ernährte und mir Spaß machte. Doch wie bei allem, war auch hier die Übertreibung das Übel. Wenn ich nach Hause kam, klebte ich vor dem Fernseher, stets auf der Suche nach einem Spiel, über das ich einen brillanten Kommentar für den nächsten Tag schreiben konnte. Ich lebte vom Fußball, sprach von nichts anderem als vom Fußball, dachte unablässig an den Fußball. Ich war zerfressen vom Ehrgeiz, der Beste auf meinem Gebiet zu sein.

Schließlich hatte Cecilia genug und suchte sich einen Liebhaber, der eine dicke Brille trug und aussah wie ein Familienvater. Als sie es mir rundheraus sagte, fühlte ich mich in meiner männlichen Ehre gekränkt. Vergeblich versuchte ich, noch irgendetwas zu retten, doch Cecilia widerstand mir mit bewundernswerter Hartnäckigkeit. Sie glaubte nicht an meine Beteuerungen, dass ich mich bessern würde, und sie tat gut daran. Ich kehrte zwar dem Fußball den Rücken, nahm aber den Job als Polizeiberichterstatter an, bei dem ich oft mitten in der Nacht aus dem Bett muss und ständig zu Leichen und Schießereien unterwegs bin und der mich mehr begeistert als alles andere.

Die Szenerie glich einem Albtraum. Einen Moment lang verblasste Lucas, und ich stand fassungslos vor dem Bild, das Darío mir zeigte. Er schien meine Überraschung zu genießen, weidete sich einen Augenblick lang an dem Eindruck und signalisierte mir dann, ich solle das Fenster hochkurbeln. Er zog seinen Ehering ab und schob das Portemonnaie unter die Fußmatte der Rückbank. Als ich ihn ansah, lächelte er ein wenig überheblich, und einen Augenblick lang hasste ich ihn.

»Die Anlage«, sagte er dann im Ton eines Fremdenführers.

Ich dachte »Mein Gott!«, doch laut sagte ich nur »O Scheiße!«, weil mir das meinem Agnostizismus angemessener erschien. Darío lachte und zündete sich eine weitere Zigarette an.

»Los, steigen wir aus. Es muss da drüben sein, wo die ganzen Leute stehen.«

Von welchen Leuten redete dieser Idiot? Ich sah nichts als Gespenster, die wie Automaten durch den Dreck stapften, und den kompakten, sich zu einem meterhohen Berg türmenden Dreck, diesen mitten in der Stadt aus dem Boden gewachsenen Hügel. Schichten aus Dosen, Glas, Pappe und Abfällen. Ein Berg aus von Menschen verursachtem Unrat, auf dem winzige Wesen herumkrochen, vermutlich Kinder. Sie wühlten verzweifelt darin herum, rissen Plastiktüten auf und fluchten lauthals, wenn sie sich wehtaten, ungestraft, denn wen interessierte es schon, ob sie fluchten. Wen interessieren sie. Wer weiß überhaupt, dass diese Welt außerhalb der Welt existiert. Wer glaubt einem, wenn man erzählt, dass es Kinder gibt, die Essensreste vertilgen, die sie aus vollgeschissenen Windeln herausklauben, den Windeln anderer Kinder, die mehr Kinder sind als sie, weil man diesen Kindern ihre Kindheit gestohlen hat.

Darío schob mich zu der kleinen erregten Gruppe hin, die sich ein paar Meter vor uns versammelt hatte. Ich konnte den Blick nicht von dem Berg wenden. Seit siebenunddreißig Jahren lebte ich in dieser Stadt, und erst jetzt erfuhr ich von diesem entsetzlichen Ort, als käme ich von einem anderen Planeten. Wir gingen auf eine etwa zwei Meter breite, kreisrunde Öffnung zu, von der ein ebenso breites Rohr abging, ein Maul, das das kleine Rohr, das gleich am Eingang in es mündete, verschlucken zu wollen schien. Aber auch hier, wo eigentlich Wasser sein sollte, dominierte der Müll. Mein Blick blieb an einem großen Haufen Plastikflaschen hängen. Es mussten Tausende, wenn nicht Millionen sein, und ich dachte daran, wie viel besser Wasser aus einer Glasflasche schmeckt. Plötzlich bekam ich Durst. Ich hätte ein Vermögen für eine schöne kalte, beschlagene Flasche ausgegeben, aber hier war kein Platz für Genüsse, hier schien sich die Existenz aufs nackte Überleben zu beschränken.

Als mein Blick auf meine Schuhe fiel, war es schon zu spät. Ich stand bis zu den Knöcheln in grünlichem Schlamm. Ekel stieg in mir auf, aber als ich die Leute sah, die barfuß durch den Schlamm liefen, so unbekümmert, als wäre es ein Teppich, ging es mir besser. Auch der Geruch schien sie nicht zu verwundern, ein zäher Gestank nach fauliger Luft. Ich fragte mich, ob diese Menschen jemals die Schwelle der Anlage überschritten hatten, ob sie vom World

Trade Center wussten, von politischen Umfragen und Bankenbetrug. Ich fragte mich, ob sie das Meer kannten.

Darío ging zielstrebig auf die Frau zu. Ich weiß nicht, woher er wusste, dass sie die Richtige war. Ich weiß nicht, wie er das Grauen ausblenden und sich auf seine Arbeit konzentrieren konnte. Dann sagte ich mir, dass er schon öfter hier gewesen war, wahrscheinlich gewöhnte man sich daran. Die Frau weinte nicht, starrte aber mit weit aufgerissenen Augen auf irgendeinen Punkt in der Öffnung. Darío schaltete die Kamera ein, und als er sah, dass von mir nichts zu erwarten war, stellte er die erste Frage.

»Wie ist das passiert?«

Ich weiß nicht, was die Frau in diesem Augenblick antwortete, ich war zu sehr damit beschäftigt, nicht in Ohnmacht zu fallen. Die Leute drängten sich an uns heran. Einige streiften mich, sodass ich ihre nackte schwitzende Haut fühlte, sie zwangen mich, einer der ihren zu werden, ihren Geruch anzunehmen, bis wir alle gleichermaßen stanken. Sie betrachteten uns hoffnungsvoll und misstrauisch zugleich.

Der Junge hatte auf dem leeren Platz neben dem Abflussrohr gespielt, ganz in der Nähe des Müllbergs. Sie hatten sich dort mit zwei Toren aus Stöcken und Steinen eine Art Fußballfeld gebaut, wo sie den größten Teil des Tages verbrachten, während sie auf die Ankunft der Müllwagen warteten. Kaum vernahmen sie Motorengeräusch, machten sie sich bereit, den Müllberg zu erklimmen. Es ging darum, möglichst schnell zu sein. Der Erste, so erklärte man uns, ergatterte das Beste. Zwar hatte einmal jemand einen silbernen Löffel gefunden, nachdem alle anderen ihre Beute gemacht hatten, aber das war die Ausnahme. Normalerweise sind die ersten Minuten die ergiebigsten, vor allem, was das Essen betrifft. Es gibt Leute, die Essen wegwerfen, sogar ganz frisch verpacktes. Man kann alles verwerten. Es gibt auch Obst. Und Fleisch. Eine Frau erzählte uns, dass sie das Fleisch abwusch und es ihren Kindern gab. Um ein solches Glück zu haben, muss man fix sein, losrennen, sobald der Müllwagen abgeladen wird, und aufpassen, dass man nicht unter dem Müll begraben wird.

Aber vor zwei Tagen, genau an dem Tag, an dem Lucas aus dem Landesinneren wiederkam, hatte es fürchterlich geregnet. Das kleinere Rohr, das wer weiß woher kam und in den Gully mündete, wurde zu einem reißenden Strom. Die Kinder wussten, dass sie bei Regen nicht hineingehen durften, aber der Ball war ihnen hineingerollt, und der Junge zögerte keinen Augenblick. Die anderen hielten ihn nicht zurück. Ein Leben gilt hier nicht besonders viel. Diese Kinder fragen nicht um Erlaubnis, bevor sie über die Straße laufen.

Er fiel hin, kaum dass er das Rohr betreten hatte. Die Kinder erzählten, dass er ausglitt und dass die Strömung sehr stark war. Jemand packte ihn bei der Hand und hielt ihn ein paar Minuten lang fest, bis er fortgerissen wurde. Es war ein Nachbarsjunge, der uns erzählte, dass er zwölf sei, der aber aussah wie neun. Schmächtig, wie er war, muss es ihn gewaltige Kraft gekostet haben, den anderen festzuhalten. Offenbar lächelte der Junge bis zuletzt. Er hatte wohl keine Angst, schien sich vielmehr zu amüsieren. Er rief, es gehe ihm gut, sie sollten noch ein bisschen stärker ziehen. Nur ein bisschen, und er wäre draußen. Aber den Schmächtigen verließen die Kräfte, und der Junge wurde zusammen mit dem Müll weggeschwemmt.

Das war nun eine Stunde her, und allmählich wurde es dunkel.

Mein Handy klingelte. Ich kam mir lächerlich vor, inmitten all dieser Verzweiflung klang *Für Elise* wie Hohn. Ich bat um Entschuldigung, was niemand hörte, und trat ein paar Schritte beiseite. Es war Cecilia, und sie war völlig außer sich. Lucas' Bus war immer noch nicht da, und die vor der Schule wartenden Eltern ängstigten sich langsam. Ich versuchte sie zu beruhigen, aber ich muss wenig überzeugend geklungen haben, denn sie brach in Tränen aus und fragte mich, ob ich betrunken sei. Auch ich war besorgt, aber es fiel mir schwer, meine Gefühle einzuordnen. Sie schimpfte mich unsensibel und egoistisch und warf mir vor, ich hätte sie immer allein gelassen und mich nicht einmal dazu aufraffen können, bei der Geburt dabei zu sein. Ich hätte ihr gerne gesagt, dass sie sich irrte, dass Lucas mir genauso viel bedeutet wie ihr, aber ich konnte es nicht. Also bat ich sie nur, mich anzurufen, sobald es Neuigkeiten gebe. Ich weiß nicht, ob sie mich hörte.

Ich ging zurück. Die Frau wirkte weniger starr als zuvor, sie schien nach und nach aus dem Schock zu erwachen und das Unabänderliche zu begreifen. Sie sah einen der Feuerwehrmänner an, der gerade an einem von seinen Kameraden gehaltenen Seil aus dem Abflussrohr herauskam. Er schüttelte verneinend den Kopf, und zwei weitere Feuerwehrleute machten sich zum Einstieg in das Rohr bereit. Sie waren mit langen Stangen ausgerüstet und trugen hohe Stiefel. Einer von ihnen sagte, der Abfall stehe so hoch, dass man auf ihm laufen könne. Die Polizei nahm unterdessen Aussagen auf. Kurz darauf kam ein Rettungswagen und blieb in einiger Entfernung stehen, ohne Sirene, aber mit eingeschaltetem Warnlicht, was der Szene etwas Filmisches verlieh.

Nun musste ich wieder unablässig an Lucas denken. Die Realität um mich herum war so düster, dass jeder Versuch mir einzureden, mit meinen Sohn sei alles in Ordnung, scheiterte. Ich dachte an Cecilia. *Er* würde sie in diesem Moment im Arm halten und sie mit jenen zärtlichen Worten trösten, die ich nie gefunden und die sie immer von mir verlangt hatte. Er nahm jetzt meinen Platz ein, wie er meine Seite des Bettes eingenommen hatte. Und ich war hier, in dieser erdrückenden Einsamkeit, in Sorge um das Leben eines anderen Kindes und doch von Minute zu Minute fester überzeugt, dass diese Mutter ihren Sohn nie wiedersehen würde.

Erst als die Scheinwerfer der Kameras angingen, wurde mir bewusst, dass es dunkel geworden war. Das Unglück schien diesen gottvergessenen Ort mit neuem Leben zu erfüllen. »Es ist immer das Gleiche«, sagte ein Mann neben mir, »nur wenn was Schlimmes geschieht, kommen sie drauf, dass es uns gibt.« Ich sah ihn an. Er hatte nur noch ein paar Backenzähne, und seine Haut war sonnenverbrannt. Er sah aus wie ein alter Mann, aber in seinen Augen stand ein Leuchten, das mich an meine Familie erinnerte. Ich öffnete den Mund, um ihn etwas zu fragen, hielt aber inne, als er abwehrend mit der Hand wedelte, als wäre ich ein lästiges Insekt.

Ein weiterer Trupp Feuerwehrmänner, diesmal mit Taschenlampen bewehrt, tauchte aus dem Abflussrohr auf. Nichts. Sie kamen mit leeren Händen, die Gesichter von Erschöpfung gezeichnet. Es war, als kämen sie direkt aus der Hölle. Das Gemurmel verstummte, wir alle standen still, in angstvollem Schweigen. Die Frau fragte nichts mehr, sondern ließ sich von den anderen in den Arm nehmen. Als der Einsatzleiter sagte, die Suche werde bis zum nächsten Morgen eingestellt, erhob sich Geschrei wie ein lang hallender Donner. Die Kameras schwenkten zu einer Gruppe von Leuten, die den Feuerwehrhauptmann bestürmten. Der Mann rechtfertigte sich mit logischen Argumenten, die nichtssagend klangen. Eine Frau schrie ihn an, ob er denn keine Kinder habe, und erhielt als einzige Antwort ein beschämtes »doch«.

Ich spürte Panik in mir aufwallen. Mit dem Erlöschen der Lichter und dem Rückzug der Rettungstrupps schien die Öffnung zu wachsen, ihre Finsternis schien sich auszudehnen, alles um sie herum einzuhüllen und uns zu verschlingen. Ich lief zum Feuerwehrhauptmann hinüber und fragte ihn, warum.

»Ich kann meine Männer nicht gefährden. Der Junge ist tot.«

Ohne ein Wort ließ ich ihn stehen. Ich hätte ihn weiter fragen oder bedrängen sollen. Aber das Wort »tot« hallte unnachgiebig in meinem Schädel wider wie eine böse Vorahnung. Tot, murmelte ich immer wieder vor mich hin, tot. Der Junge ist tot. Der Junge ist tot. Mein Junge, mein Lucas. Wo bist du?

Ich versuchte, Cecilia auf dem Handy zu erreichen. Es war ausgeschaltet. Ich spürte, wie mein Herz raste, und schnappte nach Luft. Darío fragte mich, ob ich okay sei. Ich sagte ihm, ich bräuchte Wasser, ob er mir bitte Wasser geben könne.

»Komm, wir verschwinden. Heute können wir sowieso nichts mehr tun. Dusch dich, ruh dich aus, und morgen kommen wir wieder. Soll ich dich zu Hause absetzen?«

Ich bat ihn, mich zur Schule zu fahren.

Als wir in die schmale Straße einbogen, betrachtete ich die üppig blühenden, duftenden Linden und die umzäunten, durch Alarmanlagen und Hunde geschützten Häuser. Mir fiel auf, dass nirgendwo Autos standen. Ohne zu warten, bis Darío eingeparkt hatte, stürzte ich aus dem Auto und lief aufs Schultor zu. Schon von weitem machte mir der Hausmeister Zeichen, aber es dauerte ein paar Minuten, bis er herauskam, Minuten, die mir wie eine Ewigkeit erschienen. Sich die Hose zuknöpfend, kam er lächelnd auf mich zu.

»Sie sind zu spät«, sagte er. »Die Kinder sind vor etwa einer Stunde angekommen. Anscheinend hatte der Bus unterwegs einen Platten.«

Ich hätte ihn küssen können. Ich dankte ihm so oft, dass er glauben musste, ich sei verrückt geworden. Dann lief ich zum Auto zurück. Unwillkürlich musste ich grinsen, ein nervöses Grinsen, in dem sich die ganze aufgestaute Spannung der letzten Stunden entlud. Fast hätte ich losgeprustet. Darío lachte mit mir. »Du bist fix und fertig«, sagte er mir. Ich lachte, lachte und lachte, vor Anspannung, vor Wut, bis ich spürte, wie das Lächeln aus meinem Gesicht wich und es sich zu einem unaufhaltsamen Schluchzen verzog. Darío hielt an. Wir Männer ertragen es nicht zu weinen. Man hat uns eingeredet, Weinen sei ein Zeichen von Schwäche, und seitdem versagen wir es uns, unseren Gefühlen durch Tränen Ausdruck zu verleihen.

»Schon gut. Er ist ja da. Es ist alles bestens, Kumpel.«

Ich versuchte Luft zu holen, mich zu beruhigen, aber plötzlich überflutete mich eine Woge der Panik, und wieder strömten die Tränen. Ich stieg aus, lehnte mich an den Wagen und atmete ein paar Mal tief durch. Darío stellte sich neben mich, eine seiner ewigen Zigaretten zwischen den Lippen. So standen wir ein paar Minuten lang. Ich war ihm dankbar für seine schweigende Anwesenheit. Nach und nach wurde mein Atem regelmäßiger, bis ich mich beruhigt hatte. Ich fühlte mich so zerschlagen, als hätte mich jemand verprügelt.

»Diese scheißblöde Kuh«, sagte ich, als ich wieder sprechen konnte.

Ich rief bei Cecilia zu Hause an. Bei Lucas zu Hause. Bei mir zu Hause. Sie ging ans Telefon und ließ meine Schimpftirade geduldig über sich ergehen. Dann tischte sie mir denselben Schwachsinn auf wie immer: dass sie geglaubt habe, mir liege nichts an Lucas, dass sie ihn allein großgezogen habe, dass sie mich nicht habe stören wollen. »Blöde Kuh«, wiederholte ich immer wieder, »du blöde Kuh.« Darío machte mir Handzeichen, ich solle mich beruhigen. Ich bat sie, mit meinem Sohn sprechen zu dürfen. Sie sagte: »Er schläft« und legte auf.

Ich ging ein paar Mal um das Auto herum und dachte an die Frau, in die ich mich verliebt hatte, an ihre Zärtlichkeit und daran, dass ich mit dem Gedanken gespielt hatte, zu ihr zurückzukehren. Aber nun sah ich alles klar. Die Liebe von damals war restlos erloschen. Das Einzige, was geblieben war, war Groll. Und ein Sohn. Ein Sohn, den ich furchtbar gerne in meine Arme geschlossen hätte.

»Darío«, sagte ich, wie ein Kind, das um Erlaubnis bittet, eine Dummheit zu begehen.

Darío sah mich von der Seite an. Er kannte mich schon.

»Vergiss es«, sagte er.

»Dann leih mir deinen Wagen.«

»Sag mal, spinnst du?«

»Ich drehe durch, wenn ich nicht hinfahre, verstehst du?«

Seufzend trat er die Kippe aus, fluchte freundlich und setzte sich ans Steuer.

»Los, steig schon ein. Ich bin der Einzige, der auf dich hört. Der Einzige.«

Ich ließ die Fenster herunter, sodass uns die ganze Fahrt über der Wind um die Köpfe blies. Um zehn Uhr abends waren wir wieder bei der Anlage.

Darío blieb im Wagen sitzen, er brauchte Schlaf. Ich schloss die Autotür möglichst leise und ging davon. Sie hatten das gelbe Absperrband zerrissen und standen um die Öffnung herum. Die meisten waren Männer, aber es schwirrten auch ein paar Kinder herum wie Fruchtfliegen. Die Frau stand immer noch da. Die anderen umarmten sie immer noch. Ich fragte mich, was ihr Blick in der Schwärze des Loches suchte. Dann sah ich zum Himmel auf, ohne zu wissen, was ich eigentlich dort suchte. Der Mond war fleckig und von einem wässerigen Halo umgeben, der sein Licht verschleierte.

Als sie mich kommen sahen, waren sie erstaunt. Einigen war sichtlich unbehaglich zumute, als wäre ich ein Eindringling, der ihnen das Anrecht auf ihren Schmerz nehmen wollte. Und das war ich auch. Ich blieb still stehen, wagte es nicht, noch einen Schritt näher zu kommen. Jemand bemerkte halblaut, es werde wieder regnen. Die Frau rührte sich nicht, aber eine der Frauen, die sie hielten, seufzte auf und sagte irgendetwas von Ratten. Wir standen alle reglos, warteten auf nichts Bestimmtes, vielleicht auf ein Wunder. Dass der Junge aus dem Rohr auftauchte wie der Held in einem Märchen. Ich dachte an Lucas in seinem kuscheligen Bett, von Küssen bedeckt und mit zahllosen schönen Stunden vor sich.

Ein Alter trat auf mich zu und murmelte, sie seien dabei, ein Tau vorzubereiten und könnten noch ein paar kräftige Arme gebrauchen, ob ich helfen wolle. Ich folgte ihm. Wir gingen an dem Müllberg entlang bis zu einer Baracke aus Wellblech und Pappe. Drinnen brannte Licht. Die anderen wunderten sich, mich hier zu sehen. Ich hatte keine Angst, stellte mir nur das Gesicht vor, das Darío ziehen würde. Ich trat vor und sagte meinen Namen. Sie musterten mich ein wenig verächtlich und sagten, dass sie schon fast fertig seien. Sie hatten ein an die siebzig Meter langes Tau geflochten und wollten nun in das Rohr hineingehen, hatten aber kein Licht.

»Darum kümmere ich mich«, sagte ich und konnte sehen, wie ihr Misstrauen dem Gefühl wich, dass uns das Unglück einte.

Ich half, das tonnenschwere Tau zur Öffnung hinüberzuschleppen. Dann lief ich zum Auto. Darío hatte den Beifahrersitz zurückgeklappt und schnarchte friedlich. Er grunzte nur, als ich den Motor anließ, er dachte wohl, wir würden losfahren. Ich fuhr so dicht an die Öffnung heran wie möglich und schaltete das Fernlicht ein. Darío rappelte sich hoch. »Was machst du denn da?«, schrie er, aber ich war schon ausgestiegen und krempelte mir die Hosenbeine hoch.

Der Alte applaudierte, und die anderen taten es ihm nach. Ich glaube, das Licht gab uns für einen Augenblick die Hoffnung zurück. Die Frau sah mich an, und ich bildete mir ein, Dankbarkeit in ihrem Blick zu erkennen. Ich lächelte ihr zu. Nur zu gerne hätte ich ihr mehr versprochen.

Auch wenn ich die Angst nicht definieren kann, weiß ich genau, was sie ist. Es kostete mich alle meine Selbstüberwindung, mich von diesem Loch verschlucken zu lassen, dem sicheren Schrecken entgegenzugehen. Um mich abzulenken, dachte ich an Wiesen,

Blumen, Sonne, versuchte, ein Liedchen zu trällern; aber der Klang meiner eigenen Stimme war mir unheimlich. Es war einfach zu viel, durch diesen Schlamm zu stapfen, ohne zu wissen, worauf man beim nächsten Schritt stoßen würde, dazu drehte mir der widerliche Gestank den Magen um. Und das Schlimmste waren die langen Stangen, die alle bei sich hatten und mit denen sie herumstocherten, auf der Suche nach dem weichen Fleisch des unter dem Müll begrabenen Jungen.

Wir gingen die ganze Länge des Taus ab und noch ein Stückchen weiter, so weit das Licht reichte. Einige steckten die Hände in den Dreck und wühlten ohne Widerwillen darin herum, schoben den Müll an der Oberfläche zur Seite, um tiefer zu gelangen, steckten den Arm bis zur Schulter hinein. Dazu konnte ich mich nicht überwinden. Ich stocherte mit der Stange um mich herum und betete, dass ich nicht derjenige sein möge, der die Leiche fände. Die schleimige Feuchtigkeit klebte überall an mir. Ich war halb tot vor Angst, der größten Angst, die es gibt. Am liebsten hätte ich alles stehen und liegen lassen und wäre davongerannt, nur weg von diesem verfluchten Ort. Aber ich dachte an Lucas und an Cecilia und an all die glücklichen Stunden, die wir gemeinsam verlebt hatten. Und an die Frau, die unablässig in die Öffnung starrte, wartend … hoffend …

Ich weiß nicht, wie lange wir dort drinnen waren. Schließlich sagte einer von ihnen, wir müssten raus, und niemand widersprach. Wir verließen das Abflussrohr so schnell, wie der zähe Dreck es zuließ. Draußen füllte ich meine Lungen mit frischer Luft und sank erschöpft zu Boden. Ich wagte es nicht, die Frau anzusehen.

Ich weiß, dass am darauffolgenden Morgen die Bergungsarbeiten weitergingen. Darío kehrte für die Reportage mit einem anderen Kollegen zurück. Sie räumen dort weiterhin Müll aus, um das Rohr freizulegen, aber das kann noch Tage dauern. Inzwischen sind zahlreiche Vorwürfe laut geworden. Die Anwohner werfen der Stadtverwaltung vor, dass die Öffnung nicht vergittert war. Diese hält dagegen, dass die Anwohner ihren Abfall in die Kanalisation werfen, sodass das Wasser nicht abfließen kann. Die Feuerwehr zeigt anhand von Plänen und Vermessungen, wo überall die Leiche des Jungen in dem fünf Kilometer langen Abwassernetz stecken könnte, dass sie vielleicht in irgendeiner Biegung festhinge oder unter dem Müll begraben liege. Ich denke an die Ratten. Obwohl ich es zu vermeiden versuche, muss ich die ganze Zeit an die Ratten denken.

Seit ich aus der Hölle zurück bin, habe ich unzählige Male gebadet, und doch werde ich das Gefühl, schmutzig zu sein, einfach nicht los, auch wenn ich mir die Haut schrubbe, bis sie wehtut. Ich will einfach bloß vergessen.

Gestern habe ich Lucas abgeholt. Ich habe ihn lange umarmt, wollte ihn gar nicht mehr loslassen. Während ich ihn im Arm hielt, roch ich an seinem Hals; ich habe seinen Geruch immer geliebt. Ich habe ihm auch gesagt, wie sehr ich ihn liebe, wie sehr. Mit einiger Mühe machte er sich von mir los und sah mich an.

»Ist alles in Ordnung, Papa?«, fragte er mich.

Ich drückte ihn an mich; mehr kann ich nicht sagen.

Aus dem Spanischen von Kirsten Brandt

Carolina Andrade

Abhanden

> *Wir haben die große größte Angst mit der kleinen Angst verkleidet, und deshalb sprechen wir nie von dem, worauf es wirklich ankommt. Von dem zu sprechen, worauf es wirklich ankommt, gilt als indiskret.*
>
> Clarice Lispector, *Eine Lehre*

Der Typ war einer von diesen Fanatikern, die von nichts als von Gott und anderem ebenso schrecklichen Zeug reden. Bei unserer letzten Begegnung beschuldigte er mich, Gott in meinem Aktenkoffer zu haben. Er sagte das mit heiterer Stimme und dreister Miene. Zu diesem Zeitpunkt fühlte ich mich schon verpflichtet, Geduld mit ihm zu haben, und schließlich leerte ich den Inhalt meiner Aktentasche aus, damit er sich vergewissern konnte, dass sich darin keinerlei Gottheit befand. Er sagte, ich sei der Große Zauberer, mir sei es trotz der Achtsamkeit, mit der er die Bewegung meiner Hände beobachtet habe, gelungen, den Allmächtigen verschwinden zu lassen.

Mein verrückter – Freund? – hieß Danilo und ich hatte ihn an der Bushaltestelle vor meinem Haus kennengelernt. Ich wusste, dass man mit Verrückten weder sprechen noch sie ansehen soll, weil das gefährlich ist; sie nicht zu hören, ist aber ein Ding der Unmöglichkeit, und ich tat mehrere Wochen so, als läse ich die Zeitung oder blickte aufmerksam zum Ende der Straße, wo mein Bus auftauchen musste, während meine Ohren seine Sermone über apokalyptische Biester und Sünden, die bestraft werden würden, aufsaugten. Später traute ich mich, gelegentlich zu ihm hinüberzublicken, und die Erinnerung an sein schrilles Bild begann, mich über die Straßenecke hinaus zu begleiten. Ich möchte Danilos Figur nicht beschreiben. Wenn ich dies hier schreibe, dann, weil ich etwas erzählen möchte, das geschehen ist, und nicht etwas, das *ist*. Danilos Bild *ist*. Er lebt neben Drachen, mehrköpfigen Ungeheuern, Engeln, Ziegenböcken, Vampiren, Kobolden und Dämonen in einer ganz besonderen Welt: dem Schweigen.

Mein Name ist Raúl Ortíz und ich bin sechsunddreißig Jahre alt. Bis vor kurzem hatte ich alles, was sich jemand mit einem gesunden Ehrgeiz nur wünschen kann: eine kluge Frau, zwei Kinder und ein eigenes Haus. Elisa, meine Frau, sagte, dass sie mich sehr liebe und dass unsere Kinder in der Atmosphäre von Liebe und Sicherheit aufwüchsen, von der sie immer geträumt hatte. Ich machte meine Sache gut. Das Geld, das ich dank meiner Intelligenz und meiner Wortgewalt verdiente, reichte für den Lebensunterhalt und um für die Gesundheit meines Vaters zu sorgen. Ich hatte auch Freunde, ich bin oder war ein guter Witzeerzähler und komme mit jeder Art von Getränk zurecht. Elisa sagte, dass die Kinder gute Schüler seien, dass der kleine Raúl demnächst die Schwimmmeisterschaft gewinnen werde und Diego ein hervorragendes musikalisches Gehör habe. Elisa sagte auch, der Prozentsatz ihrer Orgasmen sei höher als der, der in einer Frauenzeitschrift als Durchschnittswert genannt wurde. Ich machte meine Sache gut.

Die Distanzen zwischen Danilo und mir verringerten sich schrittweise, und als ich das merkte, predigte der Verrückte schon nur noch für mich: Sobald er mich kommen sah (6.45 Uhr, 6.48 Uhr wenn ich spät dran war), stellte er sich neben mich und begann seine Ansprache, die dann von der Ankunft des Busses unterbrochen wurde, ein oder zwei Minuten vor 7 Uhr. Die übrigen Leute, die sich mit uns an dieser Haltestelle versammelten, blieben immer ausdruckslos, als gelänge es ihnen wirklich, nichts zu hören. Sie lächelten nicht mal gelegentlich oder ließen Neugierde für die Worte durchblicken, mit denen Danilo meine Aufmerksamkeit jeden Morgen auf sich zog: »Mann mit den unsichtbaren Flügeln«, »Sohn menschlicher Turbulenzen«, »Bruder Hurensohn«, »flehende Seele«, »stummer Geist«, »Tölpel im grauen Anzug«, »westliche Ratte«, »Haustier des Teufels«, »farbloser Wanderer«, »tropischer Yeti«, »vom Aussterben bedrohter Erzengel« … Ich kann mich nicht erinnern, dass er sich je wiederholt hätte. Wie sollte ich seine Vorstellungskraft nicht bewundern? Was seine Botschaften anging, so durchdrangen sie meine Haut aufgrund ihrer Zusammenhanglosigkeit nicht, sie prasselten auf mich ein wie ein Platzregen, und mein Verstand diente mir nie als Regenschirm. Ich weiß also nicht genau, was er sagte, aber in meinem Haar, den feinsten Härchen, auf der Haut und sogar in der Kleidung blieben sein Zorn, seine Traurigkeit, seine Beklemmung, seine Euphorie haften.

»Wann gehst du wieder in die Stadt? Diese Gegend ist nichts für dich, mein Sohn.«

»Wir sind in der Stadt, Papa, im selben Haus wie immer.«

Ich sah meinen Vater an und wartete auf sein Lachen, darauf, dass er mich dumm dastehen lassen würde, weil ich auf eine unsinnige Frage geantwortet hatte, aber es war ein stummes Warten, das sich mit Leere füllte. Lach mich aus, Papa, lass mich nicht allein mit deinem Blick. Mir war es unerträglich, darauf zu verzichten, ihn in seinen Augen anzutreffen, und nicht seine ruhige Stimme zu hören, die mir am Ende meiner Zweifel die Sicherheit wiedergab. Als mein Vater anfing, die Wirklichkeit zu verkehren, verlangte ich Erklärungen von den Ärzten, und sie gaben mir detaillierte Antworten. Ich verstand. Eine degenerative Krankheit, keine Seltenheit bei Personen seines Alters. Ich glaube, ich verbrachte viele Tage damit, mir verständige Dinge zu sagen, mit mir zu argumentieren, mich zu überzeugen, mir klar zu werden, mit jemandem zu diskutieren, der in mir lebte: Das ist der Tod, du hast es ja gewusst, es ist der Tod in seiner Verkleidung des Alters. Nach kurzer Zeit begann Papa die Kontrolle über seinen Körper zu verlieren, anfangs nahm er den Kampf gegen seine Krankheit auf und sagte mir, bald werde es ihm wieder gut gehen, und der, der in mir lebt, glaubte lieber ihm als den Ärzten.

»Ich habe nichts getan, weshalb ich diese Krankheit verdiene, mein Sohn.«

»Bald geht es dir wieder gut.«

Ich verlor Elisa, weil ihre immense Liebe zu mir mich verstummen ließ. Mit der Krankheit meines Vaters zu ringen, wurde zu einem enormen Gewicht, das auf ihre Schultern fiel, es schwächte sie, nahm ihr die Kraft. Ich entfernte mich von ihr, weil mir schien, die Krankheit nage auch an ihr, und ich trieb sie dazu, sich zu beklagen, die Klage, die ich brauchte, um sie des Egoismus bezichtigen zu können, ich sagte ihr, wenn sie dem Alten nicht helfen könne, dann solle sie es eben lassen. Elisa antwortete mir, sie werde meinen Vater nie verlassen. Sie sagte nichts von mir, sie versicherte mir nicht, dass sie mich nie verlassen würde, ihr fiel nicht einmal ein, mir zu versprechen, dass sie nie krank werden würde, dass sie nicht alt werden würde, dass der Tag nicht kommen würde, an dem ihre Augen mich nicht mehr erkennen würden. In Wahrheit sagte keiner von uns beiden ein Wort.

Schon Wochen vor seinem Verschwinden hatte Danilo eine Obsession für meinen Aktenkoffer entwickelt. Anfangs nahm der Verrückte meine Tasche wie ein lebendiges Wesen wahr, das mir schadete, so was wie ein Blutegel, der ich weiß nicht was aus meinem Inneren saugte und von dem ich mich unmöglich lösen konnte. Ich demonstrierte ihm, indem ich den Koffer von einer Hand in die andere nahm, dass ich nicht an diesem Gegenstand klebte. Da begann er die Theorie zu entwickeln, dass ich den Koffer als Anker benutzte, um nicht davonzufliegen, und, so wie ich ihn verstand, schadete mir das, denn statt mich stabil zu halten, ließ er mich versinken. Ich hätte dieser Obsession des Verrückten gern ein Ende gemacht, aber ich konnte meinen Aktenkoffer nicht aufgeben, weil ich darin wichtige Dokumente bei mir trug. Ich glaube, das sagte ich ihm auch, denn daraufhin begann er über den Inhalt des unschuldigen Koffers zu spekulieren. Was war daran so wichtig?

Mein Vater wiederholte: »*Ein Mann ist frei in seinem Denken, aber Sklave seines Wortes*«, »*Es gibt kein schlimmeres Gespenst als das der eigenen Angst*«, »*Den Dummen erkennt man daran, dass er grundlos lacht, im unpassenden Moment spricht und sich da hinstellt, wo er stört*«, »*Du musst alles zu Ende bringen, was du anfängst*«, »*Die Reaktionen eines Gentleman müssen verhältnismäßig sein, man darf nie die Kontrolle verlieren*«. Mein Vater lebte immer mit seinen Regeln, mit Sätzen, die das Chaos zunichtemachten. Ich erinnerte mich an jeden einzelnen davon, während er im Zimmer eines Krankenhauses dahinsiechte. In regelmäßigen Abständen wappnete ich mich mit dem Mut, der mir manchmal auszugehen schien, und ging zu ihm hinein: Sein nackter und ausgemergelter Körper, unbewohnt, sein Gesicht zeigte das Leben auf dem Rückzug. Ich strich ihm mit der Hand über den Kopf, ohne zu wissen, ob er oder ich das Bewusstsein hatten, um zu entziffern, was ich in diese Liebkosung legte, und sofort floh ich wieder auf den Krankenhausflur, fand Zuflucht in einer monotonen Resignation. Ich erinnere mich, dass das Letzte, was mein Vater mir vollen Willens gab, eine Segnung war, daraufhin erinnerte ich mich an Gott, wusste aber nicht, wie ich ihm zuhören sollte, und hatte keine Worte, mit denen ich zu ihm hätte sprechen können. Das ist der Tod, du hast es ja gewusst. Was mache ich mit deinem Segen, Vater? Wie soll ich ohne Furcht leben, wenn ich sehe, dass wir zu sterben begonnen haben? Wer wird am Ende dieses Albtraums noch da sein?

Ich bin weiter bei meiner Familie, obwohl ich mich wie abwesend fühle. Ich bin in einem Tal des Schweigens isoliert. Deshalb habe ich nach der Beerdigung Danilo gesucht, ich ziehe einen schweren Koffer hinter mir her, voll mit den Leichen von Dingen, für die es keine Worte gibt. Ich möchte, dass Danilo sie behält und sie laut schreiend an irgendeiner Straßenecke wiederaufleben lässt. Ich suche nach Danilos Stimme.

Ich hatte mir vorgenommen, Dinge zu erzählen, die geschehen, und muss einsehen, dass das alles ist: Mein Vater ist gestorben, und Danilo ist immer noch abhandengekommen. Ich bin in Trauer. Schmerz.

Aus dem Spanischen von Silke Kleemann

Marcelo Birmajer

Die falsche Liebkosung

Er hatte nicht übermäßig viel Bier getrunken. Im Gegenteil: Nach ein paar Gläsern war ihm klargeworden, dass er sich an diesem Abend nicht betrinken sollte; von mehr Alkohol würde er keine bessere Laune, aber von seinem Magen mit Sicherheit spätnachts die Quittung bekommen. Also war er von Bier auf kaltes Wasser umgestiegen. Trotzdem fühlte er sich jetzt nach der Party, während seine Frau sich im Bad abschminkte, körperlich unwohl. Sein Speichel war zäh und seine Zunge schwer. Er fand, sein Bauch sah dicker aus als im letzten Monat – seit fast drei Monaten achtete er auf seine Ernährung –, und sein Magen meldete eine seltsame Mischung aus Hunger und Völlegefühl. Ihm tat nichts weh, aber ihm war mulmig, überall: im Kopf, Mund, Magen und sogar ein wenig an den Fußsohlen. Eine Übelkeit, von der er sich nicht erleichtern konnte, ähnlich wie wenn man niesen muss und nicht kann. Er legte sich aufs Bett und schaltete den Fernseher ein in der Hoffnung, das Liegen und die Bilder würden ihn von sich selbst ablenken.

Sein kleiner Sohn war über Nacht bei den Schwiegereltern, und schon bei ihrem Aufbruch zu der Party hatte sich in die Atmosphäre ihres ehelichen Heims die Idee geschlichen, dass sie diese Nacht Liebe machen würden. Aber Herr Helms war jetzt nicht in der Stimmung. Seine Frau, schien's, auch nicht. Wie fast jedes Mal war ihr Gesicht irgendwann am Abend, sehr wahrscheinlich sogar erst beim Runterfahren im Aufzug, zu einer missmutigen, frustrierten Miene geronnen, als würde sie irgendeinen Ärger in sich hineinfressen. Herr Helms traute sich nicht zu fragen, was sie hatte.

›Nichts‹, würde seine Frau sagen. ›Nichts. Ich habe nichts. Aber mit deiner Fragerei hast du mir jetzt die Laune verdorben.‹

So ein Gespräch wäre jetzt zu viel für ihn. Lieber sollte seine Frau schlafen wollen und ihm schmollend die kalte Schulter zeigen, alles war besser, als um diese Uhrzeit und in seiner Verfassung einen Streit anzufangen.

Seine Frau kam aus dem Bad und lächelte ihn gezwungen an. Dann löschte sie das Licht und kroch ins Bett wie jemand, der sich nach erholsamem Schlaf sehnt und von nichts anderem etwas wissen will. Immerhin bot sie ihm damit einen Nichtangriffspakt an: Sie werde ihn nicht an sich lassen, aber ihm ihre Verärgerung auch nicht vorhalten. Herr Helms fand diese stille Übereinkunft gut. Herr Helms nahm sich sogar vor, eine gewisse Farce aufrechtzuerhalten: Er würde seine Frau glauben lassen, er sei in bester Verfassung und voller Lust, und seine Frau habe ihn, indem sie zum Schlafen das Licht gelöscht hatte, zurückgewiesen. Das wäre für Herrn Helms bei einem zukünftigen Streit ein Pluspunkt: Ausgerechnet in »ihrer Nacht« habe seine Frau ihn abgewiesen.

Herr Helms lächelte im Dunkeln, voller Stolz über seine Gedankenschärfe.

Welche Art der Liebkosung würde es ihm erlauben, zu schlafen und gleichzeitig so zu tun, als ob er bereit gewesen wäre, die Nacht sinnlich zu nutzen?

Die Entscheidung für die Liebkosung und die Besserung seines körperlichen Befindens fielen zusammen. Als Herr Helms Licht und Fernseher ausschaltete, fühlte er sich schon gleich besser. Die Veränderung war bemerkenswert: Sämtliche Beschwerden waren verschwunden. Mit der Dunkelheit kam die Kühle, er atmete leichter; sein Körper schien sich beruhigt zu haben. Da schob er seine Hand auf spezielle Weise unter den Nacken seiner Frau. Und auf einmal entdeckte er, dass er seine Liebkosung gar nicht zu spielen brauchte. Ein Lustschwall trat an die Stelle des überstandenen Alkoholschadens. Er war jetzt allein mit seiner Frau im Bett, erregt und ruhig, niemand störte sie, und wenn sie nein sagte, dann wäre das jetzt keine auf einen zukünftigen Vorteil angelegte Erfüllung seiner Strategie mehr, sondern ein Einschlafhindernis. Herr Helms' Hand fuhr den Rücken seiner Frau hinab.

»Warum redest du auf Partys nie?«, fragte sie.

Herr Helms stutzte. Er war sich unschlüssig, ob er nicht lieber seine Hand wegnehmen sollte, ob seine zärtliche Geste seine Frau womöglich erst zu diesem unvermittelten Satz angeregt hatte oder ob er eher ganz im Gegenteil seine Hand dort lassen sollte, damit sie begriff, dass diese Nacht nicht zum Streiten da war.

Ohne die Hand wegzunehmen, dachte Herr Helms nach und kam zu einem, wie er fand, vernünftigen Schluss: ›Aus irgendeinem Grund ist meine Frau verärgert, aber sie ist geneigt, die Sache über Nacht gut sein zu lassen, allerdings nur, wenn sie nicht mit mir schlafen muss, wozu sie keine Lust hat. Als ich ihr gerade die Hand in den Nacken gelegt habe, habe ich diesen Nichtangriffspakt gebrochen: Jetzt kann sie in einem Aufwasch ihrem Ärger Luft machen und mich abweisen. Das kommt davon, wenn man so eine Buchhalterseele hat.‹

Er zog die Hand weg und schwieg. Vielleicht würde sich seine Frau auf die Waffenruhe einlassen. Vielleicht würde sie ebenfalls schweigen. Doch darin irrte Herr Helms: Strategien können sich positiv auf die Zukunft oder negativ auf die Gegenwart auswirken, aber sie können die Vergangenheit nicht ungeschehen machen. Seine Frau hatte einen Satz gesagt und konnte ihn jetzt nicht im Raum stehen lassen, so als hätte sie ihn nie ausgesprochen, selbst wenn das bloße Ziel dieses Satzes gewesen sein sollte, ihren Mann sexuell abzuweisen. Um vor sich selbst das Gesicht zu wahren, musste sie auf eine Antwort bestehen.

»Willst du auch jetzt nicht reden?«, fragte sie ihn in einem Ton, in dem Ironie und Aggressivität sich gegenseitig bemäntelten.

Herr Helms wollte aufrichtig sein: ›Liebste‹, wollte er zu ihr sagen, ›ich war eigentlich auch nicht in Stimmung. Und siehe da: Ich habe dich berührt, schon war ich erregt. Dabei hatte meine Berührung ebenso unaufrichtige Motive wie deine Frage, warum ich auf Partys nicht reden würde. Ich bitte dich, meine Liebe, wenn du jetzt keine Lust auf mich hast, dann schlaf einfach, ich will meine Schlaflosigkeit still ertragen; das geschieht mir ganz recht. Aber geh nicht mitten in der Nacht auf mich los.‹

Natürlich wusste Herr Helms, dass ihnen in diesem Moment eine derart nackte Aufrichtigkeit verwehrt war. Mit so einer Antwort hätte er nur erreicht, dass seine Frau an ihre Frage, warum er auf Partys nicht redete, eine ganze Liste mindestens ebenso haarsträubender Vorwürfe angehängt hätte.

»Heute habe ich geredet«, sagte Herr Helms.

»Der Form halber«, sagte sie.

»Wie alle«, sagte Herr Helms.

»Was gefällt dir an den Leuten nicht?«, fragte sie.

»Eigentlich gefällt mir nichts an ihnen«, sagte Herr Helms, »sie haben aber auch gar nichts an sich, was mir gefallen würde. Ich habe meine Freunde, mit denen ich mich bestens verstehe. Genau wie du. Aber auf diesen Partys, auf denen nur Ehepaare sind, sehe ich nicht, wie ich ein interessantes Gespräch führen soll. Paare als Freunde? Ich habe mit den Frauen meiner Freunde selten etwas am Hut.«

»Fühlst du dich diesen Leuten intellektuell überlegen?« In der Frage seiner Frau zogen die dunklen Wolken des Ehekrachs auf.

»Um ehrlich zu sein, ja«, sagte Herr Helms unbekümmert. »Aber ich halte mich auch für intelligenter als viele meiner Freunde, und trotzdem sind sie meine Freunde. Ich rede nicht deshalb nicht, weil ich mich überlegen fühle, sondern einfach, weil ich kein gemeinsames Thema finde.«

»Also Befraldi hat sich bestens unterhalten.«

»Stimmt«, sagte Herr Helms.

»Er hat Witze erzählt.«

»Sehr gute«, betonte Herr Helms.

»Warum kannst du nicht Witze erzählen wie Befraldi?«

Herr Helms kam nicht ganz hinter den Sinn dieser Frage, aber nach ein paar Sekunden fand er einen Weg, sich aus der Affäre zu ziehen.

»Ich kann mir keine Witze merken. Außerdem hatte ich auf dieser Party keine Lust zum Witzeerzählen.«

»Und worauf hattest du Lust?«

›Der Gastgeberin an den Busen zu fassen‹, dachte Herr Helms, sagte es aber nicht.

In dem Moment klingelte das Telefon. Es war halb drei Uhr morgens. Beide stürzten hin: Der Kleine war doch bei der Schwiegermutter.

Die Frau von Herrn Helms war als Erste dran.

»Hallo?«, brüllte sie.

Und wieder brüllend: »Alles okay?«

Herr Helms hatte recht, es war seine Schwiegermutter. Aber in der Dunkelheit konnte er das Gesicht seiner Frau nicht sehen und also nicht erforschen, ob darin Erleichterung oder Erschrecken stand.

»O je«, sagte seine Frau, »das war ganz richtig von dir.«

Herr Helms zupfte seine Frau am Nachthemd.

»Warte kurz«, sagte seine Frau ins Telefon.

Sie wendete sich im Dunkeln Herrn Helms zu: »Der Kleine ist aufgewacht. Er fragt nach dir. Meine Mutter sagt, es ist nicht nötig, dass wir ihn holen. Sie glaubt, wenn du kurz mit ihm redest und er ein Glas Wasser trinkt, schläft er weiter.«

»Gib ihn mir«, sagte Herr Helms.

Seine Frau reichte ihm das schnurlose Telefon, und Herr Helms hörte, wie das Telefon durch die Wohnung seiner Schwiegermutter getragen wurde und in den Händen seines dreijährigen Sohns landete.

»Hallo, mein Kleiner«, sagte Herr Helms.

»Warum bist du weggegangen, Papi?«, fragte sein Sohn.

»Habe ich dir doch erklärt, mein Kleiner«, antwortete Herr Helms. »Ich war mit Mami auf einer Party. Du schläfst doch gern bei Oma.«

»Du sollst auch da sein.«

»Ich kann nicht auch da schlafen«, sagte Herr Helms. »Wenn du willst, hole ich dich ab, aber dann nehme ich dich mit nach Hause.«

»Nein, ich will bei Oma schlafen. Kannst du nicht kommen?«

»Morgen früh. Und jetzt schlaf, trink ein Glas Wasser und schlaf. Morgen, wenn du aufwachst, komme ich dich abholen. Ja?«

»Na gut.«

Der Junge gab das Telefon der Schwiegermutter und Herr Helms seiner Frau. Mutter und Tochter redeten noch fünf Minuten, in denen sie sich gegenseitig beruhigten. Herr Helms zog sich die Unterhose runter und harrte nackt unter dem Laken aus. Wieder einmal brachte das Telefon die Promiskuität über das Menschengeschlecht: Auf zügellose Weise macht es Familienmitglieder zu Teilnehmern intimster Handlungen. Man kann nackt mit der eigenen Mutter telefonieren; eine erotische Umarmung unterbrechen, um den Anruf der Schwester entgegenzunehmen; mit jedem beliebigen Verwandten unter der Dusche telefonieren. Das Telefon, ein Ding ohne Scham, erlaubt den Übergang zwischen unserer Welt und Sodom und Gomorrha. Seine Frau legte auf.

»Sie war schon zu Bett gegangen«, sagte sie zu Herrn Helms. Und kurz wirkte sie ganz aufgeräumt.

Sie schlüpfte unters Laken, deckte sich zu und ließ ihren Kopf ins Kissen sinken. Jeder Unbeteiligte hätte vermutet, sie lege sich schlafen, aber Herr Helms spürte die Spannung auf den Augenlidern seiner Frau, ihre gedankenstarren Pupillen, ihre hellwache Stirn.

»Wenn du wenigstens überhaupt nicht reden würdest«, sagte sie schließlich. »Dann könnten die Leute wenigstens denken, du hast irgendwas; aber du redest genau die zwei, drei Worte, nur damit du keine Aufmerksamkeit erregst.«

»Wie in dem ›Entwendeten Brief‹«, sagte Herr Helms zu sich selbst.

»Was für ein entwendeter Brief«, fragte seine Frau nach.

»Ich passe mich an, damit ich nicht auffalle«, schloss Herr Helms den Wortwechsel für sich ab. »Ich will keine Aufmerksamkeit auf mich ziehen«, fügte er hinzu.

»Ich schon«, sagte seine Frau. »Du vermittelst den Eindruck, als würdest du die Leute verachten.«

»Was für *Leute*?«, fragte Herr Helms.

»Die anderen Partygäste«, sagte Herrn Helms' Frau mit erstem Zorn.

»Meinst du im Ernst, von den anderen macht sich jeder Einzelne Gedanken darüber, wie er sich mir gegenüber verhalten soll, damit ich mich nicht unwohl fühle?«

»Nein«, winkte die Frau ab. »Sie verhalten sich einfach so, wie Leute sich auf Partys verhalten: Sie erzählen Witze, regen Themen an, erzählen ihre Erlebnisse. Befraldi und du, ihr seid Arbeitskollegen. Ihr habt doch vieles gemeinsam …«

»Na ja«, unterbrach Herr Helms. »Er verdient doppelt so viel wie ich und steht mindestens zwei Hierarchiestufen über mir.«

»Aber ihr habt einen ähnlichen Bildungsstand«, sagte sie. »Und ihr teilt Erfahrungen, wenn auch auf unterschiedlichen Ebenen. Warum ist er auf so einer Party ein Stimmungsmacher und du genau das Gegenteil?«

»Befraldi ist eben netter als ich«, knickte Herr Helms ein. Seine Frau verlor allmählich jedes Maß.

»Nein«, sagte seine Frau. »Du bist viel netter. Man braucht dich nur mit deinen Freunden zu sehen. Aber sobald du mit mir auf eine Party gehst, gibst du den Spielverderber.«

»Liebste«, sagte Herr Helms schließlich, »heute sind wir seit drei Monaten die erste Nacht allein zu Hause; ich weiß, dass ich den Fehler gemacht habe zu denken, dass uns das vielleicht dazu anregen würde, uns aneinander zu erfreuen. Aber selbst wenn ich davon absehe: Warum machen wir uns auf diese Weise das Leben zur Hölle? Warum können wir dann nicht wenigstens schlafen, wenn wir schon ein Mal die Gewissheit haben, dass unser Sohn uns nicht wie sonst um vier Uhr morgens weckt?«

»Es ist schon drei«, sagte seine Frau, wobei sie im Unklaren ließ, was sie mit diesem Hinweis sagen wollte. Und etwas ruhiger fuhr sie fort: »Ich soll also jedes Mal, wenn unser Sohn woanders schläft, wie eine Zwanzigjährige in Ekstase ausbrechen? Ich bin nicht verpflichtet, in Stimmung zu sein, nur weil unser Sohn nicht in seinem Zimmer ist. Und was dieses Gespräch angeht, ich bin sehr dafür, dass wir es weiterführen: und zwar weil unser Sohn nicht da ist. Endlich können wir mal in Ruhe reden.«

»Das heißt, du fühlst dich auch nicht verpflichtet, dass es uns gut geht«, sagte Herr Helms. »Sondern du fühlst dich verpflichtet, mir die Nacht zu versauen.«

»Das stimmt nicht«, entgegnete seine Frau etwas unsicher. »Ich spreche ein Thema an, das mich beschäftigt, weil es nicht das erste Mal ist. Es quält mich zu sehen, wie die anderen Ehemänner auf den Partys ihren Spaß haben und du stumm wie ein Fisch bist. Schlimmer: wie ein Fisch, der ein Minimum an Worten sagt, damit man ihn nicht belästigt.«

»Das tut mir leid«, sagte Herr Helms. »Vieles an mir habe ich mit deiner Hilfe geändert. Ich kleide mich besser, ich esse gesünder, und an heißen Tagen dusche ich zweimal. Das alles deinetwegen. Aber in dieser Sache werde ich dir nicht entgegenkommen können: Ich mag es, wie ich auf dieser Art Partys bin.«

»Weißt du, was ich glaube?«, sagte seine Frau auf einmal verärgert. »Befraldi ist deshalb zwei Stufen über dir, weil er auch zu fremden Leuten nett sein kann, und nicht nur zu seinen Freunden. Er verdient das Doppelte, weil er gesellschaftsfähig ist.«

»Gut möglich«, sagte Herr Helms, bemüht, nicht allzu verletzt zu sein.

»Ich glaube, du kannst doppelt so viel wie Befraldi«, merkte seine Frau mit eindeutig abmildernder Absicht an. »Aber wer die anderen verachtet, wird nicht auf den Thron gelassen. Genau umgekehrt: Er wird aus dem Palast verstoßen.«

»Gut möglich«, wiederholte Herr Helms. »Ich schlafe auch lieber zu Hause. Apropos: Lass uns doch schlafen.«

Er warf sich auf seine Seite des Betts und drückte den Kopf energisch ins Kissen: wie jemand, der weiß, dass er nicht schlafen kann, aber nicht gestört werden möchte. Seine Frau starrte an die Decke. Ihre Augen hatten sich an die Dunkelheit gewöhnt, und Herr Helms stellte sich das ratlose Gesicht seiner Frau vor.

Unbeeindruckt von Herrn Helms' Maßnahme sagte die Frau: »Warum kannst du es nicht zumindest versuchen?«

Auf die Frage folgte Schweigen.

Das Schweigen zog sich in die Länge.

›Ob sie schläft?‹, grübelte Herr Helms.

Wie wenn man vorsichtig nachsehen will, ob ein Kind eingeschlafen ist, im Wissen, dass das kleinste Geräusch oder die geringste Bewegung es wecken können, drehte Herr Helms sich vorsichtig, ohne den Kopf vom Kissen zu heben, um und schielte aus dem Augenwinkel zu seiner Frau: Sie lag wach, ihre Augen waren aufgerissen wie die einer Puppe. Man konnte hören, wie es in ihrem Gehirn vom Wälzen schwerer Gedanken ächzte und knirschte.

»Ich will dir mal was sagen«, lenkte Herr Helms ein. »Ich darf dir das eigentlich nicht sagen und werde dafür bezahlen. Trotzdem sage ich es dir jetzt, damit du mich endlich in Frieden lässt.«

Seine Frau schnaufte, Ausdruck von Ironie, Spott und Aggressivität zugleich.

»Befraldi hat eine Geliebte«, sagte Herr Helms.

Die Ehefrau blieb stumm.

»Eine Sechzehnjährige. Vielleicht strahlt er deshalb so viel Selbstzufriedenheit aus.«

In der nun eintretenden Stille hätten Herr Helms und seine Frau nicht beurteilen können, ob es nun dunkel war oder nicht. Die Morgendämmerung kündigte sich noch nicht einmal an, aber sie erkannten die Gegenstände in ihrem Schlafzimmer.

»Ist sie aus dem Büro?«, fragte die Frau. Herr Helms hörte in ihrer Frage eine nicht geringe Portion Bewunderung, ja Verständnis. Sie sah ihn an, als hielte sie seine Enthüllung für aufschlussreich. Seine Frau brachte Verständnis für einen Mann auf, der sich mit Liebesaffären bei Laune hielt und dazu den vorbildlichen Ehemann gab: nett, aufmerksam, gesellig.

»Nein«, sagte Herr Helms. »Sie ist nicht aus dem Büro. Sie ist ein einfaches Mädchen. Er hat sie im Zug kennengelernt. Jeder, der sie gesehen hat, sagt, sie ist eine Schönheit, dass sie wie eine italienische Schauspielerin aussieht.«

Jetzt war es soweit, der Morgenhimmel klarte.

Die Frau von Herrn Helms sagte darauf nichts. Herr Helms sah, wie sie die Augen schloss. Vielleicht würde sie jetzt, mit dem ersten Licht des Tages, einschlafen.

Aber Herr Helms würde sie noch nicht schlafen lassen. Er würde sie nicht mit diesem warmen Lächeln auf den Lippen einschlafen lassen, träumend von Befraldi und dem schönen, armen, italienischen Mädchen.

»Übermorgen«, fuhr Herr Helms fort, »wird Befraldi seine Frau verlassen. Er geht mit dem Mädchen nach Chile. Er wird dorthin als Geschäftsführer versetzt, der Rest kümmert ihn nicht die Bohne. Das Mädchen kommt mit. Das steht fest.«

Die Augen seiner Frau klappten auf, als hätte Herr Helms endlich die Nummernkombination eines Schlosses gefunden. Er sah, wie sie zunächst die Luft anhielt und sie dann unwillkürlich ausstieß. In dem Luftschwall, der seiner Frau entwich, waren Verstörung und Schrecken geradezu greifbar.

»Weißt du was?«, sagte Herr Helms zu seiner Frau, so als käme er nun auf etwas vollkommen anderes zu sprechen. »Mich müsste man vierteilen, um mich von meinem Sohn zu trennen. Will sagen: Ich fühle mich so stark zu meinem Sohn hingezogen, dass jemand, der mich von ihm trennen wollte, mir körperliches Leid zufügen würde. Beziehungsweise ich würde demjenigen körperliches Leid zufügen.«

Die Ehepartner schwiegen. Der Himmel wurde blau.

Die Stille dauerte etwa zehn Minuten, da döste Herr Helms ein.

Die Hand der Frau glitt Herrn Helms' Bein hinauf: Die Finger tasteten sich zur Lendenregion vor.

Herr Helms überlegte in aller Ruhe: Er konnte sie weitermachen lassen oder sich schlafend stellen. Er wusste noch nicht, ob er sich für Rache oder für Versöhnung entscheiden würde.

Aus dem Spanischen von Stefanie Gerhold

Ana Clavel

Seine wahre Liebe

Für Frau Reyna Velázquez

I

Laut der Version, die in Iguazul die Runde machte, war Hauptmann Aguirre ein warmer Bruder und hatte sich deshalb in der Hochzeitsnacht Zinacanta Reyes gegenüber wie ein Dreckskerl verhalten. Es war gerade Regenzeit, und die Leute, die gezwungenermaßen tagelang in ihren Häusern oder in der Schenke verweilen mussten, beschäftigten sich damit, die Ereignisse bis ins Kleinste zu durchleuchten, während draußen das Wasser in die Pfützen plätscherte. Nur Hortensio Reyes, Zinacantas Vater, und die Miliz suchten die ganze Gegend nach Hauptmann Aguirre ab, um ihn zu verhaften.

Hauptmann Aguirre tauchte einige Tage später auf. Man fand seine schlammbedeckte Leiche in der Lagune von Corralero. Obwohl wenige Stunden später der offizielle Bericht besagte, dass der Hauptmann sich das Leben nahm, nachdem er Dinge getan hatte, die die Ehre und den guten Namen der Armee beschmutzten, schenkten die Leute dem Gerücht Glauben, man habe ihn aus Rache getötet; aber das hörte man natürlich nur hinter vorgehaltener Hand. Zinacantas Vater hatte nämlich, was die Meinung der Leute anging, ein ebensolches Gewicht wie die Tonnen voll Kopra, das ihre Kokospalmen produzierten und das er den Kleinbauern abkaufte, um sie anschließend an die Seifenfabriken in der Hauptstadt weiterzuverkaufen. So war es immer gewesen, wie Catalina erzählte, die sich um Zinacanta kümmerte, seit ihre Mutter an Krebs gestorben war, als das Mädchen zwölf Jahre alt war. Damals ließ sie die Pracht, die sie später entfalten sollte, noch nicht erahnen. Schmächtig und ohne jede Anmut kam sie daher, als sei der Kopf ihr eine Last. Don Hortensio hatte nichts bemerkt, bis die indiskrete Bemerkung eines Betrunkenen, der im Grunde nur wiederholte, was andere in Iguazul sagten, sein Augenmerk auf die ungelenke Erscheinung seiner Erbin lenkte. Er ging gerade mit seiner Tochter an der Hand über die Hauptstraße von Iguazul, als man vom Eingang der Schenke jemanden rufen hörte:

»Zinacantita, du darfst nicht mehr so viel Kopra auf dem Kopf tragen, Kind, du kriegst ja einen Hals wie ein Geier …«

Einige Tage nach dem Zwischenfall brachen Zinacanta, ihr Vater und Catalina in Richtung Hauptstadt auf. Hortensio Reyes kehrte wenige Tage später wieder zurück, doch Zinacanta blieb, wie man später erfuhr, bei einer Cousine ihres Vaters, damit sie unter ärztlicher Aufsicht war und wie eine junge Dame erzogen werden konnte. Ihr Vater besuchte sie jeden Monat, aber Zinacanta kehrte erst im Alter von siebzehn Jahren nach Iguazul zurück. Kurz vor ihrer Rückkehr soll sie die Länder Europas besucht haben. Als wir sie ankommen sahen, hatten wir alle den Eindruck, dass ihr diese Stippvisite bei den Blondschöpfen hervorragend bekommen war. Sogar ihre Haut wirkte weißer, und sie hatte ein Strahlen in den Augen, das diese ganz hell aussehen ließ.

Wie ein feines junges Fräulein kam sie zurück, mit samtbesetzten Satinhüten und eng auf Taille geschnittenen Kleidern. In jener Zeit trugen nur die Töchter der Familien Baños, Mairén und Carmona seidene Strümpfe und hochhackige Schuhe, doch Zinacanta hatte Modelle mitgebracht, die man lediglich aus den Modezeitschriften kannte. Und selbstverständlich waren wir auch tief beeindruckt von ihrer neuen Art zu gehen. Einer wagte sogar die Bemerkung, sie habe wohl den Packen Kopra, den sie früher auf dem

Kopf zu tragen schien, gegen ein leichtes Glas Wasser ausgetauscht. So grazil und elegant bewegte sie Beine, Hüften, Arme, Schultern und Hals. Weniger anmutige Mädchen begannen an ihr herumzumäkeln: Die Stolen, die sie auf Festen trage, seien deplatziert bei einem so heißen Klima wie dem von Iguazul; die Stöckelschuhe eigneten sich nicht für die Böden aus gestampfter Erde, die in der Regenzeit zu purem Schlamm wurden; die Juwelen, mit denen sie sich behänge, seien eine Provokation für Banditen aus umliegenden Dörfern; ihre Art die Hüften zu schwingen passe eher zu einer Rumba-Tänzerin als zu einem anständigen jungen Fräulein …

Gerede eifersüchtiger Frauen. Das halbe Dorf (die andere Hälfte waren die Frauen) war nämlich hingerissen von Zinacanta, als sei sie das einzige weibliche Wesen nicht nur in Iguazul, sondern auf der ganzen Welt. Wir wussten aber ganz genau, dass sie für uns noch unerreichbarer war als die Jungfrau im Himmel. Das Höchste, was wir uns, mit Brillantineglanz im Haar, frischem Hemd und Schuhen an den Füßen, erhoffen konnten, war ein Tänzchen mit ihr auf einem der Feste, zu denen Don Hortensio seit ihrer Rückkehr regelmäßig einlud. Es war ein komischer Anblick, wie die Frauen aus guter Familie mit ihren Abendkleidern, Stöckelschuhen, Pelzen und Juwelen vorsichtig den Pfützen auswichen, um nicht auszurutschen und sich schmutzig zu machen … Auf einer dieser Veranstaltungen hörte ich, wie der Bürgermeister Don Hortensio fragte, ob er Zinacanta denn nicht einmal zu diesem Schönheitswettbewerb schicken wolle, auf den man sich in der Hauptstadt seit etwa einem Jahr vorbereitete. Den werde sie sicher gewinnen.

»Aber Don Tano, meine Zinacanta ist ein anständiges Mädchen. Was hat sie denn unter diesen liederlichen Frauenzimmern verloren?«

Zinacanta, die bei dem Gespräch dabei war, lächelte nur. Es

war eine Wonne, sie lächeln zu sehen, als küsse sie die Luft um sie herum …

Die Damen der Familie Baños, die kurze Zeit später zu einer Einkaufstour in die Hauptstadt aufbrachen, wo sie sich mit der neuesten Mode eindecken wollten, erzählten überall ganz stolz, sie hätten die Verwendung des Tanzkärtchens auf Bällen eingeführt, aber in Wirklichkeit war Zinacanta Reyes diejenige, die damit angefangen hatte. Ich erinnere mich noch genau daran, es war am Neujahrstag, als Feldwebel Molina Zinacanta um den ersten Tanz bat. Ich stand in der Nähe und konnte hören, was sie erwiderte:

»Wenn Sie mit mir tanzen möchten, muss ich Sie in mein Tanzkärtchen eintragen.«

Und sie trug ihn ein, ebenso wie uns andere, die wir sie, nun vorgewarnt, schon im Voraus zum Tanz aufforderten. Feldwebel Molina fasste Zinacantas Koketterie jedoch als Abfuhr auf und verließ das Fest. Zinacanta hatte keine Zeit, sich zu wundern, weil sofort der damalige Leutnant Aguirre auf sie zueilte und sie um den nächsten Tanz bat, den sie ihm ungeachtet der Tatsache, dass der Name des Leutnants nicht auf ihrem Tanzkärtchen stand, gestattete.

»Verzeihen Sie Feldwebel Molina«, sagte Leutnant Aguirre. »Er ist eben etwas hitzköpfig.«

Auf den *Bambuco*, den sie miteinander tanzten, folgte ein Walzer und auf diesen eine *Chilena*, und der Anblick der beiden, wie sie sich an den Händen hielten und sich mit einer ähnlichen Grazie in den Bewegungen über die Tanzfläche drehten, ließ uns ungefähr erahnen, was geschehen würde. Dass Zinacanta bereits vor jenem Fest in den Leutnant verliebt war, konnte selbst Catalina nicht bestätigen. Die bösen Zungen behaupteten jedenfalls, der Einfall mit dem Tanzkärtchen sei eine List von Zinacanta Reyes gewesen, mit der sie Leutnant Aguirre zwingen wollte, durch einen Tanz mit ihr für den Feldwebel geradezustehen und ihr so die Gelegenheit zu geben, sich in seine Arme zu schmiegen, denn bis dahin habe er nicht den Anschein erweckt, ihr den Hof machen zu wollen.

Der Leutnant war so anmutig und feinsinnig, dass man schon damals Zweifel an seiner Männlichkeit hatte. Man wusste, dass er aus einem Dorf in der Nähe von Iguazul stammte, aber dass man nie von einem amourösen Abenteuer gehört hatte, sorgte für Gerüchte. Die Leute redeten, vor allem jene Frauen, die ihm einmal schöne Augen gemacht hatten – denn man muss ihm schon zugestehen, dass er einigen Anlass bot, ihnen zu gefallen – und die er nach einer flüchtigen Handbewegung zu seiner Mütze hatte links liegen lassen. Diejenigen, die sich zu Fürsprechern seiner Ehrbarkeit machten, erklärten, er sei ein schüchterner, aber sehr verantwortungsbewusster Mann, der eifrig um seine militärische Karriere bemüht sei und den man schon sehr bald befördern werde. Und tatsächlich machte man ihn kurz darauf zum Hauptmann, sehr zum Ärger mehr als einer Dame, die in ihm eine hervorragende, aber gleichzeitig unerreichbare Partie sah.

Niemand wusste, womit sich Aguirre an seinen freien Tagen beschäftigte, aber höchstwahrscheinlich verbrachte er sie damit, die Bücher zu lesen, die er bei Don Apolinar, dem Buchhändler von Iguazul, bestellte. Es waren seltsame, dicke Romane ohne irgendwelche Bilder, ganz anders als die Heftchen, die Don Apolinar jede Woche mit dem Zug geschickt bekam und die wir immer sehnsüchtig erwarteten. Wir wussten nicht viel über seine Vorlieben, aber es machte ihm auf jeden Fall Spaß, sich mit den kleinen Jungen zu unterhalten. Er kaufte ihnen Süßigkeiten, Bälle und Bildergeschichten, aber da viele von ihnen nicht lesen konnten, traf man den Hauptmann nicht selten am Samstagnachmittag auf dem Basketballfeld hinter der Kirche umringt von einer Gruppe kleiner Bengel an, die gespannt auf die Abenteuer von Kalimán und Solín warteten.

Eines schönen Tages löste sich der Kreis der jungen Zuhörer auf und man sah den Hauptmann Steine klopfen, die für den Bau des neuen Glockenturms verwendet werden sollten. Das war ein Skandal, wenn auch hinter vorgehaltener Hand, doch die Zerbrechlichkeit in seinem Blick und ein gewisser Respekt vor dem militärischen Rang, den er dank seiner Verdienste erworben hatte, sorgten dafür, dass die Angelegenheit keine allzu hohen Wellen schlug. Man konnte nichts Genaueres erfahren, weil Homeros Mutter, die vermeiden wollte, dass der Name ihres Sohnes von Mund zu Mund ging, zu ihren Verwandten in El Ciruelo zog. Es schien aber um Schuhe zu gehen. Homero war elf Jahre alt und lief wie die meisten Kinder damals immer barfuß herum. Bei einer der Lesestunden auf dem Basketballfeld hatte ihn der Hauptmann gebeten noch zu bleiben, als die anderen bereits aufbrachen. Er hatte etwas Besonderes für ihn: ein paar Gummischuhe. Als die beiden auf dem Weg zu Homeros Haus waren, trug dieser, wie einige Kinder erzählten, die Schuhe an den Füßen, obwohl er Mühe hatte, darin zu laufen. Homeros Haus lag ein gutes Stück oberhalb des kleinen Flüsschens. Irgendeiner sagte, er habe die beiden schwimmen sehen, sei aber nicht verwundert gewesen, dass sie bei der Hitze ins Wasser gestiegen seien. Homero kam nach Hause, als es bereits dunkel wurde, und kurze Zeit später stieg seine Mutter, auch auf die Gefahr hin, einer Korallenschlange zu begegnen, den Hang hinunter und eilte in Richtung Kaserne. Sie, die später jegliches Gerede vermeiden wollte, war diejenige, die das Gerücht erst in Umlauf brachte. Als die Soldaten ihr den Zutritt verweigerten, stürzte sie sich nämlich wie eine Furie auf sie und brüllte: »Lasst mich rein, lasst mich zu diesem Scheißkerl, der meinen Sohn zur Hure gemacht hat …« Sie fuchtelte so wild in der Gegend herum, dass sie, als sie endlich durchgelassen wurde und ins Büro von Major Carmona gelangte, kaum noch Kraft hatte zu protestieren. Was der Major zu ihr sagte, um sie davon zu überzeugen, keine offizielle Anschuldigung zu erheben, konnte niemand in Erfahrung bringen.

Aber am nächsten Tag nach der Neun-Uhr-Messe bekreuzigten sich die Leute jedes Mal, wenn jemand den Namen des Hauptmanns erwähnte.

Dieser verschwand für ein paar Monate. Es war die Rede davon, dass man ihn in die Hauptstadt versetzt habe, aber Mitte Mai, als die Leute bereits mit dem Gemetzel beschäftigt waren, das die Familie Román unter den Brüdern Clavel angerichtet hatte, tauchte er wieder auf.

Seit seiner Rückkehr konnte man den Hauptmann dann an seinen freien Tagen von früh bis spät Steine für den Glockenturm klopfen sehen, aber es achtete fast keiner mehr auf ihn, weil wir alle zu sehr damit beschäftigt waren, die letzten Teile (ein Ohr und einen Fuß) aufzuspüren, die von den Verstorbenen noch fehlten. Wenig Aufmerksamkeit schenkte man auch der neuen Person, die dem Hauptmann nun öfter Gesellschaft leistete, zumal Emperatriz Clavel nach einigen Tagen die Belohnung verdreifachte, die sie demjenigen in Aussicht gestellt hatte, der die restlichen Teile finden würde, damit die unglückseligen Brüder endlich ein christliches Begräbnis bekommen konnten. Diese neue Person an der Seite des Hauptmanns war Zinacanta Reyes.

Catalina erzählt, damals sei es zu den ersten zarten Begegnungen des unglückseligen Paares gekommen. Zinacanta nahm ihr wohl den Krug mit dem Zitronenwasser aus der Hand, um dem Hauptmann selbst ein Glas einzuschenken. Dann füllte sie das Glas erneut und schickte Catalina mit dem leeren Krug zurück. Anfangs lehnte Aguirre ihre Gesellschaft noch ab, doch bald schon machte er ein freudigeres Gesicht und stellte den Pickel gleich zur Seite, wenn er sie kommen sah. Zweifellos ahnte er, dass diese Frau seine Rettung sein konnte.

Mit der Zeit geriet die Sache mit der Suche nach dem Fuß und dem Ohr immer mehr in Vergessenheit. Wir nahmen allmählich wieder unsere Umgebung wahr, und viele stellten verwundert fest, dass sich Zinacanta und Hauptmann Aguirre jeden Samstagnachmittag gegen vier Uhr in der Nähe der Kirche trafen. Einer, der sie seit ihren ersten Begegnungen wohl wirklich nicht aus den Augen gelassen hatte, war Feldwebel Molina, denn der trieb sich immer unter den Arkaden der Plaza herum und spähte aufmerksam in Richtung Kirche. Dass Molina großes Interesse an Zinacanta Reyes hatte, war ein offenes Geheimnis, doch seit er einmal einen Stummen mit Fußtritten aus der Schenke befördert hatte, weil dieser ihn etwas eindringlich angeschaut hatte, wagte keiner mehr, ihn zu belästigen – noch weniger in einer so heiklen Angelegenheit …

Nur Don Apolinar konnte es in den Sinn kommen, das Thema anzusprechen, als er wieder einmal nachmittags seinen Laden verlassen hatte, um unter den Arkaden mit dem Bürgermeister einen Kaffee zu trinken. Ich saß mit meinem Vater an einem anderen Tisch und konnte hören, wie Don Apolinar zu dem Feldwebel hinüberrief, der an einer der Säulen lehnte und, eine Zigarette nach der anderen rauchend, in Richtung Kirche starrte:

»Gucken Sie sich nur nicht die Augen aus dem Kopf, Herr Feldwebel … Das Täubchen hat schon einen Herrn.«

Der Feldwebel konnte sich nur mit Mühe zusammenreißen. Er warf die Zigarette auf den Boden und sagte:

»Wir werden ja sehen, ob das Täubchen aus einer anderen Hand besser frisst.«

Und entschlossen, wenn nötig selbst den Teufel über den Haufen zu rennen, stob er davon.

Ein Jahr später erschien Hauptmann Aguirre in Galauniform und in Begleitung von Major Carmona im Hause von Don Hortensio Reyes, um offiziell um die Hand seiner Tochter anzuhalten. Wir Schaulustigen drängten uns am Fenster und sahen Zinacanta in einem blauen Kleid, dessen gekräuselte Spitze Brust und Schultern einrahmte. Am Hals trug sie eine doppelte Perlenkette, das erste

Geschenk des Hauptmanns. Sie ähnelte diesen Schauspielerinnen aus den Filmen, die damals Woche für Woche ins einzige Kino von Iguazul kamen. Wie diese hatte sie sich den Mund so angemalt, dass es wie ein Herz aussah, das man ihr am liebsten weggeküsst hätte. Sie saß während des Gesprächs der Männer in einem etwas abseits stehenden Sessel, schweigend und mit tiefblauem Blick.

Die zwei Monate bis zur Hochzeit vergingen wie im Flug bei all den offiziellen Besuchen des Hauptmanns im Hause der Familie Reyes, den frühnachmittäglichen Spaziergängen des Paares, immer in Begleitung Catalinas, den Reisen in die Hauptstadt zur Vervollständigung der Brautausstattung …

Als Feldwebel Molina die Neuigkeit erfuhr, machte er sich auf in die Kneipe und verließ diese erst, als er sturzbetrunken war und allen, die ihm Gehör geschenkt hatten, Einzelheiten von jenem Nachmittag erzählt hatte, an dem Homero und Hauptmann Aguirre im Fluss gebadet hatten. Dann ging er zu seiner Geliebten, Bella Galindo, und schlug sie halbtot. Am nächsten Morgen hörte man, dass sich die Galindos auf die Suche nach ihm gemacht hatten, um ihm den Garaus zu machen. Daraufhin schaltete sich dann Hauptmann Aguirre in die Sache ein. Er schickte ein Kommando los, das den Feldwebel festnehmen und unversehrt in die Kaserne bringen sollte. Stunden später kamen die Soldaten mit leeren Händen, aber mit der Information zurück, dass die Galindos in Richtung Las Iguanas aufgebrochen waren, weil ihnen jemand gesagt hatte, Molina sei bei einer seiner Schwestern untergetaucht. Da machte sich der Hauptmann auf den Weg dorthin und brachte ihn unter dem Risiko, selbst von den Galindos aus dem Hinterhalt niedergemetzelt zu werden, entgegen allen Erwartungen als Gefangenen zurück.

Es war schon dunkel, als sie in Richtung Kaserne vorbeiritten. Aguirre saß schweigend und mit abwesendem Blick auf seinem

Pferd, während der Feldwebel, dessen Hände vorne zusammengebunden waren, damit er die Zügel halten konnte, ein leicht spöttisches Grinsen auf seinen vollen Lippen zur Schau trug. Welche Gewitterstürme und Flächenbrände im abwesenden Blick des Hauptmanns schlummerten, wollten die Leute lieber nicht sehen, aus Angst, erkennen zu müssen, dass die echten Gewitterstürme und Flächenbrände noch bevorstanden.

Nur solche quellklaren Seelen wie die von Zinacanta Reyes konnten in dieser Festnahme einen Akt des Mutes und der Güte sehen. Dass Don Hortensio Reyes das, was in ganz Iguazul über seinen künftigen Schwiegersohn gemunkelt wurde, nicht gehört hatte, ist mehr als unwahrscheinlich. Aber wer ihn nur ein bisschen kannte, wusste, dass sich hinter seiner ganzen ehrfurchtgebietenden Würde ein Mann verbarg, in dessen Leben es zwei große – wenn auch unterschiedlich geartete – Lieben gegeben hatte: Zinacantas Mutter und Zinacanta. Wenn ihm also etwas zu Ohren gekommen war, dann hatte er beschlossen, es für sich zu behalten, als er sah, wie Zinacanta ihre eng mit denen des Hauptmanns verschlungenen Initialen auf die Betttücher stickte und sich dabei mit fast märtyrerhafter Lust in die Fingerkuppen stach, sie, die doch schon als kleines Mädchen Handarbeiten verabscheut hatte.

Dann kam endlich der Tag der Hochzeit. Sie gaben sich an einem Mittag im Juni das Jawort, mitten in der Regenzeit. Als alles vorüber war, sagte Pater Samuel in einer Sonntagspredigt, der Himmel habe all dieses Wasser geschickt, um die große Sünde wegzuwaschen, die da bald begangen werden sollte.

Zinacanta machte sich mit freudestrahlenden Augen auf den Weg zur Kirche. Sie trug ein Brautkleid, das zumindest damals den Neid aller Frauen erregte. Hauptmann Aguirre hatte seine Galauniform angelegt, doch seine zinnsoldatenhafte Erscheinung, dieser mechanische und steife Gang, hatte wenig mit der Nervosität und Ergriffenheit gemein, die andere, hätten sie in seiner Haut gesteckt, verspürt hätten. Als sie aus der Kirche kamen, erwartete sie der Amtsrichter in Don Hortensio Reyes' Haus, das mit Magnolien in Körben und in Gestecken geschmückt war. Bei der Hitze verströmten die Magnolien ihr Limonenaroma in wahren Duftwolken. Am Ende der Zeremonie gaben sich die Frischvermählten ihren ersten und letzten Kuss in der Öffentlichkeit, doch es war Zinacanta, die die Lippen Aguirres suchte, während dieser sich lediglich küssen ließ. Viele der Frauen, die dem Fest beiwohnten, waren richtig glücklich über Zinacantas Hochzeit, denn jetzt hatten sie beim Rest der Galane das Feld ganz für sich allein. Es gab jedoch auch welche, deren Neid bei jedem Trinkspruch, bei jedem grimassenhaften Lächeln durchschien, und man konnte nur zu deutlich sehen, dass sie zu Tode betrübt waren. Wie bald schon sollten sie sich für ihr Schicksal entschädigt fühlen, denn am folgenden Tag machte in ganz Iguazul die Nachricht die Runde, dass Zinacanta Reyes noch in der Hochzeitsnacht nach Hause zurückgekehrt war. Ein paar Kellner und der Gehilfe, der auf dem Anwesen die Kehrarbeiten verrichtete, sahen sie in Richtung Hauptstadt aufbrechen, nachdem sie sich stundenlang mit ihrem Vater und Catalina im Büro eingeschlossen hatte. In einen schwarzen Schal gehüllt, war sie eher eine Seele aus dem Fegefeuer als der Engel aus dem Paradies, den viele von uns in ihr sahen.

Sie machte sich allein auf den Weg, weil ihr Vater beschlossen hatte, dass Catalina bei den Ermittlungen anwesend sein sollte, falls er später Rechenschaft darüber ablegen musste, dass er dem Hauptmann die Schmach heimgezahlt hatte. Es heißt, Zinacanta habe gegen die Drohungen ihres Vaters nicht aufbegehrt, man hörte sie nicht einmal weinen oder irgendein Wort von sich geben. Nur Catalina erzählte mit wehklagender Stimme, was in dem Haus vorgefallen war, das Don Hortensio den frisch Vermählten geschenkt hatte: Hauptmann Aguirre, so die Kurzfassung, sei ein warmer Bruder, der als Gegenleistung für die Gefälligkeit von Feldwebel Molina auf dessen Bitte eingegangen sei, ihn in der Hochzeitsnacht mit Zinacanta Reyes vertreten zu dürfen.

Doch Zinacanta Reyes, die selbst mit geschlossenen Augen noch das kleinste Haar von Hauptmann Aguirre erkannt hätte, entdeckte in der Dunkelheit ihres Schlafgemachs die Täuschung, sobald sie von zwei starken Armen umfangen wurde, die auf keinen Fall dem Hauptmann gehören konnten. Als sie dessen gewahr wurde, was da vor sich ging, hatte sie sich bereits mit Händen und Füßen gewehrt und um Hilfe geschrien. Catalina, die sich in einem angrenzenden Zimmer aufhielt, hörte ihre Schreie und eilte ins Gemach des Hochzeitspaars. Der Feldwebel flüchtete, doch Catalina konnte ihn erkennen, als er aus dem Fenster sprang. Da legte sie ihrer Señorita einen Schal um die Schultern und zerrte sie zum Haus ihres Vaters.

Noch in den frühen Morgenstunden begann die Suche nach dem Feldwebel und dem Hauptmann. Ersteren fand man Stunden später in einer Schenke in El Ciruelo. Er wurde festgenommen, doch Major Carmona verlangte nach ihm, um ihn vor ein Militärgericht zu stellen. Die Landpolizei und Don Hortensios Männer lieferten ihn anstandslos aus; schließlich hatte Molina aus einem Übermaß an Männlichkeit heraus gefehlt, während Aguirre …

Als Tage später die Leiche des Hauptmanns auftauchte, hätte keiner mit hundertprozentiger Sicherheit sagen können, dass es sich wirklich um ihn handelte, so zerfressen war er von den Krebsen der Lagune. Man machte eine überstürzte Autopsie, die ergab, dass der Hauptmann durch einen Schuss in den Gaumen zu Tode gekommen war, den er selbst ausgelöst hatte. Da er in Iguazul keine Verwandten hatte, wurde die Leiche den Behörden übergeben. Entgegen allen Erwartungen bat daraufhin Hortensio Reyes um

Übergabe des Leichnams, bevor er endgültig zu seiner Tochter in die Hauptstadt aufbrach; doch er wollte ihn nur haben, um sich die Genugtuung zu verschaffen, ihn ohne Sarg und ohne jede Ansprache am Wegesrand zu verscharren.

II

Draufgängerisch wie er war, ließ Feldwebel Molina unter den Prostituierten von Iguazul viele glühende Pobacken zurück. Vielleicht war das der Grund, weshalb die Frauen, die den anderen Teil der Geschichte kannten, erst Jahre später redeten, als die Glut erloschen war. Feldwebel Molina hatte Hauptmann Aguirre zu Sebastiana geschleppt, damit er sich dort vermeintlich mit den Mädchen vergnügen konnte, bevor er sich dem Joch der Ehe unterwarf. Selbst Sebastiana wunderte sich darüber, dass Aguirre eingewilligt hatte, den Feldwebel am Vorabend seiner Hochzeit zu begleiten, wo dieser doch ganz eindeutig, gekränkt wie er war, nichts anderes im Sinn haben konnte, als ihm zu schaden. Vielleicht musste er sich ja beweisen, dass er mit dem Feuer spielen konnte, ohne sich zu verbrennen. Aber damit er sich verbrannte und in der Hölle schmorte und nebenbei auch noch Zinacanta ins Unglück riss, dafür hatte der Feldwebel einen ausgeklügelten Racheplan geschmiedet.

Der Feldwebel war nicht so blind, um nicht zu sehen, dass seine Rettung vor den Galindos in Las Iguanas ein eindeutiger Beweis für Aguirres Interesse an ihm war. Man hatte ihn später zwar mehrmals wegen mangelnder Disziplin ins Gefängnis gesteckt, was jedes Mal auf eine direkte Anordnung des Hauptmanns zurückgegangen war, doch für ihn war das nur ein weiterer Beweis dafür, dass Aguirre ihn bestrafte und von sich fernhielt, weil er Angst vor ihm hatte. Oder weniger Angst vor ihm als Angst vor sich selbst. Um sich zu rächen, gab sich der Feldwebel nicht mit dem Gerede der Leute und auch nicht mit seinen eigenen Mutmaßungen zufrieden; er brauchte Tatsachen und … Zeugen. Und dafür schlüpfte er in seinen Schafspelz, spielte den Dankbaren und lud den Hauptmann zu Sebastiana ein. Dass sie dort tranken und tranken, bis Aguirre völlig den Halt und im Fallen sein Gewissen verlor, war die Schuld des Feldwebels, der ständig nach mehr Schnaps rief. Anfangs sträubte sich Sebastiana noch gegen Molinas Vorhaben, den Hauptmann in ein Zimmer im ersten Stock zu schleifen und dort allein mit ihm zu bleiben, doch sie änderte ihre Meinung, als ihr der Feldwebel einen Fünfziger in den Ausschnitt steckte. Eine halbe Stunde bevor Molina Sebastianas Haus wieder verließ, verlangte er nicht mehr nach weiteren Getränken. Aus dem Zimmer, in das sie gegangen waren, drang kein Laut, zumindest konnten die Mädchen nicht mal ein Gemurmel hören, obwohl sie ihr Ohr an die Tür pressten. Und da innen alles dunkel war, konnten sie auch nichts sehen, als sie zu einem kleinen Fenster unterhalb der Decke kletterten. Stunden nachdem der Feldwebel gegangen war, kam Aguirre torkelnd heraus. Er brauchte nichts zu fragen, denn der ausweichende Blick der Mädchen, so erzählte Sebastiana, sagte alles. Oder eigentlich alles *das*, was der Hauptmann herauszulesen vermochte, denn es hätte ja niemand zweifelsfrei nachweisen können, dass dieses *alles* tatsächlich geschehen war.

Für den Rest der Geschichte braucht man nur zwei und zwei zusammenzuzählen: Molinas Drohung, falls Aguirre bei seinem Plan nicht mitspielte, Aguirres Angst oder Schuldgefühl, das ihn in den Abgrund springen ließ, denn den ersten Schritt ins Verderben hatte er schließlich bereits getan …

III

Stunden bevor das Hochzeitsfest zu Ende ging, war Feldwebel Molina aufgetaucht und vor Hauptmann Aguirre und Zinacanta vorbeistolziert, just als man sie beim ersten Trinkspruch fotografierte. Betrunken, wie er war, verlangte er brüllend, man solle ihn zusammen mit dem Hauptmann und seiner Frau Gemahlin ablichten, doch keiner wagte es ihn hinauszujagen, aus Angst, er würde einen Skandal veranstalten und das Fest verderben. Auf dem Foto, das Catalina als Talisman gegen Unglück aufbewahrte, stand er mit triumphierendem Lächeln zwar etwas im Hintergrund, aber doch zwischen dem Brautpaar. Aguirres Gesicht strahlte in jenem Augenblick völlige Ruhe aus. Vielleicht hatte er dem Feldwebel ja sogar das verziehen. Schließlich war er trotz allem seine wahre Liebe.

Plötzlich verschwand Aguirre von dem Fest. Zinacanta Reyes verstand dies als diskrete Aufforderung, sich zurückzuziehen, und ging in Begleitung Catalinas in ihr neues Haus am Ufer der Lagune von Corralero.

Dann geschah die Katastrophe.

Selbstmord oder nicht, es ist jedenfalls unwahrscheinlich, dass sich ein und derselbe Mann zuerst in den Hintern und dann in der Mund schießen kann oder umgekehrt. Manche behaupteten, Don Hortensio in seiner Empörung, andere meinten, Molina in seinem Groll über die neuerliche Zurückweisung Zinacantas, wiederum andere glaubten, Zinacanta selbst … Die wenigsten waren der Meinung, Aguirre habe sich tatsächlich umgebracht und dann sei jemand gekommen, um noch einmal auf ihn zu feuern.

Monatelang warteten die Leute gespannt darauf, weitere Einzelheiten zu erfahren, doch nach ein paar Jahren war Aguirre, Hauptmann Aguirre, nur noch eine dunkle Erinnerung. Iguazul wurde größer und änderte seinen Namen, seine Flüsse trockneten aus, und seine Tage wurden kürzer. Vielleicht bekam deshalb niemand einen Lachanfall, als die Behörden genau an dem Ort, an dem Hauptmann Aguirre verscharrt worden war, die Statue eines Helden der Unabhängigkeitsbewegung aufstellten.

Aus dem Spanischen von Astrid Böhringer

Washington Cucurto
Der Liebesheiler

Im Rey kaufte ich einem Peruaner eine CD mit Cumbias von Los Mirlos ab. Ich war mit meiner Cumbia-Ticki Bier trinken, und der Peruaner stand plötzlich vor uns, beladen mit kopierten CDs und DVDs. Und ich fummelte an ihren Brüsten im Schein der bunten Lichter jener Destille im Superconsti-Viertel, als sie herunterpurzelten, die CDs. Er packte sie mir auf den Tisch, ein Berg kleiner Musiksöldner, und ich drehte völlig durch: Wir kramten Vallenatos heraus, tropische Cumbias, José José, Jerry Rivera, Juaneco und seine Combo, drei Platten von Karicia, meiner Lieblingsgruppe. Und ja: Los Mirlos, das sind die Besten aus Peru, die Besten der Andenmusik, irgendwann werde ich euch noch ihre Geschichte erzählen. Wir fühlten uns wie »Cumbianteros am Karibikstrand«. Meine Ticki zog fünf Peso aus ihrem Handtäschchen und kaufte mir »El Poder Verde«, »Die Grüne Kraft«, von Los Mirlos.

»Dieses Stück handelt von einem Waldheiler«, erklärte uns der Peruake, »das ist die grüne Kraft.« »Was ist die grüne Kraft?«, fragte meine Ticki lächelnd, halb aus Jux, und ihre Brüste wippten, mein freches Ding. »Die Kraft des Waldes ist die, die jedwedes Übel heilt«, sagte der Peruaner, »bei uns gibt es immer einen Vertreter des Waldes. Diese Aufgabe übernimmt ein Heiler.« »Und was heilt dieser Heiler?«, fragte ich wissbegierig. »Was auch immer, Bruder, was auch immer du hast, ich kenn' da jemanden. Wenn dich etwas plagt, dann bringe ich dich zu ihm, für 15 Pesos.« Meine Cumbia-Guevara-Ticki und ich sperrten die Augen weit auf.

»Ich weiß, was du denkst, Schnarchnase«, sagte ich zu ihr.

Meine Ticki ist seit zwei Monaten *schwangerissimo*. Will sagen, seit zwei Monaten bleibt ihre Regel aus. Und ich bin seit zehn Jahren verheiratet, hab' drei Kinder und 'ne Frau. Aber ich bin verliebt in meine Ticki, eine Che-Guevara-Anhängerin, Studentin der Sozialwissenschaften und Mitglied der Gruppe »Liberación« und nun *schwangerissimo* von mir oder von wem auch immer – das weiß man ja nie.

Ich fuhr fort: »Du bist so 'ne Pennerin, eine Schlampe. Du hast es verdient, dass ich dich zu so 'nem Heiler schleppe, damit du deine Tage wieder kriegst.«

»Cucu, zum Teufel, lass uns sofort da hingehen.«

Und ich biss in ihre vollen Lippen, ein Kuss nach dem andern, ihre Lippen sind ein Spektakel, eine völlig inhaltsleere Show, so wie die Demonstrationen auf der Plaza de Mayo. Meine Ticki sagt bei jedem Aufruhr zu mir: »Lass uns zur Plaza marschieren!« Und ich muss dann nach ihr suchen unter Peronisten, progressiven Kräften und Streitkommandos, inmitten der Mittelklasse und fliegenden Händler von was auch immer, die einzigen anständigen Leute auf diesen Demos.

Vor kurzem waren wir auf einer Demo, auf der eine der Mütter von der Plaza de Mayo den »Brief an die Junta« von Rodolfo Walsh wie eine Predigt vortrug. Wir langweilten uns zu Tode.

»Wir trinken noch das Bier, und dann gehen wir«, sagte in jener peruanischen Bar meine Ticki, die viel zu verrucht, viel zu krank war, um die »Mütter«, Revolutionen oder »Verschwundenen« zu kapieren. Es wird immer einen Ort jenseits von all dem geben, und das ist die kleine peruanische Cumbia-Bar im Viertel Constitutión.

Wir trotteten mit dem Peruaner die Salta-Straße bis zur Casero-Straße entlang und betraten dann eine Mietskaserne.

»Wartet hier auf mich, ich schau mal, ob der Heiler da ist.«

Aus einem der Zimmer erklangen Lieder von Rodrigo. Kinder

spielten, obwohl es schon spät war. Wir warteten im Dunkeln und küssten uns.

»Kommt schon, Kinder«, rief der CD-Verkäufer.

»Was führt Euch hierher?«, fragte eine Stimme aus dem dunklen Zimmer. Es war der Heiler. Er saß auf einer Bank, in einem buntscheckigen Anzug. Er trug eine Perücke mit glattem blonden Haar, das mit einem Tuch gebändigt wurde. Um ihn herum standen Kerzen.

»Setzt Euch, Kinder, und sagt mir, was los ist. Ich bin der Liebesheiler.«

»Herr Liebesheiler, sie ist schwanger.«

»Ach, ich gratuliere dir, dass du dieses süße Ding vernascht hast.«

»Meister, die Sache hier ist ernst. Wir können jetzt kein Kind kriegen ...«

»Bürschchen, Sie sind doch noch jung und können arbeiten gehen. Ein Kind ist ein Segen Gottes.«

»Ja, Meister, aber ich habe schon drei, und sie ist erst 17 Jahre alt.«

Meine Ticki lachte über unsere Unterhaltung und biss sich auf die Lippen und die Finger. Hätte sie einen Pimmel, würde sie an ihm lutschen. Wie immer sprühte ihr Blick in der Dunkelheit nur so vor Sex.

Der Heiler wand sich meiner Ticki zu und sagte:

»Und du, Kindchen, würdest du nicht gern Mutter werden?«

»Ja, Liebesheiler, das ist mein größter Wunsch im Leben. Doch der Cucu senkt den Daumen ...«

»Aijajai, Bursche, erst herumvögeln und dann nicht die Verantwortung übernehmen für die Folgen.«

»Nein, das ist es überhaupt nicht. Weil ich die Verantwortung für die Folgen übernehme, wäre es gut, wenn sie ihre Periode kriegen würde.«

»Nun, da ich sehe, dass die Entscheidung unumstößlich und gegen das Leben gefallen ist … Lasst uns den Gott des Waldes anrufen. Den heiligen Ständer.«

»Den heiligen Ständer?«, fragten wir aus einem Munde, meine Ticki und künftige Mutter und ich.

»Ja, den heilige Ständer, den König von Peru. Beschützer der Großmütterchen und Pubertierenden vor Degenerierten wie dir.«

»Viagra und Cumbia sind schuld.«

Der Heiler sah mein Mädchen an und sagte: »Das ist dir passiert, weil du Cumbia tanzt.«

»Wieso weil ich Cumbia tanze?«

»Du betrinkst dich, hängst dich an einen Schwarzen und verlierst von Bier zu Bier, von Kuss zu Kuss, die Kontrolle. Am Ende vögelst du in einem Stundenhotel, in einer Pension oder auf einer Motorhaube.«

»Ich tanze, weil ich die Liebe suche.«

Der Heiler stand von seiner kleinen Bank auf und blies über ein Bündel Räucherstäbchen, die einen Lavendel- und Minzgeruch verströmten. Er ging zu meiner Ticki, betatschte sie und sprach mit erhobener Stimme: »Heiliger Ständer, Beschützer der Kinder des Urwalds, Führer des Samens und der Pilze, Sohn des Pazifischen Ozeans, beschütze diese deine *Curepí*-Tochter. Mach, dass ihre Blutung einsetze just in diesem Augenblick, zu unser aller Wohl. Im Namen der Gesundheit, darum bitte ich dich, dein Sohn.«

Mir war schnell klar, dass die Masche mit der Religion gut lief. Er fummelte an allen Cumbia-Mädchen der Tanzhallen herum, an all den Schlampen, die wegen der Cumbia schwanger wurden. Er verteilte Flyer am Eingang der Tanzhalle: »Zeuge keine Kinder mit einem Unbekannten, wenn du schwanger bist, komm zu mir, und ich bringe deine Blutung zurück.«

Wie ging's weiter? Er sagte, wir sollten eine Viertelstunde warten, und wenn sie ihre Regel nicht kriegen würde, dann sollte sie sich auf das Bett setzen, wo er die Behandlung fortsetzen würde.

»Willkommen im Entbluter. Zieh dir den Rock hoch und die Unterhose aus und leg dich aufs Bett.«

Er machte das Licht aus, sodass man in dem Zimmer der Sernemietska an der Pedro-Echagüe-Straße Ecke Santiago-del-Estero-Straße fast nichts mehr erkennen konnte. Als es dunkel war, schaltete er einen roten Scheinwerfer an, der auf einem Stuhl neben dem Bett stand. Ich verharrte regungslos im Türrahmen, mir schlotterten die Knie. Der Liebesheiler beugte sich über das Möschen meiner Ticki und steckte ihr einen, dann noch einen und einen weiteren Finger hinein. Während er seine Finger einführte, küsste er ihre Klitoris und umspielte sie mit seiner Zungenspitze.

Der CD-Verkäufer neben mir stieß mich mit dem Ellenbogen an.

»Hey Meister, ich habe sie zu Ihnen gebracht, damit Sie sie heilen, nicht damit Sie sie vögeln!«

»Was ich gerade mache, folgt keinerlei sexuellem Interesse. Ich mache die Stelle nur feucht, damit nichts einreißt.«

»Ich glaube Ihnen gern, Meister, aber, wenn man sie da schon feucht machen muss, dann hätten Sie mich um Erlaubnis fragen müssen. Die Ticki ist MEINE TICKI. Und alles, was über sie gesagt oder mit ihr gemacht wird, muss mir mitgeteilt werden.«

»Alles klar, komm her, mach du 's selbst, wenn du so ein Schlauberger bist.«

Der Heiler ließ von Marías Beinen ab, nicht ohne zuvor noch drei Vaterunser zu beten.

Er wusch sich die Hände in einem Becken. Er benutzte weiße Kernseife und fünfzehn Tropfen Weihwasser. Er holte zwei Zangen aus einem Beutel und legte sie in eine Mikrowelle neben dem Bett. Er sprach wirres Zeug, Sätze aus Gebeten und Segnungen. »Im Namen des Vaters, der alles sieht, was wir tun, und uns vergibt … Im Namen dieser Fehlgeleiteten, die sich irren, weil sie sich von Gott entfernt haben … Für den Herrn Ständer, Wandler der

Sünde in Reinheit … Beschütze diese sündhafte Cumbia-Hirschkuh … O großer barmherziger Schöpfer von Himmel und Erde … Sie ist nichts anderes als ein fehlgeleiteter Engel.« Die Mikrowelle drehte sich vier Minuten lang, dann nahm er die dampfenden Zangen heraus.

»Man muss die Gebärmutterwände ein wenig veröden. Und dann mit Weihwasser segnen. Das wird wehtun.«

Als der Verkäufer gefälschter CDs und ich die glühenden Zangen sahen, zitterten wir am ganzen Körper. Der Verkäufer hielt die Hand vor seinen Mund, und die Kiste mit den CDs entglitt ihm, die Silberlinge schlugen auf den Boden und ließen – alle zusammen – eine Cumbia erklingen.

Die Cumbia der unendlichen Traurigkeit.

Der CD-Verkäufer sagte zu mir: »Alter, trau dich, du kannst es nicht zulassen, dass er ihr etwas antut.«

Ich zögerte keine Sekunde lang. Ich sprang auf den Heiler zu und sagte: »Warten Sie, das ist nicht nötig. Wir werden es behalten.«

»Wie, was jetzt … behalten?«, fragte der Heiler genervt.

»Das Kind. Wir werden das Kind behalten.«

Im Zimmer lag eine tiefe Dunkelheit. Durch die Wand dröhnte eine Cumbia, deren Text sprach davon, dass man nicht zwei auf einmal lieben könne, du weißt schon. Da sah ich Marías Gesicht im Bett, ihre glänzenden Lippen, ihre kurzen Haare. Sie hatte das Antlitz einer Jungfrau, die kurz davor war, hingerichtet zu werden, sie war wie eine Jugendliche in einem Gefangenenlager, kurz davor, gefoltert zu werden.

Unter Tränen sagte sie zu mir: »Cucu, mein Schatz, ich liebe dich, aber wir können es nicht kriegen.«

In diesem Augenblick wünschte ich uns in die peruanische Bar zurück, wo wir einen Seehecht mit Reis verputzen würden, dazu ein eisgekühltes Condorina kippen, uns in die Augen sehen und uns die Liebe der ganzen Welt versprechen würden. Ich nahm ihre

Hand und weinte. Der Heiler hielt die Zangen immer noch in die Höhe und wartete darauf, dass wir uns endlich entschieden.

»Und? Was machen wir? Mit nur zwei Sekunden erspart man sich die Probleme eines ganzen Lebens.«

Ich rief, nein, wir würden gehen. Dann richtete sich María im Bett auf und gab mir eine Ohrfeige und noch eine.

»Scheißkerl, Scheißkerl, ich will kein Kind von dir.«

Und blickte den Heiler an.

»Und Sie, hören Sie auf herumzublödeln, und stecken Sie mir die Zangen rein.«

Und ich – immer noch betäubt von den Ohrfeigen meiner Ticki – vernahm trotzdem ihre Schmerzensschreie. Und dann war alles voll Blut. Die Decken, das Bett, das Zimmer, das Viertel und die peruanische Bar. Die Welt war rot wie die Sowjetunion oder das Stadion des Club Atlético Independiente in Avellaneda.

Der Liebesheiler erschrak.

»So viel Blut. Man muss sie veröden, oder sie wird verbluten.«

María, meine Cumbiantera-Ticki, meine treue Gefährtin, meine Schwester, mein Ein und Alles, blutete ohne Unterlass. Das Blut überschwemmte das Zimmer wie bei einer Jahrhundertflut. Ein mächtiger Blutstrom. Das Blut unserer Liebe, das Blut meines Lebens.

»Wir müssen eine doppelte Notfallbehandlung einleiten.«

Der Heiler rannte zum Kleiderschrank; warf die Kleider, die sich darin befanden, auf den Boden und holte ein altes Inhaliergerät heraus. Mit dem Schlauch band er meinen Arm ab und drohte mir mit einer Spritze, Blut abzuzapfen.

»Blut!«, brüllte er.

Ich spürte den Stich und das Blut aus meinem Körper fließen.

»Ball die Hand zur Faust, du Blödmann!«, schrie er mich an.

Als er fertig war, flog mir der Gummistutzen des Inhaliergeräts um die Ohren und verpasste mir eine weitere Backpfeife.

Der Curandero rannte zum Bett und spritzte ihr das Blut in die Vene.

»Blut!«, schrie er wieder und stach noch mal in meinen Arm.

Ich klammerte mich mehr schlecht als recht an Marías Hand.

»Ich geh' dann mal lieber, bevor die Polizei kommt«, sagte der CD-Verkäufer.

»Blut, sonst verlieren wir sie!«, schrie der Heiler und sprang mit seiner Spritze zum Verkäufer, der überhaupt nichts mehr raffte. Er stach ihm in den Arm und zapfte einen Liter ab.

Der Verkäufer schrie vor Schmerz.

»Danke, Bruder«, sagte ich und gab ihm einen Kuss. »Wenn ich mal Geld habe, dann kaufe ich dir alle deine CDs ab …«

Der Heiler kreischte und injizierte meiner Ticki das Blut. Er knöpfte sich den Hemdsärmel auf, und unter »Blut, Blut«-Geschrei rammte er sich ohne auch nur zu blinzeln die Spritze in den Arm, und alles artete in ein großes Handgemenge aus, eine Stecherei ohne Sinn und Verstand. Er stach und stach sich wieder und gab ihr noch mehr Blut. Das Durcheinander und die Verzweiflung waren so groß, dass es sogar so weit kam, dass er María selbst anzapfte und ihr das Blut vom einen in den anderen Arm pumpte. »Das Wichtigste ist, dass das Blut zirkuliert«, sagte er. Ich streckte meinen Arm aus, und er stach zweimal in ihn hinein, aber nicht mal im Traum zeigte sich noch ein Tropfen Blut. »Er ist leer«, sagte er. Von Arm zu Arm fielen riesige Bluttropfen, die der Heiler aufleckte, »um sie nicht zu verlieren«.

Der Heiler verlor seine Perücke, schlüpfte aus seinem Heilergewand und setzte sich auf seine kleine Bank.

»Wir haben sie noch mal gerettet, stell' eine Cumbia an, verdammt noch mal!«

Ich freute mich wahnsinnig, hüpfte zur Aiwa-Kompaktanlage und legte Los Mirlos auf. Und zufällig sprang die Platte auf »El Poder Verde«. Ich drehte die Lautstärke auf ›55‹, das Zimmer dröhnte, als würde es abheben. Nur an einer japanischen Anlage kann man die Cumbia auf ›55‹ stellen. Der Masterplan der Japaner ist es, dass wir eines Tages eine Aiwa anschalten und in Tausende Stücke zerbersten. Die Cumbia schallte bis hinauf zum Mond.

»›Die grüne Macht‹«, brüllte der Heiler.

Unsere Arme taten weh, doch wir waren glücklich.

Als wäre dies alles eine Erzählung von García Márquez, nur lustiger und mit Cumbia. Am Ende ist dieses Hungerleben doch nichts anderes als reinster magischer Realismus, nur andersherum. So oder so, das Bett meiner Ticki stieg mitten in dem schmuddeligen Zimmer auf, während »Eres Mentirosa« (Du bist eine Lügnerin) erklang. Es stieß gegen die Deckenleuchte und flog von einer Seite des Zimmers zur anderen, so wie ich das brennende Bett Frida Kahlos einmal hatte fliegen sehen, in einem Hollywoodfilm. Und ihr werdet es nicht glauben, aber die Dinge, die in Filmen passieren, passieren auch im wahren Leben. Wenn ihr das für Gefasel haltet, dann kommt und geht durch die Straßen von Constitución und ihr werdet sehen, das hier ist südamerikanische Science-Fiction.

»Vergessen wir nicht die Doppelheilung«, sagte der Heiler. »Wir müssen noch den anderen Teil der Heilung durchführen.«

»Welcher andere Teil?«, fragte ich und blickte den falschen Heiler an, der niemand anderes als der Bruder des CD-Verkäufers war, und die CDs, die überspielten sie auf der Aiwa-Multifunktionsanlage, aus deren Lautsprechern gerade »Lamento de la Selva« schepperte. Mensch, jetzt erst merke ich, wie gerecht und schön die Liebe trotz allem ist, ich kann jetzt sagen, drei Tage sind inzwischen verstrichen, und ich kann mich wieder hinsetzen und gehen. Der Heiler erhitzte die Zangen erneut in der Mikrowelle und sagte, dass zur Liebe immer zwei gehörten und die Behandlung deshalb notwendig sei, damit es nicht wieder passieren würde, und dass es nicht wehtun würde, dass ich an María denke solle, die neben mir lag, sie auf dem Rücken, ich auf dem Bauch, er fasste mich an den

Händen an und lächelte, sein Lächeln war wunderbar, trotz allem, es war ein Lächeln der Liebe und der Freude, und ich verstand, dass trotz der ganzen Probleme die Liebe das Schönste ist, was uns passieren kann, trotz allem, und die Cumbia stolperte weiter, während ich mir die Hosen auszog, im gerechtesten Akt des Lebens, während der Liebesheiler die glühenden Stricknadeln in das dunkle, herbe, nach Scheiße stinkende Zentrum meines Seins bohrte.

Aus dem Spanischen von Timo Berger

Junot Díaz

Alma

Du hast eine Freundin namens Alma mit einem langen, zarten Pferdehals und einem prallem dominikanischen Hintern, der scheinbar in einer vierten Dimension jenseits von Jeans existiert. Einem Hintern, der den Mond aus seiner Umlaufbahn ziehen könnte. Einem Hintern, den sie nie mochte, bevor sie dich traf. Kein Tag, an dem du nicht das Gesicht gegen diesen Hintern drücken oder an den köstlichen Sehnen ihres Halses knabbern möchtest. Du liebst ihr Zittern, wenn du sie beißt, und wie sie sich mit Armen wehrt, die so dürr sind, dass sie eine Sendung im Schulfernsehen verdienen.

Alma studiert an der Mason Gross School of the Arts und ist eine dieser Sonic Youth hörenden, Comics lesenden *alterlatinas,* ohne die du vielleicht noch immer Jungfrau wärst. Kommt aus Hoboken, einem Teil der Latinogemeinde, dem in den Achtzigern das Herz herausgebrannt wurde, Wohnhäuser, die in Flammen aufgingen. Verbrachte beinahe jeden Tag als Teenager in der Lower East Side, dachte, dort würde immer ihre Heimat sein, aber dann sagten die N.Y.U. und die Columbia beide *nyet,* und sie landete noch weiter weg von der Stadt als vorher. Sie steckt in einer Malereiphase, und die Menschen, die sie malt, haben alle die Farbe von Moder, als hätte man sie vom Grund eines Sees heraufgezogen. Ihr letztes Bild zeigt dich, wie du lässig vor der Haustür stehst: Nur dein stirnrunzelnder Ich-hatte-eine-miese-Dritte-Welt-Kindheit-und-habe-nicht-mehr-bekommen-als-diese-bissige-Einstellung-Blick ist wiederzuerkennen. Immerhin hat sie dir einen riesigen

Unterarm verpasst. *Ich habe dir doch gesagt, dass ich die Muskeln mitmale.* In den letzten Wochen, seit es warm geworden ist, hat Alma Schwarz aufgegeben und trägt diese kaum vorhandenen Fähnchen, die sich anfühlen wie aus Seidenpapier; ein starker Windstoß würde reichen, um sie auszuziehen. Sie sagt, sie tut es für dich: *Ich erobere mir mein dominikanisches Erbe zurück* (und das ist nicht ganz gelogen – sie lernt sogar Spanisch, damit sie sich besser um deine Mutter kümmern kann), und wenn du sie auf der Straße siehst, wie sie sich zeigt, sich präsentiert, weißt du genau, was jeder Nigger, der vorbeigeht, denkt. Ihr habt euch auf einer der Latin Partys kennengelernt, die jede Woche im DownUnder in New Brunswick steigen. Sie ist vorher nie zu diesen Partys gegangen, wurde von ihrer besten Freundin aus der Highschool hingeschleppt, von Patricia, die immer noch TKA hörte, und so hast du die Chance bekommen, das Eisen zu schmieden, solange – wie deine Jungs sagten – die Muschi noch heiß war.

Alma ist gertenschlank, du bist ein steroidabhängiger Klotz; Alma liebt Autos, du Bücher; Alma besitzt einen Saturn (den ihr Vater ihr gekauft hat, ein Zimmermann, der zu Hause nur Englisch spricht), du hast null Strafpunkte vom Fahren; Almas Fingernägel sind zu dreckig, um zu kochen, deine Spaghetti con pollo sind die besten des Landes. Ihr seid so unterschiedlich – sie verdreht jedes Mal die Augen, wenn du die Nachrichten einschaltest, und sagt, sie kann Politik »nicht ausstehen«. Sie bezeichnet sich nicht mal als Hispanoamerikanerin. Sie gibt ihren Freundinnen gegenüber damit an, du wärst ein »Radikaler« und ein echter Dominikaner (obwohl du es nicht mal auf die Plátano-Skala schaffen würdest, weil Alma erst die dritte Latina ist, mit der du richtig zusammen bist). Du gibst deinen Jungs gegenüber damit an, dass sie mehr Alben besitzt als jeder von ihnen, dass sie übles Weißes-Mädchen-Zeug redet, wenn ihr vögelt. Sie ist im Bett abenteuerlustiger als jedes Mädchen, das du vor ihr hattest; bei eurer ersten Verabredung hat sie gefragt, ob du auf ihre Titten oder auf ihr Gesicht kommen willst, und vielleicht hast du ja beim Jungstraining eines der Rundschreiben verpasst, aber du meintest so, ähm, weder noch. Und wenigstens einmal pro Woche kniet sie vor dir auf der Matratze, zieht mit einer Hand an ihren dunklen Brustwarzen und spielt mit sich, du darfst sie gar nicht berühren, ihre Finger fahren über ihre Weichheit, und ihr Gesicht wirkt verzweifelt, wütend glücklich. Sie redet auch gerne, während sie ungezogen ist, flüstert: Du siehst mir gerne zu, stimmt's, du hörst gerne, wenn ich komme, und am Ende stößt sie ein langes, bezwungenes Stöhnen aus, und erst dann lässt sie sich von dir in die Arme nehmen, während sie ihre feuchten Finger an deiner Brust abwischt. Das bin ich, sagt sie.

Ja – in der Geschichte geht's um Gegensätze, die sich anziehen, es geht um großartigen Sex, ums Nichtdenken. Es ist wunderbar. Wunderbar! Bis Alma eines Tages im Juni herausfindet, dass du auch dieses hübsche Mädchen im ersten Studienjahr vögelst, Laxmi, bis sie die Vögelei mit Laxmi herausfindet, weil sie, Alma, deine Freundin, dein Tagebuch aufschlägt und es liest. (Oh, sie hatte schon einen Verdacht.) Sie wartet auf der Treppe auf dich, und als du in ihrem Saturn vor das Haus fährst und das Tagebuch in ihrer Hand bemerkst, sackt dein Herz nach unten wie ein fetter Bandit durch die Galgenfalltür. Nur langsam stellst du den Motor aus. Eine ozeangroße Traurigkeit überwältigt dich. Traurigkeit darüber, erwischt worden zu sein, über die unumstößliche Gewissheit, dass sie dir nie vergeben wird. Du starrst auf ihre unglaublichen Beine und auch dazwischen, auf ihren noch unglaublicheren *popola*, den du während der letzten acht Monate so aufrecht geliebt hast. Erst, als sie wütend herüberkommt, steigst du aus. Du tänzelst über den Rasen, angetrieben von den letzten Schwaden deiner ungeheuren Schamlosigkeit. He, muñeca, sagst du und weichst der Wahrheit bis zum Ende aus. Als sie loskreischt, fragst du sie: Schatz, was ist denn los? Sie nennt dich:

einen Schwanzlutscher
einen dummen Arsch
einen beschissenen Möchtegern-Dominikaner.
Sie behauptet:
Du hast einen kleinen Penis
keinen Penis
und das Schlimmste, du magst Curryfotzen.

(Was wirklich unfair ist, versuchst du einzuwerfen, weil Laxmi eigentlich aus Guyana kommt, aber Alma hört nicht zu.)

Statt den Kopf einzuziehen und es einzustecken wie ein Mann, hebst du das Tagebuch auf, wie jemand eine vollgekackte Windel aufheben würde, wie jemand mit spitzen Fingern ein gerade abgestreiftes Kondom anfassen würde. Du wirfst einen Blick auf die anstößigen Passagen. Dann siehst du sie an mit einem Lächeln, das dein Heuchlergesicht nie vergessen wird, solange du lebst. Süße, sagst du, Süße, das gehört zu meinem Roman.

Und so verlierst du sie.

Aus dem Amerikanischen von Eva Kemper

Álvaro Enrigue

Schmach

Ein ehrloses Leben, was soll ich damit?
Solang ich was hatte, hab ich's versetzt.
A. Esparza Oteo

Eine Autobahn kann wie das Meer sein. Die Sonne brennt einem ins Gesicht, der Wind pustet einem ordentlich die Rohre der Atemwege durch, an Deck, es ist aus Stahl, umklammern die Hände das Geländer, aus dem Kielraum steigt ein fauliger Geruch – Drake Horowitz war jedenfalls eine Zeitlang davon überzeugt, nachprüfen konnte er es allerdings nicht: Auf Schnellstraßen war es verboten, sich außerhalb der Fahrerkabine aufzuhalten, er blieb also sitzen und ging im Sportteil des *Baltimore Sun* die Ergebnisse der American League durch, was seine Laune nicht gerade besserte. Das ständige Geplapper von Verrazano und dem Fahrer beachtete er kaum, die beiden tauschten sich über alles Mögliche aus, gaben ihre Meinungen kund, fluchten, stets leicht vorgebeugt, um seinen Kopf zu umgehen – weil er am wenigsten lange dabei war, musste er auf der Sitzbank der *Outrageous Fortune* in der Mitte sitzen.

Die Idee, dem Laster einen Namen zu geben, kam auf wegen eines Fotos aus *National Geographic*, das sie aus einer schwarzen Plastiktüte gerettet hatten. Alles gelangte so an Bord ihres Schiffes, wie durch ein geheimes Gesetz der Gezeiten. Als der dicke Verrazano die Tüte hochhob, spürte er das Gewicht des bedruckten Materials. Er versuchte eine Weile, es zu schätzen, indem er die Tüte, die er mit einer Faust oben zusammenhielt, hinauf und hinunter bewegte. Die Augen hielt er dabei geschlossen, die Lippen zusammengepresst. Dann setzte er die Tüte auf dem Boden ab, ging in die Hocke, befühlte den Inhalt und sagte zu seinem Kollegen: Die Arschlöcher glauben, sie können einen reinlegen, der seit fünfzehn Jahren ihren Müll einsammelt. Er drückte die Tüte mehrfach zusammen und hielt seine Kennernase prüfend in die Luft, die dabei aus deren Innerem stieg: Zeitschriften, sagte er, noch überhaupt nicht alt, in gutem Zustand, problemlos wiederverwertbar. Also nicht in die Presse damit. Auf dem Rückweg zum Gewerbehof besah er sich den Inhalt genauer, es handelte sich um Kataloge und mehrere Ausgaben von *National Geographic*. Was Pornographisches war nicht darunter. Der Fahrer, der innerhalb der Hierarchie die Stellung des Kapitäns ihres Schiffes einnahm, schlug vor, den betreffenden Anwohner anzuzeigen, aber nicht, weil er gegen die Recycling-Vorschriften verstoßen hatte, sondern weil er ihm auf die Nerven ging: Diese verfluchten weißen Heuchler, sagte er mit fester Stimme, die aus der Tiefe kam. Verrazano schnaubte voll Überdruss und beförderte die Tüte ans hintere Ende der Fahrerkabine. Drake, der inzwischen mit dem Sportteil durch war, fischte eine der Zeitschriften heraus und blätterte darin. Beim Mittagessen zeigte er ihnen dann das Foto. Sie machten in einem Park Pause und teilten sich eine Packung Dörrfisch und Kekse auf einem Picknicktisch. Seht mal, auf der anderen Seite vom Rio Grande geben sie den Lastern Namen. Auf dem Bild war ein Kipplaster zu sehen, auf dessen hinterer Stoßstange mit roten Buchstaben geschrieben stand *Vergiss mich nicht*. Bevor sie am nächsten Tag in den Bezirk fuhren, wo sie den Müll abzuholen hatten, schlug er vor, *Outrageous Fortune* ans Heck ihres Lasters zu schreiben. Verrazano war sofort dafür, er fand die Idee gut, ihrem Arbeitsplatz eine persönliche Note zu verpassen – sein eigenes Auto hatte auch Verzierungen, die es zu etwas Einzigartigem und, seiner Ansicht nach, Elegantem machten. Der Kapitän ließ sich nicht einmal dazu herab, sie anzusehen, während sie ihre Meinungen äußerten. Drake machte den Vorschlag, außerdem einen Wimpel anzubringen, einen schwarzen, sagte er, und Verrazano fand das ein bisschen komisch, aber auch männlich. Sie brauchten mehrere Wochen, bis sie den Alten so weit hatten, dass er sie den Namenszug anbringen ließ; dafür müssten sie aber auf das Fähnchen verzichten, sagte er schließlich, laut Vorschrift sei es verboten, irgendetwas außen ans Fahrzeug zu montieren. Der Dicke unternahm einen letzten Versuch und rief ihm ins Gedächtnis, dass das Ding schwarz sein werde – wie dein Arsch, fügte er hinzu. Worauf der Kapitän sagte, er solle den Mund halten, sonst schmeiße er den Rosenkranz zum Fenster raus, den der andere gleich bei ihrer ersten gemeinsamen Fahrt unbedingt am Rückspiegel hatte aufhängen wollen.

Dass eine Autobahn wie das Meer und ein Müllwagen ein Schiff sein kann, bestätigte sich für Drake Horowitz, anders als abergläubische Menschen annehmen, eines Tages ohne jede Vorwarnung. Am Abend davor war er mit seinem Bruder und den Neffen zu einem Regionalligaspiel gegangen; sie hatten ihn schon früh am Gewerbehof abgeholt. Seiner Frau gab er nicht Bescheid, dass er später kommen werde, und er verzichtete darauf, sie anzurufen. Seit einigen Wochen bekam sie schon beim geringsten Anlass Tobsuchtsanfälle, denen oft nur mit ein paar Ohrfeigen beizukommen war, und er gehörte nicht zu den Leuten, die Frauen schlagen. Im Auto fragten die Neffen nach ihrem Vetter, und er zuckte lustlos die Schultern und sagte, der habe lieber zu Hause bleiben wollen, bei seiner Mama. Sein Bruder, der wusste, welche Hölle er zurzeit durchmachte, tätschelte ihm die Schulter, bevor er den Motor startete. Unterwegs sagten sie nichts, die Kinder fingen ein paar Mal an zu streiten, worauf der Vater, wenn er der Meinung war, dass es zu viel wurde, sie anschrie, sie sollten leise sein. Beim Spiel tranken sie so viel, dass der ältere Sohn Angst bekam und es sogar mit Weinen versuchte, damit sie es nicht so weit trieben. Als kurz vor Ende des achten Innings der Bierverkauf eingestellt wurde, fuhren sie zu einer Biker-Bar an der Landstraße. Ursprünglich wollten sie bloß einen Kasten Bier kaufen und in Drakes Wohnung weitermachen – die Kinder könnten bei ihrem Vetter übernachten –, aber dann fanden sie es dort so gemütlich und die Stadt kam ihnen so weit weg vor, dass sie beschlossen zu bleiben. Nach dem ersten Glas Bourbon ging Drakes Bruder raus und brachte seinen Kindern eine Packung Erdnüsse; er gab ihnen auch die Autoschlüssel, falls sie Radio hören wollten. Kurz danach riss bei Drake der Film.

Er wachte allein auf. Schweißgebadet und ohne jedes Schuldgefühl lag er auf einer Bank am Rand des Basketballplatzes in ihrem Viertel. Er rieb sich das Gesicht und sah auf die Uhr. Es war fast fünf Uhr morgens. Über Nacht hatte es kaum aufgefrischt. Er brach eilig auf; bestimmt würde es drückend heiß werden. Er hatte nicht viel mehr als eine halbe Stunde Zeit, um zu duschen und etwas zu essen, dann würde bereits Verrazano vor dem Haus stehen und hupen.

Die Taufe der *Outrageous Fortune* war eine vergleichsweise stilvolle Angelegenheit gewesen neben alldem, was die unsäglich öde Arbeit eines Müllmanns so mit sich brachte. Der Kapitän war der Ansicht, es könne nicht schaden, den so gut gewählten Namen, den der gebeutelte Horowitz sich für seine Galeone hatte einfallen lassen, offiziell anzuerkennen. Er selbst nannte das Fahrzeug so, als er die Aufschrift auf der hinteren Stoßstange akzeptierte. Er hatte schon seit einiger Zeit festgestellt, dass Horowitz besser arbeitete – mehr leistete –, wenn man ihm seine kleinen Extravaganzen durchgehen ließ; seine Spinnereien blieben stets im Rahmen und taten niemandem weh: Wenn er dran war mit Essenmitbringen, gab es mittags eben Dörrfisch und Kekse, und die Türen Luken zu nennen, das Fahrerhaus Brücke, das Lenkrad Steuerruder und das Handschuhfach Kompasshaus, war letztlich nur eine Frage der Gewöhnung. Im Vergleich zu den Verrücktheiten des dicken Verrazano waren das Kleinigkeiten. Verrazano war imstande, sich mit einem Polizisten anzulegen oder die Tonnen vor einem Haus umzutreten, wenn der Müll seiner Ansicht nach nicht ordnungsgemäß entsorgt worden war.

Drake fand immer schon, der Müllwagen habe etwas von einem großen Schiff, aber im Lauf des letzten Jahres hatte sich diese Vorstellung verstärkt, genauer, seit ihnen die Wellen an einem Herbstmorgen eine Kiste Bücher vor die Füße getragen hatten. Drake zurrte gerade die Reste eines Möbelstücks auf dem Oberdeck fest, als Verrazano erstarrte, die Hände in die Seiten gestemmt, mit fassungslosem Gesicht. Was bilden die sich ein, schrie er. Drake kümmerte sich nicht darum, er hatte mit dem Vertäuen genug zu tun. Das verstößt bestimmt gegen sämtliche US-amerikanischen Wiederverwertungsvorschriften; sieh dir das an, Horowitz, ein offener Pappkarton voll mit Büchern, ich glaub's nicht! Drake kletterte die Heckleiter hinunter und riet ihm, die Bücher in die Müllpresse zu stecken und nicht länger darüber nachzudenken. Unmöglich, erwiderte Verrazano. – Schmeiß rein und lass es gut sein. – Das ist ein Verbrechen, schrie er. – Wieso? – Was heißt hier, wieso? Das ist problemlos wiederverwertbares Papier, außerdem sind das Bücher. In der Stadt haben die Kinder keine Schule, und hier in den Vororten schmeißen die Reichen Bücher weg. – Dann bring sie in die Bibliothek oder zeig die Leute hier an, weil sie den Müll nicht ordentlich trennen. Der Dicke stammelte, genau das werde er auch tun, und stellte die Kiste ins Fahrerhaus. Nach dem Mittagessen – seine Frau hatte ihnen eine grandiose Lasagne mitgegeben – hatte er sich wieder beruhigt, und weil ihm auf der langen Rückfahrt bis zum Gewerbehof langweilig war, fing er an, in der Kiste herumzustöbern. Er blätterte zwei, drei Bücher durch. Eins davon nahm er sich genauer vor. Sieh mal, hier, sagte er und hielt Horowitz das Buch hin. Das gibt's doch nicht: *Song to Myself* – so was von eingebildet, für Kinder ist das bestimmt nichts. Er nahm es an einer Ecke und warf es zum Fenster hinaus. Die anderen beiden lachten. Er sah weiter die Bücher durch. Also bitte, sagte er nach einer Weile, seht euch das an. Er hielt ihnen ein Exemplar von *Junkie* entgegen. So was gehört ja wohl verboten – und er wiederholte den gleichen Spaß. Diesmal knallte das Buch gegen einen Briefkasten. Oha, *A Doll's House*, was für Nutten – diesmal sollte es besonders elegant aussehen: Er ließ es wie einen Frisbee durch die Luft segeln. Er schnaubte: *Mexico City Blues* – geh mir weg mit diesen Hungerleidern. Das schmeiß *ich* raus, sagte der Kapitän. Kommt nicht in Frage, erwiderte Verrazano, aber hier ist was für dich – er reichte ihm *Heart of Darkness*. Und das hier ist für Horowitz: *Drake in the Pirates' Era*. Als sie im Gewerbehof ankamen, waren sämtliche Bücher auf die Straße geflogen, außer das über die Piraten, das Drake noch in derselben Nacht zu lesen anfing. Damals war zu Hause noch alles in Ordnung: Weder er noch seine Frau können damals schon so viel getrunken haben, schließlich las er ein paar Wochen lang täglich ein bis zwei Stunden in dem Buch.

In dem Sommer, als die Autobahn zum Meer wurde, wäre das unmöglich gewesen. Verrazano wunderte sich, dass Horowitz schon auf ihn wartete, er machte ein Gesicht wie ein Schiffbrüchiger, wie er da auf der Treppe vor dem Hauseingang stand. Noch seltsamer war, dass er keinerlei Reaktion zeigte, als Verrazano mit dem weißen Galaxy genau vor seiner Nase hielt: So ein Auto musste einem einfach auffallen. Erst indem er mühsam das Seitenfenster runterkurbelte und laut pfiff, schaffte er es, ihn auf sich aufmerksam zu machen. Drake grüßte und kam mit unsicheren Schritten näher, wie ein Taucher, der sich vorsichtig auf dem Ozeanboden vorwärtsbewegt. Er hatte dasselbe an wie am Tag zuvor. Der dicke Verrazano sah, im Wagen sitzend, wie er lustlos die hintere Seitentür aufmachte und eine Sporttasche aus Segeltuch auf den Sitz fallen ließ, die wesentlich größer war als die, die er sonst dabei hatte. Der dicke gesteppte Samtbezug dämpfte das trockene, eisern scheppernde Geräusch des Tascheninhalts nur wenig. Gehst du nach der Arbeit Squash spielen?, fragte Verrazano.

Nein, sagte Horowitz. Verrazano hakte nach: Aber den Schläger hast du dabei, oder? Und das Gewehr. Tja. Sobald sie in der Vorstadt waren, suchten sie wie immer irgendeine Straße aus, um die Zeitung zu klauen. Wir haben Glück, sagte der Dicke, als er im Vorgarten eines Reihenhauses den blauen Beutel der *New York Times* entdeckte. Als sie, bereits auf der Autobahn, an einer Tankstelle hielten, um dort im Supermarkt einen Kaffee zu kaufen, erzählte Drake, was passiert war.

Als er nach der auf dem Basketballplatz verbrachten Nacht in seine Wohnung zurückkam, befand er sich noch in dem ruhigen Zwischengeschoss, das den Zustand der Trunkenheit vom Kater trennt. Er brauchte eine Weile, bis er den Schlüsselbund aus der Tasche seiner Jeans geangelt hatte, mit seiner Fingerfertigkeit war es in diesem Zustand nicht weit her. Ein leichter Schwindel erfasste ihn, während er nach dem richtigen Schlüssel suchte, weshalb er den Kopf an die Tür lehnte – die durch den Druck von allein aufging. Obwohl er im selben Moment wusste, dass seine Frau ihn verlassen hatte, hielt er sich lieber an die Vorstellung, die Tür sei bloß aus Nachlässigkeit nicht verschlossen gewesen, und er nahm sich vor, sie deswegen zu beschimpfen, sobald sie aufstünde, um ihm das Frühstück zu machen. Er ging geradewegs in die Küche und trank, noch ganz leise, ein Glas Milch. Als er die Kühlschranktür zumachte, sah er das Post-it mit der denkbar kurzen Mitteilung: Ich hau ab. Er nahm den Zettel in die Hand und las die Nachricht noch ein paar Mal; zu seiner Verwunderung empfand er nichts. Bevor er ins Bad ging, vergewisserte er sich, dass sie auch ihren Sohn mitgenommen hatte – was hätte er auch mit ihm anfangen sollen?

Erleichtert stellte er fest, dass er allein war. Er drehte den Warmwasserhahn auf und setzte sich auf die Toilette, um abzuwarten, dass der Raum sich mit Dampf füllte, bevor er in die Dusche stieg; er war seit jeher der Ansicht gewesen, dass es ihm, warum auch immer, gut tat, die warme feuchte Luft einzuatmen. Er musste pinkeln. Er stand auf und klappte den Deckel hoch. Vor ihm schwammen im Wasser der Toilette zwei Kondome. Eine heiße Welle breitete sich vom unteren Ende seines Rückens über den ganzen Körper aus. Er rannte durch die Wohnung, trat in der Küche gegen mehrere Stühle, stieß den Tisch um, zerschmetterte Teller. Im Schlafzimmer lag sein Bademantel auf dem Boden, daneben die Aluminiumtütchen, in denen die Kondome gewesen waren; am Kopfende des Bettes hing ein Slip, der ihm nicht gehörte. Er griff danach und wollte ihn anzünden; da merkte er, dass er jemandem gehörte, der viel größer war als er. Er ließ ihn fallen und setzte sich aufs Bett, in seinen Schläfen hämmerte es, während seine Stimmung dabei war, sich von Zorn in Selbstmitleid zu verwandeln. Er rieb sich das Gesicht, und da bemerkte er den Geruch. Gleich darauf entdeckte er genau in der Bettmitte die Kackwurst. Von einer Frau konnte sie nicht stammen, dafür war sie viel zu groß.

Verrazano reagierte erstaunlich gelassen und gleichmütig auf Horowitz' Bericht. Er hat in dein Bett geschissen, sagt du? Horowitz nickte. Der ist bestimmt Araber; oder Chinese. – Wieso? – Christen tun so was nicht; außerdem dieser Slip: Richtige Männer ziehen Unterhosen an. Sie schwiegen. Drake versank unter der Last seines Katers, der allmählich ozeanische Ausmaße annahm, immer tiefer im Sitz. Verrazano lenkte mit der linken Hand, während er sich mit der rechten das Kinn hielt. Auf der Abzweigung, die zum Gewerbehof führte, sagte der Dicke schließlich, so als hätte er endlich des Rätsels Lösung gefunden: Und das Gewehr hast du mitgenommen, um sie umzubringen, falls wir sie finden. Horowitz zuckte die Achseln. Das würde ich auch tun, Bruder, sagte er abschließend und tätschelte seinem Kumpan sanft das Genick. Drake war so verzweifelt, dass die Geste ihm tröstlich vorkam.

Es war noch nicht einmal halb sieben und trotzdem schon heiß. Das weißliche Sonnenlicht, das sich in der feuchten Luft eintrübte und vom Zementfußboden des Parkplatzes im Gewerbehof abgestrahlt wurde, drang unmittelbar in den weichsten und empfindlichsten Teil von Drakes Gehirn. Lästiger Schweiß lief ihm über die unrasierten Wangen. Um die Uhrzeit ablesen zu können, musste er die eine Hand mit der anderen festhalten, so sehr zitterte sie. In zehn Minuten mussten sie aufbrechen; er ging zur Toilette. Er kotzte den Kaffee aus und wusch sich gründlich das Gesicht. Als er sich im Spiegel betrachtete, fiel ihm ein, dass sein Bruder das heraufziehende Unwetter vorhergesehen hatte: Es war am Sonntagmittag gewesen, sie hatten sich bei Drake getroffen, um zusammen zu essen und ein Spiel der World Series anzusehen. Sie grillten auf dem Balkon Würstchen und tranken Bier dazu. Die Frauen waren in der Küche und machten Salat. Die Kinder nutzten die Zeit bis zum Spielbeginn und vergnügten sich mit einer mehr oder weniger steinzeitlichen Videokonsole, die Drake ein paar Tage zuvor in einem besseren Viertel neben einem Mülleimer gefunden hatte. Die beiden Horowitz-Brüder waren zufrieden, sie erinnerten sich an Geschichten aus ihrer Kindheit, die sie in eben dieser Gegend verbracht hatten, aus der Drake – der Jüngere – bis heute nicht wegziehen wollte. Alles war so schön – die kühle Brise, der tiefe Himmel, das klare Licht –, dass er nicht aufpasste, was er sagte, und erzählte, er habe herausgefunden, dass sein Name von einem englischen Admiral mit nicht ganz eindeutiger Reputation stamme. Er verschwand für einen Moment in der Wohnung und kam dann mit der Biographie von Sir Francis Drake und einem Fernrohr wieder auf den Balkon – das Fernrohr war wohl der einzige Gegenstand in seiner Wohnung, den er gekauft hatte. Der Ältere ließ die Würstchen Würstchen sein und drehte an der Linse, während er zum Haus auf der anderen Straßenseite hinübersah. Drake fragte ihn, ob ihr Vater bei der Wahl seines Namens womöglich an diesen Piraten gedacht habe. Sein Bruder nahm das Fernrohr vom Auge und sah sich den Buchumschlag an. Als er sich wieder den Würstchen zugewandt hatte, sagte er, er wisse nichts von irgendwelchen Polen, die zur See gefahren seien, wahrscheinlich habe ihr Vater ihn in Wirklichkeit vielmehr Derek nennen wollen. Er war immer so besoffen und hatte von nichts eine Ahnung, bestimmt hat er beim Eintrag ins Geburtenregister einfach etwas durcheinandergebracht. Als sie ein paar Stunden später allein vor dem Fernseher saßen – die Frauen und die Kinder waren im Park –, sagte der Ältere beiläufig, er wolle sich ja in niemandes Angelegenheiten einmischen, aber seine Schwägerin habe er irgendwie komisch gefunden, so als verheimliche sie irgendetwas. Wieso?, fragte Drake aufgeschreckt. – Weiß nicht, erwiderte der Bruder, vielleicht ist sie wieder schwanger und traut sich nicht, es zu sagen, oder sie sucht Arbeit. Der Jüngere zuckte die Schultern. In der Werbepause ging sein Bruder in die Küche und holte noch zwei Bier. Als er wieder in seinem Sessel saß, hielt er Drake eins davon hin und sagte so beiläufig wie möglich: Und das mit den Piraten, da stimmt auch was nicht, mir kommt's vor, du willst dich bloß verstecken, so wie mit dem Batman-Anzug. Als Papa damals wegging, hast du den die ganze Zeit angelassen. Such dir eine andere Arbeit, irgendwas Normales, wo du nicht den ganz Tag zwischen zwei Asozialen sitzt.

Drake trat aus der Toilettenkabine und zog sich im Umkleideraum den Overall an. Als er den Parkplatz überquerte, fühlte er das Gewicht des Schicksals in seiner Sporttasche. Der Kapitän war schon an Bord, und der Motor lief. Verrazano erwartete ihn lächelnd an der geöffneten Tür. Auf geht's, Horowitz, uns steht ein langer heißer Tag bevor. Er spürte den Plastiküberzug der Sitzbank in der Brücke unter dem Hintern, er war schon ganz warm. Der Dicke stieg hinter ihm ein und schloss die Luke. Drake steckte die Hand in seine Tasche und holte das Fernrohr hervor; er zog es auseinander, sah damit geradeaus und murmelte: Anker lichten!

Der Fahrer legte den ersten Gang ein und fuhr los; er war froh, dass an Bord der *Outrageous Fortune* trotz der Tragödie, die Verrazano ihm in der Zwischenzeit brühwarm erzählt hatte, alles seinen gewohnten Lauf nahm. Um die angespannte Stimmung auf der Brücke ein bisschen aufzulockern, probierte er es mit einem Scherz. Er hatte das Gefühl, der unselige Horowitz müsse begreifen, dass Verlassen und Verlassenwerden zwei Dinge sind, die einfach zum Leben eines jeden gehören, der den Großteil seiner Stunden den Schiffskameraden widmet. Kaum hatten sie das Gittertor des Gewerbehofes passiert, versuchte er das Eis zu brechen. Er sagte mit seiner allertiefsten Stimme: Dann hat deine Frau also genug gehabt von guten polnischen Würsten und sich lieber eine Beduinendattel gesucht. Verrazano konnte sich ein Lachen nicht verkneifen. Drake ließ sich nichts anmerken, deshalb attackierte der Kapitän jetzt den anderen, Drake sollte merken, dass er auf seiner Seite war: Ich weiß nicht, was es da zu lachen gibt, Dicker, meine Frau, die Schlampe, sagt, bei den Italienern ist er so groß wie 'ne Olive. Die Antwort kam postwendend, und das anschließende Wortgefecht unterschied sich in nichts von anderen Gelegenheiten. Horowitz hörte das Ganze wie durch eine Wand aus Wasser. Ihm war alles egal, in der Hoffnung, ein Weilchen schlafen zu können, bevor der übliche Tanz mit den Mülltonnen losging, schloss er die Augen. Kurz darauf hörte er im Dämmer des Halbschlafes, wie sich der Kapitän, im Glauben, Drake sei eingeschlafen, genüsslich in der grotesken Vorstellung von der Wurst im Bett erging. Mit ernster Stimme fragte er: Wie alt ist eigentlich das Kind? – Drei ungefähr, antwortete der Dicke. – Möchte wissen, fuhr der Alte fort, ob der Kleine dabei war, als der Lover sein Geschäft verrichtet hat. Als das Ding rauskam, hat der bestimmt gejubelt. Drake riss die Augen auf, rasend vor Wut. Er sah das erschrockene Gesicht des Kapitäns, bevor er es mit der flachen Hand vollständig bedeckte und dessen Kopf gegen die Scheibe knallen ließ. Ohne den Griff zu lockern, übernahm er mit der rechten Hand das Lenkrad und steuerte das Schiff von der Straße. Dann zog er die Handbremse an. Kaum war das Fahrzeug zum Stillstand gekommen, ließ er den Kopf des Kapitäns wieder an die Scheibe knallen, so lange, bis blutige Flecken darauf zu sehen waren. Verrazano beobachtete ihn fassungslos; vielleicht zum ersten Mal hatte er sich von etwas überraschen lassen. Drake sagte: Das ist eine Meuterei – auf wessen Seite stehst du? Dabei presste er immer noch den Kopf des Kapitäns ans Fenster; mit der rechten Hand tastete er nach der Sporttasche, um das Gewehr herauszuholen. Der Dicke überlegte es sich nicht zweimal: auf der Seite des Volkes. Dann holte er selbst die Waffe hervor und legte sie auf den Alten an. Tut mir leid, Käpt'n, jetzt sind die Karten neu verteilt.

Sie klebten ihm mit Isolierband den Mund zu und fesselten ihn an Händen und Füßen mit einem Kabel. Der Alte leistete keinerlei Widerstand. Horowitz genoss es offensichtlich, ihn in der Mitte der Sitzbank zu platzieren, worauf er selbst das Steuer übernahm. Sie waren noch nicht weit gekommen, da fragte Verrazano, was sie mit ihm machen sollten. Wir setzen ihn auf einer Insel aus. – Dann aber schnell, bevor der Verkehr richtig losgeht. Bei der nächsten Möglichkeit bogen sie nach links von der Straße ab. Nachdem sie ein Stück gefahren waren, brachte Drake den Wagen zum Stehen. Zusammen schleppten sie den Alten bis zu einem nahen Gebüsch. Ich geb der Polizei Bescheid, dass du hier bist, versprach der Dicke dem abgesetzten Kapitän, sobald er sicher war, dass Horowitz ihn nicht hören konnte. Bevor sie weiterfuhren, holte Drake einen schwarzen Wimpel aus der Sporttasche und knotete zwei seiner Ecken an die Antenne der *Outrageous Fortune*.

Der Rest war hemmungslose Barbarei: Verfolgungsjagd und Entern, Überfall, Entführung; Belagerung eines Spirituosengeschäfts, das sie anschließend in Brand setzten; Beschuss dreier am Straßenrand stehender Minivans – Letzteres erregte ein solches Aufsehen, dass die Hausfrauen dieses Teiles der Stadt wochenlang beim bloßen Geräusch eines sich lärmend nähernden Müllwagens zu zittern begannen. Alles in einer langen hysterischen Sequenz mehrerer Stunden. Mittags hatten sie sich bereits heillos in ihr Unglück verrannt.

Sie nahmen eine wenig befahrene Straße Richtung Norden – am Steuer saß jetzt Verrazano – und brachten das Schiff in der erstbesten ruhigen Bucht zum Stehen. Drake verdeutlichte Verrazano, wie er sich den weiteren Spielverlauf vorstellte – eine Alternative war offensichtlich nicht vorgesehen: Nach dem, was wir heute angestellt haben, stecken die uns für den Rest des Lebens in den Knast, sagte er. Er breitete die Navigationskarte aus und zeigte auf ein Sumpfgebiet in der Chesapeake-Bay. Da kommt man nur über Nebenstraßen hin, das könnten wir schaffen, bevor sie uns finden. Dort gibt es auch einen breiten Landungssteg, der wird schon lange nicht mehr benutzt. Er geht ziemlich weit raus ins Meer. Mein Vater hat uns ein paar Mal zum Angeln dahin mitgenommen. Der Dicke war nicht übermäßig begeistert: Im Knast habe ich Freunde, und wenn ich drin bin, finde ich bestimmt noch ein paar mehr. Außerdem habe ich dem Kapitän versprochen, dass ich ihnen sage, auf welcher Insel wir ihn ausgesetzt haben. Drake zuckte die Schultern. Sein Kumpan fügte entschuldigend hinzu: Tut mir leid, Horowitz, irgendwann hat mein Mitgefühl ein Ende. – Dann hilf mir wenigstens, bis dahin zu kommen, ich brauche einen Lotsen. – Geht klar. Wortlos verließ Drake die Brücke und kletterte die Heckleiter hinauf. Nach dem Ablegemanöver steuerte der dicke Verrazano mit Vollgas Richtung Nordost. Für Drake war die Autobahn das offene, makellose Meer. Die Hände fest an das Geländer geklammert, spürte er die Sonne im Gesicht, die frische Brise, die ihm in die Lungen drang, und dazu den fauligen Geruch aus dem Kielraum.

Aus dem Spanischen von Peter Kultzen

Jacinta Escudos

Ich, Krokodil

An heißen Nachmittagen verwandle ich mich in ein Krokodil.

Ich gehe zum Bach, ziehe mich aus, werfe mich bäuchlings ins Wasser, schließe die Augen, breite die Arme aus, öffne die Beine.

Ich spüre, wie mich der heiße Wüstenwind anweht. Mich zum Schmelzen bringt. Dort unten in mich eindringt. Etwas verändert sich, ich bin nicht mehr ich. Sondern: ein Krokodil.

Ich bin nun stark, schleppe mich lasziv vorwärts wie eine Frau, die beim Gehen ihr Gesäß wiegt. Ich habe Schuppen auf den Händen und eine neue Nase, die weit vorragt und in das mit scharfen, spitzen Zähnen besetzte Maul übergeht. Die Tiere flüchten vor mir, verstecken sich. Sie haben Angst.

Sie haben Angst, dass ich mein Maul aufreiße. Sie haben Angst vor meinen Augen.

Am Anfang wusste ich nicht, wie mir geschah. Doch dann fiel mir ein, was die Leute im Dorf sagten. Ein Mädchen, das sich nicht dem Ritual unterziehe, werde sich in ein Krokodil verwandeln.

Ich konnte mir nicht vorstellen, wie ein Mädchen sich in ein Krokodil verwandeln sollte. Aber fragen durfte ich nicht. Bald würde ich es auch so wissen.

Ich weiß noch, wie seltsam es war, als ich mich zum ersten Mal in ein Krokodil verwandelte. Es war ein heißer Nachmittag, die Hitze hatte mich müde gemacht, und ich legte mich bäuchlings in den Bach. Ich wollte schlafen. Was ich auch tat. Als ich aufwachte, fand ich mich als Tier wieder. Ich machte mich mit meinem Maul, mit meinen neuen Händen vertraut. Wenn ich mich bog, konnte ich meinen Schwanz sehen. Meinen eigenen Schwanz!

Es war verrückt. Ich war Tier und Mensch. Ich fand das nicht beunruhigend, sondern sehr vergnüglich. Nun tummelte ich mich jeden Nachmittag mit meinen Krokodilfreunden im Dickicht am Bach. Wir unterhielten uns über die gejagten Tiere, die Jungen, die Hitze und das Wasser. Und über die Menschen im Dorf.

Die anderen Krokodile glaubten mir nicht, dass ich ein Menschenmädchen war. Bis sie eines Tages sahen, wie ich mich zurückverwandelte. Die ältesten Krokodile sagten, ein Mensch, der sich in ein Tier verwandeln kann, ist ein Zauberer. Von da an achteten mich die Krokodile und versprachen, mir unter allen Umständen zu helfen, denn sie wussten, dass ich ihnen nichts tun würde.

Mir ging es bei meinen Freunden prächtig. Wir schwammen, fraßen, spielten. Sie brachten mir das Jagen bei. Wir belauerten alle Tiere, die zum Wassertrinken ans Ufer kamen: Antilopen, Büffel, Löwen, Elefanten. Und Menschen.

Ich wollte kein Mensch sein. In meinen Stunden als Krokodil fühlte ich mich viel wohler. Mutter blieb hart. »Du musst dich dem Ritual unterziehen«, sagte sie. Und ich sagte, »nein, lieber bin ich Krokodil«. Mutter schleuderte mich zu Boden, schrie mich an. Alle Frauen redeten auf mich ein. Ich müsse es machen, ich bräuchte mich nicht zu fürchten, alle würden es machen.

Ich weinte. Ich wollte ihre Worte nicht hören. Ich hielt mir die Ohren zu und weinte. Ich kannte die Schreie der Mädchen, die zum Ritual gingen. Ich wusste von Mädchen, die anschließend gestorben waren.

»Du wirst nie heiraten«, sagten sie zu mir. Und Mutter sagte, »niemand wird dir Geschenke bringen, wir werden bitterarm bleiben.« Ihr Geschlecht wird wachsen und am Ende so groß sein wie das Horn einer Ziege, tuschelten sie hinter meinem Rücken.

Ich träumte. Im Traum lag ich nackt auf dem Rücken. Im Traum sah ich, wie zwischen meinen Beinen eine lange Schlange mit einem einzigen Auge in der Mitte herauswuchs, dick und steif, fleischfarben, es fühlte sich seltsam an. Als ich aufwachte, presste ich die Beine zusammen und empfand etwas Seltsames an der Stelle, wo die Flüssigkeiten aus dem Körper treten. Etwas bewegte sich und pochte heftig wie mein Herz.

Sie überließen mich meinem Schicksal. Mutter wollte nichts mehr von mir wissen. Ich schlief und aß bei ihnen, aber es kümmerte niemanden, ob ich ging oder blieb. Ich wurde von allen geächtet und hatte Angst, dass sie mich eines Tages verschleppen und mit mir das machen würden, was sie mit den anderen machten.

Ich wollte nicht mehr bei ihnen sein. Ich hasste meine Mutter. Ich sah, wie sie meine kleine Schwester hinbrachte, und noch andere mehr. Meine kleine Schwester weinte tagelang, und ihr floss Blut aus dem Körper, viel Blut. Und Mutter wechselte den ganzen Tag die vollgebluteten Laken gegen neue Laken aus, die die rostige Farbe schlecht ausgewaschenen Bluts hatten.

Einmal hatte ich es mit angesehen. Ich wusste, dass sie sie in die Hütte der Heilerin brachten. Sie zogen ihnen die Kleider aus, und die Frauen spreizten den Mädchen die Beine, und die Mädchen weinten und kreischten wie Tiere, die getötet werden, und die Heilerin schnitt mit einem Messer ein Fleischstück in der Größe eines Ohrs heraus, an der Stelle, wo die Flüssigkeiten aus dem Körper treten. Das Blut floss rot und in Strömen. Es war nicht aufzuhalten, weder mit Schlammwickeln noch mit Kräutern. Und die Mädchen bekamen keine schmerzstillenden Säfte oder Pulver, sie wurden einfach von ihrer eigenen Mutter, ihrer älteren Schwester festgehalten, während die andere ihnen das Fleischstück herausschnitt und sie mit Hanf und Nadeln der Dornenpflanze zunähte.

Lieber war ich Krokodil, geächtet, unrein.

Eines Morgens sagte Mutter zu mir, ich solle mitkommen. Ich wusste, was das bedeutete. Sie würde mich hinterrücks zur Heilerin bringen, dort würden sie mich einschläfern und festbinden wie ein Tier.

Ich rannte, rannte verzweifelt und schrie. Ich lief zu dem einzigen Ort, wo ich Freunde hatte, zum Fluss. Ich rannte und warf mich ins Wasser, und ich erinnere mich, dass meine Mutter seltsam aufschrie. Sie wusste, dass dort die Krokodile leben. Mutter dachte, ich sei tot.

Ich ging ins Wasser, und zum ersten Mal verwandelte ich mich in der Dunkelheit des Bachs zum Krokodil. Ich kroch als Krokodil ans Ufer, und die anderen folgten mir.

Wir zogen zum Dorf. Und zerstörten alles. Die Frauen des Dorfs rissen wir in Stücke. Einige von uns starben dabei wie Helden. Die Männer verteidigten sich. Aber die Männer interessierten uns nicht. Die Frauen waren es, die alles machten. Sie schnitten, sie nötigten, sie hielten die Beine auseinander.

Mutter starb, und ich sah sie sterben, aber sie wusste nicht, dass ihre Tochter ich war, das Krokodil. Ich nahm persönlich an der Verspeisung der Heilerin teil. Alle anderen erlegten wir ebenfalls, denn die Mädchen wurden nach dem Ritual nicht mehr glücklich. Sie zu töten war ein Gnadenakt.

Es war vollbracht, die Männer waren fort. Sie hatten ihre Frauen nicht verteidigen können. Erschrocken hatten sie vor uns die Flucht ergriffen. Wir jubelten, schlugen zum Zeichen des Sieges mit unseren Mäulern.

Jetzt bin ich die Anführerin des Dorfs. Meinen Freunden, den Krokodilen, geht es gut. Ich denke nicht daran, wieder Mensch zu werden. Lieber bleibe ich, was ich jetzt bin, ein Krokodil, dem eine lange Schlange zwischen den Beinen herauswächst.

Aus dem Spanischen von Stefanie Gerhold

Guillermo Fadanelli

Zehn – In dem Alter war ich noch ein Kind

In dem Alter war ich noch ein Kind, und Kinder haben gewöhnlich kaum Vorurteile, auch wenn die meisten von ihnen nicht genau wissen, warum sie an Holzpulten sitzen, eine Tasche voller Hefte und Stifte mit sich herumtragen und einer Person zuhören, die weder Vater noch Mutter ist. Und obwohl sie nicht wissen, dass sie in die Schule gehen, um zu lernen, tun sie es ohne Hassgefühle und Vorwürfe, nur manchmal machen sie sich durch sentimentales Geheul oder entfesselte Wutschreie Luft, aber auch das lässt mit der Zeit nach. Meistens hörten wir schweigend dem Mann mit der Pomade im Haar und der schlecht gebundenen Krawatte zu, der durch die Reihen ging und in sanftem Ton zu uns sprach. Wir Kinder verfolgten ihn mit erstauntem Blick, denn obwohl wir schon seit Jahren auf diese einfache Vorstadtschule gingen, hatten wir uns immer noch nicht an sein überspanntes Gebaren gewöhnt. Eigentlich waren wir dumm; jetzt, nach so vielen Jahren, ist mir völlig schleierhaft, wieso wir uns nicht geweigert haben, all das zu tun, was der Lehrer von uns verlangte. Einmal kam er auf die Schnapsidee, wir sollten uns zu Ehren unserer Mütter Nadeln und Wolle beschaffen und eine Wollmütze stricken, die sie sich auf den Kopf setzen würden. Ich wusste, mein Vater würde das nicht gutheißen, denn wenn er seinen Sohn bei solch einer memmenhaften Beschäftigung sähe, hätte er sofort Angst, ich würde schwul. Also suchte ich, wie immer, die Unterstützung meiner Mutter, die sich jedoch sehr freute. Sie kaufte drei Knäuel senffarbene Wolle, ein

Plastikteil, das zum Stricken gedacht war, und eine Rolle weißes Garn.

Und fortan verbrachte ich die Nachmittage, an denen ich mir ansonsten die Zeit damit vertrieb, einen Ball gegen die abblätternde Farbe einer Wand in einer Seitenstraße in der Nähe unserer Wohnung zu schießen oder auf eben diesem Ball sitzend die vorbeifahrenden Autos zu zählen und nach einem überzeugenden Grund zu suchen, der das Verbot, im Park mit den anderen Kindern zu spielen, irgendwie rechtfertigte, in meinem Zimmer und strickte die Mütze für meine Mutter. Ich will mich nicht beklagen, aber ich hätte es gern öffentlich getan, es war doch nur wieder so eine kitschige Anwandlung des Lehrers, und hatte mich nicht mein Vater selbst auf diese Schule geschickt? Ich sehe immer noch seine krampfhaft geballte Faust vor mir, als er sagte, er würde diesen gottverdammten Lehrer umbringen, der seinen Sohn wie ein Fräulein stricken ließ. »Und dafür fahre ich zehn Stunden am Tag Bus?« Doch meine Mutter verteidigte mich und versuchte ihm klarzumachen, dass doch nichts dabei war, allerdings verteidigte sie mich nur zaghaft, nicht so energisch, wie ich es mir gewünscht hätte, denn auch sie hatte Angst vor den starken Armen und dem niederträchtigen Blick dieses Mannes, der uns mit seinem Gebrüll einschüchterte und seine Hand irgendwo auf unsere Körper niedersausen ließ, um uns spüren zu lassen, dass er uns töten könnte, wenn er nur wollte. Der Fehler war, dass ich meinem Bruder vertraut und ihn gebeten hatte, es auf keinen Fall meinem Vater zu erzählen; der war gerade zum Kandidaten für ein Amt bei der Bus- und Bahngewerkschaft ernannt worden. Doch mein Bruder, der noch mehr Angst hatte als meine Mutter und ich zusammen, dachte, es sei besser, sich auf die Seite des Stärkeren zu schlagen, auch wenn er uns dafür verraten musste. Und das tat er an dem Tag, an dem mein Vater die Wohnung mit dutzenden von Listen tapezierte, auf denen sein Name stand, der Geringste neben dem des Generalsekretärs und des Schatzmeisters; er klebte die Listen an alle Türflügel, an die Wände, an den Kühlschrank und an die Fenster, damit die Leute, die an unserem Haus vorbeigingen, sehen konnten, es ging aufwärts mit uns, mein Vater würde nicht den Rest seines Lebens Busfahrer bleiben, uns, den Fadanellis, sollte man besser mit Respekt begegnen.

Ich weiß nicht, was mich geritten hat, das zu sagen, es kam mir einfach so über die Lippen, als wäre es der Mund eines anderen, ich sagte »Geh mir bitte nicht auf den Sack«, ich konnte nicht glauben, was ich da gesagt hatte, weder ich noch er, noch meine Mutter, noch mein Bruder, der hinter der Schlafzimmertür lauschte, »Geh mir bitte nicht auf den Sack«, und ich war so überrascht, dass mir weder die Ohrfeige wehtat noch der Fußtritt in den Hintern, noch dass er mich an den Haaren zu Boden riss. Ihm tat es weit mehr weh, als seine Liste die Wahl verloren hatte, denn so würde er sein Leben lang Fahrer bleiben, ein verdammter Busfahrer mit einem Sohn, der Wollmützchen strickte. Und während die Familie alle Zettel von den Wänden riss, mit denen wir vor einer Woche das ganze Haus tapeziert hatten, schaute er aus dem Fenster, die Kiefer vor Zorn zusammengepresst, mit geballten Fäusten. Wer weiß, was er dachte? Ich hingegen dachte daran, was ich dem Lehrer sagen würde, wenn er mich nach der Strickarbeit fragen würde, »Gehen Sie mir bitte nicht auf den Sack«, würde ich zu ihm sagen, genau wie zu meinem Vater.

Am Abend des Tages, an dem wir die Werbeplakate von den Wänden genommen hatten, hörte ich aus dem Schlafzimmer meiner Eltern ein Schluchzen. Ich stand auf und legte das Ohr an die Tür; mein Bruder war hinter mir und hörte ihn ebenfalls weinen, und die Stimme meiner Mutter, wie sie ihn tröstete und sagte, Gott wisse, was er täte, es sei nicht gut zu fluchen. Er weint wie eine Schwuchtel, dachte ich, mein Vater weint wie eine Schwuchtel. Und mein Bruder stand mit weit aufgerissenen Augen da, völlig verängstigt, weil er ihn noch nie hatte weinen hören; und ich zufrieden, denn das war das Beste, was mir in dem Moment passieren konnte. Meine Mutter hatte recht, Gott wusste genau, was er tat. Um uns herum war alles dunkel, aber ich wusste, dass mein Bruder mich anschaute, ich konnte seine tränenfeuchten Augen spüren. Ich spuckte zweimal auf den Boden – für meinen Bruder und für meinen Vater, der wie eine Schwuchtel weinte – und spürte auf einmal wieder die wundersame Luft in meinen Lungen.

Aus dem Spanischen von Sabine Giersberg

Jorge Franco

Wo erzählt wird, wie ich Don Quijote von der Mancha in Medellín begegnete, als sich die Stadt mit erfundenen Riesen füllte

Die Schraubenmutter war nicht mehr die Schraubenmutter, sondern das, was mein Großvater daraus gemacht hatte.

Mein Großvater machte Figuren aus Alteisen, mit Schraubenmuttern und Schrauben, Drahtresten, verrosteten Federn oder dem, was sein erfindungsreicher Geist als brauchbar für die Figur erkannte, die in seinem Kopf spukte. Alle möglichen Gegenstände waren ihm dienlich, und je seltsamer und verbogener sie waren, desto besser.

Als ich ein kleiner Junge war und neben meinem Großvater herlief, blieben wir häufig stehen, weil er irgendetwas auf dem Boden entdeckt hatte, irgendein abgefallenes Stück von etwas, und von Neugier getrieben ging er in die Hocke, um es aufzuheben, betrachtete es eingehend und sagte dann manchmal: »Das könnte als Bein dienen«, pustete kräftig, um es vom Schmutz zu befreien, steckte es in die Tasche, und wir setzten unseren Weg durch die Straßen eines Medellín fort, das dem heutigen nicht ähnelte.

Ich durchwühlte die Schublade, in der mein Großvater die Fundstücke aufbewahrte, die mir so fremd waren, dass ich sie nicht hätte benennen können. Erst nach einer Weile, wenn er den seltsamen Gegenstand bereits in die Skulptur eingebaut hatte, bekam er eine Funktion, die ich vorher nicht erfasst hatte. Mein Großvater hatte ihn in einen Fuß, einen Mund, einen Autoscheinwerfer, einen Pferdeschwanz oder ein Blütenblatt verwandelt.

Der Krimskram, den er sammelte, hatte irgendwann Namen

und andere Funktionen gehabt, doch wenn mein Großvater einen Gegenstand in die Hand nahm, war er bereits das, was er daraus zu machen vorhatte. So sagte er mir eines Tages über ein Zahnrad, das noch ganz fettig war: »Das ist eine Dornenkrone«, und ein paar Tage später zeigte er mir seinen Christus, den er aus Nägeln und Unterlegscheiben gefertigt hatte, aufgeschraubt auf einem alten Reifenheber für Felgen und gekrönt von dem Zahnrad, so realistisch, dass das Fett, das mein Großvater absichtlich drangelassen hatte, wie trockenes Blut wirkte, dasselbe geschichtsträchtige Blut eines Toten, das man uns nach zweitausend Jahren noch aufdrängt.

In einem anderen Moment, an den ich mich gerne genauer erinnern würde, obwohl ich die Phantasie spielen lasse, um ihn auszuschmücken, bastelte mein Großvater eine Figur, die fast fertig zu sein schien. Ich traf ihn dabei an, wie er Drähte, Haken und Greifer zusammenfügte und damit ein menschenähnliches Drahtgestell formte. Als bestünde er nur aus einem Skelett, ragte ein Mann von länglicher Gestalt auf, der, ohne ein erkennbares Gesicht zu haben, Züge eines traurigen Alten trug. Mein Großvater hatte ihm einen spitzen Kinnbart und einen Schnauzer aus Schwammdraht verpasst und dicke Brauen, die wie zwei Eisenwürmer aussahen. Die zerbrechliche Gestalt stützte sich auf eine Lanze und hielt in der anderen Hand als Gegengewicht einen Eisendeckel, und Großvater sagte: »Das ist der Schild.« Er machte ein paar Schritte zurück, um sein Werk von weitem zu betrachten, legte den Kopf auf die eine und dann auf die andere Seite, um aus jedem Winkel etwas Neues zu entdecken, und sagte: »Es fehlt noch die Schüssel auf dem Kopf, wie die, die er mit dem Helm des Mambrin verwechselt hat.«

Ich weiß nicht mehr, wie ich auf Großvaters unverständliche Worte reagierte. Was wollte er damit sagen? Vielleicht dachte ich, dass Großvater langsam wunderlich wurde, oder vielleicht dachte ich auch nichts und fragte ihn nur, den ausgestreckten Finger auf die Figur gerichtet, »Wer ist das denn?«, und womöglich hatte er mich überrascht angeschaut, »Wie, du weißt nicht, wer das ist?«, hatte sich gewundert, dass ich nicht schon früher von ihm gehört hatte, dass er in der Schule nicht behandelt worden war, und da ich noch immer ein dummes Gesicht machte, sagte er: »Das ist Don Quijote«. Ich begriff noch immer nicht und bohrte weiter »Wer ist das denn?«, und regelrecht erschrocken hatte mir Großvater erklärt: »Also das ist niemand anderes als der tapfere Ritter Don Quijote von der Mancha«.

Ich hätte die Fragerei fortsetzen können, »Warum tapfer?«, »Und von welcher Mannschaft?«, »Warum ist er fast so dünn wie seine Lanze?«, aber ich half ihm lieber dabei, in seiner Schublade zu wühlen. Ich fragte ihn: »Was suchst du denn?«, und er sagte zu mir »Etwas, das ich als Barbierschüssel benutzen kann«, »Als was?«, fragte ich, und Großvater sagte: »Die Kopfbedeckung. Don Quijote trug eine Barbierschüssel als Kopfbedeckung«, und er erklärte mir mit der Genauigkeit eines Lexikonartikels, dass es sich bei der Barbierschüssel um ein Metallgefäß handelte, das früher von Herrenfrisören benutzt worden war, um den Bart anzufeuchten, nicht sehr tief, aber sehr breit und mit einer halbrunden Einbuchtung für den Hals. An meinem Gesicht konnte er ablesen, dass ich nichts begriffen hatte, und er sagte: »Das ist wie eine Schale, die man sich hier hinhält«, er berührte sein Kinn und fügte hinzu: »um den Bart zu rasieren«, und ich lachte bei dem bloßen Gedanken daran, dass jemand eine solche Schale als Kopfbedeckung tragen könnte. Bestimmt hatte ich gedacht, dass das Großvaters Erfindung war, noch eine von diesen Gestalten und Geschichten, die er sich ausdachte, damit wir an einer Welt festhalten konnten, die wenige Jahre später verschwunden sein sollte, die Welt der Phantasie, von der ich dachte, dass Don Quijote dazugehörte, und tatsächlich sollte ich in dem Moment, in dem ich diese Welt verließ und erwachsen wurde, begreifen, dass es gut möglich war, mit einer Schale auf dem Kopf und in den eigenen Exkrementen zu erwachen.

Ich wuchs heran, während Großvater weiter in seinem Alteisen nach dem Gegenstand suchte, der ihm als Barbierschale für die unfertige Figur des Don Quijote dienen sollte. Er wollte sie nicht aus einem Stück Messing herausschneiden und nach seinem Bedarf formen, er wollte sie genau in der richtigen Größe und Form finden, ohne sie verändern zu müssen, er sagte: »Wenn Don Quijote in einer Schüssel seine Kopfbedeckung gesehen hat, muss ich sie bei irgendeiner ausrangierten Maschine finden.« Er klapperte Werkstätten ab, um das Altmetall zu durchstöbern, beschrieb den Mechanikern den Gegenstand, den er suchte, betonte: »dass er eine Einbuchtung wie eine Mondsichel haben muss«, richtete seinen aufmerksamen Blick auf das, was auf dem Gehsteig herumlag, und sagte zu mir: »… falls du in der Schule so etwas sehen solltest«, und ich korrigierte ihn: »Ich bin nicht mehr in der Schule, Großvater, ich gehe schon zur Universität«, und er antwortete: »Na schön, dann eben in der Universität«, dachte nach und fügte dann hinzu: »Du könntest bei den Ingenieurwissenschaften nachfragen«, dachte weiter nach, schüttelte den Kopf und sagte: »Eines Tages wird es schon auftauchen, jede Figur bekommt irgendwann ihr fehlendes Stück.«

Eines Morgens trat der Großvater ans Fenster und sah auf der Straße einen Alteisensammler auf einem Karren vorbeifahren, der von einem Pferd gezogen wurde, so heruntergekommen und mager wie der Mann selbst, der es antrieb. Der Wagen war vollgeladen mit Schrott, und Großvater rannte hinaus, rief dem Kutscher etwas zu und rannte hinterher, bis der Mann begriff, dass Großvater ihm folgte. Der Mann betrachtete die Zeichnung der Barbierschüssel, die Großvater aus verschiedenen Winkeln angefertigt hatte, und der Großvater erklärte ihm: »Sie muss diese Größe haben«, der Mann fragte: »Wofür brauchen Sie die denn?«, und der Großvater antwortete: »Um sie Don Quijote als Kopfbedeckung aufzusetzen«, der Mann sagte von seinem Wagen herunter: »Ah, dann kann sie auch ein bisschen größer sein«, mein Großvater verneinte: »Nein, nein, sie darf nicht zu groß sein«, und der Alteisensammler erwiderte: »Doch. Erinnern Sie sich an das Gelächter von Sancho, als sich Don Quijote die Schale auf den Kopf gestülpt hat, die der Barbier auf seiner Flucht zurückgelassen hatte, sie war ihm zu groß, und Don Quijote dachte, dass der Besitzer einen riesigen Kopf gehabt haben musste.« Großvater blieb der Mund offenstehen, als er den zerlumpten Mann so kenntnisreich über ein Thema sprechen hörte, auf das so viele anspielen und das so wenige wirklich kennen, Einzelheiten über den Quijote, und er war erst recht überrascht, als sich der Mann umdrehte, um seine Ladung zu betrachten, und man sehen konnte, dass ihm ein Bein fehlte.

»Das rechte«, erzählte mir Großvater, »vom halben Oberschenkel abwärts«, ich fragte ihn: »Geht er an Krücken?«, und Großvater antwortete: »Nur an einer; aus der Not heraus musste er die andere verkaufen.« Er erzählte mir, dass der Mann Néstor heiße, dass er Soldat und noch ziemlich jung gewesen sei, als er sein Bein durch eine Landmine verloren habe, die irgendein gewissenloser Lump ausgelegt hatte. Großvater sagte: »Néstor hat mich aufgefordert, auf seinen Wagen zu klettern, damit ich selbst in seinem Alteisen suche, während er seine Runde beendet«, ich fragte ihn: »Bist du hinaufgeklettert?«, er sagte: »Natürlich, aber nicht, um nach dem fehlenden Gegenstand zu suchen, sondern weil mich sein Wissen über Don Quijote neugierig gemacht hatte«. Das erzählte Großvater, der, während er zwischen Dosen und Eisenteilen herumstöberte, sich nach Néstors Leben erkundigte und dieser ihm erzählte: »Als ich das Bein verloren habe, war ich total niedergeschlagen, ich dachte, jetzt ist alles aus, und in einem Wutanfall habe ich verlangt, dass man mir den Quijote bringen soll«, der Großvater fragte: »Aus Wut?«, »Ja, aus Wut«, antwortete Néstor und fügte hinzu: »Ich bin auch in die Falle gegangen, wie Don Quijote«. Das Pferd wollte nicht mehr ziehen, und Néstor pfiff, um es anzutreiben, das Tier gehorchte, und Néstor sagte zu Großvater: »Die Welt da draußen ist eine Falle, mein Herr«, Großvater sagte: »Benjamín«, und Néstor sagte zu ihm: »Sie ist eine Falle, Benjamín, und zwar jeden Tag aufs Neue, damit es auch ja jeden erwischt.«

Dann erfuhr ich, dass sich Großvater noch einmal mit Néstor getroffen hatte, zwei Tage später, und dass er auch diesmal auf den Karren geklettert war und ihn auf seiner Fahrt begleitet hatte. Großvater hatte noch immer keinen Helm für Don Quijote gefunden und nutzte diesen Vorwand, um den Alteisensammler noch einmal zu begleiten. Großvater erzählte nicht viel darüber, er sagte lediglich: »Néstor lebt in einer Baracke«, und bevor er schlafen ging, sagte er mehr zu sich selbst: »Er hat diesem Land sein Bein geopfert und lebt in einer Baracke.« Um das Thema zu wechseln, fragte ich ihn: »Und die Barbierschüssel, Großvater?«, er antwortete: »Irgendwann wird sie schon auftauchen«, so als wäre es ihm nicht mehr wichtig. In der darauffolgenden Woche kam Néstor wieder vorbei, und ich sah Großvater auf den Wagen klettern und Néstor mit Handschlag begrüßen.

Zu jener Zeit wuchs in mir das Bedürfnis, mich zum ersten Mal zu verlieben, mich richtig zu verlieben, ich wusste zwar nicht, in wen, aber ich wollte es unbedingt. Allerdings waren die Umstände nicht gerade günstig, um sich in eine Liebesgeschichte zu stürzen. Medellín, meine Stadt, geriet immer mehr aus den Fugen, sie war einer Halluzination zum Opfer gefallen, wir alle fielen berauscht der Illusion des Geldes, der Drogen und der Macht zum Opfer, und als sich die Symptome dieses Wahnsinns zeigten, konnten wir selbst nicht mehr viel tun. Ich fragte den Großvater: »Was ist eigentlich los?«, er machte sich gerade für einen Streifzug mit Néstor fertig, und während er sich eine karierte Kappe aufsetzte, um seine Glatze vor der Sonne zu schützen, sagte zu mir: »Was ich dir jetzt sage, hat mir Néstor gesagt, ich habe ihn nämlich gefragt, was los ist, er war schließlich im Krieg und versteht mehr von solchen Dingen«. Wir alle in Medellín fragten uns: »Was ist eigentlich los?«, doch nur wenige wagten es, eine Antwort zu geben, und diejenigen, die es taten, fanden keine, die überzeugend gewesen wäre. »Wir alle«, hatte Néstor gesagt, »haben die Riesen erfunden, um mit unserer Größe zu prahlen, und wir alle tragen einen falschen Riesen in uns, um zu leugnen, dass wir im Grunde Zwerge sind«, ich erwiderte: »Néstor hat mehr von einem Verrückten als von einem Zwerg«, und dem Großvater gefiel meine Bemerkung nicht, es ärgerte ihn, dass wir in letzter Zeit Néstor gegenüber so voreingenommen waren, es kam uns nicht sehr vernünftig vor, dass Großvater in Begleitung eines Unbekannten, der wirr daherredete, auf einem klapprigen Karren und dem unbarmherzigen Klima ausgesetzt durch ein Medellín fuhr, wo es neben Wasser auch Kugeln regnete. Doch es war nichts zu machen, jedes Mal, wenn Großvater die Pferdehufe und das Quietschen des Karrens hörte, der sich näherte, riss er freudig die Augen auf, stülpte sich die Kappe auf den Kopf, rüstete sich mit einem Poncho aus und ging, ohne sich zu verabschieden, taub für sämtliche Warnungen, wie ein von der Straße fasziniertes Kind.

Auch ich war zu jener Zeit begeistert von meinen ersten nächtlichen Streifzügen, ich war gerade achtzehn geworden und hatte nun endlich die Erlaubnis, länger als bis Mitternacht auszugehen. An jenem Wochenende, genauer gesagt am 23. Juni, besuchte ich zum ersten Mal ein Lokal, das in einem Vorort von Medellín lag, es hieß Oporto und war die angesagteste Kneipe. Wir waren insgesamt fünf Freunde, zwei von ihnen in Begleitung ihrer Freundinnen und wir drei anderen, die allein gekommen waren, noch immer auf der Suche, und da wir auf Entdeckungstour waren, gingen wir gegen elf in eine andere Kneipe, in der Hoffnung, dort mehr Glück zu haben, was wir dann auch hatten, denn die beiden Freunde, die im Oporto geblieben waren, blieben für immer. Sie blieben bis zu ihrem Tod, und wir gingen woandershin, um uns

Freundinnen anzulachen, und da wir sie auch an diesem Abend nicht fanden, kehrte ich, die Hoffnung auf das nächste Wochenende gerichtet, geschlagen nach Hause zurück.

Bei meiner Ankunft saß, wach und im Pyjama, die ganze Familie aneinandergekauert im Wohnzimmer, alle mit verzerrten Gesichtern, alle außer mir kannten die Nachricht, hatten bereits Zeit gehabt, sie zu beweinen, mich zu beweinen, denn sie wussten, dass ich unter den neunzehn von Kugeln durchsiebten Leichen sein konnte, und weil sie Zeit gehabt hatten, mich für tot zu halten, empfingen sie mich wie einen Auferstandenen. Sie wussten nicht, dass mich mein Wunsch, mich zu verlieben, gerettet hatte. Oder es war das Glück, es bis zu diesem Tag nicht getan zu haben.

Das Ganze hatte sich schnell und brutal abgespielt, mit derselben Effizienz, die den Sensenmann mit all seinem Tun so berühmt gemacht hatte. Nachdem wir das Oporto verlassen hatten, tauchten dort mehrere bis zu den Zähnen bewaffnete Vermummte auf. Sie trennten die Frauen von den Männern, Männer und Frauen, die höchstens um die zwanzig waren, zwangen die Männer, sich auf den Boden zu legen, einer neben den anderen mit dem Gesicht nach unten, und schossen ihnen nacheinander eine Kugel in den Rücken, ohne dass Schreie und Bitten Eindruck auf sie gemacht hätten oder dass diejenigen, die um ihr Leben bettelten, beinahe noch Kinder waren und nun sterben mussten, ohne auch nur eine Erklärung für ihre Hinrichtung zu bekommen. Meine beiden Freunde und siebzehn weitere, die ich beweinte, als wären sie ebenfalls meine besten Freunde gewesen, blieben dort zurück. Mein Großvater setzte sich bei Tagesanbruch an mein Bett, strich mir übers Haar, weinte mit mir, und bevor er ging, sagte er: »Ich werde nicht mit ansehen, wie alles verkehrt herum geschieht«, nahm meine Hand und fügte hinzu: »Es muss genau andersherum sein: Die Jungen müssen die Alten begraben, und ich werde es nicht mit ansehen, dass irgendeiner von euch vor mir begraben wird.« Er sagte es voller Wut und Verzweiflung und mit einer Bestimmtheit, mit der man seine letzten Worte spricht. Mir ging es nur darum, Antworten auf die Fragen zu finden, die mich quälten: Warum?, Wer hat das getan?, Was haben diejenigen, die abgedrückt haben, und diejenigen, die von den Kugeln getroffen wurden, gefühlt?, Welche Rolle spielt Gott in dieser Sache?, Welche Rolle spiele ich in dieser Sache? Als es hell wurde, saß ich am Fenster und beobachtete, wie die Stadt zu ihrem normalen Leben erwachte, ein bisschen trister und mit einer weiteren Totenliste. An diesem Morgen waren die Hufe und der Karren früher als gewöhnlich zu hören, und ich sah von oben, wie Großvater mit einem kleinen Handkoffer das Haus verließ und zu Néstor hinaufkletterte, und bevor sie losfuhren, blickte er zu meinem Fenster hinauf, hob die Hand, und ich hob meine. Dann sah ich sie langsam davonzockeln, einen Ritter und seinen Knappen, vereint in irgendeiner ehrenvollen, jedoch unmöglichen Aufgabe.

Großvater kehrte nicht nach Hause zurück. Wir warteten an diesem Abend und den vielen, vielen Tagen, die folgten, auf ihn. Wir meldeten ihn bei der Polizei als vermisst, verteilten Flugblätter mit seinem Foto, versuchten uns die Touren des Karrens vorzustellen, um die beiden zu suchen, fragten, beteten, boten Finderlohn, doch Medellín brannte, und die Leute hatten nichts anderes im Kopf, als sich vor dem Brand zu retten. Um es mit Néstors Worten zu sagen, der Riese, den wir uns ausgedacht hatten, geriet außer Kontrolle und wurde zu unserem Feind, und jeder versuchte, so gut es ging, nicht von ihm zertreten zu werden. Fast täglich ließ eine Explosion unsere Knochen erzittern und trieb uns weiter in die Enge. Doch am traurigsten war ich über Großvaters Abwesenheit. Jeden Tag ging ich in das Kabuff, wo er seine Skulpturen aus Alteisen gebastelt hatte; dort stand noch immer der deprimierte Don Quijote und wartete auf seinen Helm, als wäre es das Einzige, was fehlte, um den Kampf gegen den verrückt gewordenen Riesen aufzunehmen. Neben dem Quijote aus Schrott fand ich die Vorlage, das Buch »Don Quijote von der Mancha« in einer abgegriffenen Ausgabe und voller Papierschnipsel zwischen den Seiten, kleine Zettel, mit denen Großvater seine liebsten Textstellen angezeigt hatte, die ihn dazu inspiriert hatten, auf seine Weise den Don Quijote aus den Seiten, die von ihm erzählten, herauszulocken. Ich nahm das Buch mit und legte es auf meinen Nachttisch, jetzt würde ich es noch nicht lesen, ich hatte vor, es mir für die Ferien aufzuheben, doch wollte ich nachlesen, was Großvaters Aufmerksamkeit erregt hatte, und als ich konnte, begann ich die markierten Seiten aufzuschlagen.

Ich verbrachte mehrere Abende damit, Absätze und einzelne Sätze zu lesen, im Grunde auf der Suche nach einer Spur, die mir helfen würde, Großvater zu finden und ihn nach Hause zurückzuholen. So machte ich mir nach und nach ein bruchstückhaftes Bild von der Welt der Sehnsüchte, der deformierten Helden, der hehren Ziele, der bezaubernden Unholde, die unsere Dinge verlegen und vertauschen, und jeden Abend, wenn ich das Buch zuklappte, fragte ich mich schlaflos, ob irgendeine dieser Seiten Großvater dazu gebracht hatte, gemeinsam mit einem armen Fuhrmann durch die Welt zu ziehen, oder ob Medellín selbst ihn in die Seiten verbannt hatte, um ihn von der Gewalt, die ihn erstickte, zu befreien, oder ob er einfach nur geflohen war … Fragen und Zweifel, die bis zur nächsten Nacht in meinem Kopf spukten, in der ich wieder dem Schlaf Zeit raubte, um herauszufinden, warum Großvater fortgegangen war und nicht zurückkommen wollte.

Ungefähr auf der Hälfte meiner oberflächlichen Lektüre fand ich, vom Gewicht der Seiten plattgedrückt, eine halbe weiße Serviette, auf die Großvater eigenhändig geschrieben hatte: »Ist das die Wahrheit, was ich sehe?« Ich suchte nach dem Satz auf den beiden Seiten, wo die Serviette gesteckt hatte, konnte ihn aber nicht finden. Der Satz brannte sich mir als Teil einer Ungewissheit, die mich schon mein ganzes Leben begleitet, für immer ins Gedächtnis.

Die Beklommenheit, die ein Verschwundener auslöst, ist schlimmer oder nur vergleichbar mit dem, wenn jemand gewaltsam stirbt. Mich bedrückte damals eine doppelte Beklommenheit: ein vermisster Großvater und zwei von Kugeln getötete Freunde. Und die permanente Bedrohung, dass ich oder irgendein geliebtes Wesen das nächste Opfer in dem russischen Roulette sein konnten, in das sich Medellín verwandelt hatte. Doch mit der Angst in den Eingeweiden reifte ich heran, bis ich zu dem Schluss kam, dass die Angst der Hauptverantwortliche für alle unsere Entscheidungen war.

Ohne sie zu suchen, kam auch die Liebe. Wie der Tod und die Angst kam auch sie ohne Vorankündigung. Sie hieß Victoria und zeigte mir, dass auch das Glück ein möglicher Weg war. Als wir zusammen waren, glaubte ich nicht, dass es noch eine andere Welt, ein anderes Leben außerhalb der Liebe geben könnte. Völlig ahnungslos waren wir der Liebe begegnet, und wir glaubten, dass wir allein davon leben könnten, uns zu lieben, und dass wir unbeschadet durch die Jahre kämen.

Eines Abends, als er mir gelang, einmal ein paar Minuten nicht an sie zu denken, griff ich wieder zum »Don Quijote«, der nach einer Schublade roch, die lange verschlossen gewesen war, schlug ihn bei einer weiteren Markierung auf, die Großvater hinterlassen hatte, blätterte ein paar Seiten weiter, und von einer löste sich ein Zettel, der auf meine Brust fiel. Darauf stand in winziger Schrift, der Schrift meines Großvaters, die ich so gut kannte, »für meinen Enkel, wenn er sich verlieben und sich das Herz herausreißen sollte.« Ich schaute mir die Rückseite an, um zu sehen, ob der Satz weiterging, doch da stand nichts. Ich ging die Seiten durch, die er mit dem Zettel markiert hatte, sprang hastig von Zeile zu Zeile und versuchte, in einzelnen Worten die Widmung meines Großvaters zu finden. Ohne richtig zu verstehen, worum es dabei ging, dachte ich, dass ein Mann einem anderen das Herz herausriss, um es der Geliebten desjenigen, der gestorben war, als Geschenk zu bringen. Ich wusste weder, woher die Geschichte rührte, noch worauf sie abzielte, doch allein die Vorstellung erschreckte mich: sich das Herz herauszureißen und es der Person zu geben, die man liebt.

Ein Jahr ohne Großvater war vergangen. Ein ganzes Jahr, in dem wir ihn sogar auf den Mülldeponien gesucht hatten. Ich sah sein Foto im Fernsehen, hörte seinen Namen im Radio, wo man von einem ehrwürdigen alten Herrn sprach, der als vermisst galt, sah sein Bild in Krankenhäusern hängen, jedes Mal, wenn ein toter alter Mann eingeliefert wurde, rief uns das Leichenschauhaus an. »Das war er auch nicht«, sagte Mutter dann bei ihrer Rückkehr, einem Zusammenbruch nahe, nachdem sie den fremden Toten gesehen hatte. »Das war er auch nicht«, wenn ihn jemand mit einem anderen alten Mann verwechselte und wir losrannten, um es zu überprüfen. Mutter schwankte zwischen Unruhe und Wut. Eines Tages traf ich sie dabei an, wie sie Großvaters sämtliche Habseligkeiten in einen Karton packte, hineinwarf, was er an Kleidern und Krimskrams zurückgelassen hatte, und ich sagte zu ihr: »Komm bloß nicht auf die Idee, seine Skulpturen anzurühren«, und sie sagte zu mir: »Ich bringe nur Kleider und unbrauchbare Sachen weg, die für jemand anderen brauchbar sein könnten, jemanden, der etwas rücksichtsvoller ist als er.« Sie sagte das den Tränen nahe, und ich trat zu ihr, ohne zu wissen, wie ich mit diesem Vorwurf umgehen sollte. Ich sah mehrere zusammengefaltete Hemden in der Kiste, und am Rand entdeckte ich etwas, das glänzte, ich ging in die Hocke und fragte: »Was ist das denn?« Sie blickte es von der Seite an und sagte: »Ah, das war dort im Schrank«, ich griff mit der Hand nach der glänzenden Stelle und nahm einen wie alle in Großvaters Sammlung undefinierbaren Gegenstand heraus, doch war er genau das, was Großvater die ganze Zeit gesucht hatte, um ihn Don Quijote als Helm aufzusetzen. Ich war total verblüfft und fragte Mutter: »War das etwa hier?«, sie blickte das Ding noch einmal an uns sagte: »Ja, es lag hinter den Hemden.« Ich rannte zu der Skulptur und setzte Don Quijote den Gegenstand zitternd auf den Kopf: Er passte perfekt und wirkte so adäquat an ihm, dass es den Anschein machte, als hätte Großvater mit der Skulptur bei der Kopfbedeckung angefangen. Es war Don Quijotes Barbierschüssel.

Der Fund brachte mich ins Grübeln, bis nur noch zwei Möglichkeiten übrig waren, um die Existenz dieser Barbierschüssel zu erklären: Großvater hatte sie irgendwann gefunden, sie für brauchbar erklärt, beschlossen, sie zu behalten, und sie dann vergessen, oder Großvater versteckte sie, um weitersuchen zu können. Ich glaubte Letzteres, vor allem, nachdem ich die markierten Stellen im Buch durchgegangen war und einen begeisterten Vortrag über das Ritterleben gefunden hatte und Großvater kräftig das unterstrichen hatte, was Don Quijote Sancho auf seinen Vorschlag hin antwortete, das Umherziehen auf einsamen Wegen, auf denen niemand von ihren Heldentaten erfuhr, doch zu beenden. Don Quijote sagte: »… doch bevor diese Stunde kommt, muss man gleichsam wie auf Wanderjahren die Welt durchfahren und Abenteuer suchen und bestehen, um sich Ruhm und Namen zu erkämpfen …«, und sprach von dem Lohn und der Befriedigung, die man dafür erhielt, sein Leben tatsächlich und ernsthaft aufs Spiel zu setzen.

Bei meiner ersten Reise mit Victoria fuhren wir in ein nahegelegenes Dorf, um die Nacht dort zu verbringen. Wir suchten die heiße Atmosphäre, die als Einzige den Körpern guttut. Wir nahmen ein kleines, billiges Hotel, das am Platz lag, und weil wir uns gleich zurückgezogen hatten, um uns mit dem Sex vertraut zu machen, lernten wir das Dorf gar nicht kennen. Sie schlief irgendwann ein, und ich genoss diese neue Situation: ein nacktes Mädchen, das neben mir schlief. Und auch, sie zu betrachten. Später dann rissen mich Hufgeklapper auf dem Straßenpflaster und das Quietschen von Rädern aus dem Schlaf. Mit einem Satz sprang ich aus dem Bett, trat ans Fenster, und unten überquerten wie hingezaubert Néstor und Großvater auf dem Karren voller verrosteter Eisenteile den Platz. Ich sah, wie mein Großvater verwirrt die Richtung auszumachen versuchte, aus der man ihn rief, und als er mich entdeckte, machte er Néstor hastig Zeichen, den Karren anzuhalten. Großvater und ich schauten uns an, er unten und ich oben, wie beim letzten Mal, als wir uns verabschiedet hatten, mit angehaltenem Atem, reglos und stumm, bis ich schließlich die Stimme hob und zu ihm sagte: »Ich habe Don Quijotes Helm gefunden, Großvater. Er war in deinem Schrank.« Großvater brach in so schallendes Gelächter aus, dass das Pferd scheute und der Karren sich in Bewegung setzte. Victoria stellte sich eingewickelt in ein Laken neben mich. Großvater lächelte mich an, während er sich langsam entfernte. Mit beiden Händen tat ich so, als risse ich mir das Herz heraus, und warf es ihm zu. Er tat so, als finge er es auf, und dann, als risse er sich seins heraus und würfe es zu meinem Fenster hinauf. Nachdem wir die Herzen getauscht hatten, sagte Großvater etwas zu Néstor, und sie beschleunigten die Fahrt. Ich schaute ihnen nach, bis sie hinter der Ecke verschwanden.

Am nächsten Tag kehrte ich mit einem Geheimnis mehr nach Hause zurück. Und mit einer Erinnerung, die mich beruhigte. Ich ging ins Bett und griff nach dem Buch, öffnete es jedoch diesmal auf keiner der Seiten, die Großvater markiert hatte; ich schlug es auf, wo es hieß: »An einem Orte der Mancha …«

Aus dem Spanischen von Susanna Mende

Rodrigo Fresán

Ohne Titel: Neue Abhandlungen zur literarischen Berufung

Schon immer hat es eine gewisse Unruhe (oder vielmehr einen bezeichnenden und in meinen Augen verständlichen Ärger) in mir hervorgerufen, dass bildende Künstler es manchmal vermeiden, ihren Werken einen Namen zu geben. Warum? Wozu? Was wollen sie sagen, uns sagen, wenn sie uns nichts sagen oder, schlimmer noch, wenn sie uns sagen, dass sie uns nichts zu sagen haben? Wir halten z. B. inne vor einer Meereslandschaft, vor einer Galaxie aus atomförmigen Rhomben, die im Raum schweben, vor einem Mann, der einem schneebedeckten Wald den Rücken zukehrt, vor einer Linie, die quer über eine weiße Leinwand verläuft; und wenn wir uns vorbeugen – um besser zu sehen, um ganz zu verstehen –, stoßen wir auf ein winziges Schildchen, und auf diesem Schildchen steht *Ohne Titel*, der Name des Künstlers und ein Datum. Manchmal lesen wir, was noch schlimmer ist (ich spreche von dem etwas verwaschenen Hochmut nie gefasster Gentlemandiebe oder Serienmörder), ein noch hochmütigeres *Ohne Titel Nr. 47* oder *Ohne Titel Nr. 62*, als ließe sich die Abstraktion von etwas, das keinen Namen hat, mit Hilfe der Mathematik begreifen. Dann fühlen wir uns betrogen, wie Gläubige, die im schlimmsten Moment des Sturms von ihrem Gott verlassen werden, ohne den Grund für diese Strafe zu verstehen. Aber wie man weiß, ist Gott Gott, weil er Erklärungen nicht nötig hat und auch nicht zu ihnen verpflichtet ist.

»Du Dummkopf, das machen sie, damit du dir einen Namen ausdenkst und das Kunstwerk vollendest«, sagte mir einmal eine

Frau, die zu schön war, um so einen Blödsinn zu glauben. Eine Frau, die mit ihrer Schönheit bewirkte, dass sinnlose Dinge logisch, ja erhellend klingen. Eine Frau so gefährlich wie ein Eisberg in dunkler Nacht. Eines dieser typischen Mädchen mit großbürgerlichem Nachnamen sagte mir das, und ich empfand sie als Teil einer unsichtbaren Verschwörung und zog mich unter irgendeinem Vorwand für immer zurück. Einem Vorwand ohne Titel und mit Nummer. Manchmal bekomme ich in einem Flugzeug oder auf einem Schiff – in Höhen ohne Titel oder in Marineblau Nr. 33 – ein leeres Formular ausgehändigt, das ich ausfüllen soll, und dann gebe ich in der Zeile, in der nach dem Beruf gefragt wird, *Professioneller Entferner* an. Manchmal schreibe ich auch *Ohne Titel*, um zu sehen, wie es aussieht, und entdecke verstört, dass es gut aussieht, wie unbestreitbare Wahrheiten fast immer gut aussehen.

Damit bin ich gerade beschäftigt: Ich entferne mich, ohne Titel. Von allem und allen außer Benjamín Federov. Von ihm werde ich mich nie entfernen können, denn es sind die Toten und nicht man selbst, die – weil sie ans Ende gelangt sind, weil sie wissen, warum gewisse Geschichten begonnen haben und warum sie *so* heißen – die Schlussfolgerung festlegen, die beste Art und Weise, eine Geschichte zu beenden.

Benjamín Federov ist tot.

So sollte es beginnen, denn schließlich will ich genau darüber schreiben. Ein kurzer Satz, eine unbestreitbare Tatsache, ein Thema, eine sichere Richtung: *Benjamín Federov ist tot.* Gibt es einen besseren Anfang? Ich fürchte nein und freue mich über diese Entdeckung.

Benjamín Federov liebte lange Sätze. Sätze wie Herbstspaziergänge an einem goldenen Sonntagmorgen, ohne Landkarte und Kompass, mit Händel in der Luft. Sätze, die mit einer oder zwei Koordinaten beginnen und sich dann verirren aus reiner Lust, von jemandem mit Hunden und Taschenlampen gesucht zu werden, wenn es dunkel geworden ist und die Kälte von den Höhen steigt. Sätze wie der, den ich gerade geschrieben habe, aber – im Gegensatz zu dem, den ich gerade geschrieben habe – perfekte Sätze oder, wie jemand es einmal, ob nun zu Recht oder nicht, genauer formuliert hat, Sätze der Marke Federov.

»Benjamín Federov ist tot« ist, wie ich jetzt entdecke, trotzdem eine dieser tückischen Federovschen Anakondas, die sich in den Eingeweiden eines kleinen Wurms versteckt. Benjamín Federov hatte eine diebische Freude daran, dann und wann einen Satz fallenzulassen, der so kurz war, dass er eher einem Gebot als einer Aussage gleichkam. Ein Trojanisches Pferd mit wenigen Buchstaben, das in seinem hölzernen Bauch ein Gewimmel geheimer Wörter birgt. Einer dieser gefährlichen Clowns, die beim Öffnen einer Schachtel mit lautem Gelächter herausspringen und gutgläubigen Menschen einen Herzinfarkt verursachen, was ihren Tod zu einer erzählenswerten Geschichte macht; denn ein absurder Tod ist manchmal das Einzige, was ein ereignisloses Leben rechtfertigt.

Benjamín Federov hatte ein ereignisreiches Leben und einen Tod, der nicht das Niveau seiner eindrucksvollen Biographie erreichte. Wenigstens denken das alle. Und alle irren sich.

Ich sehe ihn – sah ihn – aufstehen, um eine weitere Ehrung und eine weitere Medaille in Empfang zu nehmen, und ich beobachtete, wie Benjamín Federov sich mit der Hand an die Brust fasste – als suchte er die Uhr in seiner Westentasche, um die genaue Zeit abzulesen – und auf dem Podium, vor einer nicht unbeträchtlichen Zuhörerschaft, zusammenbrach. Irgendwo habe ich einmal gelesen, dass Honoré de Balzac auf seinem Totenbett nach einer seiner Figuren rief, einem fiktiven Arzt, damit er ihn von einer echten Krankheit heilte. Benjamín Federov musste nach keinem seiner Geschöpfe rufen, denn ich war bereits da.

Anschließend standen alle um ein Grab im harten Eis, im tiefsten Winter. Vier Männer mit Spitzhacken und Schaufeln hoben unter dampfenden, leise ausgestoßenen Flüchen etwas aus, das mehr einer vertikalen Höhle als einer Grube glich.

Benjamín Federov hätte die Szene entzückt.

Der Sarg von Benjamín Federov ist ein großer Sarg. Ein Sarg, der eines Königs würdig wäre. Ein Sarg speziell dafür, all die langen Sätze zu verwahren, damit sie nicht entkommen.

Jemand fragt, ob wir einen letzten Blick auf den Verstorbenen werfen wollen, und jemand sagt ja. Ich brauche fast eine halbe Minute, um mir darüber klarzuwerden, dass ich es gewesen bin. Ich trete an den Sarg, er wird geöffnet, ich blicke hinein und unterdrücke den schwindelerregenden Schreck. Benjamín Federov sieht mich aus den Tiefen einer unzugänglichen Steilküste an, seine Hose ist bis zu den Knien hochgekrempelt, die Füße stehen am Anfang oder Ende des Meeres, er scheint zu lächeln, mir zuzulächeln, und ich weiß nicht genau, warum. Da tritt die Witwe von Benjamín Federov auf mich zu (für mich wird sie nie einen Namen haben, sie wird immer »Die Witwe von Benjamín Federov« sein, wieder so einer seiner kurzen, maßlosen Aussagen, wieder so ein unmöglich zu befolgendes Gebot, eine tückische Form des *Ohne Titel*), nimmt mich beim Arm, und wir machen uns auf den Rückweg nach Irgendwo. Hinter uns das Geräusch des sich schließenden Sargs und die Geräusche der Totengräber. Die Oberfläche der Erde scheint leicht zu beben, als sie die sterblichen Überreste von Benjamín Federov in Empfang nimmt, dann setzt die Mechanik der Schaufeln und der wieder an ihren Platz geworfenen Erde ein, und alles deutet darauf hin, dass es in dieser Nacht schneien wird. Morgen wird niemand mehr sagen können, dass hier ein Riese begraben wurde. Nicht einmal die Vögel, die seinen Grabstein einweihen, sich auf ihm niederlassen, etwas singen, das ich nicht verstehe. Die Witwe von Benjamín Federov führt mich am Arm, als wäre ich einer dieser seit langem verlorengegangenen Sätze, und da entdecke ich den Grund für Benjamín Federovs Lächeln, begreife, dass Benjamín Federov gestorben ist, damit ich geboren werde, dass in mir sein schreckliches Gedächtnis weiterlebt, das monströse Andenken an ihn.

Ich bin der Wächter seines Tempels, und es gibt Tage – wenn ich ein Bild mit dem Titel *Ohne Titel* sehe –, an denen ich mit dem Gedanken spiele, Selbstmord zu begehen und all dem ein Ende zu setzen. Ein Selbstmord würde meinem Leben einen Titel geben, überlege ich vor den Spiegeln der Hotelzimmer in immergleichen Dörfern, Dörfern ohne Titel, während ich mich darauf vorbereite, den ewig gleichen Vortrag zu wiederholen (*wiederholen* ist das falsche Wort; besser wäre *aufsagen*, oder vielleicht *beten*). Unten im Foyer erwarten mich die Honoratioren, die Lehrerinnen, die alle gleich sind, so sehr sich ihre Namen und Gesichter unterscheiden mögen. Sie lächeln mich an, beglückwünschen mich, berühren mich, wie man vermutlich einen Apostel Jesu Christi oder einen Statthalter Napoleons berühren würde: jemanden, der *dort* war. Mir werden Fragen gestellt, erst zaghafte, dann – nach dem Vortrag und den ersten Flaschen Wein – fast unverschämte, weil von fanatischer Neugier getriebene Fragen. Vorher natürlich noch der kurze Weg über den Platz (die immergleiche Statue eines Mannes zu Pferd mit erhobenem, einer niemals eintretenden Zukunft entgegengestrecktem Arm, die nur dazu da ist, von Tauben beschissen zu werden) bis zum »Haus der Kultur« (immer vorhersagbar in seiner Architektur, mit seiner Fassade eines zweckentfremdeten Krankenhauses), und ich, der ich die immergleichen Bewegungen wiederhole wie eine Marionette aus Fleisch und Blut. Ich warte, bis ich vorgestellt werde und der Beifall verebbt, ich stehe auf, gehe zum Podium, fasse mir mit der Hand an die Brust, starre nach vorn, ohne jemanden anzusehen, und sage schön deutlich die magischen Worte. Wieder einmal, mit der Resignation eines Verdammten. »Benjamín Federov ist tot«, sage ich. Und dann fühle ich mich lebendiger denn je.

Mein erster und einziger Erzählband – *Das Mädchen, das an jenem Abend ins Schwimmbecken fiel* – folgt nicht der Federovschen Ästhetik, so sehr ein Kritiker auch »die verräterische, vollkommene Liebe, die nur die besten Schüler für die besten Lehrer empfinden können«, darin zu sehen meinte. Die Erzählungen in *Das Mädchen, das an jenem Abend ins Schwimmbecken fiel* haben wenig oder gar nichts gemein mit dem Credo meines Lehrers. Tatsächlich haben sie alles, was Benjamín Federov zeit seines Lebens verabscheute. Die Erzählungen von Benjamín Federov – insbesondere die seines Zyklus *Traurige Lieder* – sind kurze Erzählungen aus fast immer langen Sätzen, die unermesslich sind in ihrer puren Notwendigkeit, gebildet zu werden, und in der synthetischen Pünktlichkeit ihrer Intentionen. Die Verleumder von Federov weisen – angesichts der Unmöglichkeit, in dem, was er schrieb, auch nur eine einzige Schwäche zu entdecken – immer wieder darauf hin, dass sein Werk »zu selbstsicher« sei, zu »exhibitionistisch in seiner offensichtlichen architektonischen Bescheidenheit«. Man nannte seine Geschichten »Romane in Miniaturformat« oder »Megaerzählungen« oder »Essays mit Handlung« oder »humanistische Gleichungen«. Möglich, dass daran etwas Wahres ist und Benjamín Federov deshalb (es dauerte nicht lange, bis jemand als Beweis seiner Meisterschaft einen Roman von ihm verlangte) nie das Bedürfnis verspürte, etwas anderes als Erzählungen zu schreiben. Benjamín Federov sprach, um seine Arbeit und sein ästhetisches Credo zu verdeutlichen, von dem Druck, den Kohle braucht, um sich in Diamanten zu verwandeln, und von dem Glück, jedem Detail Beachtung zu schenken. »Mein Roman sind alle meine Erzählungen auf einmal gelesen, in der Reihenfolge, die dem Leser am besten gefällt«, rechtfertigte er sich provokant.

Diejenigen, die ihn einmal beim Schreiben beobachten durften (davon weiß ich nur vom Hörensagen, ich selbst habe dem schöpferischen Akt nie beigewohnt), behaupten, es sei ein schrecklicher und unvergesslicher Anblick gewesen: Federov stieß Schreie aus, verwüstete alles, was sich auf seinem Schreibtisch befand, trat gegen Stühle und stürzte schließlich, gepeinigt von Zuckungen, die Augen verdreht und mit Schaum vor dem Mund, auf den Teppich. Federov wie ein Heiliger oder Prophet in Ekstase, der hinterher lächelnd aufstand, die Kleidung zurechtstrich und sich hinsetzte, um das richtige Wort niederzuschreiben, als wäre nichts geschehen.

Mehr als einmal wurde mir bedeutet, dass Benjamín Federov – hätte er lange genug gelebt, um sie lesen zu können – alle meine Erzählungen verachtet hätte, einschließlich *Das Mädchen, das an jenem Abend ins Schwimmbecken fiel*. Besonders diese Geschichte, die dem Buch den Namen gibt. Man sagte es mir mit dem Respekt, den man großen Verrätern entgegenbringt, den so heldenhaften Feiglingen. Manche – die etwas suchen, auf das sie sich stützen und von dem aus sie verstehen können – verweisen auf die kurze Erzählung-in-der-Erzählung in der Mitte von »Die Liebhaber der Kunst«, die bis in den Titel hinein sehr wohl eine gewisse Federovsche Lakonie aufweist, einen moralisch-didaktischen Kern.

Wenn man mir das sagt, schweige ich. Manchmal lächle ich auch, wechsle das Thema. Es ist einfach: In Wahrheit wollen sie nicht über mich sprechen, vielmehr wollen sie mich dazu verleiten, über Benjamín Federov zu sprechen. Ich lasse mich nicht bitten. Ich gehorche dem Willen meines Herrn und Meisters, des Autors meiner Tage und Nächte.

»Wenn die Fiktion uns nichts über die Realität lehrt, dann sind wir verloren«, ist einer der am meisten zitierten Sätze Benjamín Federovs. Ich sage ihn immer nach »Benjamín Federov ist tot«; und fahre fort mit: »... aber seine Erzählungen sind lebendiger denn je.«

Die Geschichten in *Das Mädchen, das an jenem Abend ins Schwimmbecken fiel* sind eine Totgeburt.

Sie sind vielschichtige narrative Leichen, die nichts lehren und nichts lehren wollen. Ganz im Gegenteil. Es sind Geschichten für Menschen, die sich damit abgefunden haben, verloren zu sein, die den Weg nach Hause nicht mehr suchen. Es sind Geschichten, die *ver-lehren* und keinerlei Art von virtuoser Offenbarung anstreben. Die Erzählung, die kürzlich in eine Anthologie junger Erzähler aufgenommen wurde und dem Buch seinen Titel verlieh, nannte der maßgebliche Kritiker »ein Attentat, eine Splitterbombe, versteckt zwischen all den Erzählungen, die beginnen, verlaufen und enden. Eine seltenes und erstaunliches Paradox, da es sich um die Erzählung dessen handelt, der als Federovs eifrigster Schüler und Spezialist seines Werks gilt.«

Ha.

Ha, ha.

Ha, ha, ha.

Ha.

Der Kritiker hat sich nicht getraut, die Erzählung als gut oder schlecht zu bezeichnen, denn wenn die Erzählungen in *Das Mädchen, das an jenem Abend ins Schwimmbecken fiel* etwas pervers Geniales haben, dann weil sie in ihrer scheinbar gasförmigen, nicht greifbaren Gestalt luftdicht verpackt zu sein scheinen, unmöglich zu öffnen, wie gewisse Uhren und gewisse Erzählungen von Benjamín Federov.

Lange Sätze, stimmt, die aber wenig oder nichts mit den langen Sätzen Federovs gemein haben oder – wenn wir schon dabei sind – den wenigen kurzen Sätzen Federovs, die wie ein perfekt passender Schlüssel die reich verzierten Portale der europäischen Kathedralen oder der südamerikanischen Regierungspaläste öffnen. Basreliefs voll barocker Figuren und Linien, die sich manchmal über mehrere Seiten erstrecken, bis sie in einem Punkt und Absatz eine

Atempause finden. Um es einfacher zu sagen: In ihrer wunderbaren, ja übernatürlichen Vollkommenheit lesen sich die langen Sätze Benjamín Federovs wie kurze Sätze Benjamín Federovs.

Und umgekehrt.

Die Titel jeder einzelnen Erzählung von Benjamín Federov sind gerechtfertigt und leuchten sofort ein. Die Titel der Erzählungen von Benjamín Federov geben schlicht die Handlung der Erzählung wieder: »Eine Jagd«, »Erste Liebe«, »Die Frau des Anderen«, »Auf hoher See«, »Der russische Taxifahrer«, »Der Tod der Unschuld«, »Der Mann, der die Statuen umarmt« …

Die Figuren der Erzählungen von Benjamín Federov haben fast nie einen Nachnamen und erzählen eine Handlung, die so lange dauert, wie man braucht, um die Erzählung zu lesen.

Die einzigen vier Geschichten aus *Das Mädchen, das an jenem Abend ins Schwimmbecken fiel*, die so etwas wie einen Federovschen Titel haben, sind »An der Grenze«, »Die Surrealisten«, »Geschichte mit Ungeheuern«, »Die Geschwindigkeit der Dinge«. Aber keine von ihnen hat etwas mit einer Erzählung von Benjamín Federov gemein.

Die erste handelt von einem hypothetischen – aber historisch unmöglichen – Austausch zweier Schriftsteller an einer vagen Grenze zwischen Europa und den Vereinigten Staaten: Europa liefert Nabokov an die Vereinigten Staaten aus, damit er den großen amerikanischen Roman schreibt, und erhält im Gegenzug Henry James, damit dieser den großen europäischen Roman schreibt. Ein Scherz für Intellektuelle.

Die zweite Erzählung ist ebenfalls eine Verzerrung der Geschichte: Salvador Dalí, Max Ernst, Luis Buñuel, André Breton, De Chirico, René Magritte und Man Ray sind Teil einer erlesenen Logistikschwadron mit unorthodoxen, wenn auch effektiven Gewohnheiten in den Schützengräben des Ersten Weltkriegs.

Die dritte Erzählung ist zu kompliziert, um sie hier zusammenzufassen: Es sei lediglich erwähnt, dass sie von einem Statisten aus *2001: A Space Odyssey* handelt, der sich weigert, seinen Affenanzug auszuziehen und jahrelang darin lebt. Etwa so.

Die Erzählungen aus *Das Mädchen, das an jenem Abend ins Schwimmbecken fiel* könnten alle auch den Titel »Ohne Titel« tragen.

Und dahinter eine Nummer.

Oder nicht einmal das.

Es würde niemanden sonderlich stören, außer mich, der ich jede einzelne dieser Erzählungen auswendig kenne; der ich sie Wort für Wort schreiben könnte, als wäre es das erste Mal, denn es wäre tatsächlich das erste Mal, obwohl ich sie immer schrecklich fand, obwohl sie schon geschrieben sind.

Ich wollte kein Schriftsteller werden.

Ich will kein Schriftsteller sein.

Ich bin kein Schriftsteller.

Ich wollte erst Maler werden, dann Musiker, später dachte ich (die plötzliche Erkenntnis, dass ich jeweils nicht das Zeug dazu hatte, führte mich von einem Fach zum anderen, wie jemanden, der durch die Säle eines Museums für alles und nichts wandelt), dass mir vielleicht die Mathematik liegen könnte. Eine Freundin, die ich nicht lange hatte (wie alle meine Freundinnen), überzeugte mich von dieser absurden Zahlenkunst (oder ich wollte mich davon überzeugen lassen). Tatsächlich stürzte ich mich, wie mir jetzt klar wird, auf diese exakte Wissenschaft, angetrieben von der Bedeutung und dem Wert dieses Wortes – *exakt* –, das mir eine vorgefasste Ordnung zu versprechen schien, in der ich Raum und Daseinsberechtigung und womöglich auch das Glück des Unhinterfragbaren finden konnte. Dabei spielte es keine Rolle, dass ich in der Grundschule schon von der unbegreiflichen Neuigkeit der Dezimalzahlen niedergestreckt wurde und mir später die negativen

Zahlen den Todesstoß versetzt hatten. Ich folgte meinen aufeinanderfolgenden Berufungen, lebte sie mit einer etwas mechanischen Begeisterung, als handelte es sich um winzige und zugleich herkulische Aufgaben, wie aus einer mit rotem Satin gefütterten Holzschachtel in Goldpapier eingewickelte Pralinen auszuwählen.

Ich malte das lebloseste aller Stillleben. Ich komponierte eine passable Sonate, die – worauf ich bald hingewiesen wurde – sehr einem Stück von Debussy glich. (Ich hörte jeden Abend beim Einschlafen einen Klassiksender und muss wohl unbewusst, fast hypnotisch ein Plagiat angefertigt haben, aber egal.) Das Einzige, was ich auf dem Gebiet der Mathematik hervorbrachte, war der hysterische Anfall eines Professors, der nach einer kurzen Phase der Neugier – es war die Zeit, in der gestörte Menschen vom Typ *Savant* in Mode waren, als man an die Möglichkeit glaubte, dass sich unter dem doppelten Boden des Begriffsstutzigsten ein revolutionäres Genie verbarg – nicht glauben konnte, dass in seinem Unterricht plötzlich dieser Idiot Gestalt annahm, und aus lauter Ohnmacht vor den Augen seiner Studenten durchdrehte. Eine dieser Studenten war meine bereits erwähnte kurzzeitige Freundin, die mich von diesem Nachmittag an behandelte wie einen Leprakranken: distanziert und mitleidslos, denn Mitleid gebührt nur teuflischen Genies, die plötzlich stürzen und niemanden mit ihrer in Zeitlupe ablaufenden Verdammung anstecken.

Jemand riet mir daraufhin, mich der Schauspielkunst zu widmen.

Benjamín Federov lernte ich kennen, als ich aus einer Unterrichtsstunde an der Schauspielschule kam. Ich war mir sicher, dass mein Ausflug auf die Bühne nicht von Erfolg gekrönt sein würde, aber bis dahin hatte ich keine größeren Probleme gehabt, weil alles sich auf Entspannungsübungen beschränkt hatte. Dass ich in einer Unterrichtsstunde einschlief, wurde von meinem Lehrer als Beweis meiner Hingabe und Leidenschaft gefeiert, und es dauerte nicht lange, da wurde eine Mitschülerin meine Freundin: Eloísa Palacio, Dichterin und Schauspielerin, die sich mit Mandarinen- oder Eierlikör zu betrinken pflegte und die von einem Buch, das sie nur mit dem englischen Originaltitel erwähnte und das wohl *Zugige Gipfel* oder so ähnlich heißt, besessen war und mich bat, sie *Cathy* zu nennen, während sie *Heathcliff* zu mir sagte. Vielleicht war es auch dieses andere Mädchen, das versicherte, Shakespeare sei eine Frau oder ein Außerirdischer oder ein kollektives Pseudonym verschiedener Autoren, ich erinnere mich nicht mehr so genau. Alle waren gleich. Alle waren getrieben von ihrem Bedürfnis nach einem künstlerischen Orgasmus.

Sehr wohl erinnere ich mich daran, dass ich aus einem der vielen Gründe, aus denen jemand in meinem Alter rennt, nach draußen rannte. In diesem Alter stört es nicht, wenn jemand rennt, ja es scheint uns sogar natürlich, wenn ein junger Mensch plötzlich rennend die Szene betritt, so wie wir auch nicht in Frage stellen, dass in alten Spielfilmen Schauspieler stets lachend ins Bild kommen (in Zimmern, Aufzügen, Kajüten, Autos), ohne dass ein Grund für ihr Lachen erkennbar wäre. Ich rannte also nach draußen und stieß mit dem gewaltigen Körper Benjamín Federovs genau in dem Augenblick zusammen, in dem er gerade vor der Schauspielschule für ein Foto posierte. Das Foto ist heute berühmt und lässt sich im eingefügten Bildteil der drei oder vier respektablen Biographien über Benjamín Federov finden. Das Foto erschien wenige Tage nach dem Vorfall zunächst in einer Zeitschrift mit einer gewollt witzigen Unterschrift, die etwa folgendermaßen lautete: »Der vom Autor geblendete Leser«. Mit der Zeit gewann das Foto historischen Wert, weil es den genauen Moment eingefangen hatte, in dem der Meister seinen Lehrling kennenlernte.

Auf dem Schwarzweißfoto ist Benjamín Federov zu sehen, der sich über mein plötzliches Eindringen in seine Welt nur mäßig wundert. Der Schriftsteller steht fest und aufrecht da, mit der spröden, unvergänglichen Haltung einer Statue, und ich knie vor ihm und sehe ihn an mit einem Ausdruck des Schmerzes, der leicht mit Ekstase verwechselt werden kann, wie ein Wesen, das zur Betrachtung einer Statue geboren zu sein scheint. Ein professioneller Zuschauer. Ein nutzloser Zeuge von Wundern, an die sowieso alle glauben. Wunder, für die gar keine Zeugen nötig sind, weil niemand würdig genug wäre, sie in Zweifel zu ziehen.

Ein Foto mag einst wie ein Wunder gewesen sein, aber das ist nicht mehr so. Was heutzutage an einem Foto magisch ist, hat nichts zu tun mit dem Staunen über einen technischen Vorgang, sondern mit der Möglichkeit, dass alles, was darauf zu sehen ist, trotz der getreuesten und wahrhaftigsten Wiedergabe, die perfekteste aller Lügen sein kann. Wie ein Mann und eine Frau, die sich hassen und trotzdem gemeinsam in die Kamera lächeln, wie die Vortäuschung einer Sonnenfinsternis, die ewig währt.

Unter allen fotografierten Lügen, die ich je betrachtet habe, ist mir jene, die mich zu Füßen Benjamín Federovs zeigt, die liebste. Aber mehr ist sie auch nicht. Keine große Sache. Etwas, das mir wichtig ist, aber anderen nicht wichtig sein muss. Eine Sekunde ohne besondere Bedeutung, die, ungefragt den Risiken der Ewigkeit unterworfen, keine andere Wahl hat, als zu lügen, um jene Blasphemie zu rechtfertigen. Es ist ein Foto von zwei Personen (eine davon sehr berühmt), die sich glücklich schätzen, dass dieses Foto nicht das Schicksal fast aller Fotos erleiden wird, nämlich jeglichen anekdotischen oder sentimentalen Wert einzubüßen, um am Ende einen unbedeutenden Platz in der überbevölkerten Geschichte der Fotografie einzunehmen. Es gibt nur ein Problem: Die Geschichte, die das Foto, das ich gerade erwähnt habe, rettet, kann nicht erzählt werden, denn sie zu erzählen, käme meiner Verdammung gleich. Ich werde nicht derjenige sein, der sein eigenes Todesurteil unterzeichnet. Ich ziehe – abgesehen von plötzlichen

Anwandlungen, die mich überkommen wie unvorhersehbare Tropenstürme der Karibik – die angenehme lebenslängliche Strafe vor, die mir auferlegt, ein Podium zu besteigen, mich wieder einmal zu räuspern, meine eigene Stimme zu hören, als wäre sie die eines anderen, der immer wieder und bis ans Ende der Zeit sagt: »Benjamín Federov ist tot«.

In der ersten Reihe des Theaters, des Kulturhauses, der Bibliothek, der Schule, überall, sitzt Federovs Witwe, starrt mich an und lächelt eines dieser Lächeln, die so viele Bedeutungen bergen können. Manchmal spüre ich, dass sie mich hasst, dass sie alles weiß und dass all dies sie amüsiert. Manchmal auch, dass sie mich mit einer schwindelerregenden, verdorbenen und unmöglichen Liebe liebt.

Es ist egal.

All dies geschieht irgendwann und irgendwo.

Weit weg.

Ohne Titel.

Ich bin nicht der, der dies alles erzählt, aber ich werde einige wenige Seiten lang zu der Stimme und dem Leben dessen, der es erzählt. Ich wende wieder einmal den metafiktionalen Trick an, eine Erzählung mit dem Titel »Ohne Titel« zu schreiben (oder schreiben zu wollen). Und ich greife auf den Ton und die Form zurück, die mich, ehrlich gesagt, ein bisschen zu langweilen beginnen und die ich am liebsten ein für alle Mal hinter mir lassen würde.

»Ohne Titel« ist – glaube ich, hoffe ich, erbitte ich – die letzte Runde dieses Kampfes, die letzte Attacke einer zu mächtigen Brigade. Ich schreibe die Erzählung weit entfernt von dem Ort, an dem sie mir eingefallen ist. Eingefallen ist sie mir in einem Taxi, bei einer Unterhaltung mit einem befreundeten Schriftsteller, als wir uns an die Geschichten eines verstorbenen Freundes erinnerten, der kein Schriftsteller, aber ein großartiger Mensch war. Ich schreibe die Erzählung jetzt, zwei Jahre später, während es draußen schneit und hier drinnen …

Hätte es Benjamín Federov gegeben und wäre er nicht nur eine Art virale, auf eine Überdosis Henry-James-Erzählungen zurückzuführende Verunreinigung: Spukgeschichten ohne Geister, Geschichten, in denen ein angehender Autor seinen bewunderten Meister besucht, nur um zu lernen, wie er ihn noch ein wenig mehr hassen kann. Hätte Benjamín Federov diese Erzählungen geschrieben, die ich nie hätte schreiben können, tja, dann würde es garantiert in allen Erzählungen von Benjamín Federov schneien.

Ich erfinde – bestimme jetzt –, dass Benjamín Federov der Schriftsteller des Schnees ist. Derjenige, der ihn am besten in Worte gefasst hat. Der Schnee als Manna oder, wer weiß, als die heiligen Schuppen Gottes, die durch diese Löcher namens Sterne ins Dunkel des Himmels rieseln und das Licht auf der anderen Seite verraten, das nicht verleugnete Licht. Wie aus einem Reflex öffnen wir daher, wie mir scheint, immer den Mund, damit der Schnee hereinfällt und wir wie in der heiligen Kommunion das Geheimnis der Natur, der Schwerkraft und der winzigen, unwiederholbaren Kunst der Schneeflocken empfangen, die – wie Fingerabdrücke – immer anders sind, immer neu. Während ich dies schreibe, bauen Kinder draußen Schneemänner. Nach seinem Ebenbild. Mehr oder weniger.

Ich beschließe – und bitte alle Betroffenen um Erlaubnis –, dass Benjamín Federovs berühmteste Erzählung »Der Sohn des Schnees« heißt und die Geschichte eines kleinen Jungen erzählt, der gerade Waise geworden ist. Seine Eltern sind im Ausland umgekommen, das Schiff, auf dem sie fuhren, ist untergegangen, ihre Leichen wurden nie geborgen. In der ersten Nacht seines restlichen Lebens wacht der Junge auf und stellt fest, dass es schneit. Er geht hinaus in die Nacht und formt, so gut er kann, zwei Schneefiguren nach dem Ebenbild seiner Eltern, weil er das Bedürfnis verspürt, sie am nächsten Morgen schmelzen zu sehen.

Vielleicht verweigere ich mich aus zu großer Bewunderung für Schnee jeglicher Erklärung. Ich will nicht erzählt bekommen, warum es schneit, ich misstraue den Wettermännern und -frauen der Fernsehnachrichten, die die wichtigste und archaischste aller Informationen bis zum Schluss zurückhalten: Donner und Blitze, Sonne und Blau; danach die anschwellende Musik, das Gespräch der Moderatoren untereinander, während sie die Papiere ordnen, die vor ihnen auf dem Schreibtisch liegen. Ich will lieber nicht daran denken, dass für viele Menschen – und das tut mir wirklich leid – der Schnee eine Tragödie ist, ein Feind. Ich bin dem Schnee verpflichtet. Ich bin ihm so dankbar, dass ich über Schneefälle schreiben möchte. Ich glaube, es war einer dieser hartgesottenen Krimiautoren, der, wenn er mit einer Geschichte nicht mehr weiter wusste, wenn er sich verloren fühlte, dazu riet, »einen Mann mit einem Revolver in der Hand eintreten zu lassen«. Vielleicht ist es dem Einfluss Benjamín Federovs geschuldet, dass ich es in meinen Erzählungen und Romanen, wenn mir nichts mehr einfällt, schneien lasse. Das Übermaß an Schnee in meinem Werk ist der eindeutige Beweis dafür, dass ich oft nicht weiß, was ich tun soll, aber auch, dass ich sehr wohl weiß, wie man es schneien lässt. Wenn es schneit, funktioniert alles, und ich finde den Weg. Ich muss nur den Schneespuren all meiner Vorgänger folgen. Ich renne ihnen hinterher, um mich bei ihnen zu bedanken, bevor es zu spät ist, bevor es aufhört zu schneien. Wenn man nur aufmerksam genug ist, kann man genau hören, wann jemand den Knopf drückt, der den weißen Mechanismus auslöst und den Himmel öffnet, damit der Schnee auf uns fällt oder, wer weiß, damit wir zu ihm aufsteigen.

Aber ich bin wieder einmal weit von dem abgekommen, was ich erzählen will, und diese Erzählung – wäre sie von Benjamín Federov – wäre viel direkter und könnte »Der Wächter des Gespenstes« oder »Die Tür« oder »Der Idiot« heißen. Die Federovschen Titel sind trügerisch weit gefasst und in ihrer Weite gut ausgeleuchtet, ja untereinander austauschbar, ohne dass die Horizontlinie als etwas anderes verstanden würde, als sie ist: der Anfang und das Ende, wo sich alle Dinge niederlassen, die gewesen sind und sein werden.

Dies ist die Erzählung. Ihre Handlung hat den einzigartigen Reiz des Banalen, denn nichts zieht uns mehr an als der Schatten des Vulgären, der hinter dem Vorhang des Eleganten pocht. Ich werde sie nicht so erzählen, wie Benjamín Federov sie erzählt hätte.

Ich bin etwas in Eile, und mir ist nicht nach Schreiben. Begonnen habe ich sie vor einigen Monaten, und jetzt werde ich sie beenden. Es musste erst schneien, um zu wissen, wie ich diese Erzählung zu Ende schreiben soll.

Wer hat schon Lust, drinnen zu bleiben und zu schreiben, wenn man rausgehen und den Schnee lesen kann?

Es war einmal ein großer Schriftsteller. Er wird auf der Straße von einem unbekannten jungen Mann umgerempelt. Dieser Moment wird – aus Zufall oder Notwendigkeit – auf einem Foto festgehalten, das der große Schriftsteller einige Tage später in einer Zeitschrift sieht. Er findet es amüsant, und er sucht und findet den jungen Mann. Er lädt ihn zu sich nach Hause ein, stellt ihn seiner Frau vor und entdeckt, dass der junge Mann künstlerische Ambitionen hat, die aber nicht allzu ernst oder besorgniserregend sind. Der große Schriftsteller beschließt, dass der junge Mann das perfekte Versuchskaninchen für sein Experiment ist. Der große Schriftsteller schenkt ihm seine Bücher – die der junge Mann nie gelesen hat – und begleitet ihn zur Tür. Aufgewühlt von dieser Nähe zum Ruhm, beginnt der junge Mann, die Vorträge des großen Schriftstellers zu besuchen, ohne zu verstehen, wieso und wozu. Manchmal wechselt er das eine oder andere Wort mit dem großen Schriftsteller oder spielt sich auf vor einer Freundin, deren Muttermale alle an der richtigen Stelle sind. Nichts, was der Erinnerung wert gewesen wäre. Jahre später, an dem Tag, an dem der große Schriftsteller während eines Vortrags stirbt, geht die Witwe auf den jungen Mann zu und sagt unter Tränen, sie zähle auf ihn, er solle die Grabrede halten, ihr Gatte habe es immer so gewollt. Der junge Mann ist erschüttert, begreift nicht, sagt kein Wort, nickt nur. An jenem Abend nimmt der junge Mann zu Hause einen versiegelten, vom Notar des großen Schriftstellers geschickten Umschlag in Empfang, der privat und nach dem Tod seines berühmten Klienten geöffnet werden soll. In dem Umschlag ist ein Brief des großen Schriftstellers, in dem dieser alles erklärt und ihn um einen Gefallen bittet. »*Wer kann einem Toten schon einen Gefallen abschlagen?*«, lächelt der große Schriftsteller in dem Brief.

In dem Umschlag sind zwei Manuskripte. Das eine ist eine Art Biographie einer nicht existierenden Freundschaft. Seitenweise Situationen und Ereignisse, die nie stattgefunden haben zwischen dem großen Schriftsteller und dem jungen Mann, bedeutende Gespräche über die Literatur, über kleine und doch so große Momente des Alltags. Die drei letzten Seiten des Manuskripts sind die Trauerrede, die der junge Mann am Grab des großen Schriftstellers halten soll. Der Brief enthält die Anweisung an den jungen Mann, diese Seiten auswendig zu lernen und so schnell wie möglich zu verbrennen. Das zweite Manuskript ist ein Band mit Erzählungen. Unveröffentlichten Erzählungen, die in Form und Stil nichts mit den Erzählungen des großen Schriftstellers gemein haben.

Der junge Mann ist wenig erstaunt darüber, dass er auf dem Deckblatt des Manuskripts – dessen Titel *Das Mädchen, das an jenem Abend ins Schwimmbad fiel* lauten könnte oder auch nicht – sein Name steht, und auf der ersten Seite eine Widmung »von ihm« an den großen Schriftsteller. Der junge Mann liest die Erzählungen, versteht sie nicht, es sind merkwürdige Erzählungen, aber er glaubt, die monströse Tat des großen Schriftstellers zu begreifen. Gibt es etwas Göttlicheres für einen Schriftsteller, als einen anderen Schriftsteller nach seinem Ebenbild zu erschaffen und ihn darüber hinaus auch noch mit der Gabe des Verrats zu versehen? Der junge Mann geht zur Beerdigung, rezitiert die Trauerrede. Er bemerkt, dass die Witwe des großen Schriftstellers ihn wie eine natürliche Fortführung ihres Mannes behandelt, ihn adoptiert wie einen Sohn, den sie nie hatte, das Gespräch immer wieder auf den großen Schriftsteller bringt und ihn bittet, ihr zu erzählen, was sie an diesen langen Abenden, an denen sie allein ausgegangen waren, erlebt hatten. Der junge Mann begreift, dass die von dem großen Schriftsteller entworfene Handlung auch eine dunkle Seite hat, die mit der Kunst vielleicht nichts zu tun hat. Vielleicht eine andere Frau. Oder ein perverses Leben. Eine Tür, die sich nicht öffnet, weil niemand weiß, dass es sie gibt. Es macht nichts, dass er den Schlüssel nicht hat, er ist der Einzige, der von dieser Tür weiß, und es ist dieser verschleierte Teil der Geschichte (ein Teil, den nicht einmal ich kenne), der ihn dazu treibt, mit der Farce fortzufahren. Es ist das Bewusstsein, mehr zu wissen als die anderen und nicht ein einfaches Instrument zu sein, das den großen Schriftsteller rettet und den jungen Mann verdammt, der den Band mit den Erzählungen veröffentlicht, den er nicht geschrieben hat und der einen gewissen Ruhm erlangt als seltsamer Leuchtfisch, der im Schatten des furchterregenden Leviathans schwimmt. Seine Figur hat keinen Titel. Seine Stimme ist nicht seine.

Und auch meine Stimme ist es nicht, die jetzt das erlesene Publikum betrachtet, das sich hier versammelt hat, um einmal mehr das Andenken an diesen unsterblichen Künstler zu ehren, und die *»Benjamín Federov ist tot«* sagt und *»Ich bin der Hüter des Gespenstes, ich bin die Tür, ich bin der Idiot«* denkt, während es draußen schneit, wochenlang weiterschneien wird, und es macht mich so unendlich glücklich, dass es so ist.

Aus dem Spanischen von Matthias Strobel

Alberto Fuguet
Liebe auf Rädern

And girls wanna have fun …
Cindy Lauper

Jedes Wochenende, sogar sonntags nach *Jappening con Ja* oder Fußball im Fernsehen, stiegen Sandra und Márgara in den himmelblauen Toyota Celica und fuhren auf die Apoquindo, um Männer – oder, wie sie sagten, Typen – aufzugabeln, zum Flirten. Das war fast ein Sport, richtiggehend ein Hobby, sie fanden es aber gut, verständlich, ganz und gar keinen entwürdigenden Zeitvertreib, wie es auch schon jemand genannt hatte. Als sie jedoch anfingen, so wie heute, auch dienstags loszuziehen, merkten sogar sie selbst, dass die Sache ihnen vielleicht ein bisschen aus dem Ruder lief. Aber doch nicht so sehr. Schlimmer, dachten sie, wäre es, allein zu bleiben. Jede für sich, phantasierend, tödlich frustriert.

Am Steuer saß Márgara, die Besitzerin des Celica, die, so wollte es das Schicksal, im Moment der Eroberung nicht die Zügel in der Hand hatte. Das hatte im Großen und Ganzen zwei Gründe: Sie musste das Auto sicher fahren (ein Zusammenprall wäre peinlich und völlig daneben, wie wenn man bei einem langsamen Tanz stürzt); und sie hatte das Anmachen nicht so gut drauf wie Sandra, ihre Freundin und Kopilotin, die der Kopf des Duos war, ziemlich attraktiv, irgendwie exotisch. Das lange Haar hing ihr über ein Auge, schwarz glänzend mit blonden Strähnchen, ganz modern. Als Team hielten sich Sandra und Márgara – die kleiner, vielleicht ein bisschen pummelig war – für die Königinnen der Anmache auf Rädern, die Cagney und Lacey der Apoquindo, wenn das auch ganz offensichtlich reine Einbildung war, denn es gab andere Mädels, die mehr Erfolg bei ihren Eroberungen von Auto zu Auto hatten.

Sandra und Márgara waren gute Freundinnen, wenn sie sich auch in der Stunde der Wahrheit gegenseitig das Terrain streitig machten. Jede für sich und die Bessere möge gewinnen, wenn sie es denn schaffte. Sie kannten sich schon ihr ganzes Leben, Schulkameradinnen und Banknachbarinnen, mit allem, was dazugehörte. Einige alte Mitschülerinnen, mit denen sie sich zum Nachmittagstee und Plaudern trafen, hatten ihnen vor nicht allzu langer Zeit gesagt, es sei verwerflich und traurig, auf den Straßen nach Männern zu suchen. Sogar gefährlich. Sie erwiderten darauf, was sie schon so sehr verinnerlicht hatten: »Wie sollen wir denn sonst Männer kennenlernen?« Und in gewisser Weise hatten sie recht. In ihren jeweiligen Schulen hatten sie die verfügbaren Männer schon, wie Sandra sagte, abgecheckt. Sie wussten ganz genau, wer wer war, beziehungsweise, dass keiner sie sonderlich anmachte. Die Klassenkameraden waren eben nur das: Kameraden. Schluss. Klar, sie könnten irgendeine Freizeitaktivität anfangen, aber welche? Aerobic? Nichts als Tunten. Kurse für Philosophie, mentales Training, Schreibwerkstätten? Nichts als Durchgeknallte, öde Grübler. Nein. Das war nicht ihre Wellenlänge. Überhaupt nicht.

Das Panorama war also entmutigend, bot wenig Möglichkeiten. Deshalb waren sie zu dem Schluss gekommen, es sei mehr als erforderlich, sich selbst auf den Weg zur Begegnung zu machen, so wie sie es heute gerade wieder taten, denn wenn sie einfach nur darauf warteten, dass der so heiß ersehnte Prinz käme, würde es für sie, auch wenn es albern klang, darauf hinauslaufen, dass der Zug ohne sie abfuhr.

Einen Trost jedoch gab es: Sie waren nicht die Einzigen, die das machten, überhaupt nicht. Jedes Mal, wenn sie ihre Runden aufnahmen, wie an diesem seltsamen Abend, trafen sie auf ihrem Weg viele – erschreckend viele – Frauen, die dasselbe oder vielleicht sogar noch mehr vorhatten, denn manche zogen wirklich in den Kampf. Sandra und Márgara gingen es ruhig an, versuchten Typen kennenzulernen, um dann aus der Menge den passendsten, den feinfühligsten auszuwählen. Die Konkurrenz war also hart. Erbarmungslos. Jedes Weibsbild, das es nötig hatte, jede Alte auf der Suche nach Frischfleisch, jede gelangweilte Tussi war für die beiden eine Bedrohung.

Schwer vorstellbar, dass zwei junge Frauen, die auf der Suche nach Männern sind – ihre Obergrenze lag bei dreißig Jahren –, nicht bis zum Letzten gehen. Die beiden knutschten aber auch nicht rum. Und das nicht, weil sie es nicht wollten, sondern wegen ihres Rufs. Santiago ist im Grunde genommen ein Dorf, und, wie Márgara immer wieder sagte, diejenige, die sich den Luxus erlaubt, von einem Bett ins andere zu hüpfen, zahlt hinterher dafür. Die Idee war also, Typen im Auto kennenzulernen, sich auf einen Drink einladen zu lassen, Ja zu sagen, ein Weilchen zusammen abzuhängen, Telefonnummern auszutauschen, allenfalls zu einem Aussichtspunkt zu fahren und fast nie irgendwelchen engeren Kontakt zu haben.

Da sie nicht dumm waren und wussten, dass sie auf sich aufpassen mussten – auch wenn dieser Abend irgendwie anders war –, ließen sie sich nie darauf ein, sehr weit zu fahren. Ihre Regel war, nie weiter runter zu fahren als bis zur Kreuzung Providencia und Lyon und nicht weiter rauf als bis zur Eisdiele Tavelli in Las Condes. Eine andere Regel war, immer im eigenen Auto zu bleiben, wenn die Kerle dann zudringlich wurden, drehten sie einfach um, und das war's. Die Typen, die sie kennenlernten, waren in der Regel attraktiv (sonst winkten sie ihnen nicht durch die Scheiben), gut situiert, mit mehr oder weniger respektablen Autos. Voraussetzung war, dass sie Musik mochten und die so richtig laut spielten. Je nach Sender zogen Sandra und Márgara Rückschlüsse auf die Wellenlänge der Unbekannten und darauf, ob sie die Mindestanforderungen erfüllten. Typischerweise waren es Schüler der technischen Hochschulen Incacea oder Inacap, selten mal Studenten von der Universidad Católica, das war dann reines Pech, denn sie wussten, dass es da mehr als genug gab, denen langweilig war und die nur abhingen, und intelligent zu sein ist nur ein Grund mehr, um sich draußen auf die Suche nach Frauen machen zu müssen, denn es war mehr als erwiesen, dass die klügsten Typen sich am dümmsten anstellten, wenn es darum ging, das Glück zu finden.

Genau daran denken die beiden gerade: an das Quäntchen Glück, das man braucht, um eine Partie zu machen. Vielleicht ergibt sich was an diesem Abend, recht lau für Oktober, das hoffen sie zumindest. Da ist sogar so was wie ein Vorgefühl. Der Abend ist anders, kribbelig. Seltsam.

Auf der Apoquindo, der meistbefahrenen Avenida der Oberklasseviertel, drei Spuren nach oben und drei nach unten, ist viel los für einen Dienstag, es wirkt fast wie ein Samstag; das macht ihnen gute Laune und Mut, während sie durch diesen Teil der Stadt fahren. Sandra ist vollkommen aufgedreht und singt aus voller Kehle mit (sie hat zwar keinen Schimmer von Englisch, weiß aber, dass David Bowie das Größte ist), bewegt ihren Körper mit all ihren Reizen im Rhythmus der Radiomusik, hält sich für wundervoll und ist stolz, jung zu sein, Geld zu haben, sie selbst zu sein.

So wie sie es beschlossen haben, trägt Sandra ein sehr enges Oberteil, ohne BH, die Brustwarzen hart hinter der Baumwolle, auf die in roten Lettern *Anytime you want* aufgedruckt ist. Márgara hat, obwohl sie das im Grunde selbst nicht glaubt, denn von einer femme fatale hat sie nun wirklich gar nichts, einen seitlich geschlitzten Rock angezogen, der ihr zufolge jeden Typ in weniger als einer Minute erledigt. Obenrum trägt sie ein glänzendes kurzes schwarzes Top, das ihr etwas zu weit ist. Außerdem hat sie sich die Haare so frisiert, dass es aussieht, als hätte sie gerade schon eine Nummer hinter sich. Lidschatten in einem Zimtton, der goldene

Funken versprüht. Die Klamotten der beiden sind nichts für einen Dienstag. Sie sind für die Schlacht.

Es ist gegen neun, zehn Uhr, relativ früh, doch auch nicht ganz so früh, wenn man bedenkt, dass ab zwei Ausgangssperre ist. Sie fahren auf die Apoquindo, die heilige Straße, durch El Bosque Norte, wo die Restaurants liegen, die die Seiten von *Mundo Diners* zieren, biegen nach oben ab, mit Kurs auf El Faro, wo sich die Schickimickis trafen, bis das nicht mehr angesagt und tot war. Sie sind unruhig, als bereiteten sie sich auf den Triumph vor, reden nur Quatsch und merken vielleicht deshalb nicht, dass seit einer halben Stunde jemand dicht hinter ihnen fährt, ziemlich dicht, fast kratzt es schon an der Stoßstange. Das viele Gequatsche und nach den Seiten Gucken lässt sie vergessen, was hinter ihnen ist: ein schwarzer Wagen, glänzend und blitzeblank, er spiegelt die Lichter der ganzen pulsierenden Avenida. Das Auto ist niedrig, wie ein Beiboot, und rollt sachte vorwärts, fast berührt es den Asphalt nicht, lauert auf die beiden Frauen, die auf der Suche nach dem perfekten Mann unterwegs sind.

Sandra zündet sich eine Zigarette an, sie nimmt einen Zug und bläst den Rauch aus, voller Anmut. Sie blickt zu Márgara, die enttäuscht aussieht. Ihre so stark geschminkten Augen sehen tot aus, fest auf den Verkehr gerichtet, der vor ihnen liegt, nicht auf den hinter ihnen. Sandra raucht weiter; im Radio singt Madonna *Feels so good inside,* und die beiden fahren sich mit der Zunge über die Lippen. Doch so oder so passiert nicht viel. Da ist nichts zu machen: Je mehr sie versuchen, eine gute Zeit zu haben, desto schlimmer wird es. Vielleicht sollten sie besser nach Hause fahren.

Plötzlich leuchten Márgaras Augen auf. Eine Maske aus Licht explodiert auf ihrem Gesicht. Die Beleuchtung kommt aus dem Rückspiegel, als seien darin unsichtbare Reflektoren eingebaut. Schnell dreht Sandra sich um und sieht die beiden runden Lichter, die wie Pantheraugen in ihr Gesicht leuchten. Das pechschwarze

Auto verringert seine Geschwindigkeit und bleibt zurück. Doch nur für einen Augenblick. Der Blinker geht an. Das Auto rückt vor, fährt auf die andere Spur und beschleunigt. Jetzt ist es schon neben ihnen. Das Blau des Celica spiegelt sich in dem eleganten Schwarz. Die beiden jungen Frauen sind ganz still, sprachlos. Die Fenster des Autos sind ebenfalls schwarz und glänzen. Niemand ist darin zu erkennen. Sie sind sehr nah, kaum ein paar Zentimeter entfernt. Beide Autos fahren im selben Tempo. Rot. Beide halten. Jetzt stehen sie nebeneinander. Sandra, die ihr Fenster schon unten hatte, hängt den Ellbogen raus und späht aus den Augenwinkeln zu dem schwarzen Fenster. Für ihr Leben gern würde sie sehen, wer da drin sitzt. Und ihr Wunsch geht in Erfüllung: Die Fenster – alle Fenster – beginnen automatisch herunterzugleiten. In dem Maße, wie sie sich öffnen, dringt immer lauter Rockmusik heraus, der Rhythmus ähnelt dem Schlagen eines Herzens. Das Innere des Autos ist beleuchtet, und ein seltsames grünes Licht entweicht durch die geöffneten Fenster. Darin sitzen vier junge Männer, um die zwanzig, fünfundzwanzig Jahre alt. Alle vier scheinen einer Zeitschrift für Männermode entsprungen zu sein. Sie sind perfekt, wunderschön; ihre erdnussbraune Haut dünstet einen vollen und anziehenden Duft aus, der von dem einen Auto ins andere zieht. Jeder von ihnen ist anders, sie haben unterschiedliche Frisuren – ebenso die Kleidung, die Uhren, die Gesichtszüge. Aber die Augen sind bei allen gleich. Oder sehr ähnlich. Derselbe bestimmte, harte, fesselnde Blick. Die Stilisierung ihrer Gesichter lässt sie unecht aussehen, wie fabriziert, lebendige Schaufensterpuppen, die atmen, schwitzen, jagen.

Grün. Beide Autos fahren los. Márgara wechselt, ohne zu wissen, warum, den Sender und stellt denselben ein wie das schwarze Auto. Keines der Autos fährt voraus. Sie bleiben auf einer Höhe. Die Typen schauen sie nicht an. Die Frauen können nicht anders, als diese vier Bilderbuchexemplare mit geöffneten, feuchten

Lippen anzustarren. Die Apoquindo wirkt langsamer, leerer. Rot.

Sandra formt eine Blase mit ihrem rosa Kaugummi. Sie platzt fast vor Ärger und Anspannung. Die vier Männer schauen immer noch nicht zur Seite. Und sind so nah. Man müsste nur die Hand ein bisschen ausstrecken, um dieses harte und ernste Kinn zu streicheln, um durch dieses Haar à la Sting zu fahren, kurz und kastanienbraun, mit Gel gestärkt. Doch der Typ blickt ganz seelenruhig durch die Frontscheibe, klopft dabei mit den Fingern aufs Lenkrad. Die anderen drei haben ihre platinfarbenen Augen fest auf das Grüppchen Prostituierte mit falschen Fellmänteln und Netzstrümpfen geheftet, die an der Ecke zur Burgos rumstehen. Márgara beobachtet neidisch, wie die begehrten Blicke aus dem schwarzen Auto sich auf diese abgewrackten Weiber richten und nicht auf sie, die hergemacht sind wie der Tod, zu allem bereit, ganz außer sich, so heiß sind sie auf diese vier verdammt gut aussehenden Gockel. Das macht sie einfach nur fertig. Grün. Los geht's.

Márgara tritt das Gaspedal durch, lässt den Motor aufjaulen, fährt aber noch nicht los. Das schwarze Auto steht weiter ungerührt neben ihnen. Sie beschleunigt noch einmal, gibt richtig Gas und hält inne. Die Typen antworten nicht. Wieder beschleunigen, loslassen, beschleunigen und loslassen, Kupplung: erster Gang, die Reifen quietschen, sie schießt davon, volles Tempo, auf Hochtouren, siebzig, neunzig, bis zum Äußersten, und das schwarze Auto, glänzend wie ein elektrisierter dunkler Jaguar, wie auf der Jagd nach oben, vorbei am roten Schild vom Gente, dem Bowling und seinen Besuchern, lässt die ganze Szene hinter sich, holt sie ein, fährt neben sie, ganz nah, der Wind ist frisch und kräftig, bringt die Frisuren durcheinander, wühlt alles auf, und Sandra hängt schon fast aus dem Fenster, euphorisch und außer sich, sie packt sich mit den Händen an die Brüste und presst sie zusammen, bis ihre Brustwarzen fast durch den Stoff schießen, und brüllt ihnen aus Leibeskräften zu, *wollt ihr Spaß, Jungs?*

Und sie wirft ihnen Küsse zu, macht den Mund auf, leckt sich den Lippenstift ab. Márgara beschleunigt noch mehr, sie fahren schon hundertzwanzig, sie kann nicht halten, das Radio explodiert schon fast, *there'll be swinging swaying, music playing, dancing in the streets,* und die Typen, Überraschung, fangen an zu lächeln, werden menschlich und werfen ihnen Küsse zurück, schreien ihnen Zeug zu, Aufforderungen, Augenzwinkern, komm schon, Márgara, fahr näher ran, die sind wirklich bereit zum Kampf, ich nehm die vorne, was soll's, einmal im Leben, was macht das schon, Alte, Prinzen werden wir nie finden, Mädel, eine gute Nummer schadet keinem. Und die Typen kommen näher, sanft, langsam, gleiten neben sie, komm, du Hübscher, noch näher, so, dass ich dich fühlen kann, hmm, das ist gut, wenn deine Mutter wüsste, Schöner, komm, lass mich dich lecken, blasen, und … Verdammt!, irgendwas ändert sich, das Auto wird wild, Funken sprühen, es versucht sie wegzudrängen, aus der Spur zu werfen. Das Bedrängen beginnt, der Krieg, das Chaos; das schwarze Auto stürmt gegen den Celica an, versucht ihn zu rammen, die Seitentür zu zertrümmern, und der Kampf geht weiter, bei hoher Geschwindigkeit, allein, kein anderes Auto weit und breit, nur die Avenida als Schlachtfeld, und Márgara beschleunigt so schnell wie möglich, während die Typen aus dem schwarzen Auto ihnen Schimpfwörter zurufen, immer mehr Schimpfwörter, Beleidigungen, sie spucken und rotzen auf sie, ziehen sich ihre Wrangler runter und pinkeln gegen den Celica, spielen mit ihren Schwänzen, bieten sie an, und die beiden Radios, als seien sie miteinander verbunden, als dominiere das schwarze Auto bereits, spielen kryptische Symphonien, tiefe Bässe und eindringliches diabolisches Kreischen und schwere Gitarre, enervierend, metallischer Rock, und der Nebel, seltsam für Oktober, ein grünlicher und unfreundlicher Nebel, beginnt die Straße einzunehmen, füllt sie bis zu den Dächern der Gebäude, bedeckt die ganze Straße, nimmt die Sicht, die Sinne, lähmt die Reflexe, und das schwarze Auto rückt über die Matratze aus Nebel vor, kreist den Celica ein, bis er ihn in einem purpurroten und klebrigen Tornado gefangen hat, und inmitten des Gelächters, das aus der Ferne herüberklingt, des metallischen Chaos, das aus den Gullydeckeln hallt, verschwindet es durch eine Querstraße und hinterlässt ein Zittern in den Bäumen und ein Zischen im Wind.

Márgara und Sandra sitzen mitten auf der Apoquindo, das Auto ist aus. Die Straße ist leer, keiner da, keine Busse, nichts. Der Nebel wird mehr und dichter. Beide atmen keuchend und versuchen, das gerade Erlebte zu vergessen. Das Radio läuft nicht mehr. Es ist tot.

Sie starten den Motor, drehen und machen sich schweigend auf den Weg nach Hause, versuchen, kein Geräusch zu machen. Die Fahrt zieht sich ewig, als liefe der Asphalt in die entgegengesetzte Richtung. Die Einsamkeit der Avenida und das Schweigen, das herrscht, haben den Geruch nach Komplizenschaft noch nicht verloren. Márgara schaut in den Spiegel und sieht in der Ferne zwei Lichter, die schnell näher kommen. Sie tritt aufs Gas wie noch nie zuvor.

An einer Ecke erscheint ein schwarzes Auto, gleitet diagonal durch die Straße vor sie, versperrt ihnen den Fluchtweg. Aus dem Nichts stellen sich zwei schwarze Autos auf beide Seiten. Márgara blickt wieder in den Rückspiegel: Noch ein schwarzes Auto klebt hinten an ihnen dran. Das Radio beginnt wieder zu spielen, lässt die Scheiben beben. Der Motor geht aus. Die vier Autos halten. Eine Tür geht auf.

Aus dem Spanischen von Silke Kleemann

Alberto Guerra

Verschwitzt

Es dürfte so gegen drei gewesen sein, obwohl, nehmen wir mal an, es war gar nicht drei, sondern eher gegen zwei, aber auf die genaue Tageszeit kommt es nicht so an, wichtig ist, dass die Sonne brannte wie um drei, man schwitzte, dachte wirres Zeug, fluchte, vor allem, wenn man auf einem dieser schweren *Forever* in die Pedale trat und möglichst schnell den nächsten schattigen Abschnitt erreichen wollte, so wie ich es tat, so gegen drei oder auch Viertel nach drei, als ich diesem Kerl begegnete, oder besser gesagt, als er mir begegnete, ich trat gerade ganz versunken in die Pedale, meine Innenwelt ließ mich die Welt draußen vergessen, trotz der Hitze, der Uhrzeit, dem spärlichen Schatten, ich versuchte mir gerade eine Geschichte auszudenken, eine, die ich langsam ausarbeiten würde, Wort für Wort, Satz für Satz, in einem guten Stil, mit einem guten Anfang, eine richtig gut durchdachte, an der ich ein paar Monate schreiben würde, erst ein paar Bleistiftversionen, endlos viele, dann eine auf der Remington getippte, mit der ich am Ende zufrieden wäre, die ich nicht mehr umschreiben wollte, ich lese sie engen Freunden vor, ändere ein paar Worte, ein paar Sätze, höre mir die Meinungen dieser Freunde an, bin ganz außer mir vor Glück, wie auf Wolken, trete noch versunkener in die Pedale, mitten im Getümmel der Radfahrer halte ich mich für einen Schriftsteller, während der Fahrt bin ich einer von ihnen, nehme mit meiner Erzählung an einem Wettbewerb teil, erwarte das Urteil eines bestimmten Jurors, sehe meine Worte, meine Formulierungen in den besten

Zeitschriften gedruckt, halte mich für einen Schriftsteller, einen großen Schriftsteller, einen einfachen Schriftsteller, daran dachte ich gerade, als jemand zu mir sagte, compañero, da ruft jemand nach dir, und plötzlich riss es mich aus meiner Lethargie, ich sah hinaus in die Welt da draußen, und dann verfluchte ich die Dreiuhrsonne, die unerträgliche Hitze, die Schlaglöcher in den Straßen, die schattenlosen Räume und dass die Radfahrer so arm dran sind, der Kumpel, der mich aufmerksam gemacht hatte, trat weiter in die Pedale, ich kann nicht gemeint sein, sagte ich mir, aber statt weiterzufahren, blieb ich stehen, genau an der Ecke Siebzigste und Dritte Straße, bei einer Gruppe von Leuten, die ihre Zeit an der Haltestelle totschlugen, vor den riesigen Plakaten mit der Bierwerbung, unglaublich, jemand hatte aus so einer Nobelkarosse heraus nach mir gerufen, so einer mit Musik aus der Konserve, so einer, die sich die Touristen mieten, wenn sie wie die Prinzen durch Havanna kutschieren, ich war verdutzt und noch ganz in Gedanken, als mir klar wurde, dass der Kerl mir beharrlich Zeichen machte, ich solle doch näher kommen, aber ich, Sergio Navarro, dem auf seinem Fahrrad der Schweiß in Strömen herunterlief, hatte unter den Touristen mit Autos noch nie Bekannte gehabt, auch nicht unter den Nutten, die mit den Touristen in Autos rumzogen, oder unter den Freunden der Nutten, die mit den Touristen in Autos rumzogen, ich staunte also nicht schlecht, dass der Kerl auf die Hupe drückte, dass er extra wegen mir auf dem Bürgersteig anhielt, dass er in aller Seelenruhe auf mich wartete, und ich wusste nicht, was ich um Himmels willen tun sollte, keiner konnte mir sagen, was ich tun sollte, ich wischte mir den Schweiß ab, atmete tief durch, betrachtete das Auto, ahnte die Blicke der Schaulustigen von der Haltestelle in meinem Rücken, der Kerl hat mich wahrscheinlich einfach verwechselt, dachte ich, für die Ausländer in Autos gleichen die Einheimischen auf Fahrrädern alle wie ein Ei dem anderen, also machte ich ihm noch ein Zeichen, um herauszufinden, ob er auch wirklich mich meinte, er nickte, es gab keinen Zweifel, er meinte mich, was zum Kuckuck wollte dieser Kerl von mir, ich kam mir lächerlich vor, woher sollte so ein Typ wie er mich kennen, von der Haltestelle starrten alle zu mir rüber, für die Einheimischen war ich ein willkommener Zeitvertreib, sie langweilten sich schon weniger, und wenn ich auch nur eine Sekunde länger zögerte, würde ich mich nur noch mehr lächerlich machen, mit dem Fahrrad an der Seite und Tausenden von Fragen im Kopf ging ich zu der Nobelkarosse hin, zu der Konservenmusik, der Wagen glänzte so sehr, dass es mir in den Augen wehtat, aber als ich sie mit der Hand abschirmte, konnte ich sehen, dass ich bei den Nutten, die mit ihm unterwegs waren, kurz für Erheiterung sorgte, sah, wie seine Touristenfinger aufs Lenkrad trommelten, sah den Goldring, die Goldkette, den dicken Hals, das breite Grinsen, Mensch, Sergio, erinnerst du dich denn nicht an mich?, großer Gott, das war nicht die Stimme eines Touristen, Touristen kennen meinen Namen nicht, können ihn nicht kennen, Touristen sagen nicht Mensch, wie dieser Kerl es getan hatte, und wie ich da so hilflos stand, mitten auf der Kreuzung Siebzigste Ecke Dritte, bei den Hotels, am Meer, mit all den Zweifeln im Hirn, kam ich mir lächerlich vor, aber seine Augen, die hatte ich wirklich schon mal gesehen, die Art, wie er schaute, aber klar doch, ohne das Auto, die Ringe, die Kette, und die Stimme, woher kannte ich nur diese Stimme?, ganz verdutzt versuchte ich mich zu erinnern, und das um drei, in der Dreiuhrsonne, aber ich erinnerte mich nicht, ich schwör's bei meiner Mutter, ich erinnerte mich nicht, nie hatte ich etwas mit so dicken Touristen zu tun gehabt, aber so sehr ich es mir auch wünschte, ich würde mich nicht erinnern, nein, ich erinnere mich wirklich nicht, und dann, als er überzeugt war, dass ich mich nicht erinnerte, nahm er einen Schluck Bier, tätschelte der Nutte, die ihm an nächsten saß, den Schenkel, lächelte und sagte, als sei er der Herrscher der Welt, du erinnerst dich nicht, compañero?, ich hätte sagen sollen, nein, stimmt, ich erinnere mich nicht, aber statt zu antworten, schaute ich auf sein Bier, ich wünschte mir, ich könnte dieses Bier in der Hand halten, ich beging den Fehler, sein Bier anzuschauen, die Hitze verriet mich, und ich starrte auf dieses verfluchte Bier, eiskalt, unantastbar, eine genaue Kopie des Biers auf den Plakaten gegenüber, er hatte es wahrscheinlich sofort bemerkt, deshalb konnte er nicht länger an sich halten, ich bin Juanelo, mein Freund, der Sohn von Rosalba, Rosalba, Rosalba, das sagte mir was, Rosalba, welche Rosalba nur, ach ja, Rosalba, klar doch, Rosalba, das war Juanito, der Sohn von Rosalba, wer hätte das gedacht, genau an der Ecke Siebzigste und Dritte Straße, in der Dreiuhrsonne, der verfluchten Dreiuhrsonne, mit den Schaulustigen an der Haltestelle, den Hotels, dem Meer, dieser Fettwanst mit seinen einheimischen Nutten, und das war Juanelo, der Sohn von Rosalba, ich betrachtete die Nobelkarosse, die Nutten, das Bier, und dann ging es schnell in meinem Kopf, sehr schnell, ich schwör's, es ging schnell, nicht weil mir eine Geschichte eingefallen wäre, die ich dann langsam, Wort für Wort, hätte aufschreiben können, sondern weil ich Rosalba vom Balkon herunterschreien hörte, komm hoch zum Waschen, Juanelo, den Morgenmantel zwischen die Beine geklemmt, komm hoch zum Waschen, übers Geländer gelehnt, komm hoch zum Waschen, zum Teufel noch mal, und Juan hörte nicht darauf, wir hörten nicht darauf, wir zeigten uns doch gerade Spielzeug, da wollten wir nicht darauf hören, wir waren doch die Herrscher der Straße, da konnten wir nicht darauf hören, und hätte ein ganzer Chor von Müttern in Rosalbas Geschrei eingestimmt, kommt zum Waschen, Kinder, wir waren doch ganz vertieft, wir waren doch gar nicht im Viertel, kommt hoch zum Waschen, wir konnten nicht darauf hören, der Chor schrie, ihr Unabhängigkeitskämpfer mit Holzmacheten, kommt zum Waschen, ihr Zorros, die ihr überall euer Z hinterlasst, kommt zum Waschen, ihr Indios mit tödlichen Pfeilen, kommt zum Waschen, schrie der Chor, ihr Aufständischen, die ihr diesmal kein Glück hattet, kommt zum Waschen, ihr Hungerleider, die ihr kein Geld im Haus habt, kommt zum Waschen, schrie der Chor, ihr Glücklosen, die ihr umsonst Schlange standet, kommt zum Waschen, von euren Eltern vernachlässigte Pechvögel, kommt zum Waschen, aber wir konnten nicht darauf hören, niemand konnte darauf hören, ich konnte nicht darauf hören, ich ging in den Saloon, bestellte einen Whisky, zog meinen Revolver schneller als der Wind, ich schoss, wich den Pfeilen aus, den Stockschlägen, den Machetenhieben, daher konnte ich nicht darauf hören, aber vor allem vermied ich es, Juanelo, diesem Pechvogel, meinen Revolver zu leihen, Juanelo, diesem Spielverderber, der diesmal auch kein Glück hatte, Rosalba sah man nie in aller Frühe aufstehen, sie sah man nie bis zur Erschöpfung mit dem Chor der Mütter vor den Läden Schlange stehen, damit ihr Juanelo, der weiße Bursche, Juanelo, diese Niete, in unserem Block für die Gerechtigkeit des Zorro sorgen konnte oder aber wie ich, Billy the Kid, die Türen der Saloons des Wilden Westens aufstoßen, dank meiner Mutter, die sich so fleißig abrackerte, ich bin mit den Händen schneller als der Wind, sollte er mich doch endlich in Ruhe lassen, aber Juanelo, der arme Juanelo, der damals noch keine Nutte zum Betatschen hatte, komm hoch zum Waschen, zum Kuckuck noch mal, gab eine recht traurige Figur auf der Treppe ab, betrachtete mein Kostüm, formte seine Hände zum Trichter und stieß einen so lauten, so hemmungslosen, so unvergesslichen, so weithin schallenden Schrei aus, du bist schwarz, im Wilden Westen gibt es keine Schwarzen, Billy the Kid ist nicht schwarz, dass ich nicht wusste, was ich tun sollte, ich hatte die Hand am Revolver und wusste nicht, was ich tun sollte, letztlich wusste das keiner, ich Armer, Juanelos kräftiges Organ lenkte die Aufmerksamkeit aller zur Treppe hinüber, die Kinder aus dem Viertel und der Chor der Mütter hielten sich die Ohren zu, selbst Rosalba da oben, die Hände am Kopf, der Morgenrock hochgerutscht, selbst meine Mutter hier unten, mit ihrem ganzen Hass auf Juanelo, der Chor hatte sich aufgelöst, zerschlagen, eine ganze Weile außerstande, uns zum Waschen zu rufen, ich armer Wicht stand vor der Treppe, Billy the Kid, mit Händen schneller als der Wind, unter Rosalbas Morgenrock, während der Schrei, du bist schwarz, du bist schwarz, von den Mauern widerhallte, von den Hauswänden, du bist schwarz, von den Stämmen der Bäume, du bist schwarz, du bist schwarz, bis eine Stimme, jetzt halt die Klappe, Junge, aus dem Chor kam, sich diesem Schrei entgegenzustemmen suchte, jetzt halt die Klappe, Junge, erst ganz schwach, halt die Klappe, Junge, dann fielen die anderen Stimmen ein, halt die Klappe, Junge, halt die Klappe, Junge, damit er endlich zum Waschen ginge, damit man ihn endlich zum Schweigen bringen würde, aber genau da, vor der Treppe, verschwand mein eingebildeter Saloon für immer, steckte ich für immer meinen Revolver weg, konnte ich nächtelang nicht schlafen, fing ich an zu grübeln, auf einen Schlag hatte ich meine Unschuld verloren, den Rest erklärte meine Mutter mir im Laufe der Zeit, Juanelos Schrei war gut gewesen, er hatte mir geholfen, die Unterschiede zu begreifen, die es auf dem Parkett gab, auf dem ich mich bewegte, er hat das nie erfahren, hat es sofort wieder vergessen, ich nicht, jeder bewahrt einen Schrei aus seiner Kindheit in sich, und das war meiner, eine grausame Wahrheit, ich war schwarz, und im Wilden Westen gab es keine Schwarzen, obwohl meine Mutter Schlange stand, gab es keine Schwarzen, mein Schicksal war vorherbestimmt, historisch gewachsen, offensichtlich, jeder x-beliebige Weiße aus dem Viertel würde mich daran erinnern müssen, sollte ich das einmal vergessen, Juanelo, zum Teufel, ich spürte seine fette Pranke neben meiner verschwitzen Hand, genau an der Ecke Siebzigste und Dritte Straße, in der Dreiuhrsonne, der verfluchten Dreiuhrsonne, mit den Schaulustigen an der Haltestelle, den Nutten, dem Bier, und in meinem Kopf ging alles schnell, wieder ging es schnell, ganz schnell, ich schwör's, dass es schnell ging, ich konnte ihn vor mir sehen, weniger dick, noch ohne Nobelkarosse, noch ohne Nutten, ganz verschwitzt, wie er mich inständig um Hilfe bat, mich anflehte, ich solle ihm beistehen, ihm eine Leine zuwerfen, wir kommen doch aus demselben Viertel, compañero, aber die Lehrerin ließ uns nicht aus den Augen, die Prüfung war bald vorbei, die anderen im Klassenzimmer gaben schon alle ab, und ich konnte dir nicht helfen, Juanelo, so sehr ich das auch wollte, ich konnte nicht, scheiße gelaufen, Schwarzer, wegen dieser Lehrerin musste ich die Klasse wiederholen, und nach und nach trennten sich unsere Wege, jeder hatte so sein Schicksal, seine Vorlieben, seine Lieder, mir wurde klar, mein Freund, dass ein Schwarzer dreimal so gut sein muss, um was zu taugen, so sagte es meine Mutter, du nicht, dir war die Welt der Straße an jeder Ecke gewogen, du hast dich mit Leuten aus anderen Vierteln zusammengetan, hast die ganze Zeit Karten gespielt, hingst ständig auf der Straße rum, hast früher als wir deinen ersten Rum getrunken, hast als Erster geheiratet, wir waren auf deiner Hochzeit und haben dich bewundert, wie du ein Mädchen aus einem anderen Viertel geküsst hast, wie du dieses herrliche Weib geschultert und zum Auto getragen hast, wie du ein paar Söhne in die Welt gesetzt hast, während ich, Sergio Navarra, der schwarze Sergio, Sergio, der Schwarze, mich durch Bibliotheken wühlte, meine Examensarbeiten rechtzeitig ablieferte, Notizen machte und fleißig lernte, ich wollte jemand sein, Juanelo, wollte etwas Besseres werden als die anderen im Viertel, wollte die Regeln umstoßen, keinen der althergebrachten Berufe erlernen, wollte nicht Kneipenwirt, Maurer oder Bäcker werden, ich begriff beizeiten, dass ein Fluch auf der Straße lag, wer Arbeit wollte, bekam sie dort an jeder Ecke, musste viele Stunden seiner freien Zeit auf dem Rinnstein verbringen, später zahlte sich das dann aus, ich ging lieber ins Kino, floh vor der Straße in die dunklen Säle, wo ich mir alles Mögliche ansah, einmal sah ich einen ganz besonderen

Film, er handelte von zwei Schwarzen, die sich im Wilden Westen durchschlugen, sie fielen einfach in die Saloons ein, jeder mit Revolvern bewaffnet, tranken Whisky, brachten Bösewichter um die Ecke, später preschten sie im Galopp davon, wie ich, aber da hattest du schon geschrien, Billy the Kid ist nicht schwarz, im Wilden Westen gibt es keine Schwarzen, und die Jungen, die sich die Ohren zuhielten, waren schon Männer, die Ältesten aus dem Chor waren schon gestorben, und das Schlimmste, Juanelo, das Schlimmste war, du hattest das schon vergessen, ich nicht, jeder bewahrt einen Schrei aus seiner Kindheit in sich, und das war meiner, von Belafonte und Sidney erfuhr ich erst später, da konnte ich deinen Schrei schon mit keinem anderen mehr erwidern, um dich zum Schweigen zu bringen, dir vor der Treppe zu sagen, dass es im Wilden Westen sehr wohl Schwarze gibt, dass das geht, alles hängt davon ab, mit welcher Einstellung man die Dinge betrachtet, das ging schon nicht mehr, du warst schon Vater von zwei Söhnen, ein guter Lastwagenfahrer, dem es jeden Tag besser ging, ich machte die Erfahrung, dass man auch auf der Straße lernt, jeden Tag besser zu werden, und es wäre auch lächerlich gewesen, wer hätte das gedacht, Juanelo, während ich studierte, belohnte das Leben dich mit einem Auto und vielen Festen, im Viertel wurde darüber getratscht, wie unglaublich das war zu sehen, dass es dir jeden Tag besser ging, sogar die Kerle, die dein Haus ausraubten, dürften so geredet haben, du konntest es nicht fassen, sie gingen am helllichten Tag in dein Haus, raubten es aus, während du da warst, du wachtest auf, und der Fernseher war nicht mehr da, der Kassettenrecorder war nicht mehr da, die Kleider waren nicht mehr da, und was das Traurigste war, Juanelo, das Allertraurigste, die Nachbarn haben sie herauskommen sehen, einer von ihnen war schwarz, erzählten sie dir, die Männer, die Karten spielten, sahen sie herauskommen, es waren drei große Kerle, die so taten, als kennten sie sich dort aus, jeder dachte, es seien gute Bekannte von dir, Freunde des Hauses, schließlich gab es immer Freunde im Haus, ständig wurde gefeiert, niemand dachte daran, dass sie stehlen könnten, du standst da, aufs Geländer gestützt, und konntest es nicht fassen, eigentlich konnte das keiner, die Nachbarn standen unten und erzählten dir, was passiert war, aber du konntest ihnen gar nicht zuhören, hast auf irgendeinen Punkt weit in der Ferne gestarrt, einen Punkt in der Stadt, hast auf den Streifenwagen gewartet, auf einen alten Freund von dir, den du noch von der Straße kanntest und der jetzt Polizist war, du hattest Angst, warst ganz bleich im Gesicht wie jemand, der Angst hat, dabei hast du noch Glück gehabt, du standst zwar ohne ein Hemd am Geländer, aber du hättest auch tot sein können, gefesselt und tot, zusammengeschlagen und tot, wie gut, dass deine Frau und deine Kinder nicht da waren, wie gut, dass du nicht aufgewacht bist, sagte jemand zu dir und fragte dich dann, wie viele es denn gewesen seien, und da, so wurde mir erzählt, da hast du dann runtergeschrien, es seien drei große Schwarze gewesen, das ist traurig, Juanelo, da hat dich einfach dein Unterbewusstsein genarrt, wo vorher nur einer gewesen war, tauchten plötzlich drei auf, so hast du es auch deinem Freund von der Polizei erzählt, so hat er es in sein Notizbuch geschrieben, so hat er es an die anderen Streifenbeamten weitergegeben, und so fing es an, dass man bei allen großen Schwarzen die Ausweise kontrollierte, die Verdächtigen waren drei große Schwarze, die Polizei suchte nach großen Schwarzen, befragte große Schwarze, die armen großen Schwarzen, wie gut, dass ich nicht im Viertel war, ich bin schwarz und ich bin groß, sie hätten mich nach meinem Pass gefragt, nur weil ich groß und schwarz bin, und daran lag es auch, dass sie die Diebe nicht geschnappt haben, dachte ich bei mir, als man es mir erzählte, ich habe später oft daran gedacht, ich hatte schon meinen Magister in Geschichte gemacht, zur großen Freude meiner stolzen Mutter, das Zeugnis hing an der Wand, ich war Lehrer und hatte einen Rucksack voller Bücher, war ein angehender Schriftsteller, der sich der Aufgabe widmete, das Lernen der andern zu bewerten, der es geschafft hatte, den ersehnten Abstand zu seinem Viertel herzustellen, und so blickte ich nachdenklich in die Landschaft und stellte mir mein Viertel vor, stellte mir vor, wie Juanelo am Geländer stand, stellte mir vor, wie drei traurige Schwarze aus seinem Mund kamen, stellte mir vor, wie die Polizisten die großen Schwarzen um ihre Ausweise baten, es tat mir in der Seele weh, tat mir jedes Mal in der Seele weh, wenn ein Polizist auf den Straßen dieses Landes einen Schwarzen anhielt, nur weil er schwarz war, verdächtig, schuldig, solange er nicht das Gegenteil beweisen konnte, irgendetwas ist ziemlich faul bei uns, sagte ich mir, später beschloss ich, dass es besser war, darüber zu lachen, weit weg von Juanelo und dem Viertel war es das beste Gegenmittel, schallend zu lachen, die Schwarzen, alle Schwarzen, absolut alle Schwarzen waren, auch wenn das Leben das Gegenteil beweisen sollte, auch wenn in den Schulen das Gegenteil gelehrt wird, auch wenn in den Ansprachen das Gegenteil behauptet wird, für ihn und für die anderen, die so dachten wie er, alles bloß Diebe, die den Leuten die nasse Wäsche von der Leine klauten, alles Typen, die zu viel schwitzten, aßen, tranken, tanzten und faulenzten, sonst nichts, ich stellte mir vor, wie Juanelo mit seinen compañeros bei einer Flasche Rum saß und sie ihm beipflichteten, wie sie sich wichtigmachten, wie Karikaturen der alten Geldeintreiber, wie sie die Bewohner der Viertel nach Farben taxierten, und wieder musste ich lachen, sehr lachen, aus diesem Grund wuchsen Leute wie ich unter ständiger Überwachung auf, gab sich jeder von uns besonders Mühe, um auf diese Art die Unterschiede wettzumachen, wie geschickte Mustangs lernten wir, gewisse Fallstricke des Lebens zu umgehen, ach Juanelo, wer hätte gedacht, dass du das bist, dieser von einheimischen Nutten umringte Fettwanst, nach all den Jahren hätte ich dich so gerne glücklich gesehen, an der Ecke Siebzigste und Dritte Straße, in der Dreiuhrsonne, der verfluchten

Dreiuhrsonne, mit den Schaulustigen an der Haltestelle, den Hotels, dem Meer, und wie er glänzte, dein Mietwagen, ich konnte dich ja kaum sehen, irgendwann werde ich einmal über diese Begegnung schreiben, sagte ich mir, über deine fette Pranke auf meiner Hand, den Schweiß, die Musik aus der Konserve, meinen Durst, den Wunsch, dein Bier in meiner Hand zu halten, eiskalt, unantastbar, eine genaue Kopie der Plakate von gegenüber, über den Fluch, mit dem du die großen Schwarzen belegt hast, über die Geschwindigkeit, mit der du nach dem Raub die Dinge wieder zurückbekommen hast, das Gerede, die Anzeige, die Ermittlungen, die sie für dich anstellten, deine Falschaussage von damals, das Urteil, das Gefängnis, deine Scheidung, die grauen Haare, die lärmenden Besäufnisse, über all das sollte ich schreiben, wir sind uns nicht ohne Grund begegnet, das Leben ist ein göttliches Drehbuch, so heißt es bei einem Sänger, es konnte kein Zufall sein, dabei bleibe ich, dass ich, schwitzend auf meinem Fahrrad, dich gerne glücklich gesehen hätte, mit einer Nutte und einem Bier, in deiner Nobelkarosse, damit ich den Nachbarn noch einmal erzählen könnte, wie man dich auf hoher See geschnappt hat, welches Risiko du eingingst auf deinem jämmerlichen Kahn, wie du wieder ins Gefängnis kamst, mit welcher Beharrlichkeit du ans andere Ufer gelangen wolltest, sobald sich dir eine Chance bot, sobald du dich mit anderen abgerissenen Typen zusammentun konntest, findigen Floßbauern, lauter Kerlen, die glaubten, woanders warte das Paradies auf sie, aber du hattest Pech, am Ende kamst du immer zurück, wurdest ins Gefängnis gesteckt, warst enttäuscht, warst berüchtigt dafür, dass du kein Glück hast auf See, niemand wollte dich bei seinem Abenteuer mit an Bord haben, du hattest Scheiße vom Truthahngeier auf der Schulter, einige aus dem Viertel wurden damit berühmt, dass sie dein Unglück schilderten, die Nachbarn gaben den Chor dazu, sie lauschten den Geschichten und erzählten sie dann weiter, wandelten sie ab, veränderten sie, einmal, so erzählten sie, machtest du einem russischen Schiff Zeichen, weil du dachtest es sei ein Yankeeschiff, ein andermal wolltest du als Kapitän mit einer Gruppe nach Baracao und landetest in Varadero, von Strand zu Strand, von Gefängnis zu Gefängnis wurde dein Leben immer stärker von Angst bestimmt, du warst besessen, wurdest immer unvorsichtiger, bis du schließlich rauskamst, bis sie dich aus strategischen Gründen rausließen, wie es so geht im Leben, Juanelo, in deinem Leben, alles Dinge, über die ich mal schreiben sollte, wenn ich die Zeit dazu finde, es ist auch kein Zufall, dass meine Mutter mir die Neuigkeit erzählte, die im Viertel die Runde machte, eine weitere Neuigkeit über dich, als wärst du immer noch nicht weggegangen, als würdest du immer noch aus deiner Nobelkarosse steigen, damit alle sehen können, wie fett du geworden bist, damit alle dein Bier sehen können, deine Goldketten, und sich später das Maul darüber zerreißen, aber du warst in Schwierigkeiten, du hattest einen Typen geohrfeigt, so erzählten sie, scheiß Schwarzer hast du zu ihm gesagt, dann hast du ihn mit einem Fußtritt aus der Bar geworfen, hast ihm einen Tritt versetzt und ihn aus der Bar gekickt, als wärst du ein Yankee aus dem Wilden Westen, hast du ihn aus der Bar gekickt, hast mit deinen compañeros weitergetrunken, hast mit ihnen die Fußtritte kommentiert, und als die Tage vergingen, als du diesen Kerl schon fast wieder vergessen hattest, tauchte er mit einem dieser Revolver vor deinem Haus auf, einem von denen, die du als Kind schon immer haben wolltest, sie sagen, du hättest ihn angeschaut, hättest kein Wort gesagt, hättest gewusst, dass der Film jetzt zu Ende war, hättest genau in dem Moment, dort auf der Treppe, begriffen, dass es im Wilden Westen sehr wohl Schwarze gab, alles hängt davon ab, mit welcher Einstellung man die Dinge betrachtet, aber da war es schon zu spät, das Loch in deiner Stirn hinderte dich am Weiterdenken, das ist traurig, Juanelo, sehr traurig, ich stelle mir dich lieber schön fett vor, genau an der Ecke Siebzigste und Dritte Straße, in der Dreiuhrsonne, der verfluchten Dreiuhrsonne, wie du mich zu dir pfeifst, stelle mir vor, ich würde dich glücklich sehen, mit einer Nutte und einem Bier, und dich ein bisschen beneiden, wie damals.

Aus dem Spanischen von Michaela Meßner

Guillermo Martínez
Die große Hölle

Oft, wenn der Laden leer ist und nur das Summen der Fliegen zu hören ist, denke ich an den Jungen, dessen Namen wir nie erfuhren und den niemand im Dorf je wieder erwähnte.

Aus irgendeinem unerfindlichen Grund stelle ich ihn mir immer so vor, wie wir ihn das erste Mal gesehen haben, mit staubiger Kleidung, sprießendem Bart und vor allem dem langen, zerzausten Haar, das ihm fast bis in die Augen fiel. Der Frühling hatte gerade begonnen, deshalb hielt ich ihn für einen Rucksacktouristen auf dem Weg in den Süden, als er den Laden betrat. Er kaufte Konserven und Matetee oder Kaffee; während ich alles zusammenrechnete, besah er sein Spiegelbild in der Scheibe, strich sich die Haare aus der Stirn und fragte mich nach einem Friseur.

Damals gab es zwei Friseure in Puente Viejo; wäre er zu dem alten Melchor gegangen, denke ich mir heute, wäre er der Französin vielleicht nie begegnet und es hätte kein Gerede gegeben. Aber Melchors Friseurladen befand sich nun mal am anderen Ende des Dorfes, und was geschah, war wohl unvermeidlich.

Jedenfalls schickte ich ihn zu Cervino, und während Cervino ihm die Haare schnitt, tauchte offenbar die Französin auf. Und die Französin schaute den Jungen an, wie sie Männer immer anschaute. Damit fing die ganze verflixte Angelegenheit an, denn der Junge blieb im Dorf, und wir dachten alle dasselbe: dass er wegen ihr blieb.

Es war noch kein Jahr her, dass Cervino und seine Frau sich in

Puente Viejo niedergelassen hatten, und wir wussten so gut wie nichts über sie. Sie verkehrten mit niemandem, wie man im Dorf spitz bemerkte. In Wirklichkeit lag das im Fall des armen Cervino einfach an seiner Schüchternheit, nur die Französin war vielleicht wirklich ein wenig arrogant. Sie kamen aus der Stadt, im vorangegangenen Sommer waren sie zu Saisonbeginn eingetroffen, und ich weiß noch, als Cervino seinen Friseurladen eröffnete, dachte ich, dass der alte Melchor bald pleite gehen würde, denn Cervino besaß ein Friseurdiplom und hatte bei einem Haarschneidewettbewerb mit Messer einen Preis gewonnen, außerdem war er mit einem elektrischen Haarschneider, einem Haartrockner und einem Drehstuhl ausgestattet, und er trug einem Pomade auf und sogar Haarspray, wenn man ihn nicht rechtzeitig bremste. Und zu guter Letzt gab es in Cervinos Friseursalon immer die aktuelle Ausgabe von *El Gráfico* im Zeitschriftenständer. Vor allem aber gab es dort die Französin.

Ich habe nie erfahren, warum sie die Französin genannt wurde, aber ich wollte es auch gar nicht herausfinden; es wäre zu enttäuschend gewesen, zum Beispiel zu erfahren, dass der Heimatort der Französin Bahía Blanca war oder, schlimmer noch, ein Dorf wie dieses hier. Wie dem auch sei, eine Frau wie sie war mir jedenfalls bis dahin nicht begegnet. Vielleicht lag es einfach daran, dass sie keinen Büstenhalter trug und es sogar im Winter eindeutig zu erkennen war, dass sie unter ihrem Pullover nichts anhatte. Vielleicht lag es auch an ihrer Angewohnheit, leicht bekleidet im Friseursalon aufzutauchen und sich vor aller Augen seelenruhig zu schminken. Aber nein, an der Französin war etwas noch Beunruhigenderes als nur dieser Körper, den alle Kleidung zu stören schien, etwas Verwirrenderes als ihr tiefes Dekolleté. Etwas in ihrem Blick. Sie schaute einem so unverwandt in die Augen, bis man selbst zu Boden sah. Es war ein herausfordernder, verheißungsvoller Blick, in dem aber auch schon ein spöttischer Schimmer lag, als stelle die

Französin uns alle auf die Probe, wohl wissend, dass niemand sich vorwagen würde, als sei es für sie bereits beschlossene Sache, dass kein Mann im Dorf ihr das Wasser reichen könnte. Ihr Blick provozierte und ließ gleich darauf jeden hochmütig abblitzen. Und das alles vor Cervino, der nichts zu merken schien, der sich schweigend in den Nacken seiner Kunden zu schaffen machte und von Zeit zu Zeit mit seinen Scheren in der Luft klapperte.

Ja, die Französin war anfangs die beste Werbung für Cervino, und sein Friseursalon hatte während der ersten Monate regen Zulauf. Dennoch hatte ich mich in Bezug auf Melchor geirrt. Der Alte war nicht auf den Kopf gefallen, und nach und nach gewann er seine Kundschaft zurück: Es gelang ihm, auf irgendeinem Weg an Pornozeitschriften zu gelangen, die damals unter der Militärdiktatur verboten waren, und später zur Weltmeisterschaft kratzte er alle seine Ersparnisse zusammen und kaufte einen Farbfernseher, den ersten im Dorf. Seit der Zeit verkündete er jedem, der es hören wollte, in Puente Viejo gebe es nur einen Friseursalon für Herren; der von Cervino sei für Schwuchteln.

Wenn ich es recht bedenke, glaube ich, dass es wiederum auch an der Französin lag, dass viele zu Melchor zurückgingen – kein Mann erträgt es auf Dauer, von einer Frau verspottet und erniedrigt zu werden.

Der Junge blieb also, wie gesagt, im Dorf. Er zeltete in der Umgebung, hinter den Dünen in der Nähe des alten Hauses der Witwe Espinosa. In den Laden kam er selten; alle vierzehn Tage oder einmal im Monat machte er einen Großeinkauf. Zum Friseur ging er dafür wöchentlich einmal. Und da es ziemlich unwahrscheinlich war, dass er dort nur *El Gráfico* lesen wollte, begannen die Leute, Cervino zu bedauern. Denn so war es, anfangs wurde Cervino bedauert. Es war auch leicht, ihn zu bemitleiden: Er hatte so eine unschuldige, engelhafte Ausstrahlung und ein bereitwilliges Lächeln, wie man es oft bei Schüchternen sieht. Er war ein äußerst stiller Typ, und manchmal schien er in eine geheimnisvolle, ferne Welt zu versinken; sein Blick verlor sich, und er brachte eine Ewigkeit damit zu, das Rasiermesser zu schleifen, oder klapperte endlos mit der Schere, und man musste hüsteln, um ihn wieder zurückzuholen. Einmal überraschte ich ihn auch dabei, wie er im Spiegel die Französin mit einer stummen, konzentrierten Leidenschaft betrachtete, als könne er selbst nicht glauben, dass so ein Vollweib seine Frau war. Und dieser ergebene, jeden Verdachts bare Blick löste wirklich Mitleid aus.

Andererseits war es ebenso leicht, die Französin zu verurteilen, vor allem für die verheirateten und heiratsfähigen Frauen des Dorfes, die sich sogleich gegen ihre gewagten Ausschnitte verbündet hatten. Aber auch viele Männer grollten der Französin: An erster Stelle die berüchtigten Schürzenjäger von Puente Viejo wie der Russe Nielsen, die es nicht gewöhnt waren, von einer Frau mit Herablassung oder sogar Spott behandelt zu werden.

Ob es daran lag, dass die Weltmeisterschaft vorbei war und es kein richtiges Gesprächsthema mehr gab, oder daran, dass es im Dorf lange keinen Skandal mehr gegeben hatte, jedenfalls liefen alle Unterhaltungen unweigerlich auf den Jungen und die Französin hinaus. Hinter dem Ladentresen hörte ich ein ums andere Mal die gleichen Geschichten: Was Nielsen eines Nachts am Strand gesehen hatte: Es sei eine kalte Nacht gewesen, und trotzdem hätten sich beide ausgezogen, sie hätten wohl auch unter Drogen gestanden, denn sie taten etwas, das Nielsen nicht einmal unter Männern erzählen konnte. Was die Witwe Espinosa sagte: Dass sie von ihrem Fenster aus immer Lachen und Stöhnen im Zelt des Jungen höre, die unverwechselbaren Geräusche, wenn zwei sich herumwälzen. Was der Älteste der Vidals erzählte: Dass die beiden im Friseursalon, vor seinen Augen und vor Cervinos Nase … Kurz, wer weiß schon, was an all dem Geschwätz dran sein mochte.

Eines Tages stellten wir fest, dass der Junge und die Französin verschwunden waren. Das heißt, der Junge tauchte nicht mehr auf, und auch die Französin bekamen wir nicht zu Gesicht, weder im Friseursalon noch auf dem Weg zum Strand, den sie immer entlangspaziert war. Zuerst dachten wir, sie seien zusammen weggegangen, vielleicht wegen der romantischen Seite, die so eine Flucht hat, vielleicht auch, weil ihnen jetzt keine Gefahr mehr drohte, zeigten sich alle Frauen bereit, die Französin zu entschuldigen: Es sei ganz offensichtlich gewesen, dass in dieser Ehe etwas nicht stimmt, sagten sie; Cervino sei zu alt für sie und der Junge wirklich ein hübscher Kerl ... Und mit verschwörerischem Kichern gestanden sie sich untereinander ein, dass sie womöglich das Gleiche getan hätten.

Doch als eines Nachmittags die Rede wieder auf die Sache kam, befand sich die Witwe Espinosa im Laden und sagte mit geheimnisvoller Stimme, ihrem Gefühl nach sei etwas wesentlich Schlimmeres passiert; der Junge habe ja ganz in der Nähe ihres Hauses gezeltet, wie wir alle wüssten, und obwohl auch sie ihn nicht mehr gesehen habe, befinde sich das Zelt nach wie vor dort. Und es komme ihr sonderbar vor – *sehr sonderbar*, wiederholte sie –, dass die beiden ohne sein Zelt fortgegangen sein sollten. Jemand sagte, man solle vielleicht den Polizeikommissar verständigen, da murmelte die Witwe, außerdem sei es ratsam, Cervino zu überwachen. Ich weiß noch, dass mich das zornig machte, aber ich wusste nicht recht, was ich ihr entgegnen sollte; ich habe es mir zur Regel gemacht, nie mit der Kundschaft zu diskutieren. Vorsichtig wandte ich ein, man könne niemanden ohne Beweise beschuldigen, für mich sei es undenkbar, dass Cervino, ausgerechnet Cervino ... Aber da unterbrach mich die Witwe: Bekanntlich seien schüchterne, introvertierte Menschen besonders gefährlich, wenn sie außer sich gerieten.

Wir debattierten immer noch, als Cervino in die Tür trat. Ein jähes Schweigen stellte sich ein; er musste merken, dass wir über ihn gesprochen hatten, denn alle blickten betreten zur Seite. Ich sah, wie er rot wurde, und mehr denn je kam er mir vor wie ein wehrloser kleiner Junge, der nicht erwachsen werden konnte. Als er mir seine Einkaufwünsche mitteilte, fiel mir auf, dass er wenig Essen mitnahm und keinen Yoghurt kaufte. Er war schon beim Zahlen, da fragte die Witwe ihn ganz unvermittelt nach der Französin.

Cervino wurde wieder rot, aber diesmal langsam, als fühle er sich geehrt von so viel Anteilnahme. Er sagte, seine Frau sei in die Stadt gefahren, um sich um ihren Vater zu kümmern, der sehr krank sei, sie käme aber bald zurück, in einer Woche etwa. Als er ausgeredet hatte, lag in allen Mienen ein merkwürdiger Ausdruck, den ich erst nicht so recht definieren konnte: Enttäuschung. Trotzdem ergriff die Witwe, kaum war Cervino weg, wieder das Wort. Dieser Schmierenkomödiant habe sie nicht hinters Licht führen können, wir würden diese arme Frau nie wiedersehen. Und leise tuschelte sie, in Puente Viejo laufe ein Mörder frei herum, und jeder könne sein nächstes Opfer sein.

Es verging eine Woche, es verging ein Monat, aber die Französin kam nicht zurück. Der Junge war auch nicht mehr gesehen worden. Die Kinder aus dem Dorf begannen, in dem verlassenen Zelt Indianer zu spielen, und Puente Viejo spaltete sich in zwei Lager: Die einen waren überzeugt, dass Cervino ein Verbrecher war, wir anderen warteten weiter auf die Rückkehr der Französin, doch wir wurden immer weniger. Es hieß, Cervino habe dem Jungen mit dem Messer die Kehle aufgeschlitzt, während er ihm die Haare schnitt; die Mütter verboten ihren Kindern, in dem Straßenblock zu spielen, in dem sich der Frisiersalon befand, und baten ihre Männer, wieder zu Melchor zu gehen.

Doch so seltsam es auch scheinen mag, nicht alle Kunden wurden Cervino untreu: Unter den Jungen des Dorfes galt es bald als

Mutprobe, sich auf den unheilvollen Stuhl des Friseurs zu setzen und einen Haarschnitt mit dem Messer zu verlangen, und es wurde zu einem Zeichen von Männlichkeit, sein Haar geföhnt und mit Haarspray fixiert zu haben.

Wenn wir Cervino nach der Französin fragten, wiederholte er immer die Geschichte von seinem kranken Schwiegervater, aber sie klang nicht mehr besonders glaubwürdig. Viele hörten auf, ihn zu grüßen, und wir erfuhren, dass die Witwe Espinosa mit dem Polizeikommissar gesprochen hatte, damit der ihn festnähme. Doch der Polizeikommissar hatte ihr gesagt, er könne nichts tun, solange es keine Leichname gebe.

Da fing man im Dorf an, über die Leichen zu spekulieren: Die einen mutmaßten, Cervino habe sie im Hof seines Hauses vergraben, andere, er habe sie in Stücke geschnitten und ins Meer geworfen, und Cervino wurde zu einem immer schrecklicheren Ungeheuer.

Ich hörte mit an, wie sie im Laden ständig über das gleiche Thema redeten, und eine abergläubische Furcht stieg in mir auf, eine Art Vorahnung, dass diese endlosen Debatten noch zu einem Unglück führen würden. Was die Witwe Espinosa anging, die hatte offenbar den Verstand verloren. Mit einer lächerlichen Sandschaufel grub sie überall Löcher in den Boden und kreischte herum, sie gebe keine Ruhe, ehe sie nicht die Leichen gefunden hätte.

Und sie fand sie eines Tages.

Es war an einem Nachmittag Anfang November. Die Witwe kam in den Laden und fragte, ob ich Schaufeln hätte; und laut fügte sie hinzu, damit alle es hörten, der Polizeikommissar habe sie geschickt, Schaufeln und Freiwillige zu holen, um in den Dünen hinter der Brücke zu graben. Sie habe nämlich, erläuterte sie und betonte dabei jedes einzelne Wort, mit ihren eigenen Augen gesehen, wie ein Hund dort eine menschliche Hand verschlungen habe. Ich erschauderte; plötzlich war also alles wahr, und während ich die Schaufeln aus dem Lager holte und den Laden schloss, hörte ich weiter ungläubig die Gesprächsfetzen Grauen, Hund, Hand, *menschliche* Hand.

Die Witwe führte die Truppe triumphierend an. Ich ging mit den Schaufeln ganz hinten. Ich betrachtete die anderen und sah die gleichen Gesichter wie immer, Menschen, die im Laden Matetee und Nudeln kauften. Ich blickte mich um, und nichts hatte sich verändert, kein plötzlicher Sturm, keine ungewöhnliche Stille. Es war ein Nachmittag wie jeder andere, zu der nutzlosen Stunde, in der alles aus der Siesta erwacht. Unter uns reihten sich die Häuser, immer kleiner, und sogar das Meer in der Ferne wirkte provinziell und harmlos. Einen Augenblick meinte ich zu begreifen, woher mein ungläubiges Gefühl kam: So etwas konnte nicht passieren, nicht hier in Puente Viejo.

Als wir zu den Dünen kamen, hatte der Polizeikommissar noch nichts gefunden. Er grub mit nacktem Oberkörper, seine Schaufel hob und senkte sich in gleichmäßigem Rhythmus. Er zeigte vage ringsum, worauf ich die Schaufeln verteilte und mit meiner an der Stelle ansetzte, die mir am ungefährlichsten vorkam. Eine lange Weile hörte man nur das trockene Schleifen des in die sandige Erde gleitenden Metalls. Langsam verlor ich die Angst vor der Schaufel, aber während ich noch dachte, dass die Witwe sich vielleicht geirrt hatte und alles gar nicht stimmte, hörten wir lautes Gebell. Es kam von dem Hund, den die Witwe gesehen hatte, einem klapperdürren Köter, der uns aufgeregt umkreiste. Der Polizeikommissar versuchte ihn mit Steinen zu verjagen, aber der Hund kam immer wieder zurück, und einmal sah es sogar so aus, als würde er auf ihn losgehen. Da wurde uns klar, dass das der Ort war, und der Polizeikommissar grub hektisch weiter; wir alle wurden von seiner Hast angesteckt und rammten nebeneinander unsere Schaufeln in die

Erde, bis der Polizeikommissar plötzlich schrie, er sei auf etwas gestoßen; er grub noch ein wenig weiter, und da war der erste Leichnam.

Beinahe ohne einen Blick darauf zu werfen, nahmen die anderen sofort und beinahe mit Schwung ihre Schaufeln wieder auf, um nach der Französin zu suchen; nur ich trat näher hin und zwang mich, den Toten ganz genau anzuschauen. Er hatte ein schwarzes Loch in der Stirn und Erde in den Augenhöhlen. Es war nicht der Junge. Ich drehte mich um, weil ich es dem Polizeikommissar sagen wollte, und da war es, als würde ich in einen Albtraum eintauchen: Alle stießen auf Leichen, als würden sie aus dem Boden sprießen, bei jedem Spatenhieb rollte ein Kopf oder kam ein verstümmelter Oberkörper zutage. Wohin man schaute, Tote und noch mehr Tote, Köpfe um Köpfe.

Ich wanderte vor Entsetzen ziellos hin und her; ich konnte keinen Gedanken fassen, begriff nichts mehr, bis ich einen von Kugeln durchsiebten Rücken sah und darüber einen Kopf mit verbundenen Augen. Ich blickte zum Polizeikommissar, und auch der Polizeikommissar wusste es. Er ordnete an, dass wir uns nicht vom Fleck rührten, und ging zum Dorf zurück, um Anweisungen einzuholen.

Ich erinnere mich nur an das unablässige Bellen des Hundes, den Geruch nach Tod und die Gestalt der Witwe, die zwischen den Leichen herumwühlte und uns zurief, wir sollten weitermachen, die Französin sei noch nicht aufgetaucht. Der Polizeikommissar kam zurück, gemessen und aufrecht marschierend wie jemand, der gleich einen Befehl erteilt. Er stellte sich vor uns hin und ordnete an, die Leichen genau so, wie sie waren, wieder zu vergraben. Wir griffen alle nach den Schaufeln, keiner wagte es, ein Wort zu sagen. Während die Erde auf die Leichen fiel, fragte ich mich, ob dort nicht vielleicht auch der Junge lag. Der Hund bellte und sprang wie von Sinnen herum. Da sahen wir den Polizeikommissar plötzlich auf dem Boden knien, seine Waffe in der Hand. Er gab nur einen Schuss ab. Der Hund kippte leblos um. Noch mit der Waffe in der Hand trat der Polizeikommissar zu ihm hin und schubste ihn mit dem Fuß vor, damit wir auch ihn vergruben.

Bevor wir gingen, untersagte er uns, mit irgendjemandem über das Ganze zu reden, und er notierte sich die Namen jedes Einzelnen von uns, die wir dabei gewesen waren.

Die Französin kam wenige Tage später zurück; ihr Vater war vollständig genesen. Von dem Jungen sprachen wir im Dorf nicht mehr. Das Zelt wurde gleich zu Beginn der nächsten Saison gestohlen.

Aus dem Spanischen von Angelica Ammar

Lina Meruane

Pik-Dame

Auf jedem Stapel zweiundfünfzig Karten, die ich nach wie vor mit geschlossenen Augen mische und dabei ihrem Schnarren lausche; ein klares und schnelles Stampfen gleich einem hastigen Laufen durch dunkle Flure, endlose Steintreppen auf und ab, dann wieder langsamer werdende Schritte, und wieder hinauf, ich wiederhole, und hinab, dieser verrückte königliche Zeitvertreib.

Mein Vater hatte mir die Wertigkeit jeder Karte erklärt. Die Farben, so versicherte er, gehörten einer einzigen Königsfamilie, auch wenn er die roten Herzen von den auf dem Kopf stehenden schwarzen Herzen unterschied. Er wies mich in die für alle Spiele geltende Regel und in das Gesetz des Kartenspiels ein, das sollte ich mir merken: Der König befiehlt, die Dame gehorcht, die übrigen elf sind Untertanen.

Abends beobachtete ich ihn dabei, wie er in Gesellschaft dreier weiterer Männer die Karten abhob und ausspielte: Acht Ellbogen stützten sich auf die abgewetzte Samttischdecke, vier Paar Hände hielten jeweils elf Karten, je zwei Spielpartner setzten auf den Stapel in der Mitte des Tisches. Ein Stapel, der mit jeder Runde höher wurde, bis die gewünschte Karte erschien.

Sein Ringfinger mit dem breiten Goldring hielt den Schatz. Die schwere und unverwechselbare Hand meines Spieler-Vaters. Der glänzende Stratege. Das Canasta-Ass nannten sie ihn wegen seiner Pik-Reihen; den Fürsten wegen der sieben Dame-Karten, die er in perfekter Anordnung auf die Tischdecke legte. Wenn die schwarzen und roten Damen erobert waren, klatschten die Spieler wie Hofdamen. Sie zwinkerten dem Gewinner zu, warfen ihm geräuschvolle Küsse zu, die auf ihrem Weg durch das Wohnzimmer in der Luft verhallten.

Ihre Namen merkte ich mir nicht, denn es waren immer andere. Doch ihre Gesten konnte ich voraussagen, denn sie folgten einer bestimmten Choreographie: die Art, wie sie zur Begrüßung die Finger verhakten, die Vorsicht, mit der sie sich auf das weiche Polster setzten und das Whiskyglas an ihrem Revers rieben, die feierliche Art, die Karten auf den Tisch zu werfen und bis zum nächsten Spielzug innezuhalten.

An manchen Abenden kamen mehr als drei, und ich musste meinen Platz auf dem Teppich räumen. Betrübt sammelte ich meine Karten ein und stand auf, um über eine der Schultern zu blicken, etwas benebelt von der rauchgeschwängerten Luft im Raum. Kein Zweifel: Wie üblich würden sie gegen meinen Vater verlieren.

Die Gäste, die zu den Dienstagspartien erschienen, waren anders: immer dieselben Typen, die sich gewählt ausdrückten und bedächtig sprachen, die Bridge als eine Kunst ansahen, die Männern einer anderen Kategorie vorbehalten war: den Intellektuellen. Ich mochte sie wegen ihrer stillen Art, in das Spiel einzutauchen.

Nur an diesen Abenden hatte ich Gelegenheit, mich auf meine Patience zu konzentrieren. Ich mischte meine Karten, so oft es nötig war, um das Spiel zu vollenden, den König und die Dame zu erwischen. Doch der Platzhalter hielt sich verborgen und machte meinem Glück einen Strich durch die Rechnung, korrupter Joker. In diesen Fällen missachtete ich den Rat meines Vaters: dass die Karten nicht dem Zufall gehorchen, sondern der Geschicklichkeit desjenigen, der über sie bestimmt.

Am Tisch spielte er, der Strategieexperte, perfekte Trümpfe aus und Onkel Antonio, sein ihm gegenüber sitzender Spielpartner, stand voller Stolz auf, ging verstohlen zu ihm hin und verlor seine Haltung, wenn er zärtlich an einem seiner Ohren knabberte.

Während ich meine Karten auf dem Boden mischte, beobachtete ich meinen Vater, wie er sich mit geschlossenen Augen auf dieselbe glorreiche Aufgabe konzentrierte, ich sah ihn mischen und mischen, sah, wie seine ganze Leidenschaft sich in einem Lächeln ausdrückte, wie er an seiner Zigarre lutschte, gemächlich daran zog und die Karten wieder aufnahm. Der König verteilte seine Karten auf dem Samt. Das unterbrochene Spiel ging weiter, und auch ich begab mich bei meiner Patience auf die Suche nach der Dame.

Er stieß Rauch aus, mein Vater, und der Zigarrendunst löste sich in seinen Worten auf. Ich konnte hören, wie er mich als seinen Thronfolger bezeichnete.

Ach, Prinz, scherzten seine Freunde, streichelten mir über den Rücken und zauberten zwischen meinem Hals und dem Hemd den Spieleinsatz hervor.

Manch einer, oftmals Onkel Antonio, tat so, als flüstere er mir etwas ins Ohr, und mein Vater warf mir einen strengen Blick zu. Sie sollten an den Tisch zurück, sie sollten aufhören, mein Spiel auszuspionieren. Und ich mühte mich wieder mit meinem Kartenspiel ab, ungeduldig, und brach jede Regel, nur um die gewünschte Karte zu erlangen.

Das Geld floss in Richtung Thron. Die Hände des Königs zu Fäusten geballt, die Venen traten hervor. Die Truhen gefüllt. Der Moment war gekommen: Die Freunde meines Vaters sahen sich gezwungen, ihre Sakkos, ihre europäischen Designerhemden, die Seidenkrawatten zu verpfänden; dann zogen sie ihre von einem ausländischen Schneider maßgefertigten Hosen aus. Nur er blieb unbeweglich, aufrecht, rauchend sitzen: den Blick auf die verschwitzte Nacktheit der Besiegten geheftet.

Wenn ich meine Patience beendet hatte, betrachtete auch ich ihre schlaffen Körper. Onkel Antonio hatte einen ungeheuren Bauch, den er über seinen spitzen Knien zur Schau trug: Er war der bußfertige Narr. Die anderen sahen in ihren Socken auch nicht besser aus, wenn sie mit ihren Händen ihre Brustwarzen bedeckten. Und doch schien es ihnen nichts auszumachen, sie lachten.

Mein Vater wirkte ebenfalls glücklich. Er rief mich zu sich. Wie geht es meinem Prinzen? Such dir ein Kleidungsstück aus, befahl er mir. Doch diese Klamotten waren mir alle viel zu groß. Und ich wusste, er würde sie schließlich ziehen lassen, am nächsten Morgen gäbe es keine Spur mehr von den Anzügen und den Untertanen. Sie würden gehen, während ich schlief.

Es war spät. Der König sagte, der kleine Prinz solle sich in seine Gemächer zurückziehen.

Die Partie ging weiter. Unter meiner Decke konnte ich das gedämpfte Murmeln hören. Jemand sagte Pik-Ass und schlug mit der Faust auf den Tisch. Oder vielleicht mit einer Flasche. Ein anderer nannte die Dame: Allein das Wort löste allgemeines Gelächter aus.

Ich schlief ein, in Gedanken an seine Majestät, die Pik-Dame. Ich konnte nicht vergessen, dass jede Folge, wie auch jedes Schloss, seine Königin braucht.

Später, in derselben Nacht, sah ich die schwarze Fürstin am Fußende meines Bettes stehen. Den Bruchteil einer Sekunde lang. Dann konnte ich, wo sie gestanden hatte, nur noch meinen Schrank mit den Spiegeltüren entdecken.

Das Gelächter verebbte bald.

Das sachte Klopfen an meiner Tür gab mir zu verstehen, dass die Partie beendet war.

Ich wartete ein paar Minuten, bevor ich mich aus meiner Schlaflosigkeit erhob und mich auf den Weg zu meinem Vater machte.

Ich ging durch das Wohnzimmer. Die Bodenfliesen waren kühl. Die Gläser wirkten in ihrer kreisförmigen Anordnung wie Glastürme. Ich ging zur Tür, Licht drang durch den Schlitz.

Ohne anzuklopfen öffnete ich sie, ganz erschrocken über das plötzliche Gewitter, das dort drinnen ausgebrochen zu sein schien.

Ich hatte die schwere Atmung meines Vaters, das Keuchen des anderen Mannes mit der Vielstimmigkeit des Windes verwechselt.

Der König und sein Gegner kämpften nackt auf dem Bronzebett, in einen leidenschaftlichen Tanz verwickelt. Meine Fingernägel gruben sich in meine Handfläche, so sehr ballte ich die Fäuste; meine Oberschenkel waren hart, der ganze Körper angespannt. Der Thronfolger hatte die Pflicht, mit in den Kampf zu ziehen. Ich zog mich aus und sprang auf dieses Feld aus zerwühlten Laken, dabei flüsterte ich, hier bin ich, mein König.

Er hörte mich nicht. Ich glaube, er bemerkte nicht einmal, dass ich ihm zu Hilfe kommen wollte. Er hielt seinen Feind, den Onkel Antonio, mit beiden Armen fest und rammte seinen Körper gegen dessen Körper, ohne dass dieser sich wehren konnte. Auch ich wollte auf ihn einschlagen, aber ich hatte weder genügend Kraft noch Kampferfahrung.

Onkel Antonio umschlang mich von hinten und drückte mir seine verschwitzte Brust an den Rücken.

Ich war gefangen.

Ich entschied mich, still zu halten und nicht um Hilfe zu rufen. Der Feind küsste meinen Nacken. Er steckte seine warme Zunge in mein Ohr, in meinen Mund, als ich diesen öffnete, um nicht zu ersticken.

Ich ließ es zu, dass er meinen Oberkörper, meine Hüften wie Karten durch seine Finger gleiten ließ, während der König darauf beharrte, dass das Kartenspiel, auf das weiche Tischtuch gebettet, keinen Widerstand leisten darf.

Ich nickte, schloss die Augen und presste die Lippen aufeinander, derweil ich die Stimme hörte, die mich in einem Aufbäumen Königin, meine Königin, rief.

Aus dem Spanischen von Catalina Rojas Hauser

Matías Néspolo

Unannehmlichkeiten

Nichts regt Valérie Marcaux mehr auf als Unpünktlichkeit. Ob bei ihr selbst oder bei anderen, das spielt keine Rolle. Wenn man sie warten lässt, bringt es sie genauso auf die Palme, wie wenn sie zu spät zu einer Verabredung kommt, und seien es nur einige Minuten. Und sie kommt nicht dagegen an.

Valérie ist fünfunddreißig und hat fabelhafte Beine. Sie ist kaufmännische Leiterin einer großen Eisenfabrik. Eigentlich versteht sie nicht das Geringste vom Gießen und der Schwerindustrie. Sie ist Anthropologin mit Staatsexamen, aber ihr Arbeitgeber ist eine französische Firma, und ihre Zweisprachigkeit war einer der drei Gründe für Beförderungen in rascher Folge. In wenig mehr als anderthalb Jahren avancierte Señorita Marcaux von der einfachen Büroangestellten zur Führungskraft.

Ihr bezauberndes Lächeln und ihr gewandter Umgang mit Menschen (von dem niemand so recht weiß, worin er besteht) waren der zweite Grund für ihren rasanten Aufstieg. Der dritte und zweifellos am stärksten ins Gewicht fallende ist das sexuelle Verlangen des Generaldirektors der Gesellschaft. Ein Mann, der trotz beginnender Glatze und umfänglichen Bauches die Hoffnung hegt, sie zu verführen. Oder vielleicht versucht er auch nur, sich seine Gefälligkeiten in Naturalien bezahlen zu lassen. Das jedenfalls vermutet Valérie. Aber da sie das in eine sehr unbehagliche Lage versetzt, neigt sie aus Eigenliebe dazu, es zu bagatellisieren.

Vereinfachend könnte man sagen, dass ihre Arbeit sie nicht allzu sehr befriedigt, ja ihr eher missfällt. Aber da berufliche Verwirklichung für sie keinen Vorrang hat, ihr Interesse an der Anthropologie mit der Zeit geschwunden ist und sie ein komfortables Managergehalt bezieht (die Spesen nicht eingerechnet), nimmt sie es hin. Außerdem ist Pünktlichkeit eine der heiligen Regeln des Unternehmens, und Valérie befolgt sie genüsslich.

Es ist Dienstagmorgen, und sie macht sich Frühstück. Die Orangenpresse bockt, und einige Minuten versucht Valérie, sie wieder in Gang zu bringen. Immer schon hat sie mit den Haushaltsgeräten auf Kriegsfuß gestanden, und trotzdem versucht sie es. Sie schraubt an den Knöpfen, stellt den Schalter auf Eins und Null, klopft leicht auf die Mittelachse. Sie kriegt das Gerät nicht in Gang und beschließt, den Saft zu vergessen. In aller Eile nimmt sie eine Dusche, und beim Ankleiden findet sie ihren dunkelbraunen Rock nicht. Ein paar Minuten sucht sie ihn in aller Ruhe, dann gibt sie sich geschlagen. Sie wollte ihrer gewohnten Eleganz eine besondere Note verleihen, da sie an diesem Vormittag eine etwas heikle Besprechung hat. Aber auch die eng anliegende schwarze Hose mit dem dunklen, die Taille betonenden Kordjackett steht ihr ganz wunderbar, wie sie sich überzeugt.

Sie ist bereits ein wenig verspätet, und das beunruhigt sie allmählich. Als sie eben die Hand auf die Türklinke legen will, hört sie aus der Küche ein forderndes Miauen. Sie macht auf dem Absatz kehrt und schnaubt. Jonás, ihr Kater, sie hat ihn vergessen. Er ist ein sehr kluges Tier, das Zärtlichkeiten verschmäht, aber sie hat ihn lieb gewonnen. Seit vier Monaten teilen sie die Wohnung, und Valérie weiß, dass sie nach so langem Zusammenleben keine einzige Nacht ohne seine Gesellschaft ertrüge. Eines Abends brachte Javier ihn mit, voller Flöhe und nach Müllhalde stinkend. Als er ihr erzählte, wie er das Tier aus einem übelriechenden Abfallcontainer gerettet hatte, dachte Valérie an den Wal aus dem Gleichnis, und schon war ganz natürlich der Name da.

Nie hatte sie ein Haustier gehabt. Aber zuvor hatte sie auch keine feste, mehr oder weniger ernste Beziehung gehabt, die zwei Monate überdauert hätte. Und eines schönen Tages hatten sich Javier und Jonás in ihrem Leben eingenistet, ohne dass sie das weiter gestört hätte.

Nicht, dass sie Tiere hasste, ganz im Gegenteil. Sie hatte als kleines Mädchen einfach nie eines gehabt und war es also nicht gewohnt. Ganz selten hatte sie es in Erwägung gezogen, und dann hatte ein gesunder Egoismus sie den Gedanken immer wieder verwerfen lassen. Ein ausschließlich von ihr abhängiges Lebewesen war ihr zu viel.

So waren ihre Beziehungen auch nicht von vornherein zum Scheitern verurteilt, weil sie an emotionaler Unreife gelitten oder panische Angst vor Verbindlichkeiten gehabt hätte. Davon konnte keine Rede sein. Sie hatte schlicht den passenden Mann nicht gefunden. Wie jedermann hatte Valérie einige fixe Ideen. Eine davon war natürlich die Pünktlichkeit. Die andere – und dessen war sie sich nicht ganz bewusst – waren Kleider auf dem Boden. Kam der jeweilige Galan nicht zu spät zu einem Rendezvous, so waren am Morgen bestimmt seine Kleider im Schlaf- oder Wohnzimmer auf dem Boden verstreut. Und sogleich ging es mit dem Idyll bergab. Das eine oder das andere machte alles zunichte, mochte Valérie noch so verliebt sein oder nach Kräften versuchen, diese Bagatellen zu übersehen.

Javier hatte noch keinen dieser unverzeihlichen Verstöße begangen. Nicht weil er ihre fixen Ideen geteilt hätte, sondern aus reinem Zufall. Vor einem Stelldichein war ihm noch nie etwas in die Quere gekommen. Und Valérie interessierte ihn zu sehr, als dass er auch nur eine Minute ihrer Gesellschaft hätte verlieren mögen. Daher erschien er lieber zu früh am vereinbarten Ort und wartete dann sehnsuchtsvoll. Und nur einem Wunder war es zuzuschreiben, dass seine Kleider einmal trotz der Nachlässigkeit, ein andermal trotz allen Ungestüms immer auf einem Stuhl, dem Sofa, dem Kleiderständer neben dem Bett oder dem ausgeschalteten Fernseher, nie jedoch auf dem Boden landeten.

An ihn denkt Valérie, während sie einen Napf mit Wasser füllt. Jonás reibt sich an ihrem Hosenbein und schnurrt. Mit sicheren Bewegungen öffnet sie eine Dose Katzenfutter und wirft den Deckel in den Müll. Dann stellt sie den Napf und die Dose in einer Ecke der Küche neben den Weidenkorb des Katers und betrachtet die Szene einige Sekunden lang. Gierig verschlingt Jonás seine Mahlzeit.

Als sie mechanisch auf ihre Armbanduhr schaut, wacht Valérie aus der Träumerei auf. Neun Uhr achtundzwanzig, das hat sie befürchtet. Ihr Kopf beginnt schwindelerregend schnell zu arbeiten. Sie braucht sieben Minuten, um hinunterzugehen und ein Taxi zu ergattern, dazu im Schnitt fünfunddreißig Minuten, um quer durch die Stadt zu ihrem Büro zu gelangen. Das weiß sie haargenau – sie legt die Strecke täglich zurück und hat sie mit der Stoppuhr gemessen.

Punkt zehn Uhr beginnt die Besprechung mit dem Rohstofflieferanten aus Marseille und dessen Buchhalter. Sie wird zu spät kommen, daran gibt es nichts mehr zu rütteln. Sie kann den Generaldirektor am Arbeitstisch sitzen sehen und erahnt schon das verschwörerisch süßliche Lächeln, das er ihr schenken wird, wenn sie zur Tür hereinkommt. Dasselbe Lächeln wie damals, als sie irrtümlich einen ganzen Posten Stahl in ein falsches Werk geschickt hatte. Die Folgen ihres Fehlgriffs waren ein wütender Kunde, der schwor, nie wieder ein Geschäft mit der Firma zu tätigen, sowie mehrere tausend in Versandspesen, Warenversicherung und Arbeitskraft verschwendete Euro.

Das schleimige Lächeln des Generaldirektors damals enthielt eine ganz klare Botschaft. »Bei dir bin ich nachsichtig, ich werde nicht wütend, und ich schreie nicht«. Sie erinnert sich an sein talgiges Gesicht und weiß nicht, was sie mehr aufbringt, die Verspätung oder das eigensüchtige Entgegenkommen ihres Vorgesetzten. Der Vulkan ist kurz vor dem Ausbrechen, doch sie beherrscht sich. Jetzt gilt es keine Zeit mehr zu verlieren. In einer Tausendstelsekunde geht sie die möglichen Optionen durch: anrufen, um ihre Verspätung anzukündigen, ihr Glück mit der U-Bahn versuchen – wenn sie sich sputet und es mit dem Umsteigen klappt, ist sie möglicherweise noch rechtzeitig dort – oder sich in die Tatsachen fügen und in Gottes Namen das vielsagende Augenzwinkern des Generaldirektors hinnehmen.

Da schweift ihr Geist unwillkürlich zu den Ursachen ab. Sie braucht jemanden oder etwas, dem sie die Schuld in die Schuhe schieben kann, um sich zu beruhigen. In diesem Gedankengang ist Jonás der erste Angeklagte, und ihr ganzer Hass entlädt sich auf das Tier. Wenn sie es jedoch richtig bedenkt, kann der Kater nichts dafür. Er hat kein Bewusstsein und tut es also nicht mit Absicht. Er verlangt nur ein Minimum an Aufmerksamkeit, eigentlich nur seine Nahrung.

Also ist Javier der Schuldige. Natürlich, er als Selbständiger hat keine festen Arbeitszeiten, sondern kann sich seine Zeit einteilen, wie es ihm passt, darum kommt er auch immer zu früh zu den Verabredungen. Für ihn wäre es überhaupt kein Problem, sich um ein Haustier zu kümmern. Sie aber hat ihre Verpflichtungen, ihren täglichen Rhythmus. Besser, er hätte dieses vermaledeite Viech im Container gelassen, statt sie damit zu behelligen. Straßenkatzen finden sich gut ohne die Hilfe irgendwelcher Naseweise zurecht. Oder er hätte ihn, statt so rücksichtslos zu sein, ihr den Kater dazulassen, selbst behalten können, wo er doch so viel Zeit hat.

Aber sie ist noch nie zu spät zur Arbeit gekommen, obwohl sie sich schon seit vier Monaten jeden Morgen mit Jonás abgibt. Der verdammte dunkelbraune Rock, sei er, wo er wolle, ist der Grund für die Verspätung. Am vergangenen Freitag hat sie ihn getragen, und jetzt kann sie sich nicht erklären, wo zum Teufel er sein könnte. Sie kann sich nicht erinnern, zuvor jemals ein Kleidungsstück verlegt zu haben. Das erscheint ihr ganz unwahrscheinlich, wo sie ihrer Garderobe doch dieselbe Aufmerksamkeit widmet wie ihrer Agenda.

Vielleicht hat sie einen Fehler gemacht, und der Rock ist beim Schneider oder liegt in der Schublade mit den Pullovern. Das ist zwar kaum vorstellbar, aber möglich ist es. Sie müsste ihn gründlicher suchen. Aber sie hatte ja bereits im Moment des Anziehens eine gewisse Verspätung, und zwar wegen der Saftpresse. Es ist unsinnig zu glauben, ein lebloser Gegenstand habe auf das Schicksal der Menschen einen Einfluss, sei es durch Zufall oder durch Eigenlogik. Immer sind andere Faktoren mit im Spiel.

Und in ihrem Fall ist dieser Faktor ihre Mutter. Sie war es, die ihr die Saftpresse geschenkt hat, mit dieser Manie, mit der sich Mütter ins Leben ihrer Kinder einmischen. Valérie war mit ihrer Handpresse durchaus zufrieden gewesen. Aber nein, die Mutter musste sich um alles kümmern und kaufte ihr dieses neumodische Gerät. Seit vier Jahren lebt Valérie nun allein, und noch immer mischt sich ihre Mutter in ihre Angelegenheiten. Mit den besten Absichten, aber das ist nicht der Punkt. Der Punkt ist, dass sie sie noch immer wie ein kleines Mädchen behandelt. Und das hat sie nun davon. Dieser Situation muss ein Riegel vorgeschoben werden. Noch heute will sie sie anrufen.

Dieser ganze geistige Parcours hat nur einen Augenblick gedauert –, so lange wie sie ins Jackett schlüpft und die Schlüssel und ihre Handtasche an sich nimmt. Und dank ihm hat sie ihre Fassung wiedergefunden, statt einen Wutanfall zu bekommen. Zudem hat sie beschlossen, zur Arbeit zu fahren, als ob nichts wäre, und der Nachsicht des Generaldirektors mit eisiger Miene zu begegnen. Damit kein Zweifel besteht, dass sie ihm trotz ihrer Unpünktlichkeit keinen Anlass für seine Spielchen gibt. Schon steht sie in der

Tür, als im Arbeitszimmer etwas ihren Blick auf sich zieht. Durch die angelehnte Tür ist ein dunkler Fleck auf dem Boden zu sehen. Sie öffnet die Tür, und da liegt der dunkelbraune Rock. Auf dem Teppich. Zwischen Papierkorb und PC. Auf dem Stuhl hängen die schwarzen Strümpfe, die sie am Freitag getragen hat. An dem Tag, als ihr Chef so nett war, sie nach Hause zu bringen. Und ihr nichts anderes übriggeblieben war, als diese nette Geste mit der Einladung zu einer Tasse Kaffee zu erwidern.

Die Sekunden sausen davon, und Valérie steht wie versteinert vor dem Rock. Sie denkt an nichts und kann sich nicht rühren, starrt ihn nur an.

Aus dem Spanischen von Peter Schwaar

Guadalupe Nettel
Jenseits der Mole

Jede Freundschaft ist ein unmerkliches Drama,
eine Reihe feinster Verletzungen.
Émile Cioran, *Vom Nachteil, geboren zu sein*

Im Laufe der Jahre habe ich schon alle erdenklichen Ansichten über die *Wahre Einsamkeit* zu hören bekommen; es ist ein heiß diskutiertes Thema in unserer Familie, das regelmäßig nach Tisch aufkommt. Bei dieser Art von Unterhaltung, wo man sich mit ehrlichen Meinungsäußerungen tunlichst zurückhalten sollte, ähnlich wie bei Erörterungen aktueller Probleme oder wenn es um Fragen der Moral geht; ansonsten riskiert man nämlich, in einem endlos sich zerfasernden Wust von Missverständnissen steckenzubleiben. Es gibt Menschen, besonders wenn sie sich bereits dem fortgeschritteneren Lebensalter nähern, die über die *Wahre Einsamkeit* reden wie über hartnäckige Spinnweben, die wir im Laufe der Jahre knüpfen. Andere wiederum schildern sie als einen eher zufälligen Raum für wenige Auserwählte mit nahezu willkürlichen Aufnahmebedingungen. Wenn ich daheim bei all dem Gerede im Kreis von Brillenträgern, Tanten mit dick geschminkten Gesichtern und Kindern, die immer wieder ihre klebrigen Finger nach der Keksschale ausstrecken, dann doch einmal meine guten Vorsätze vergesse, verteidige ich die letztgenannte Definition, weil ich mich noch gut entsinnen kann – und das nicht ohne eine gewisse Wehmut –, wie ich mich früher einmal im zarten Alter von fünfzehn Jahren selbst auf die Suche nach besagtem Paradies machte. Meiner Meinung nach gibt es nur eine Person, die berechtigt wäre, in der *Wahren Einsamkeit* beheimatet zu sein, und zwar ein Mädchen, das ich damals kennenlernte, zu einer Zeit, als sie erstmals schamhaft ihre kleinen spitzen Brüste zur Schau trug, mit dem Körper einer mageren Hündin, schon zu groß für das knappe Kleid, aber noch zu flach für den Badeanzug. Jedes Mal wenn ich daran denke, muss ich unwillkürlich lächeln, woraufhin ich diskret den Kopf senke, damit es keiner aus der Familie mitbekommt; und noch unmöglicher wird es, wenn ich dann, während Clara dem Jungen einen Klaps auf die bonbonverschmierten Hände gibt, jenen Sommer auf Santa Helena wieder vor mir sehe, auf der Fischerinsel, wo Toño und Clara ein Haus gefunden hatten, das sie *Das Haus mit den Orangenbäumen* tauften, woraufhin mir das Lächeln sogleich auf den Lippen gefriert.

In jenen Jahren kannte ich statt der *Wahren Einsamkeit* nur die beklemmende Alltagseinsamkeit einer schäbigen Oberschule in Mexiko-Stadt voller Hohn und Gelächter. Damals war ich noch die Nichte und Clara die jüngere Schwester meiner Mutter. Wenn ich zu ihr nicht »Tante« sagte, dann deshalb, weil ich sie von den anderen Frauen der Familie unterscheiden wollte, die selbst im Haus noch hochhackige Schuhe trugen und ganze Vormittage in der Schönheitsklinik verbrachten. Clara war achtundzwanzig Jahre alt, eine energische Turnlehrerin an einer Grundschule und die stolze Besitzerin eines VW Cabrio, dem keiner je zugetraut hätte, dass er es bis an die Küste schaffen würde. Obendrein besaß sie noch einen Freund, Toño, den meine Großmutter nicht ausstehen konnte, was ihn mir umso liebenswerter machte. Es waren die Jahre, als sich die Zankereien zwischen meinen Eltern bereits ernsthaft auswuchsen, so dass man sie nicht lange zu überreden brauchte, bis sie mir erlaubten, Clara und Toño auf diese halb verlassene Insel zu begleiten, wo sie das *Haus mit den Orangenbäumen* für einen Spottpreis erworben hatten.

Als sie vorbeikamen, um mich abzuholen, war der Wagen schon mit mehreren Koffern, einem Kühlschrank, frisch gerahmten Bildern und dem Werkzeugkasten vollgeladen, den sie brauchten, um das Haus instand zu setzen.

»Pack hinein, was du willst«, sagten sie zu mir und zeigten auf einen Kofferraum, der bereits überzuquellen drohte. Ich war bemüht, so wenig wie möglich mitzunehmen, auch um mich durch nichts von meinen geplanten Erkundungen ablenken zu lassen.

Nach mehrstündiger Fahrt, als die Landstraße sich schon in ein mit Pflanzen überwuchertes Nichts mit salziger Luft und Papageien verwandelt hatte, stellten wir schließlich den Wagen ab und bestiegen ein Fährschiff, das uns zu der Insel brachte. Am späten Nachmittag erreichten wir unser Reiseziel, und zu meinem großen Glück bewegte sich außer den spärlichen vom Wind gepeitschten Palmen nichts. Kaum hatten wir festen Boden betreten, wusste ich bereits, dass Clara der Familie etwas vorgeschwindelt hatte: Hier gab es keine Orangenbäume, von dem einstmals prachtvollen Haus im englischen Stil war kaum noch etwas in dieser verfallenen Ruine zu erkennen, und das Dach bestand aus einer maroden Holzdecke, die jeden Moment einzustürzen drohte.

»Es ist noch fast in Ordnung, die Balken werden gut halten. Wenn es nicht regnet, ist es mit zwei, drei Handgriffen wiederhergestellt«, sagte Clara mit der ihr eigenen Begeisterungsfähigkeit, woraufhin sie eine Hand auf meinen Kopf legte, als wollte sie alle Zweifel wegwischen. Von der anderen Seite legte Toño die Arme um seine Freundin und strich ihr mit dem Schnurbart über den Nacken. Die Baufälligkeit des Daches tat meiner Freude gar keinen Abbruch, denn ich war mir längst sicher, sollte ich jemals den Zugang zur *Wahren Einsamkeit* finden, dann hier.

Die Insel bestand zur einen Hälfte aus einem Fischerdorf und zur anderen, auf der Seite, wo wir unseren Sommer verbrachten, vornehmlich aus einem einsamen Strand mit ein paar fast ausnahmslos riesigen, leerstehenden Sommerresidenzen. In diesem Teil befand sich auch das Haus, das Toño und Clara innerhalb von zwei Wochen zu reparieren gedachten, um anschließend noch sieben Tage lang ihre Ferien in Ruhe zu genießen.

Die erste Woche auf Santa Helena war für mich eine einzige lange Siesta in der Sonne. Ich dachte, wenn wir uns erst einmal dort befänden, würde der Rest ganz einfach sein, man brauche nur abzuwarten, sich auf den endlosen Sandstreifen zu konzentrieren, dann würde sich das Paradies schon von alleine einstellen und mich mit seiner friedlichen Stille umfangen. Nachts wie tagsüber war die Hitze garantiert, und die Gefahr, dass es regnen könnte, so wahrscheinlich wie die Tatsache, dass plötzlich Bäume aus dem Sand schießen würden. Clara und Onkel Toño – ihn redete ich gerne so an, besonders vor Großmama – brachten die Vormittage und Nachmittage mit Reparaturarbeiten am Dach zu. Ich lag in einiger Entfernung im Sand, wenn auch angezogen, denn den Gedanken, jemand könnte mich im Badeanzug sehen, konnte ich nicht ertragen, während ich im Hintergrund das Hämmern und die knappen Kommentare der beiden hörte; später versuchte ich Figuren in den Wolkenformationen zu erkennen und nickte bei dem Gedanken ein, ich sei wohl gerade im Begriff, ins Paradies einzutreten, ohne es zu merken.

Erst gegen Abend, wenn die Sonne ihr blasses Licht verbreitete, das an eine zarte Vitamin-C-Tablette denken ließ, die sich im Wasser auflöste, kamen beide ins Haus, um zu baden und sich dicke Cremeschichten auf ihre gebräunte, ausgetrocknete Haut zu schmieren. Anschließend wurde das Abendbrot zelebriert: Clara verteilte überall im Haus Kerzen und stellte ein Tablett voller Muschelkonserven auf den Tisch, die sie aus Mexiko-Stadt mitgebracht hatte, denn alle drei sahen wir uns gleichermaßen außerstande, ins Dorf zu gehen, um frische Lebensmittel zu kaufen, sie wegen des Dachs und ich wegen meiner panischen Angst vor der Begegnung mit anderen Menschen.

Doch der Kerzenschein, der Hunger und die Entspannung ließen in solchen Momenten trotz der Konserven und allem rasch eine angenehme Atmosphäre der Harmonie entstehen.

Die wenigen Fährschiffe, die in Santa Helena anlegten, verließen die Küste um sieben Uhr morgens und kehrten am Nachmittag zurück. Meistens waren die einzigen Passagiere Händler mit Körben voller Früchte und Brotsorten, die sie im Dorf verkaufen wollten. Tag für Tag führte ihr Weg an unserem Haus vorbei, und jedes Mal veranstalteten sie einen Heidenlärm mit ihrem Geschrei und den plärrenden Kofferradios, aber immer nur wenige Minuten lang. Anschließend war der Strand wieder wie zuvor: ein einsamer, abgelegener Sandstreifen, fernab von allem, ein Ort, wo es weder Platz für die Gedanken an Schule gab noch an meine Hemmungen, mit Altersgenossen zu reden, insbesondere mit den männlichen, oder für die quälenden Zankereien meiner Eltern.

Nur hin und wieder verirrten sich kleinere Touristengruppen zu uns auf die Insel, sicherlich einem Tipp irgendeines außergewöhnlichen Reiseführers folgend, der imstande war, die verlassenen Sommerresidenzen und die Obstschalen zu beschreiben, die die malerischen Landschaften und den Dorfeingang schmückten. An solchen Tagen blieb man besser drinnen, fernab von den gaffenden Blicken oder manch einem freundlichen Lächeln – die Gringos verwickeln jeden ins Gespräch, der sich nicht zu wehren weiß. Doch im Haus erlag ich der Versuchung, mich vor den Spiegel zu stellen und meine verheerende Akne sowie meine zaghaft sprießenden Brüste zu betrachten, die nicht nur unansehnlich waren, sondern manchmal auch schmerzten; fast augenblicklich fielen mir dann wieder die Bemerkungen in der Schule ein und wie ich vor jedem Vertreter des anderen Geschlechts unweigerlich errötete, und nach und nach verblasste dann das Tor zur *Wahren Einsamkeit*.

Fast täglich wartete ich frühmorgens an der Mole auf die Fähre, erkundete den vagen Geruch nach Benzin und Meeresfrüchten, um herauszufinden, wie der Tag werden würde. Das lange Aufs-Meer-Starren erregte immer wieder meinen Ekel, weil es mich unweigerlich an den Biologieunterricht erinnerte und daran, wie die Lehrerin mit ihren amphibienartigen Händen den Kreislauf des Lebens erklärte, und auch an die vielen Fische, die sich hier ganz in meiner Nähe in der warmen Salzbrühe fortpflanzten. Ob Clara und Toño auch mit dem Gedanken spielten, sich irgendwann fortzupflanzen? Ich hatte sie abends schon mehrmals beim Küssen im Hauseingang angetroffen, von wo aus man den sich im Meer spiegelnden Mond sehen konnte; aber ich hoffte, so weit würden sie nicht gehen. Andernfalls könnte ich Claras Freund nicht länger mit »Onkel« anreden. Ich beschloss, mich noch intensiver der Suche nach meinem Paradies zu widmen; darin sah ich meine einzige Chance, niemals zu werden wie sie. »Ich muss alles vergessen«, sagte ich mir, »mich hier in der Natur auf dieser Insel von jeder Erinnerung an die Stadt lösen.« Unterdessen reiste die *Wahre Einsamkeit* schon unbemerkt mit der Fähre an; doch zu erkennen gab sie sich erst, nachdem sie sich bereits seit mehreren Tagen an unserem Strand aufgehalten hatte.

Michelle traf zusammen mit den Fischern und den Früchtekörben auf einem dieser lärmenden Fährschiffe in Santa Helena ein. Noch bevor die Fähre stillstand, hatte ich sie draußen auf dem Meer entdeckt und sofort geahnt, dass sie meine Pläne durchkreuzen würde: Sie sah so aus, als käme sie nur zum Sonnenbaden her; sie war eine Tussi in meinem Alter, eine unsympathische Blondine irgendeiner Oberschule in einem viel zu knappen Kleid. Am schlimmsten aber war der große Reisekoffer, der neben ihren nackten Füßen stand und so endgültig wirkte wie ein Anker. Michelle wartete geduldig, bis alle Passagiere ihre Ware abgeladen, die Señoras ihre Kofferradios zwischen den Früchten hervorgekramt und eingeschaltet und die Männer ihre Tintenfische mehrmals zum Weichklopfen auf die Holzplanken am Boden geschlagen hatten, bevor sie ihre Füße mit den zehn rot lackierten Nägeln auf das aufgequollene Holz unseres Anlegestegs setzte.

Mit der Arroganz ihrer blauen Augen blickte sie sich um, während sie über die Obstschalen am Boden stieg, nahm das Haus in Augenschein, das Dach, das Clara und Toño so malträtierten, die übel zugerichtete Palapa-Palme, die Reste eines Liegestuhls im Sand, ein zerrupftes Huhn – das sicher irgendwem im Dorf entlaufen war. Dann musterte sie mit der gleichen Ungerührtheit mich, das Handtuch mit den kleinen Tierchen drauf, das mir über die Schulter hing. Ohne ein Wort oder auch nur eine Geste marschierte sie dann, ihren Koffer im Schlepptau, los in Richtung einer der großen Sommerresidenzen, die über den Klippen aufragten, und ließ sich den Rest des Tages nicht mehr blicken, so dass ich nach ein paar Stunden schon wieder halbwegs wagte, so zu tun, als gäbe es keinen neuen Gast auf der Insel. Doch die Vorstellung, es könnten sich noch mehr Leute bei ihr im Haus aufhalten, beunruhigte mich ein wenig. Ich hielt die Neue nicht für eine von denen, die ihre gesamten Ferien allein verbringen, und der Gedanke, womöglich noch ihre Brüder oder Vettern um mich zu haben, war mir unerträglich. Voller Panik vermutete ich, sie seien ja vielleicht noch nicht eingetroffen, aber schon bald könnte sich die Insel mit unzähligen Mädchen in Badeanzügen füllen, die im Sand Volleyball spielten. Zu Hause stellte ich keine Fragen; Michelles Ankunft zu negieren, verstand ich als stillschweigendes Ritual zur Abwehr jeglicher Form von Nähe.

Eines Abends, als ich in einer Ecke des Wohnzimmers gerade nach Kräften versuchte, meine Nachforschungen wieder aufzunehmen, betrat Clara in einer frisch ausgepackten roten Schürze mit einem Tablett voller Muscheln das Esszimmer.

»Das hier sind Austern«, sagte sie, »die habe ich heute Morgen im Dorf gekauft. Während du an der Mole gewartet hast, haben wir einen kleinen Spaziergang gemacht. Apropos, hast du niemanden am Strand gesehen?«

»Nein, niemanden«, erwiderte ich erstaunt, spielte die Ahnungslose. Doch Clara fuhr fort:

»Im Dorf habe ich gehört, vor einigen Tagen sei die Tochter von Señora Neuville aus Frankreich eingetroffen, die von dem Haus auf dem Felsen; das Mädchen heißt Michelle oder so. Die Frau ist schwer krank, weshalb sie die meiste Zeit des Jahres hier lebt. Ich habe sie das letzte Mal kennengelernt, als ich hier war, um die Formalitäten für das Haus zu regeln.«

Ich sagte nichts und konzentrierte mich ganz darauf, die glitschigen Schleimspuren an den Wänden der Muschelschalen zu verfolgen. Bald darauf frischte der Wind über den Palmwedeln auf, und wir kamen wieder auf das alte Thema zu sprechen:

»Es fehlen nur noch ein paar Hammerschläge«, sagte Toño. »Bald werden wir das Gleiche tun wie du: uns auf einem Badehandtuch aalen und in den Himmel starren.«

Die Ruhe blieb nicht von langer Dauer. Zwischen den Windböen vernahm ich ein wiederholtes Klopfen am Wohnzimmerfenster, aber ich sagte nichts. Das Klopfen wurde hartnäckiger und lauter, bis es auch in die intensive Unterhaltung von Clara und Toño vordrang und sie beschlossen nachzusehen. Offensichtlich hatte mich meine böse Ahnung nicht getäuscht: Wenn man vom Teufel spricht, kommt er. Hinter dem Fenster tauchte Michelles Schopf auf wie eine große, sich im Wind wiegende Palapa-Palme. Clara öffnete die Haustür und lud sie in ihrem eifrigen Lehrerinnenton zum Abendessen ein.

»Wir essen gerade Austern, hättest du Lust, mal eine zu probieren?«

Die dumme Gans antwortete in sehr korrektem Spanisch mit einem kaum merklichen nasalen Einschlag:

»Nein, vielen Dank, eigentlich komme ich nur vorbei, um Sie um einen Gefallen zu bitten.«

Clara nahm wieder auf ihrem Stuhl Platz, mit der Rückenlehne zwischen den Beinen, in der übertriebenen Pose der aufmerksamen Zuhörerin:

»Leg los.«

Noch eine ihrer engagierten Attitüden, was die Französin aber gar nicht zu bemerken schien, denn genau in dem Moment ruhten ihre blauen Augen mit unverkennbarem Missfallen auf mir, dem gleichen Missfallen, mit dem ich sie in meinem Haus auftauchen sah. Clara wiederholte ihre Aufforderung.

»Ich möchte auf Ihr Dach steigen«, erwiderte Michelle.

Diesmal erfolgte kein lehrerinnenhafter Kommentar, der unsere Verblüffung hätte überspielen können.

»Bist du dir sicher?«, kam uns Toño zu Hilfe, »ich kann mir kaum vorstellen, dass das amüsant ist.«

»Ich habe nicht vor, mich zu amüsieren«, sagte sie fast beleidigt, »aber ihr Dach ist der einzige Ort auf dieser Insel, wo jemand sich bemüht, den Verfall aufzuhalten.«

Eine Weile herrschte Schweigen, während Toño und Clara, ohne mich zu beachten, ratsuchende Blicke austauschten, und nachdem sie sich, wer weiß wie, geeinigt hatten, erteilten sie Michelle die Erlaubnis, für eine Weile auf das Dach des Hauses zu steigen, aber nur unter der Bedingung, dass ich sie begleitete.

Ich schwor mir, unausstehlich zu sein und ungefragt kein Wort zu sagen. Ich stieg als Erste aufs Dach und zog, sobald ich oben war, die Leiter hoch, so dass die Französin an der Mauer nach oben klettern musste und mindestens doppelt so lange brauchte wie ich. Nicht ein einziges Mal bat sie um Hilfe oder fragte nach der Leiter. Als sie oben angelangt war, ließ sie sich am Rand des Dachs nieder und zog zwei Zigaretten aus ihrer Rocktasche.

»Rauchst du?«, fragte sie mit provozierender Freundlichkeit.

Ich schüttelte den Kopf.

»Warum nicht?«, fragte sie immer noch lächelnd.

»Ich möchte nicht an Lungenkrebs sterben.«

Michelle gönnte mir ein paar Minuten Schweigen, bevor sie erneut einen Angriff startete:

»Das nennt man Charakter! Und du hast bestimmt keinen Freund.«

Jetzt war es an mir, eine Zeitlang zu verstummen.

»Hast du denn viele?«, fragte ich nach einer Weile.

»Ja, und ich habe sogar einen festen Freund, er heißt Philippe, wenn er kommt, stelle ich ihn dir vor.«

Mein Magen verkrampfte sich. Ich wollte niemanden kennenlernen, schon gar nicht einen unsympathischen Franzosen, und wenn einer der beiden dann noch auf die Idee käme, am Strand aufzukreuzen, könnte ich den Zweck meiner Reise gleich vergessen. Ich stellte Michelle keine Fragen mehr und ließ sie weiter reden, auch als bereits die zweite Zigarette erloschen war. Schließlich ließ ich die Leiter wieder runter und verkündete, es sei an der Zeit, dass jeder zu sich heimkehre.

Danach tauchte sie tagelang nicht mehr auf. Dennoch kostete es mich einige Mühe, meine Suche nach der *Wahren Einsamkeit* wieder aufzunehmen, denn Michelles Stimme gehörte zu denen, die einem lange im Kopf nachhallen. Unmerklich begann ich, mir Fragen zu stellen: Wie alt war sie wohl? Wie hatte sie Philippe kennengelernt? Eines Abends fragte ich Clara in der Küche beim Konservenöffnen schließlich, ob sie das Haus der Französinnen kenne.

»Ist es hübsch?«

»Ja, wenngleich für meinen Geschmack ein wenig zu modern«, sagte sie mit einem stolzen Blick auf unsere feuchten vier Wände. »Mir ist das *Haus mit den Orangenbäumen* lieber. Hast du das Mädchen denn noch einmal gesehen? Nein? Die Ärmste darf kaum das Haus verlassen, so krank, wie ihre Mutter ist.«

»Was hat sie denn?«, fragte ich erstaunt; dieses Detail war mir entgangen.

»Ich weiß nicht so recht, jedenfalls etwas Schlimmes, Lungenkrebs, glaube ich.«

Ich deckte den Tisch, bekam aber während der gesamten Mahlzeit keinen Bissen herunter. Bevor Clara und Toño wie jeden Abend nach draußen gingen, um den Mond zu betrachten, zog ich mich in mein Zimmer zurück und lag stundenlang wach, ohne Schlaf zu finden, bis ich ein Klopfen am Fenster vernahm.

»Kannst du mal für eine Sekunde rauskommen?«, fragte Michelle hinter der Fensterscheibe.

Ich dachte, ihr Freund sei mit der Nachmittagsfähre eingetroffen und sie wolle ihn mir jetzt vorstellen, weshalb ich mich tiefer in die Decke einwickelte und schreckliche Müdigkeit vortäuschte, doch als ich dann genauer hinschaute, sah ich, dass sie allein war.

»Willst du aufs Dach?«, fragte ich.

»Ja, aber ich habe nicht um Erlaubnis gefragt.«

»Kein Problem, es ist schon fast wieder intakt«, sagte ich, »außerdem darf man die beiden um diese Zeit nicht mehr stören. Abends werden Toño und Clara unausstehlich, musst du wissen.«

Wir stiegen hinauf. Der Mond stand in einem Knäuel leuchtender Wolken, und das Meer war aufgewühlter denn je. Als wir uns setzten, gaben die Bretter ein anhaltendes Knarren von sich, gekrönt von einem Knacken.

»Warum haben sie dich hergebracht?«, fragte Michelle und zog die Knie bis an die Brust hoch. Ihre roten Zehennägel waren zehn lächelnde Lippen auf ihren nackten Füßen.

»Sie haben mich nicht hergebracht, ich bin hergekommen, weil ich allein sein wollte.«

»Redest du nie mit jemandem? Nicht mal in der Schule?«

»Ich hasse die Schule. In den Pausen verlasse ich den Raum nicht, manchmal hole ich ein Buch raus und passe auf, dass mich keiner stört.«

»Und natürlich kommt nie einer«, sagte sie.

»Wie kannst du das wissen?«

»Es ist doch überall dasselbe, die Leute merken, dass du dich in

Wirklichkeit danach verzehrst, mit ihnen zu reden, und spielen sich auf. So wie du an dem Abend neulich bei mir.«

»Das stimmt nicht«, sagte ich und wandte mich zu ihr um.

»Deine Eltern hingegen wollen bestimmt reden und dass du dich am Gespräch beteiligst. Das ist typisch, weil sie merken, dass sie dich nicht interessieren. Familien reden immer nur über das, was sie selbst bewegt. Zum Glück spricht meine Mutter hier sehr wenig.«

»Und worüber spricht sie?«, fragte ich.

»Ach nichts, über den Tod. Und deine Familie?«

»Über die *Wahre Einsamkeit*, aber ich glaube nicht, dass sie sie wirklich finden. Wann kommt dein Freund?«

»Philippe? Der kommt gar nicht. Das habe ich nur so gesagt, um dich zu beeindrucken. In Wahrheit ist er nicht mal mehr mein Freund, er hat Schluss gemacht, als er erfuhr, dass ich für so lange Zeit fortgehen würde. Er sagt, in Mexiko fängt man sich die merkwürdigsten Krankheiten ein.«

»Dann hättest du nicht herkommen sollen.«

Das Dach fing wieder an zu ächzen, so dass wir beschlossen, unverzüglich hinunterzusteigen, und außerdem war es schon reichlich spät.

»Ich muss heim, meine Mutter leidet fast jede Nacht unter Schlafstörungen und möchte, dass ich bei ihr bleibe«, sagte Michelle, bevor sie die Leiter aufstellte. »Ich glaube, sie fürchtet sich.«

»Du denn nicht?«, fragte ich und bereute es sogleich, während ich ihr auf der Leiter half.

»Doch, aber das ist was anderes. Wenn deine Mutter Angst hat, ist es, als gäbe sie dir plötzlich nichts mehr zu essen, als entzöge sie dir die Brust, verstehst du?«

Ich verstand nicht die Bohne, hielt es aber für besser, nicht zu antworten.

»Komm vorbei, wann immer du willst«, sagte ich, als wir vor der

Tür standen. Ich spürte, dass sie traurig war, und hätte sie am liebsten in den Arm genommen, aber das traute ich mich nicht.

Zwei Tage später setzte der Regen ein. Es war ein brausender Sprühregen, den der Wind gegen die Fenster peitschte. Clara rief besorgt nach Toño, um ihm die Tropfen an den Fensterscheiben zu zeigen.

»Keine Bange«, sagte er, »unser Dach wird dicht halten.«

»Das meine ich nicht«, erklärte sie, »wir haben nur noch eine Packung Habanerakekse in der Küche: Wir müssen das Haus verlassen, um einkaufen zu gehen. Wenn sich das zu einem Unwetter auswächst, hält es womöglich die ganze Woche an.«

»Ich kann diese Kekse nicht ausstehen«, sagte Toño.

Ich hielt es für den geeigneten Moment, Michelle aufzusuchen, doch bevor ich mich für den Ausflug gerüstet hatte, waren die beiden schon weg, ohne sich verabschiedet zu haben. Ich fürchtete mich ein wenig, jetzt, wo ein Unwetter drohte und die Gefahr bestand, dass Clara und Toño nicht zurückkehrten. Wenn sie meine Eltern wären, hätten sie mich mitgenommen, dachte ich aufgebracht und ließ mich auf die Kissen im Wohnzimmer fallen. Kein einziges Licht war in der Umgebung des Hauses zu sehen. Ich wollte das Radio einschalten, aber der Sturm hatte den Strom unterbrochen. Es war die perfekte Gelegenheit, um das zu erreichen, was ich die ganzen Ferien über erstrebt hatte: der Donner, das Haus im Dunkeln, die immer dickeren, gleichmäßig fallenden Regentropfen, und ich konnte mich ganz auf meine Umgebung konzentrieren, doch ausgerechnet auf der Schwelle zum Paradies packte mich die Furcht.

Ich rannte in mein Zimmer, um nach etwas zu suchen, womit ich mich schützen und ihnen ins Dorf nacheilen konnte. Aber dann bekam ich schon gar nicht mehr die Tür auf, denn noch bevor ich überhaupt den Versuch machte, brach genau der Teil des Daches ein, der mein Zimmer bedeckte. Und was sich dort über mein Bett und meine gesamte Kleidung ergoss, war kein Nieselregen, sondern ein echter Wasserfall. Absurderweise versuchte ich noch, einen Pulli zu retten, den ich im Koffer gelassen hatte, doch das Einzige, was ich damit erreichte, war, dass auch noch die Kleidung, die ich am Leib trug, pitschnass wurde, so dass ich mir den Frottébademantel überzog, den Clara benutzte, wenn sie das Bad verließ. Genau in dem Moment bemerkte ich Michelles Gestalt an der Tür. Ich brauchte nur in ihr Gesicht zu sehen, um sofort zu verstehen, was los war. Ich führte sie ins Wohnzimmer, in dem sich noch etwas Wärme gehalten hatte, und ließ sie auf einem der Kissen am Boden neben mir Platz nehmen.

»Heute Morgen ist meine Mutter gestorben«, sagte sie, und sprach dann den ganzen Abend kein Wort mehr.

Ich wusste, dass die längste Umarmung in dem Moment nicht gereicht hätte. Ich fand nichts, was ich hätte sagen können, aber ich wollte auch nicht, dass sie mein Schweigen so deutete wie die letzten Male, als ich mich auf dem Dach geweigert hatte, ihr zu antworten. Also schlug ich kurzerhand die Seite des Bademantels zurück, die die linke Brust, klein und spitz wie die einer mageren Hündin, bedeckt hatte, und zog Michelle an mich. Sie nahm sie in den Mund, ihren schmalen, kalten Mund, der dem eines Fischs ähnelte, und saugte daran, als wollte sie alle Kraft aus ihr herausziehen, die sie brauchte, um ihre Furcht zu besiegen. Viele Stunden lang benetzten ihre Tränen so den Teil meines Körpers, der mir am meisten verhasst war.

Clara und Toño kehrten erst viel später heim, als die Packung Habanerakekse schon bis auf den letzten Krümel geleert war. Sie hatten es im Dorf gehört und nahmen Michelle – die inzwischen nicht mehr weinte – immer wieder in die Arme und klopften ihr tröstend auf die Schulter. Das tagelange Unwetter blieb zwar aus, aber der nächste Morgen begann erneut mit Regen. Vormittags machte Toño sich auf den Weg ins Dorf, um in Mexiko-Stadt anzurufen. Wie ich seinem späteren Bericht entnahm, hatte er mit der Botschaft telefoniert und erreicht, dass noch am Abend jemand kommen und Michelle am Hafen abholen würde. Während sie mit ihrer Abreise zu tun hatte, packten auch wir drei unsere Koffer und retteten noch ein paar Dinge aus meinem Zimmer. Clara kochte mindestens fünfzehn Mal Tee, und gemeinsam brauchten wir alle Beutel mit Lindenblüten- und Kamillentee sowie Michelles letzte Zigaretten auf.

Die Französin verließ Santa Helena fast so, wie sie gekommen war: Allein und barfuß betrat sie die Mole und bahnte sich den Weg durch das Gewühl der Händler. Kurz darauf kehrten auch wir heim, nahmen alles wieder mit, was wir für das Haus herbeigeschleppt hatten. Den Teil des Daches über meinem Zimmer reparierten Toño und Clara nicht mehr. Nachdem ich den ganzen Sommer über vergeblich nach einem Weg in die *Wahre Einsamkeit* gesucht hatte, in dieses nicht eben erstrebenswerte Paradies, sah ich es ganz aus der Nähe in Michelles blauen Augen, während sich jenseits der Mole die Fähre entfernte, die sie zum Festland bringen sollte. Noch minutenlang konnte ich sie sehen, bis das Schiff schließlich nur noch ein Blinken auf hoher See war, und später sah ich sie noch jahrelang jedes Mal, wenn ich an Santa Helena dachte. Jetzt inmitten dieses lärmenden Durcheinanders von Tanten und klirrenden Löffeln, wo jeder lauthals seine eigene Verzweiflung äußert, erkenne ich sie hin und wieder in dem einen oder anderen Gesicht, aber dann sage ich nichts, denn wenn in der Familie bei Gesprächen nach Tisch diese Themen aufkommen, sollte sich möglichst keiner erkannt fühlen.

Aus dem Spanischen von Petra Strien-Bourmer

Antonio Ortuño

Tod eines Welpen

Der Hund weckte mich erneut mit seinem Gejaule. Als würde ihn jemand umbringen, dachte ich, bevor ich wieder unter die warme Decke schlüpfte und mich dem Schlaf und dem Vergessen hingab. Der Kläffer ging einem in der ersten Ferienwoche so auf die Nerven, wie man es sich überhaupt nur vorstellen kann. Sein morgendliches Jaulen kam sogar dem Wecker von Anas Vater mindestens um eine Stunde zuvor. Der klingelte um sieben Uhr, da war der Hund bereits heiser, außer sich und bockiger als ein Jugendlicher aus zerrüttetem Elternhaus.

Als wir unsere Frühstücksbrote aßen, versuchte ich, die hysterischen Anfälle des Hundes zur Sprache zu bringen. Myrna, die jüngere Schwester meiner Freundin, schob das Affentheater auf das Alter des Tieres.

»Oskar ist noch ein Welpe. Wenn er aufwacht, fühlt er sich allein, vielleicht will er auch nur spielen oder hat Hunger. Das ist doch total normal.«

Wenn Myrna redete, hörte man das verwöhnte Mädchen durch, »ist doch total normal« klang bei ihr so: »is doch dodal nomaal«. Myrnas Freund saß in einem eng anliegenden Surfanzug am Tisch und machte den Mund auf, um ihr in dem Punkt beizuspringen. In der Mundhöhle sah man zwischen strahlend weißen Zähnen einen schleimigen, perlfarbenen Brei aus Brot und Butter.

»Oskar ist ein guter Junge. Ich habe schon Hunde gesehen, die den Leuten ans Bein urinierten, nur um ein bisschen Aufmerksamkeit zu bekommen.« »Urinieren« statt »pissen«: Ihr Freund wusste vor den Schwiegereltern den Schein zu wahren.

Ana tauchte in der Küche auf, barfuß und im Nachthemd. Sie gab mir einen Kuss auf die Wange, setzte sich dann jedoch neben ihren Vater. Wir schliefen im Bungalow in getrennten Zimmern, die Mädels teilten sich das eine Schlafzimmer, der Surferfreund und ich das andere, weil es den Eltern nicht behagte, sich vorzustellen, dass ihre Töchter in den Armen eines Mannes lagen, während sie fernsahen. Ana und ich wohnten in der Stadt zusammen, das wussten die Eltern. Sie hatten uns eine Mikrowelle geschenkt und eine Schreibtischlampe fürs Studium. Der Bungalow aber war ihr Reich, und man respektiert anderer Leute Bungalow, weil man eines Tages selbst einen haben will und es einem auch nicht gefallen würde, wenn dort jemand mit den eigenen Töchtern vögelt.

»Gut geschlafen?«, fragte Ana, leicht übernächtigt, bevor sie einen großen Schluck Kaffee trank.

»Oskar hat ihn geweckt«, zischelte Myrna. (»Ostaa hat ihn gäwehegd.«)

»Ja, ich habe ihn auch gehört. Er wird doch nicht krank sein?«

»Der ist doch noch ein Welpe«, sagte der Surfer und sprühte dabei Brotkrumen durch die Luft.

»Oskar ist topfit«, betonte Myrna gereizt. (»Ostaa ist doppfitt.«)

Anas Vater, der den Pelikanen durchs Fenster zugesehen hatte, mischte sich in belehrendem Tonfall ein:

»Ich denke, er hat vielleicht Schwierigkeiten, auf Toilette zu gehen. Dasselbe Problem hatte die Tante auch. Erinnert ihr euch?«

»Die hat früh am Morgen gejault?«

Ohne mich eines Blickes zu würdigen, rückte der Vater sich die Brille zurecht.

»Anas Tante ist vor Jahren an einem Darmverschluss verstorben. Sie hat vor Schmerzen geschrien. Die Schmerzen haben sie an den Rand der Verzweiflung getrieben.«

Der gute Mann biss die Zähne zusammen. Ein Schweißtropfen rann ihm über die Wange. Seine Frau legte das Heft mit den Kreuzworträtseln zur Seite und nahm, über den Tisch hinweg, mitfühlend seine Hand.

»Wie schaffst du es nur immer, Papa so zu verärgern?«, fragte mich Ana wenig später, als wir Myrna und dem Surfer vom Sandstrand aus beim Wellenreiten zusahen.

»Keine Ahnung. Mach ich nicht mit Absicht.«

»Der ist so angespannt.«

»Ist seine Schwester gestorben?«

»Nein, seine Kusine. Wir haben immer Tante zu ihr gesagt. Das ist aber schon ein paar Jahre her.«

Am Meeresufer kläffte der Köter und wollte beachtet werden. Er lahmte mit einem Fuß, und sobald er versuchte zu rennen, verlor er fast das Gleichgewicht.

»Dein Vater sagte, der Hund habe Probleme, auf Toilette zu gehen.«

»Er hat *vielleicht* gesagt.«

»Ein Hund geht doch nicht *auf die Toilette*.«

»Und was hätte er deiner Meinung nach sagen sollen?«

Eine Schar Möwen vollführte etwa zwanzig Meter über unseren Köpfen Pirouetten und beobachtete den Hund mit gierigen Blicken. Ihre Schreie klangen wie ein Ausdruck makabrer Gelüste. *Aaaaaargh. Aaaaaargh. Hund auffressen*. Ich versuchte, sie mit einem Stein zu verscheuchen, ohne dass meine Arme für größere Zielgenauigkeit geschaffen zu sein schienen. Der Stein drehte sich unseligerweise parabolisch und traf Myrna dicht neben dem Ohr am Kopf. Ihr Freund schaute auf meinen Arm – der vor Schreck reglos in den Himmel ragte – und fing an zu lachen.

»Du spinnst wohl«, rief Ana, während Myrna ihren Hund in die Arme schloss und mir einen hasserfüllten Blick zuwarf.

»Ich habe doch nicht auf deine Schwester gezielt. Ich wollte die Möwen treffen.«

»Ich bitte dich.«

»Wirklich. Die Möwen haben es auf den Hund abgesehen. Die kreisen ihn ein.«

»Du spinnst ja total«, wiederholte Ana und wandte sich ab.

Hunde verachte ich schon, seit ich denken kann. Als ich ein kleiner Junge war und laufen lernte, ist mir der Köter von unseren Nachbarn, der sich in unseren Garten hineingeschmuggelt hatte, um Ratten zu jagen, vor lauter Sympathie an den Hals gesprungen und hat so meine ersten Schritte vereitelt. So jedenfalls klang die Geschichte aus dem Mund meiner Mutter, die ihrerseits, statt mich von dem Untier zu befreien, losgerannt war, um den Fotoapparat zu holen und die Schmach zu verewigen.

Trotzdem konnte einem das Hündchen meiner Schwägerin nur leidtun. Es war ja nicht normal, dass er jeden Morgen derart winselte und sich in Höchstgeschwindigkeit panisch vor allem, was zwei Beine hat, in Sicherheit brachte, außer vor seinem Frauchen. Oskar ist eigentlich eines jener flauschigen, kleinen Schoßhündchen, die sich an die Beine älterer Damen schmiegen sollten. Viel größer dürfte er nicht mehr werden (etwa vierzig Zentimeter), und er machte auch nicht den Eindruck, als würde er sich sonst noch in irgendeiner Weise weiterentwickeln. Vermutlich wird er sein Leben lang ein Jammerlappen bleiben, dachte ich, eventuell wird er mit den Jahren abgefeimter werden und dann die Kinder in die Waden beißen.

Myrna legte ihn an ihre Brust, als wäre er ein Baby, und hielt seinen Kopf mit ihrer Hand. Der Hund ließ die Zunge aus dem Maul hängen, hechelte und schaute sie an. Plötzlich jaulte er auf und sprang ihr vom Arm. Er rollte und wälzte sich mit dem Bauch im Sand.

»Oskar! Was ist?«, rief Myrna, die in die Knie ging, um ihn wieder hochzunehmen (»Ist alles ohtee, mein Liiebsdaa?«). Da bemerkte sie die blutende Wunde an der Leiste. Myrna hatte ihn nichtsahnend dort berührt und ihm wehgetan. In der Wunde war Sand, und schwarze Ränder deuteten auf eine drohende Infektion hin.

Der Hund schaute sie an und sabberte. Er hatte ohne Zweifel Schmerzen.

»Deswegen humpelt er.«

»Hast du ihn getreten?«, fragte Ana.

»Du hast ihn getreten, schau nur, was du angerichtet hast!« (»Duhu warst das, du Ahschlohoch!«)

Halb gebückt vor dem Stuhl, unter dem sich ihr Goldstück befand, warf Myrna mir einen weiteren, unerbittlich hasserfüllten Blick zu. Hinter ihr erfreute sich der Surfer am Anblick ihres Hinterteils, das unter ihrer verrutschten Sommerhose zum Vorschein kam.

»Ich habe den Hund doch nicht getreten. In der Wohnung haue ich mir regelmäßig an den Möbeln im Flur den Fuß an.«

Myrna richtete sich auf und fuchtelte mit einer furchterregend geballten Faust vor meiner Nase herum.

»Du hast Oskar getreten. Du hast Steine nach ihm geworfen, und du misshandelst ihn! (»Duhu bist ein Ahschlohoch und hast meine Schwesda gaha nich vadiend!«)

Mein Zeh war dunkelviolett, der Nagel sah aus wie eine zerbrochene Windschutzscheibe.

Die Schwiegereltern tauchten ein paar Minuten später auf, husteten, als hätten sie vergeblich darauf gewartet, dass sich die Lage von allein wieder beruhigt. Anas Vater fuhr sich mehrfach mit der Zunge über die Lippen, sagte aber nichts. Seine Frau massierte ihm mit verkrampften Händen verzweifelt die Schultern, als wollte sie einen Nervenzusammenbruch abwenden.

»Als ich ins Zimmer kam«, sagte der Surfer schließlich, »hat der

Hund schon gewinselt. Mir ist so, als hätte ich am Fenster noch einen Schatten gesehen, von einer Katze oder so.«

»Am Meer, eine Katze? Ich muss doch sehr bitten«, brachte der Schwiegervater voller Sarkasmus hervor.

»In dem Bungalow der Verwaltung leben fünf Katzen, die so groß sind wie Pferde. Die sind den ganzen Tag über dort. Man muss schon blind wie ein Maulwurf sein, um die nicht zu sehen«, murmelte ich zurückhaltend.

Ana schaute mich voller Abscheu an. Myrna schwor sich unter Tränen, dass ihr Liebling kein einziges Mal mehr dort schlafen werde, und ging in ihr Zimmer.

Der Surfer tauchte hinter meinem Rücken auf. Ich drehte mich halb zu ihm um. Sein Gesichtsausdruck strahlte eine fast kindliche Neugierde aus.

»Vielleicht hat ihn auch bloß irgend so ein Vieh gestochen.«

Die Wunde war so groß wie eine Münze.

»Myrna glaubt, dass du ihn mit Steinen bewirfst«, gestand Ana, als wir zum Essen hinunter ins Dorf gingen.

Die Futterkrippe war voll mit Badegästen, die in Badehosen frittierten Fisch bestellten und von nörgelnden Kindern umringt waren.

»Wie sollte ich denn einen so kleinen Hund mit einem Stein genau dort treffen können? Das geht ja nur unter einem Mikroskop. Die Verletzung hatte er schon. Deswegen jault er morgens auch so. Vielleicht haben wir Krebse im Bungalow, die ihn nachts piesacken.«

Ana strich sich etwas Sand von der Brust. Biss in ihren Toast. Ein fahler Mann mit einem faltigen Gesicht am Tisch gegenüber griff zu seinem Fernglas, ließ den Blick durch den Raum streifen und heftete ihn schließlich auf das Dekolleté meiner Freundin. Wäre ich ein Hundeschinder, dachte ich, dann wäre ich wohl aggressiv genug, um diesem Schwachkopf eins auf die Mütze zu geben. Ana war noch immer mit dem Sand beschäftigt. Ihre Brust wippte leicht. Das dürfte den hinter seinem Fernglas freuen.

Einmal habe ich versucht, mit ihr darüber zu reden, dass sie zu unbekümmert vor Fremden ist, sich zu unbefangen vor dem Fenster auszieht und den Müll in einem zu knappen Bademäntelchen auf die Straße bringt. Ana ist eine Frau von durchschnittlicher Schönheit, gewiss, trotzdem fürchte ich, dass sie beispielsweise eines Tages den alten Hauswart unseres Gebäudes mit einem Infarkt zur Strecke bringen wird, wenn der schamlos unten an der Treppe stehenbleibt, um ihr unter den Rock zu schielen, während sie dazu mit dem Hintern wackelt.

Wir gingen spät zurück, schweigend, waren genervt voneinander, die Sonne ging unter. Ihre Familie hatte sich auf der Veranda des Bungalows niedergelassen und schaute in die Dämmerung. Niemand grüßte mich. Myrna legte sich über ihren Hund, als müsste sie ihn vor mir beschützen. Der Surfer setzte eine Flasche Bier an.

Ana wollte sich duschen. Ich ging ins Schlafzimmer. Vom Bett aus war die Unterhaltung draußen zu hören. Die Mutter summte Wortfetzen aus einem alten Lied vor sich hin, und Myrna bedachte ihr leise wimmerndes Hündchen mit Koseworten. Der Vater erklärte Sternbilder und verwechselte dabei den Orion mit dem Großen Wagen.

Ana öffnete die Tür und huschte lautlos in mein Zimmer, umgehend wurde allerdings klar, dass es sich dabei nicht um eine erotische Avance handelte. Sie wollte über ihre Familie und den Hund reden.

»Myrna und ihr Typ reden nicht mehr miteinander. Hast du das gesehen? Ich glaube, er kann den Hund nicht ausstehen.«

»Vielleicht hat er auch nur genug von dem Theater, das um den Köter gemacht wird.«

»Nein. Irgendwas ist vorgefallen. Die reden kein Wort mehr miteinander. Meine Eltern sind sehr besorgt.«

»Dein Vater kann Orion nicht mal vom Großen Wagen unterscheiden.«

Ana brachte mit einer ausladenden Geste ihren Verdruss zum Ausdruck und verließ den Raum. Wenig später war ich bereits tief eingeschlafen.

Das Wimmern des Hundes klang diesmal markerschütternd. Draußen wurde es hell. Ich sprang aus dem Bett und stürzte zu der geschlossenen Schlafzimmertür. Im Flur stieß ich mir schon wieder den kleinen Zeh an. Der Hund winselte in besorgniserregender Lautstärke und saß in einer Ecke. Myrnas Freund versuchte sanft säuselnd seiner Herr zu werden, hatte damit allerdings kein Glück: Der Hund flüchtete sich unter einen Stuhl, sobald er auch nur versuchte, ihn zu streicheln.

Im selben Augenblick tauchten Myrna und Ana auf.

Ich ließ mich auf einen Stuhl fallen und rieb mir den verletzten Zeh.

Der lädierte Fuß lieferte die ideale Ausrede, um dem Ausflug an den nahegelegenen Strand fernzubleiben, den sie schon die ganze Woche über geplant hatten. Ich blieb wütend allein im Bungalow, wollte mich betrinken und vor dem Fernseher abhängen. Da mir beides nicht so recht gelingen wollte, stöberte ich nach einer Weile in den Taschen und Schubladen in den Schlafzimmern herum.

Die Kleidung der Eltern stank (nach körperlichem Verfall, Sonnencreme und Salz). Die des Surfers rührte ich nicht an. Myrnas roch, wie sie selbst, nach einer Blütenmischung und dem Hund. Anas kannte ich ja, so dass ich die Nase gar nicht erst hineinsteckte. In einer Küchenschublade entdeckte ich einen großen Fleischspieß, an dessen Spitze klebte Blut.

Als ich fünf Jahre alt war, wollte meine Mutter unbedingt einen Welpen für mich kaufen. Mir ist es nie gelungen, dieses wuschelige Knäuel auf Pfoten angemessen zu würdigen, das alles daransetzte, meinen Füßen seine Zuneigung zu bekunden, mich kratzte und mir die Zehen abschleckte, sobald ich auch nur die Strümpfe auszog. Meine Mutter schickte uns zu gemeinsamen Spaziergängen in die Parks und Gärten, über Mittelstreifen und auf Kinderfeste, ohne dass sie es vermocht hätte, uns dazu zu bringen, länger als fünf Minuten miteinander zu spielen. Ich ließ den Hund bei erstbester Gelegenheit links liegen und machte damit meist anderen eine Freude, die ihn streichelten und mit ihm spielten, bis sie ihn mir zurückbringen mussten, während ich am Auto wartete und insgeheim hoffte, dass ihn jemand mitnähme und er für immer verschwände.

Bis der Welpe eines Tages krank wurde. Meine Mutter hatte ihm alle erdenklichen Impfungen zukommen lassen und sorgte gut für ihn, eines Tages jedoch spuckte das Tier in unsere Küche, direkt vor die Füße meiner Mutter, und, während sie gleich darauf beim Tierarzt anrief, auch noch in den Flur, der zur Haustür führte, und dann sogar noch ins Auto, dabei winselte es leise. Meine Mutter fuhr vor Aufregung viel zu schnell und konnte nur mit Mühe die Tränen zurückhalten. Ich legte dem Hund die Hand auf den Kopf und wünschte mir zum ersten Mal, dass er immer bei uns bleiben möge.

Im Raum war es dunkel. Nur das Mondlicht schimmerte durch die Vorhänge. Der Surfer lag nicht im Bett. Ich brauchte ein paar Sekunden, bis mir bewusst wurde, dass der Hund gar nicht gebellt hatte und mich also auch gar nicht geweckt haben konnte. Irgendjemand redete dicht vor dem Fenster, auf der Veranda des Bungalows, und versuchte, von niemandem sonst gehört zu werden.

»Das geht nicht, ich kann wirklich nicht, meine Eltern wollen das nicht. Das weißt du doch.«

Es war Myrna, also klang es so: »Das weihsd duu dohoch«. Ein Murren machte deutlich, dass der Surfer die Botschaft verstanden hatte.

»Es wäre so einfach, in den Bungalow nebenan zu gehen. Der ist leer, die sind heute Morgen abgereist. Zur Hintertür kommt man rein.«

»Es geht nicht.« (»Höhör dohoch bittee sofot auf dammit.«)

Ich lugte, so unauffällig ich nur konnte, hinaus. Die zwei Silhouetten zeichneten sich im Licht einer von Mücken umschwärmten Glühbirne ab. Myrna hielt den unseligen Köter auf dem Arm. Ich ging zurück ins Bett.

Es war noch immer dunkel, als ich aufwachte. Ana rüttelte mich.

»Myrna dreht durch: Der Hund ist spurlos verschwunden.«

Ich setzte mich auf, bedrückt von einem unerquicklichen Traum. Ana machte das Licht an, um mich wach zu kriegen. Das Bett des Surfers war unberührt.

»Der ist weg. Die haben sich gezofft, und jetzt scheint er abgedampft zu sein.«

»Vielleicht ist der Hund bei ihm.«

»Der kann doch den Hund nicht mitgenommen haben.«

»Immerhin war es seiner.«

»Er gehört Myrna.«

»Er hat ihn ihr doch geschenkt. Da wäre ihm das schon zuzutrauen.«

»So ein Quatsch. Steh jetzt bitte auf und hilf mir beim Suchen. Er kann noch nicht weit sein. Der erste Bus fährt erst um acht.«

»Wie spät ist es denn?«

»Sechs.«

Meine Schwiegereltern tranken in der Küche Kaffee. Sie schienen eher missmutig als traurig zu sein. Der Vater schaute nicht einmal auf, die Mutter betrachtete mich dafür umso eingehender (meine zerzausten Haare, die vom Schlaf verquollenen Augen, die kurze Hose, das kaputte T-Shirt und die Slipper, meine ganze Erscheinung), und ihr Blick wirkte in gewissem Sinn sogar erwartungsfroh.

»Hoffentlich findet ihr ihn. Wir haben schon im ganzen Bungalow gesucht. Myrna liegt heulend in ihrem Zimmer. Die kommt nicht klar damit.«

Meinte sie den Freund oder den Hund? Die Mutter hatte das nicht näher spezifiziert.

Ich zog mir ein langärmeliges Hemd über und trat – warum, weiß ich auch nicht – mit einem Besen bewaffnet in die kühle Morgenluft. Ana lief in ihrem knappen Seidenimitatpyjama mit verschränkten Armen fröstelnd hinter mir her. Ein alter Herr glotzte sie aus dem Fenster des gegenüberliegenden Bungalows an. Sie löste die verschränkten Arme und lächelte ihn an.

»Guten Morgen. Haben Sie zufällig einen jungen Mann mit einem Hund gesehen?«

Der Alte schaute sie unbeirrt an.

»Einer mit Surfanzug und ein Hund. Sie haben die nicht zufällig gesehen?«

»Nein, junge Frau, ich habe hier rein gar niemanden gesehen.«

Der alte Herr schenkte ihr ein zahnloses, verschwörerisches Lächeln. Ana wandte sich dem Steinpfad zu, der zum Bungalow der Verwaltung führte, und ich lief auf einem Pfad hinunter zum Strand, der mindestens ebenso verwildert war, überwachsen von gelben Blumen.

Ich habe nicht geweint, als meine Mutter mir sagte, dass der Hund operiert werden müsse, weil ihn jemand vergiftet hatte. Ich habe auch nicht geweint, als mein Vater mich in der Tierklinik in den Arm nahm und nach Hause brachte und mir zum ersten Mal in meinem Leben ein Abendessen richtete – Müsli und ein Käsebrot. Erst als ich mit einem Plastikspielzeug unseres Hundes allein auf meinem Bett lag, heulte ich los.

Der Hund.

Den Hund konnte ich nicht sehen, hörte jedoch sein Gejaule. Ich rannte zum Strand. Entweder wird er verprügelt oder er hat

Angst. Ich meinte zu hören, wie er mit allen erdenklichen Flüchen bedacht wurde, während er den einen oder anderen Tritt in die Rippen abzubekommen schien. Ich stellte mir vor, wie er mit offenem, hechelndem Maul in die Enge getrieben worden war.

Die Gärten hinter den Bungalows, dicht am Strand, glichen sich aufs Haar. Ich hüpfte auf einer Ziegelsteinmauer entlang, hockte mich dann hinter eine der Mauern und hielt durch die Zwischenräume Ausschau, entdeckte allerdings nur verwahrloste oder kaputte Stühle, rostige Spaten und Spitzhacken, einen Sack Grillkohle, einen Schlauch, der auf dem verbrannten Rasen lag, ramponierte Blumentöpfe, aus denen die Erde quoll. Weder den Hund noch den Tierquäler konnte ich sehen, aber ich hörte sie und konnte mir die Szene genau vorstellen, den blutenden Hund und den Mistkerl, der vor Anstrengung schwer atmete. Schlug und trat, getrieben von irgendeiner außer Kontrolle geratenen Leidenschaft.

Wollust spielte eine Rolle, so viel stand fest. Der Typ kam nicht damit zurecht, dass Myrna ihm einen Korb gegeben hatte, und aus Rache zahlte er es ihrem Hund heim. Wahrscheinlich ist er regelmäßig in aller Frühe aufgestanden, um das Tier zu quälen, bevor es wieder unter ihrem Schutz stand, wahrscheinlich hatte er dem Hund mit dem Spieß die Verletzung an der Leiste beigebracht (der Blutrest schien noch nicht sehr alt zu sein). Wahrscheinlich hatte ich ihn immer am Tatort angetroffen, weil er der Täter war.

Ein armseliger Täter war das. Er saß in seinem schmutzigen Surfanzug am Meeresufer, den Hund in seinen Armen, der unaufhörlich jaulte. Er versuchte ihn zu beruhigen und zu streicheln. Vorsichtig näherte ich mich den beiden, Schritt für Schritt, den Besen fest in der Hand. Der Hund schaute mich geradezu flehentlich an.

»Lass den Hund los«, sagte ich mit scharfer Stimme.

Er schien mich nicht zu hören, fuhr sich mit der Hand in die Haare und strich sich dabei eine Strähne aus dem Gesicht.

»Nur Arschlöcher quälen Hunde.«

Er hatte Tränen in den geröteten Augen und schien die ganze Nacht geweint zu haben. Geräuschvoll zog er die Nase hoch und presste den Hund an seinen Brustkasten. Das Tier heulte auf.

»Das war ich nicht.«

»Du bist ein Tierquäler. Obwohl du weißt, wie sehr Myrna ihn liebt.«

»Das war ich nicht.«

»Gib mir den Hund.«

Er schaute mich zunehmend genervt an.

»Lass mich in Ruhe.«

»Gib mir den Hund.«

»Hau ab.«

Der erste Schlag mit dem Besen (der ihn voll auf dem Rücken traf) erwischte ihn unerwartet und warf ihn bäuchlings in den Sand. Der Hund jaulte auf, als zwischenzeitlich das ganze Gewicht auf ihm lag, konnte sich jedoch befreien und flüchtete flugs den Pfad hinauf.

»Man misshandelt keine Tiere, du fieser Hund!«, schrie ich, während ich ihn mit dem Besen an den Beinen, Armen und am Kopf traf. Er wand sich, hatte Sand im Mund, schützte sich, so gut er konnte, mit den Händen.

Aus der Ferne waren bereits Schritte und Stimmen zu hören.

»Oskar! Mama, da ist Oskar!«, hörte ich Ana freudig rufen.

Die gesamte Familie tauchte auf dem Pfad auf. Ana strahlte und schaute mich zärtlich an; Myrna hielt den Hund im Arm und lächelte mich ausnahmsweise auch einmal an. Mein Schwiegervater legte mir bewegt die Hand auf die Schultern; seine Frau applaudierte frenetisch.

Der Surfer, der unvorteilhaft im Sand lag, suchte Myrnas Blick, aber die hatte nur Augen für ihren Hund.

Mein Schwiegervater half dem Surfer, sich aufzurichten, klopfte ihm den Sand von der Brust und aus den Haaren.

»Junge, es wird besser sein, wenn du abreist.«

Das Festmahl zu meinen Ehren hätte nicht besser verlaufen können. Immer wieder wurde erzählt, wie ich dem Surfer seine gerechte Strafe verpasst hatte, Anekdoten wurden ausgegraben, die dafür sprachen, dass schon immer etwas faul war an dem Kerl (»man kann gar nicht verstehen, wieso er immer diese farbenfrohe Kleidung getragen hat«), mehrere Flaschen von dem billigen Wein, den sie gern kauften, wurden geleert.

Als alle schlafen gingen, brachte Ana mich küssend, knabbernd und knurrend in mein Bett. Zum ersten Mal in diesen Ferien hörte ich das Rauschen der Wellen am Ufer.

Viel später, als ich bereits träumte, spürte ich sie dicht an meinem Ohr.

»Schläfst du schon? Ich will dir etwas verraten.«

»Hm.«

»Oh, du schläfst ja schon.«

»Nein. Sag.«

»Okay. Ich werd's dir verraten. Ich habe das Tier gequält.«

»…«

»Als es noch dunkel war, bin ich hinausgegangen, um zu rauchen, damit mein Vater es nicht merkt, und dann habe ich den Köter geschlagen. Ich habe ihn mit dem Spieß traktiert, und die Zigaretten habe ich auch an seinen Pfoten ausgedrückt.«

»Du?«

»Ich kann Hunde nicht ausstehen, aber falls du einen haben willst, werde ich gut für ihn sorgen.«

»Ich?«

»Ja, du. Willst du keinen Hund haben?«

Der Traum zerrte an mir, zog und zupfte mich hin zu einem behaglichen Abgrund. Es war fast unmöglich, sich dem zu entziehen.

»Einen Hund will ich nicht, aber was hältst du davon, wenn wir heiraten?«

Als mein erster Welpe starb und meine Mutter niedergeschlagen nach Hause kam, mich in mein Zimmer brachte und mir eröffnete, dass der Hund die Operation nicht überstanden habe, dass er gestorben sei, da habe ich mir geschworen, nie wieder um einen Kläffer zu weinen.

Aus dem Spanischen von Ralph Amann

Ignacio Padilla

Darjeeling

Kintup war längst der schlechteste Schneider des britischen Raj, als ich ihn in seiner Werkstatt in Darjeeling besuchte. Nach all den Jahren an den Ufern des Tsangpo war er praktisch blind, und seine schon seit langem vom himalayischen Knochenfraß verstümmelten Hände ließen einen kaum glauben, dass der arme Teufel auch nur imstande sein sollte, ein Schiffstau durch den Eisenring einer Hafenmauer zu fädeln. Dass ein alter Mann unter diesen Umständen einen solchen Beruf gewählt hatte, um seinen Lebensabend zu bestreiten, erschien auf den ersten Blick nicht nur paradox, sondern grausam. Kintup, hatte mir Oberst Bailey erklärt, kurz bevor er mich nach Darjeeling schickte, habe für die Kartographie Asiens mehr geleistet als jeder andere Zeitgenosse. Aber auch jeder andere an meiner Stelle wäre überzeugt gewesen, dass dieser Mann nur ein Namensvetter des legendären Abenteurers sein konnte, an dem Bailey jetzt unbedingt etwas wiedergutmachen wollte. Verloren wie ein kleines Kind in seiner menschenleeren Werkstatt, ein Gestrandeter zwischen Garnrollen, Stoffresten von falschem Tweed und Schneiderpuppen aus dritter Hand, war Kintup eher der gespenstische Abglanz eines Menschen, der sich in seinem ganzen Leben nicht von der Stelle bewegt hat. Abgesehen von seiner Blindheit und der wettergegerbten Haut deutete nichts darauf hin, dass der Alte die besten Jahre seines Lebens auf dem Dach der Welt verbracht hatte; das Land vermessen und Abkürzungen gesucht hatte und aus dem einzigen Grund dort unterwegs gewesen war, fünfhundert markierte Baumstämme in einen Fluss zu werfen, von dessen Existenz es zu jener Zeit nicht einmal in den Archiven der Royal Society gesicherte Erkenntnisse gab. Den einen oder anderen Hinweis auf den strategischen Wert, der solch ein scheinbar nutzloses Unternehmen früher einmal gerechtfertigt haben mochte, hatte mir der Oberst zwar gegeben; dennoch brauchte ich lange, um zu begreifen, dass dies nicht das einzige Motiv des Mannes gewesen sein konnte, der mich Jahre später eher gleichgültig als grollend in Darjeeling empfing.

Zu meiner Verwunderung zeigte sich Oberst Bailey überhaupt nicht gekränkt, als ich mit der Nachricht nach Bombay zurückkehrte, Kintup habe die tausend Rupien, mit denen man die Entbehrungen seines jungen Lebens vergelten wollte, nicht angenommen. Während ich ihm von meiner Begegnung mit dem alten Pandit berichtete, veränderte sich die Miene des Obersten langsam, aber stetig, bis meine Worte eine Art kindliches Strahlen auf seinem Gesicht entstehen ließen. Als wir einige Monate zuvor dieselbe Gegend bereist hatten, die Kintup vor über dreißig Jahren auf seiner Odyssee vermessen und belichtet hatte, hatte der Oberst durchblicken lassen, dass seine Bewunderung für den Pandit mit einem verborgenen Hass auf die Royal Society einherging, die dessen Verdienste niemals anerkannt hatte. Jetzt jedoch, als ich ihm meine Reise nach Darjeeling beschrieb, schien Baileys Bewunderung für den Schneider, von jeglichem Ressentiment oder Vorbehalt gereinigt, neu aufzublühen. Auf eine Weise, die ich damals noch nicht verstand, hatten Kintups Weigerung, von seinem ehemaligen Vorgesetzten Geld anzunehmen, und sein Beharren, weiter in Armut zu leben, ihn in den Augen des Obersten zu jener heroisch mütterlichen Heilsgestalt verklärt, die Männer wie er ihr Leben lang in der traurigen Gewissheit suchen, sie niemals zu finden. Die Helden unserer Tage, sagte mir Bailey später auf dem Schiff, das uns nach London brachte, sind unweigerlich Brüder des

Absurden. Natürlich dachte mein Chef dabei wieder an Kintup; und doch kann ich nur wiederholen, dass ich erst jetzt, fast zwanzig Jahre nach meinem Besuch in Darjeeling, das ganze Ausmaß seiner Worte begriffen habe und nachempfinden kann.

Oberst Eric Bailey gab mir nicht viel Gelegenheit, in Erfahrung zu bringen, warum ihm meine Begegnung mit Kintup derartig den Kopf verdreht hatte. Auf der Überfahrt war er schier besessen davon, jede Kleinigkeit vom Elend des Schneiders und jedes Wort aus mir herauszuholen, das dieser bei der Zurückweisung der späten Wiedergutmachung zu mir gesagt hatte, während ich selbst höchstens eine oder zwei Fragen anzubringen vermochte, auf die ich aber keine Antwort bekam. Schon bald wurde klar, dass Bailey nicht vorhatte, mich von meiner Neugierde zu befreien, und schon gar nicht, meine Anwesenheit an seiner Seite über das hinaus zu dulden, was ich ihm zum wiederholten Mal von meinem Darjeelingaufenthalt berichten konnte. Es war, als hätte meine Begegnung mit Kintup ihm endlich den Grund dafür geliefert, seinerseits eine Reise zu beenden, die ein ganzes Leben gedauert haben mochte; und vielleicht kam es daher, dass sein Körper, in früherer Zeit daran gewöhnt, aufsehenerregende Feldzüge und unglaubliche Aufstiege anzuführen, während dieser Überfahrt in sich zusammenfiel, bis von ihm nicht mehr übrig war als ein mageres Skelett, das den Hafen von Dover nie betreten würde. Kurz bevor er starb, rief mich der Oberst jedoch noch einmal in seine Kabine, und nachdem ich von ihm gezwungen worden war, mein Treffen mit Kintup ein weiteres Mal zu beschreiben, ergriff er meinen Arm und stieß ein Gelächter aus, das bereits aus dem Jenseits zu kommen schien. »Dieser Pandit«, rief er, »dieser verdammte Pandit ist doch der größte Hurensohn auf Gottes weiter Erde!« Nach diesen Worten befahl er seine Seele dem Teufel, und er tat es mit einem jubilierenden Sarkasmus, um den ich ihn heute noch beneide.

Nie mehr in meinem Leben habe ich solche pompösen Begräbnisfeierlichkeiten gesehen, wie die Royal Society sie ausrichtete, um Oberst Eric Bailey zu ehren. Während des Trauergottesdienstes glänzte eine goldene Medaille auf seinem Sarg, die Zeitungen berichteten von seinen zahlreichen militärischen Erfolgen, und die Angehörigen erhielten für seine kartographische Arbeit eine Rente, deren Höhe die von Kintup zurückgewiesene Entschädigung von tausend Rupien als gönnerhafte Geste deutlich werden ließ. Zu einer anderen Zeit hätte ich mich wegen meines Anteils an dieser Pracht wahrscheinlich selbst ein bisschen geehrt gefühlt, doch unter den gegebenen Umständen empfand ich nur ein unangenehmes Gefühl von Kränkung, das mein Vorgesetzter mir aus seiner Nische in Westminster vermittelte. Die Erinnerung an seine letzten Worte und die tausendmal durchlebten Einzelheiten meiner Begegnung mit dem Schneider aus Darjeeling lasteten drückend auf meinem Gemüt, als läge in ihnen eine Botschaft verborgen, die ich entziffern müsste. Oft versuchte ich mir im Geiste die Worte des Pandit zu vergegenwärtigen, doch alles, was ich meinem Gedächtnis abpressen konnte, war Kintups unerträgliche Gleichgültigkeit, eine fast an Spott grenzende Haltung angesichts meiner Bemühungen, ihn zur Annahme der tausend Rupien zu bewegen, die Oberst Bailey ihm schickte. Um diese Zeit trat die Royal Society mit der Bitte an mich heran, die kartographischen und militärischen Bemühungen meines ehemaligen Vorgesetzten in Nepal weiterzuführen; eine Bitte, der ich zu meiner eigenen Überraschung entsprach, nicht weil ich mir eines Tages ein Begräbnis wie das des Obersts erhoffte, sondern in der Überzeugung, meine bisherige Existenz damit für immer auslöschen und mich in eine mindestens so aberwitzige Odyssee wie Kintup stürzen zu können.

Die Monate, die ich brauchte, um in die Kronkolonie zurückzukehren, waren in den Augen meiner Vorgesetzten vergeudete Zeit. Unter dem Vorwand, zuerst die Landkarten studieren zu müssen, die Oberst Bailey mit Hilfe von Kintups frühesten Anmerkungen gezeichnet hatte, zögerte ich meine Abreise hinaus und suchte nach alten Registern und Unterlagen, die mir ein etwas vollständigeres Bild von der unglücklichen Geschichte des Pandit vermitteln sollten. Die Archive gaben über besagte Expedition jedoch kaum etwas her, das nicht schon durch Oberst Baileys Hände gegangen war: Kintup war 1866 von der Großen Trigonometrischen Inspektion Indiens rekrutiert und mit dem Auftrag nach Nepal geschickt worden festzustellen, ob der Tsangpo in den Brahmaputra mündete. Zu diesem Zweck sollten der Pandit und ein Begleiter, dessen Name in den Archiven nur mit N-S bezeichnet wurde, als Pilger verkleidet in die kaum zugängliche Himalayaregion aufsteigen und fünfhundert markierte Baumstämme in den Tsangpo werfen; zehn Tage lang, fünfzig Stämme täglich. Ein in der Zwischenzeit am Brahmaputra postierter Beobachter sollte auf das Erscheinen der Baumstämme warten und so einen Zusammenfluss der beiden Ströme bestätigen.

Nach der geradezu buddhistischen Schlichtheit zu urteilen, mit der die Mission von Kintup und seinem Begleiter beschrieben wurde, hätte diese nicht scheitern müssen. Aber schon gleich zu Beginn der Expedition häuften sich Hindernisse, die so bekannt waren, dass die Große Trigonometrische Inspektion sie gar nicht erst erwähnte. Zu jener Zeit nach Nepal zu gelangen, war ein ebenso schwieriges Unterfangen, wie die Schützengräben eines überaus wachsamen und blutrünstigen Feindes zu überrennen. Mehrere Pandits hatten es schon vor ihnen versucht und eine magere Ausbeute an Messdaten und unbedeutenden Erkenntnissen mit dem Leben bezahlt. Zur jahrhundertealten Abgeschiedenheit der Tibeter und dem unbedingten Willen der Russen, den kartographischen Wettlauf in Nepal mit Hilfe von Spionage und jeder Art von schäbigen Tricks zu gewinnen, kamen noch die erschwerten Bedingungen der Reise selbst, denn die Forscher mussten ja die ebenso sperrigen wie empfindlichen Messgeräte unter ihren Mönchsgewändern verborgen transportieren. Kurz gesagt: Kintups Mission war eher ein Selbstmordkommando, dem er sich jedoch mit einer Unbedingtheit verschrieben hatte, die einer fixen Idee glich.

Als mir klar wurde, dass die Archive der Royal Society kein neues Licht auf Kintups Reise werfen würden, widmete ich mich der Suche nach bisher unentdeckten Notizen, irgendeinem Hinweis auf die näheren Umstände und eventuelle Folgen. Ich glaube, ich muss nicht erwähnen, dass die meisten meiner Vorgesetzten sich nicht nur nie mit jener Expedition auseinandergesetzt hatten, sondern nicht einmal von der Existenz des Pandits etwas wussten. Einer von ihnen glaubte sich zwar an den Namen erinnern zu können, als die Sprache auf jene Männer kam, die dem Westen die ersten Zugänge nach Tibet erschlossen hatten, tatsächlich jedoch schien Kintup samt seiner Verdienste bald nur noch ein Produkt der ausschweifenden Phantasie von Oberst Bailey gewesen zu sein. Und als ich schließlich Gelegenheit bekam, den damaligen Präsidenten der Royal Society, Younghusband, nach dem Mann zu fragen, der den Zusammenfluss von Tsangpo und Brahmaputra bewiesen hatte, antwortete er ohne zu zögern, diese Entdeckung verdanke man der heroischen Leistung einer 1868 von Captain Thomas G. Montgomery geführten Expedition.

Wo blieben dann der Pandit Kintup und sein anonymer Reisebegleiter? Wer war der Schneider in Darjeeling, der die tausend Rupien meines Vorgesetzten zurückgewiesen hatte? Es gab nur einen Weg, um die Wahrheit herauszufinden, dachte ich, und das war, nach Nepal zurückzukehren und sie Kintup persönlich zu entlocken. Bei dieser Gelegenheit muss ich wiederholen, dass mich damals nichts weniger reizte, als noch einmal nach Asien zu fahren und dort auf den Spuren meines Vorgesetzten zu wandeln. Angesichts dieser Geschichte von Bailey und Kintup war in mir irgendwie die Gewissheit gereift, dass keine Anstrengung im Leben der Mühe wert war. Doch schon jetzt war mein eigenes Dasein zu einer sinnlosen Reise geworden, auf der Ruhm und Anerkennung und die Erschließung der tibetischen Landkarte, durch die dem russischen Vormarsch Einhalt geboten werden könnte, weit weniger zählten als das schlichte Begreifen des Opfers eines Mannes, an den sich kein Mensch mehr erinnerte. Doch dieser Mann befand sich unglücklicherweise im britischen Raj, und allein aus diesem Grund fügte ich mich schließlich dem Wunsch meiner Vorgesetzten und nahm das nächste Schiff nach Süden.

Ich kam Anfang Dezember in Nepal an, nur um zu erfahren, dass der alte Schneider kurz nach meinem letzten Besuch gestorben war. Der junge Nepalese, der seine Werkstatt in Darjeeling übernommen hatte, wusste nichts über die näheren Umstände des Todes seines Vorgängers, doch ich konnte mir unschwer vorstellen, wie dessen Lebenslicht im Werkstattdunkel langsam erloschen war und auch das spöttisch triumphierende Lächeln auf seinem Gesicht, mit dem er mich vor Monaten fortgeschickt hatte. Wieder einmal fühlte ich mich von der Welt verlassen und an einem toten Punkt angelangt, von dem es kein Fortkommen mehr gab. Es gab nur noch einen Strohhalm, an den ich mich klammern konnte, bevor die Verzweiflung über mir zusammenschlug; und dieser Halm war so dünn, dass ich einige Tage brauchte, um ihn überhaupt zu erkennen. Ich war gerade dabei, meine Sachen zu packen, um nach Bombay zurückzufahren, und ließ noch einmal Kintups Reise zum Himalaya vor meinem inneren Auge Revue passieren, als ich auf die Gestalt seines Begleiters stieß, der, nur weil er in den Archiven keinen Namen gehabt hatte, meinem Gedächtnis entglitten war. Verwirrt wegen meiner Nachlässigkeit, zermarterte ich mir das Hirn über die Frage, ob dieser Mann Kintup überlebt haben könnte. Selbst wenn, erschien mir das Unterfangen, ihn zu finden, mindestens so abwegig wie die Reise des Pandit selbst; doch ahnte ich mittlerweile längst, dass dies genau der Grund war, der mich anzog. Mit dem Gefühl, mich in ein riesiges schwarzes Loch hineinsaugen zu lassen, beschloss ich, Kintups Begleiter ausfindig zu machen, und wenn es mich das Leben kosten sollte.

Während ich mit mehr Eifer als Erfolg den zweiten Pandit suchte, betrachtete die Royal Society mein zögerndes Interesse an der Fortführung der kartographischen Arbeit von Oberst Bailey mit offener Besorgnis. Die Russen hatten es wieder einmal geschafft, vertrauliche Berichte über die letzten britischen Vorstöße in der Region in die Hand zu bekommen, und es gingen Gerüchte, dass die Truppen des Zaren im Begriff standen, in Tibet einzufallen, um ein geographisches Wettrennen zu beenden, das offiziell gar nicht stattfand und dafür schon viel zu lange dauerte. Ich glaube bereits erwähnt zu haben, dass meine kartographische oder militärische Mission zu der Zeit für mich kaum von Interesse war. Mochte mir diese Aufgabe früher wichtig erschienen sein, um Ruhm zu erlangen, so lag mir jetzt nur noch daran, die näheren Umstände von Kintups Expedition in Erfahrung zu bringen. Davon war ich genauso besessen wie Bailey seinerzeit von den Einzelheiten meines Besuchs in Darjeeling. Der einzige Unterschied zwischen der Manie meines Chefs und der meinen lag darin, dass ich erst Ruhe finden würde, wenn ich einen namenlosen Pandit im entlegensten Winkel der Welt ausfindig gemacht hätte.

In Darjeeling hatten Kintups Nachbarn meine Fragen nach dem zweiten Pandit abweisend beschieden, und was ich herausbekam, nachdem ich sie schließlich mit Geld zum Reden gebracht hatte, war kaum etwas wert. Ich erfuhr nur, dass besagter N-S ein Vetter Kintups gewesen wäre, der nach Beendigung der kartographischen Arbeiten nach Bombay gegangen war. Die Aussicht, diesen Mann vielleicht noch lebendig anzutreffen, erfüllte mich mit Freude, wenngleich die Mittel, die mir die Royal Society für meine Ermittlungen zur Verfügung gestellt hatte, zu dieser Zeit bereits auf ein besorgniserregendes Maß geschrumpft waren, und es stand zu befürchten, dass ich noch viele Hände würde schmieren müssen, wenn ich diesen Mann finden wollte. Mehr als einmal war ich versucht, von den tausend Rupien Gebrauch zu machen, die Kintup abgelehnt und die Bailey nie von mir zurückverlangt hatte. Da ich jedoch entschlossen war, sie dem Vetter des Pandits in voller Höhe zu übergeben, musste ich an manchem der Tage, die ich noch in Indien zu überstehen hatte, wenn ich den Mann finden wollte, beinahe Hunger leiden.

Bombay wäre mit Sicherheit die letzte Station vor meiner Verzweiflung gewesen, wäre mir nicht die Vorsehung in Gestalt des Hausmeisters der Großen Trigonometrischen Inspektion zu Hilfe gekommen. Der alte Mann muss angesichts meiner ruhelosen Suche wohl Mitleid mit mir empfunden haben, denn eines Tages gab er mir den dezenten Hinweis, mich bei den ehemaligen Pandits, die sich nach ihrer Rückkehr aus Nepal auf die Lohnliste der russischen Botschaft hatten setzen lassen, nach N-S zu erkundigen. Es war kein Geheimnis, dass eine beträchtliche Zahl dieser einheimischen Kräfte ursprünglich von den Russen kontraktiert worden war und die Scharen der Großen Trigonometrischen Inspektion infiltriert hatte, um den Vormarsch der Briten zu sabotieren und Informationen weiterzugeben, die diese von ihren Pandits bekamen. Ich konnte zwar nicht glauben, dass Kintup oder sein Begleiter etwas mit der russischen Gegenspionage zu tun gehabt haben sollten, doch unter den gegebenen Umständen durfte ich keine Möglichkeit auslassen, meine Zweifel zu zerstreuen.

Der Hausmeister hatte – ich weiß nicht, ob zu meinem Glück oder Unglück – ins Schwarze getroffen. Nachdem ich mehrere Tage damit verbracht hatte, mit meinen letzten Pfundnoten Widerstände auszuräumen, bestätigte man mir, dass in der Tat ein Pandit namens Nain Singh an der Expedition zum Tsangpo teilgenommen und nach seiner Rückkehr einige Zeit für die Russen gearbeitet hatte. Der Mann war nicht nur noch am Leben, sondern verbrachte seine alten Tage dank einer recht anständigen Pension seiner ehemaligen Arbeitgeber sogar in relativem Wohlstand in einem Vorort von Bombay.

Als ich Nain Singh schließlich gegenüberstand, kam mir sein offensichtliches Wohlergehen beim Gedanken an den Schneider von Darjeeling mehr als schändlich vor. Wohlgenährt und geschwätzig machte mir Kintups Vetter von Anfang an den Eindruck, seinen Erfolg nicht nur auf krümmsten Touren erlangt zu haben, sondern auch noch mächtig stolz darauf zu sein. Als ich ihm den Grund meines Besuches nannte, gab er zu, bei Kintups Odyssee dabei gewesen zu sein, wies mich zugleich aber darauf hin, dass es ihm nicht erlaubt sei, Einzelheiten eines Unternehmens auszuplaudern, das von allen Beteiligten selbst heute noch als militärisches Geheimnis gehütet werde. Ich versuchte, mich von seiner Abwehr nicht einschüchtern zu lassen, und bemerkte schulterzuckend, dass ich sein Übermaß an Misstrauen sehr bedauerlich fände, da ich den weiten Weg von London gekommen sei, um ihm tausend Rupien auszuhändigen, allerdings nur dann, wenn er sich bereit erkläre, mir einige Zweifel hinsichtlich jener Himalayamission auszuräumen, die, argumentierte ich, doch nur noch von historischer Bedeutung sei.

Meine Ungeduld muss mir wohl von den Augen abzulesen gewesen sein, denn kaum hatte ich ausgesprochen, brach der fette Nain Singh in ein meckerndes Gelächter aus, wie man es gewöhnlich nur von Zynikern oder Mördern hört. Es folgten ironische Bemerkungen über die Sorge der Royal Society, ihre armen Pandits zu entschädigen, dann wurde er ernst und sagte, bevor ich etwas von ihm erfahre, müsse ich bei allen Heiligen schwören, ihm die tausend Rupien auszuhändigen, egal, was er mir über seine Jahre mit Kintup erzähle. Nachdem das getan war, machte es sich der alte Pandit in einem riesigen Ledersessel an meiner Seite bequem und berichtete mir ohne Umschweife, was ich hören wollte.

Kintup und er, begann Nain Singh, waren vor über dreißig Jahren von der Großen Trigonometrischen Inspektion angeheuert und nach einer harten Ausbildung tatsächlich nach Nepal geschickt worden, um festzustellen, ob der Tsangpo in den Brahmaputra mündete. Als tibetische Lamas verkleidet waren sie ins Himalayagebiet vorgedrungen, doch schon kurz darauf scheiterte die Mission, als er, Nain Singh, seinen Vetter als Sklaven an einen Pferdehändler verkaufte, der ihm dreißig Rupien für ihn bezahlte.

Ob der dicke Pandit damit rechnete, an dieser Stelle seines Berichts von mir Vorwürfe zu hören zu bekommen, ist für meine Geschichte jetzt nicht mehr wichtig. Statt Reue zu zeigen, schien Nain Singh überaus zufrieden mit seiner Heldentat und ließ sogar durchblicken, dass er ausgesprochen dumm fand, was sich sein Vetter danach an Unglück aufgehalst hatte. Er machte fast einen beleidigten Eindruck, als er mir erzählte, dass Kintup sich durch den Verrat nicht etwa hatte unterkriegen lassen, sondern ihm ein paar Monate später sogar die Flucht gelang, und er sein altes Ziel einfach weiter verfolgte, bis er in der Nähe des Klosters Marpung erneut aufgegriffen wurde. Ein mitleidiger Lama kaufte ihn für fünfzig Rupien frei, die Kintup aber bei ihm abarbeiten musste. Das tat der fleißige Pandit mehrere Monate lang, bis er eines Tages den Lama bat, eine Pilgerreise unternehmen zu dürfen. Von der Frömmigkeit seines Sklaven gerührt, ließ ihn der Lama ziehen, und Kintup schlug sich bis zum Tsangpo durch, wo er die fünfhundert Bäume fällte, die er in den Fluss werfen sollte. Unglücklicherweise war der Termin, zu dem der Beobachter am Brahmaputra postiert werden sollte, längst verstrichen, weshalb Kintup die Bäume in einer Höhle versteckte, zum Kloster zurückkehrte und dort auf eine Gelegenheit wartete, einen Boten nach Darjeeling zu schicken, der die Mitglieder der Großen Inspektion über den neuen Sachverhalt aufklären sollte. Monate vergingen, dann bat der Pandit den Lama um Erlaubnis für eine weitere Pilgerreise und ging diesmal nach Lhasa, wo er einen befreundeten Geschäftsmann aufsuchte, um diesem einen Brief mitzugeben, der seine Vorgesetzten darüber informierte, dass er in der Zeit vom fünften bis zum fünfzehnten des zehnten tibetischen Monats die Stämme bei Bipung in den Fluss werfen werde. In Lhasa erfuhr Kintup jedoch nicht nur, dass die Expedition unter Montgomery inzwischen über eine andere Route den Beweis für den Zusammenfluss von Tsangpo und Brahmaputra erbracht hatte, sondern auch, dass seine Mutter in dem Glauben gestorben war, ihr Sohn sei in Ausübung seiner Arbeit verschollen.

Nain Singh wollte nicht darüber spekulieren, was sich damals im Kopf seines Vetters abgespielt haben mochte. Vier Jahre waren seit ihrem Aufbruch vergangen, Kintups Körper zeigte schon die unauslöschlichen Wunden der himalayischen Rache, und sein Geist schwankte zwischen den Stärkungen des täglichen Gebets und den Qualen des Verrats oder der Schmerzen. Wenn er dennoch darauf bestand, seine Botschaft abzuschicken und seine Aufgabe zu Ende zu führen, so tat er dies gewiss ebenso sehr aus Stolz wie aus Verzweiflung. Wohl schwerlich würde der arme Kerl jemals wieder in diese Gegend geschickt werden; aber niemand sollte ihm nachsagen können, er habe seine Pflicht nicht erfüllt. Und so kam es, dass der erschöpfte Pandit zum gesetzten Termin wieder zum Tsangpo zurückkehrte und die fünfhundert Baumstämme in den Fluss warf, ohne dass jemand am Brahmaputra stand, um sie vorbeischwimmen zu sehen.

An diesem Punkt seiner Erzählung ließ sogar Nain Singh einen Hauch von Hochachtung für den Vetter erkennen, der jedoch sogleich wieder einem verächtlichen Lächeln wich. Mir selbst dürfte derselbe Ausdruck von Verwunderung im Gesicht gestanden haben wie Oberst Bailey in früherer Zeit. Jetzt verstand ich die Überzeugung meines Vorgesetzten, dass wahres Heldentum unweigerlich jener unmessbaren Distanz entspringt, die den Mut vom Absurden trennt. So befremdlich es klingen mag, in meinen Augen war Kintups Verhalten im Himalaya absolut folgerichtig gewesen. Was sich jedoch noch nicht in die Geschichte einfügen wollte, war seine spätere Weigerung, die tausend Rupien des Obersts anzunehmen, sowie Nain Singhs Verrat für einen Geldbetrag, der selbst ihm vergleichsweise mickrig vorgekommen sein musste.

Beide Fragen beantworteten sich am Ende unseres Gesprächs auf schrecklichste Weise. Kaum hatte ich Nain Singh das versprochene Geld ausgehändigt, da zählte er mit feierlicher Geste dreißig Rupien ab und gab sie mir zurück mit der Bitte, sie dem Sahib Eric Bailey zukommen zu lassen. Überrascht, den Namen meines ehemaligen Vorgesetzten aus dem Mund dieses Mannes zu hören, und empört auch die darin versteckte Botschaft zur Kenntnis nehmend, antwortete ich, der Oberst sei schon vor Monaten verstorben. Diesmal war es Nain Singh, der sich überaus interessiert zeigte, Einzelheiten über den Tod meines Vorgesetzten in Erfahrung zu bringen, mit dem er seinerzeit engen Umgang gepflegt habe, wie er versicherte. Dann fragte er mich geradeheraus, ob Bailey in Russland beerdigt worden sei. Worauf ich, noch davor zurückschreckend, die Tragweite dieser Frage zu ermessen, zornig entgegnete, der Oberst sei mit allen Ehren in London begraben. Als der fette Pandit das hörte, grapschte er grinsend nach den dreißig Rupien, die er mir hatte zurückgeben wollen, blies die Backen auf, stieß einen langen Pfiff aus und rief mit offenkundiger Bewunderung, dieser Bailey, dieser verdammte Bailey sei doch der größte Hurensohn auf Gottes weiter Erde.

Aus dem Spanischen von Willy Zurbrüggen

María del Carmen Pérez Cuadra

Ohne künstliches Licht

Wenn man hinter der Spüle steht, kann man auf die Straße schauen, ohne gesehen zu werden. Das Fenster ist aus Spiegelglas, er hatte immer geglaubt, dass die Zeitschrift *Vanidades* gute Tipps hatte. Die Sonnenwenden sind verwelkt, und das Blumenmädchen ist schon seit fast einer Woche nicht mehr aufgetaucht. Muriel ist ein Mann in reiferem Alter, doch seine Haut ist weich und straff, wie der Hintern eines Jugendlichen. Er hat sich die Brust rasiert, um attraktiver zu sein, und reitet mit nacktem Oberkörper herum, seine blond gefärbten Haare wirken zu seiner kupferfarbenen Haut ganz natürlich. Ich kann ihn von hier sehen, jenseits meiner Mauer aus schmutzigen Tellern. Wie er neue Frauen erobert, vielleicht im Vertrauen darauf, dass ihn niemand sieht. Er hat keine Ahnung, er war noch nie in meiner Küche, Muriel wohnt gegenüber. Manchmal machen sich seine Geliebten als Teil eines heimlichen Rituals in der Spiegelung meines Fensters zurecht. Ich vergleiche ihre Brüste mit meinen, stelle mir vor, wie sie genau in Muriels warme Hände passen. Ich betrachte genau die Linien der Hälse und spüre manchmal den warmen Schauder seiner Küsse … Er ist wie ein perverser Gott, der sie liebt und dann wegwirft wie die Schale einer Orange.

Von dem Schrank mit den Porzellantellern aus, der mich mit seiner schimmernden Maserung aus wertvollem Holz tarnt, höre ich beinahe heimlich und ohne es zu beabsichtigen, wie sich mein Mann, der stolz auf mich ist und mich für eine perfekte Frau hält, mit Muriel unterhält. Muriel beschwert sich über mein fortwährendes Schweigen. Mein Ehemann behauptet, dass das Teil meiner Perfektion sei, »die Weisheit des Schweigens« nennt er es. Denn Muriel weiß nicht, was Schweigen ist, jede Eroberung wird im Kreis seiner Freunde bis ins letzte Detail erzählt. Auch wenn ich ihn nicht höre, kann ich es ihm von meiner Küche aus von seinen Lippen ablesen. Der Baum, der zwischen seinem und meinem Haus beinahe mitten auf dem Weg steht, ist Zeuge von Muriels Geltungsdrang. Ich dagegen ziehe das Schweigen und die Privatsphäre vor.

Das Blumenmädchen mit dem blechernen Lachen kehrte zurück, um mir zu erzählen, dass es jetzt am Nachmittag in die Schule gehe. Das sei der Grund für ihre Verspätung, sie zeigt mir ein Gedicht, das sie geschrieben hat:

Jesus' rosa Blut führe ich in den Adern.
Die Leiden lindern mit Lilien,
das Vergessen mit Minze, auch wenn
die Sohlen schmerzen auf dem Weg,
den das Herz und nicht die Großmutter weist.

Sie fragt mich, ob es mir gefällt. Sie ist fast schon eine Frau, es ist eine gute Idee, seine Gedanken auszudrücken, hoffentlich studiert sie einmal und bringt es weit. Mein Mann sagt, dass wir Frauen nicht nachdenken, dass wir uns treiben lassen und Ideen lediglich erahnen, dass wir unsere Intelligenz mit den Händen ausdrücken, wenn wir kochen, nähen oder durch Berührung zu trösten wissen. Dass wir Frauen, die guten, aus Liebe und Tränen bestehen, und aus Neid und Tränen die bösen. »Was wisst ihr Frauen anderes als Frauenweisheiten.« Ich gebe dem Mädchen den Rat, den mein Mann mir stets gibt: »Lies Gedichte, wenn du denkst, dass es dir gefällt.«

Die Tage vergehen, ohne dass jemand merkt, dass ich weder gut noch böse, weder süß noch salzig bin, ich bin nur ich, der Rhythmus meines Herzens, der Glanz meiner Haut, die Farbe meines Haars, die langsam verblasst. Wenn sie weiß, wie, wenn ihr klar wird, welchen Weg sie gehen soll, wird es das Blumenmädchen weit bringen. Sie wird ihrer eigenen Mutter eine Lektion erteilen.

Hitze in mondbeschienener Frühe. Durst hat mich aus dem Bett getrieben, Schlaflosigkeit aus Durst tut niemandem gut. Nackt, weil ich heute meinen ehelichen Pflichten nachgekommen bin. Dass mich bloß niemand sieht, dass bloß niemand merkt, dass es mich gibt in diesem Haus von Neureichen in einem Armenviertel. Meine Kakteen und Veilchen brauchen ebenfalls Wasser. Das Mondlicht, das zum Fenster hereinfällt, ist hell, deshalb brauche ich kein künstliches Licht. Vielleicht ist dies der wichtigste Moment von Freiheit in meinem Leben.

Gegenüber sehe ich Muriel neben dem Mangobaum liegen, wie immer hat er keine Ahnung, dass ich ihn sehe, diesmal ist er dabei, die mageren Hinterbacken des Blumenmädchens zu kneten. Die kleinen Brüste mit den rosafarbenen Nippeln und ihr Schoß wirken in seinen Händen nicht wehrlos, sie wirken sinnlich, jung und beneidenswert. Muriels groteske Liebkosungen, die beinahe einem Tier gleichen, haben ihr den Rock weggezerrt und entblößen den sanften Schwung der jungfräulichen Hüften, die Poöffnung, das feuchte und zuckende Geschlecht. Nächtliche Migräne pocht in meinen Schläfen. Mein Wasserglas fällt zu Boden und zerspringt. Das Paar horcht auf, als es den Lärm hört. Ich versuche die Glasscherben aufzusammeln, und es gelingt mir lediglich zu sehen, wie das Blut aus meinen Wunden quillt. Ich will weinen und kann nicht. Ich schaffe Ordnung, putze, räume auf, wie ich es immer überall tue. Ich richte mich auf, um zu sehen, was draußen passiert, es ist der Vater des Mädchens. Die drei streiten beinahe lautlos, doch unter großer Anspannung. Ihr Vater ist im Morgengrauen angetrunken unterwegs gewesen, versucht mit Muriel eine Prügelei anzufangen, doch dieser schlägt ihn fast mühelos nieder. Der Vater geht, eine Wolke scheint den Blick auf die Szenerie, die ich von meinem Fenster aus sehe, zu verdecken. Ich habe sie ausgewählt, mein Mann sieht sie nicht als Spiegel von *Law & Order*, weil er nicht gern fernsieht. Ich fühle mich wie eine Richterin, weil ich von hier aus ein Urteil sprechen kann, das nie jemand hören wird. Dann lecke ich das Salz meines Bluts und die aufgerichteten Brustspitzen. Ich sehe ihn. Er kommt langsam und entschlossen näher, sie müssen ihn gesehen haben, die Wolke ist weg, doch sie sind zu sehr miteinander beschäftigt, um etwas zu bemerken. Auf einmal packt der Freund das Mädchen und zerrt sie an den glatten, schwarzen Haaren, die jetzt ganz zerzaust sind, gewaltsam von Muriel weg.

Das Mädchen versucht zu beschwichtigen, doch wird sie von ihrem Freund weggeschleudert. Der Freund zieht eine Pistole aus seiner Jacke und zielt damit auf Muriel. Was sollte ich denn tun? Mit meinem Mann sprechen? Schreiend auf die Straße laufen, als würde mir Muriel irgendetwas bedeuten? Zulassen, dass Muriel endlich seine Strafe bekommt? Das Nachdenken dauert ziemlich lange, der Junge hat dem Blumenmädchen in die Brust geschossen. Morgendämmerung im November. Wer hätte gedacht, Muriel, dass du wegen deiner Abenteuer mit einer Kugel in der Stirn und einer in deinem Geschlecht sterben würdest?

Mein Mann kommt mit einer Bitte, er sagt, dass wir ins Bett gehen sollten, dass es kalt sei. Ich frage ihn, ob er die Schüsse gehört habe, er sagt nein, dass er unter der Dusche gewesen sei. »Das bildest du dir ein.« Er geht wieder ins Bett.

In der Morgendämmerung tritt eine Nachbarin durch die Hoftür, die ich nie abschließe. Sie macht das Licht an. Ich soll die Polizei anrufen. Auf der Straße liege ein Toter.

Ich antworte ihr: »Es sind zwei, rufen Sie an, ich bin nackt.«

Die Wahrheit ist, dass ich Blut an den Händen habe.

Aus dem Spanischen von Susanna Mende

Ena Lucía Portela

Hurrikan

Es ist meine Entscheidung. Allein meine, und ich habe nicht die Absicht, sie mit irgendjemandem zu diskutieren. Das ist mein Recht, oder? Ich habe sie Ende der Neunziger getroffen, als ich zweiundzwanzig, dreiundzwanzig war, ich weiß nicht mehr genau. Dafür weiß ich, dass ich im Vollbesitz meiner geistigen Kräfte war, dass ich weder unter Alkohol- noch unter Drogeneinfluss stand. Natürlich zweifelt man an deiner Zurechnungsfähigkeit, wenn du so eine Entscheidung »kaltblütig«, scheinbar grundlos triffst. Eben deswegen möchte ich sie mit niemandem diskutieren. Ich habe es satt, als Verrückte abgestempelt zu werden.

Die erste Gelegenheit bot sich mir im Oktober 2001 bei Hurrikan Michelle. Damals war Mama schon tot (das Herz, der Kummer …). Dank der Vermittlung von ich weiß nicht welcher internationalen Vereinigung für Menschenrechte war Papa endlich aus dem Gefängnis gekommen … und von da ging's direkt zum Flugzeug. Jetzt lebt er in L.A., Kalifornien. Meinem älteren Bruder, den wir Nene nannten, weil er so klein war, hat man einen Schuss in den Nacken verpasst, Gott weiß warum. Unfassbar. Denn der Nene hatte, soviel ich weiß, mit nichts irgendwas zu tun. Weder mit Politik noch mit Drogen noch mit dem Weib seines Nächsten. Er war nur ein wenig zerstreut, abwesend, ganz wie Mama. Er las viel. Lyrik vor allem. W. H. Auden gefiel ihm besonders. Er war ein guter Kerl. Vermutlich haben sie ihn umgebracht, weil er, wie es so schön heißt, zur falschen Zeit am falschen Ort war. Oder vielleicht war es eine Verwechslung. Ich weiß nicht. In unserem Haus im Vedado-Viertel, das schon recht unansehnlich, aber noch solide ist, blieben nur mein kleiner Bruder Bebo und ich.

Es war kurz nach drei in der Oktobernacht damals. Bebo schlief in seinem Zimmer, und ich hatte mich auf dem Sofa im Wohnzimmer zusammengerollt und sah fern. Um die Zeit läuft fast nie etwas, es sei denn, die Olympischen Spiele oder die Baseballweltmeisterschaft finden in fernen Ländern statt oder es gibt Nachrichten über einen ganz furchtbaren Hurrikan, der in der Nähe sein Unwesen treibt. Und da war er. Michelle. Wie das Beatles-Lied. *Michelle, ma belle …* Ein glamouröser Name für ein Monster der Kategorie 5 auf der Saffir-Simpson-Skala, das heißt, mit einer anhaltenden Windgeschwindigkeit von über zweihundertfünfzig Stundenkilometern. Und Böen, die sehr viel stärker sein können, über dreihundert Stundenkilometer oder sogar mehr. Das Schlimmste, was man sich in Sachen Wirbelsturm vorstellen kann.

So war also für Havanna, den gesamten Westen und das Zentrum der Hauptinsel, wie auch für die Isla de Pinos und die umliegenden Inselgrüppchen Wirbelsturmwarnung ausgegeben worden. In ein paar Stunden sollte er den kubanischen Archipel erreichen. Aber niemand wusste, wo. Er würde ihn erreichen. Punkt. Weder im Observatorium von Miami noch in dem von Casablanca wagten sie es, eine genauere Prognose über seine Route abzugeben. Im Fernsehen stand der Direktor des Instituts für Meteorologie neben Satellitenbildern (geheimnisvoll wie immer, nie habe ich diese Bilder verstanden) und einigen Wetterkarten und redete ohne Unterlass. Er sagte: Momentaner Standort, soundso viel Grad nördlicher Breite und soundso viel westlicher Länge. Fortbewegungsgeschwindigkeit, eher langsam … Hm! Übel, übel … Er trocknete sich die Stirn mit dem Hemdsärmel. Niederschlag, soundso viel Millimeter. Geschwindigkeit der Hurrikanwinde … Puh! Sehr hoch, gewaltig … Seit Jahrzehnten hatte man dergleichen nicht gesehen! Aber bewahren Sie Ruhe, ja? Er wischte sich wieder den Schweiß ab. Man muss Ruhe bewahren, werte Zuschauer, und die Richtlinien des Generalstabs für zivile Verteidigung für Ka … Ka … Katastrophenfälle beachten. Der arme Kerl. Man sah ihm die Angst förmlich an, die Lust, den scheiß Generalstab mit all seinen verfluchten Richtlinien zum Teufel zu schicken und hinauszurennen, als wären alle Furien hinter ihm her. Rennen war allerdings wenig sinnvoll. Das hätte nirgendwohin geführt.

Dann erschienen auf dem Fernsehschirm Bilder des spanischen CNN. Mit grauenerregender Langsamkeit hatte Michelle die Karibikküste von Zentralamerika gestreift, und die Journalisten immer hinter ihm her (oder hinter ihr, nicht wahr?), mit ihren Kameras und Mikrophonen. In sicherer Entfernung, versteht sich. Die Bilder waren entsetzlich. Übergetretene Flüsse, eingestürzte Häuser, entwurzelte Bäume, Tier- und Menschenleichen, die im dreckigen Wasser trieben, alles Elend und Leid der Welt in den Augen der Überlebenden, die zu allem Überfluss arme Leute waren, deren Regierungen – sagten einige von ihnen – sich nicht im Geringsten um sie kümmerten und ihnen nicht helfen würden, wieder auf die Beine zu kommen usw. Einige Indios, die vielleicht nicht einmal Spanisch sprachen, schwiegen dazu, sehr ernst, mit gerunzelter Stirn. Obwohl es eigentlich kaum Interviews gab. Viele Regionen waren wegen der Überschwemmungen abgeschnitten und über Land nicht zu erreichen, so dass die Bilder (die reine Verwüstung) von einem Hubschrauber aus gemacht wurden. Eine Stimme im Off sagte dazu in dramatischem Tonfall: Sie sehen Nicaragua … sehen Honduras … sehen Guatemala … Auf der Höhe von Belize – sagte die Stimme im Off – ist der mächtige Hurrikan wieder in die Karibik abgedreht, wo er sich neu formieren und an Stärke gewinnen wird. Jetzt zieht er in Richtung Kuba …

Und in dem Augenblick, genau in diesem Augenblick, kaum

hatte die Stimme das Wort Kuba ausgesprochen, fiel, paff!, der Strom aus.

Ich stellte mir vor, wie sich die werten Zuschauer um kurz nach drei Uhr morgens, bestimmt Millionen, in der plötzlichen Finsternis fühlen mussten. Mir war, als hörte ich ein paar Schreie in der Ferne. Bin mir aber nicht ganz sicher. Nicht einmal Stephen King hätte sich etwas Gruseligeres ausdenken können.

Ich jedoch hatte keinerlei Angst. Nicht, dass ich besonders mutig wäre, beileibe nicht. Von klein auf hatte ich unter allen möglichen Ängsten gelitten. Unter vielen, allzu vielen. So vielen, dass ich die Unruhe selbst war, an den Fingernägeln kaute, ständig einen Knoten in der Kehle hatte … Aber nachdem ich Ende der Neunziger meine Entscheidung getroffen hatte, verschwanden sie alle wie von Zauberhand. Zack! Eine Art Exorzismus. Ich hatte nicht einmal mehr Albträume. Meine einzige Furcht bei dem Stromausfall war, mein kleiner Bruder könne wegen der Hitze aufwachen. Denn die Nacht war heiß, feucht, klebrig, und er ohne Ventilator.

Bebo war beileibe kein Knirps. Im Gegenteil. Da er nur drei Jahre jünger war als ich, fehlte es ihm nicht an Kraft, meinen Plan zu vereiteln. Und das würde er selbstverständlich versuchen. Immer tat er das. Damit will ich nicht sagen, dass er gewalttätig gewesen wäre, mich misshandelt hätte oder dergleichen, nein. Aber er hatte seine offen gestanden unerträgliche Aljoscha Karamasow-Seite. Wenn er mit seinem Der-Herr-liebt-uns-alle anfing und dass wir unser Seelenheil suchen sollten und was weiß ich noch alles, da war nicht mehr mit ihm zu reden. Ich sagte: Ach, Bebo, bitte, lass mich in Frieden … Und er: Aber was redest du, Mercy? Du musst Frieden in dich lassen! Lass den Herrn ein in dein Herz … Und derlei Schmus. Besser, er wachte nicht auf.

In der Dunkelheit setzte ich mich auf die Fensterbank, die auf die Veranda hinausgeht. Vollkommenes Schweigen. Nicht mal die Grillen im Garten zirpten. Vielleicht waren sie mit ihrer Musik woandershin gezogen. Ich habe gehört, dass die Viecher aufziehende Naturkatastrophen viel eher bemerken als wir, die wir mit Satelliten und Radar überhaupt nichts mitbekommen. Wer weiß. Allerdings wehte noch nicht einmal die leiseste Brise. Die Nacht war klar, wolkenlos, mit Mond und Sternen und allem Drum und Dran. Wäre da nicht das Fernsehen gewesen, niemand hätte geahnt, dass ein Hurrikan im Anmarsch war, gar einer von der apokalyptischsten Sorte. Meine Augen (Katzenaugen, hatte der Nene immer gesagt) gewöhnten sich sofort an die Dunkelheit. Ich zündete eine Zigarette an. Noch war es nicht so weit, kein Grund zur Eile. Ich saß dort, rauchte, schaute in die Nacht, mehrere Stunden lang. Ich dachte an nichts, hatte nichts zu denken. Bebo wachte zum Glück nicht auf.

Als es gerade dämmern wollte, verließ ich die Fensterbank. Streckte die Beine. Nach meinen Berechnungen war es nun an der Zeit zu handeln. Leise, bemüht, nirgendwo anzustoßen, schlich ich zum Zimmer meines kleinen Bruders hinten im Haus. Dort lag er bei geöffnetem Fenster, in die Laken gewickelt. Bekam nichts mit von der Hitze, von Michelles drohendem Besuch und meinen Absichten, er schlief wie ein Stein. Mann, hat der einen gesegneten Schlaf, dachte ich.

Weder Bebo noch ich gingen einer Arbeit nach. Mit unserer Vorgeschichte hätte uns niemand eingestellt, es sei denn in der Landwirtschaft oder auf dem Bau. Da waren keine Vorstrafen im Spiel, wir hatten keinerlei Straftat begangen. Oder vielleicht doch. Wie man es nimmt. Manche Handlungen oder Unterlassungen sind in dem einen Land legal, im anderen nicht, je nach Regierungssystem. Wir hielten uns recht und schlecht mit Hilfe der Geldsendungen über Wasser, die ein Freund von Papa uns aus den Vereinigten Staaten schickte. Geplant war, dass wir in irgendeinem Moment unserer Zeitrechnung ins Exil gingen und die Familie wieder zusammenfände oder das, was von ihr übrig war. Aber dazu benötigten wir eine Ausreiseerlaubnis der Einwanderungsbehörde, die nicht eintraf (und immer noch nicht eingetroffen ist). Bebo war mit seinem Wirbelsäulenproblem untauglich für den Wehrdienst. Das war gut, denn andernfalls hätte er aus Gewissensgründen verweigert, und weiß Gott, was dann geschehen wäre. Was mich angeht … Ich existierte, existiere kaum. Wissen Sie, ich wiege nicht mal hundert Pfund. Nach Ansicht der Männer in diesem Land, die so sehr an Masse und Volumen hängen, bin ich grüne Augen, langes Haar und sonst nichts. Was könnte jemand für ein Interesse daran haben, mich irgendwo festzuhalten? Ich begreife also nicht, weshalb diese Verzögerung bei der Ausstellung der Ausreiseerlaubnis. Aber es ist mir egal. O ja. Schon damals war es mir egal. In diesem Leben gibt es vielerlei, was ich nicht begreife.

Auch Bebo begriff nicht. Er dagegen nahm es sich schon zu Herzen. Eine Zeit lang war er sehr ungeduldig, die Ungeduld in Person, konnte sich auf nichts konzentrieren, war bloß versessen darauf, dass wir uns, verdammt nochmal, endlich davonmachten – sagte er –, irgendwohin, und sei es nach Timbuktu. Denn er hatte das Gefühl, dass sie uns überwachten, unser Telefon, unsere Privatgespräche abhörten, dass sie um unser Haus strichen (als Bauern verkleidet, versteht sich, damit man ihnen nicht den Bullen ansah, als könnten die irgendjemanden täuschen!), kurzum, dass sie uns zugrunde richten wollten. Ich frage ihn, wer denn, und er antwortete: Die. Wer sonst? Die. Diese Hunde. Diese Hurensöhne. Die von immer. Ich fragte ihn, ob er sicher sei, ob das nicht nur Hirngespinste seien, denn letztlich war das ein wenig absurd … Er sah mich mit schreckverzerrtem Gesicht an, sagte: Ein wenig waaaaaas? O je, María de las Mercedes Maldonado! Du wie immer in den Wolken, in den hängenden Gärten von Babylon! Du bist verrückter als … Und diese Marotte auf der einen, Nenes Tod auf der anderen Seite brachten meinen kleinen Bruder an den Rand eines Nervenzusammenbruchs.

Dann kam ihm eines schönen Tages die Erleuchtung. Das heißt, er beschloss, dass es nun genug war mit dem Katholizismus, der für ihn allzu viel Vernunft und allzu wenig Leidenschaft und wahre religiöse Inbrunst besaß, und er wurde Protestant. Evangelist, glaube ich. Bin mir aber nicht sicher. Vielleicht war er auch Lutheraner, Wiedertäufer oder Pflingstler … Ich weiß es wirklich nicht. Es war eine Sekte, deren Anhänger hüpften und Schreie ausstießen. Manchmal fielen sie in Trance und wälzten sich auf der Erde, verdrehten die Augen und hatten sogar Schaum vor dem Mund, ja, wie bei einem epileptischen Anfall, und all das hielten sie für schrecklich geistlich. Ich respektiere den Glauben anderer, ehrlich. Aber bei diesen zuckenden, grölenden Gläubigen standen mir die Haare zu Berge. Die hielt ich nicht aus. Wenn sie zu uns kamen, schloss ich mich in mein Zimmer ein. Damit sie mir nicht erzählten, ich würde ein Folterinstrument um den Hals tragen. Himmel, ein Folterinstrument! Die Wahnsinnigen meinten ein kleines, völlig harmloses Goldkreuz. Und wenn sie mit ihrem Heulen und Kreischen anfingen, ging ich in den Park an der Ecke und setzte mich zum Lesen auf meine Lieblingsbank, unter einen Flamboyan. Dort las ich übrigens ein Buch, von dem ich nicht mehr weiß, wovon es handelt oder wer es geschrieben hat, das mir damals jedoch ungeheuer gefiel, ich weiß nicht, warum. *Die Islandglocke* hieß es, glaube ich. Ist das nicht ein schöner Titel? Aber zurück zu den Evangelisten oder was auch immer sie waren. Denn trotz des ganzen Radaus, den sie veranstalteten, halfen sie meinem Brüderchen tatsächlich. Das muss man zugeben. Ihre Überspanntheiten hielten ihn beschäftigt, schützten ihn vor der Angst, dem Alkoholismus und den schlaflosen Nächten. Es stimmt, er ging einem entsetzlich auf den Geist mit seinem Herrn, der uns alle liebt, aber wenigstens schlief er ab und an ruhig. Wie in jener Morgendämmerung, kurz vor Hurrikan Michelles Ankunft, als ich mich heimlich in sein Zimmer geschlichen hatte.

Ich nahm die Taschenlampe und den Schlüsselbund, die auf dem Nachtschränkchen lagen. Der Wind hatte mittlerweile aufgefrischt, aber immer noch war es wegen des niedrigen Luftdrucks heiß und stickig. Erst später würde es abkühlen, wenn es zu regnen anfinge. Ich schwankte einen Augenblick, ob ich das Fenster schließen sollte oder nicht. Ich ließ es lieber offen. Ich wollte nicht, dass Bebo jetzt schon aufwachte. Weshalb? Er würde noch früh genug aufwachen, wenn es ernsthaft zur Sache ginge. Ich fragte mich auch, ob ich ihm eine Botschaft hinterlassen sollte. Die Leute, die meine Entscheidung getroffen haben, hinterlassen für gewöhnlich Botschaften, bevor sie zur Tat schreiten. Sie schreiben so etwas wie »Niemand trägt die Schuld …« oder ganz im Gegenteil »Die Schuld hat Soundso …« oder was weiß ich. Das habe ich schon immer entsetzlich pathetisch gefunden. Als wollten sie damit eine Tat mit höchster Bedeutung aufladen, die objektiv betrachtet nichts Besonderes ist. Ich weiß, da sind manche anderer Ansicht, aber was soll's. Egal welches Thema, immer gibt es verschiedene Meinungen. Und ich hätte ohnehin nicht gewusst, was für eine Botschaft verfassen, die nicht falsch oder lächerlich geklungen hätte. Der Nene hatte immer gesagt, ich sei literarisch talentiert, aber ich weiß nicht, ich glaube das nicht. Mein Gesamtwerk (ha, ha, mein Gesamtwerk!) umfasst nicht mehr als fünf, sechs Erzählungen, von denen ich eine einzige in einer mexikanischen Zeitschrift veröffentlicht habe. Also hinterließ ich Bebo keine Botschaft. Jetzt frage ich mich, ob das Gegenteil den Lauf der Ereignisse verändert hätte. Wer weiß. Ich glaube aber nicht.

In Gedanken gab ich meinem kleinen Bruder einen Kuss. Und eine Umarmung. Und noch mehr Küsse. Ich bin zwar nicht besonders inbrünstig oder leidenschaftlich, aber aus Stein bin ich auch nicht. Ich hätte ihn gern wirklich berührt. Aber ich durfte kein Risiko eingehen. Also verabschiedete ich mich von ihm nur im Geiste. Ich sagte, ich würde ihn wahnsinnig lieben, trotz der nervigen Evangelistentour (und das stimmte). Und hoffentlich vermisse er mich nicht zu sehr. Ich wünschte ihm Glück mit der Ausreiseerlaubnis, sie solle schnell kommen, damit er zu Papa ziehen könne. Und ich ging, bevor der Wind noch stärker wurde und die Fensterflügel hin und her schlugen. Wir sollten uns nie wiedersehen.

Als ich auf die Veranda trat, wurde es gerade Tag, auch wenn kaum Licht herrschte. Der Himmel war so dicht mit Wolken bedeckt, so grau, dass es jeden deprimiert hätte. Alles roch nach Feuchtigkeit. In jedem Augenblick konnten erste schwere Tropfen fallen. Und danach, fast ohne Übergang, die Sintflut. Die Witterung zeigte deutlich, dass Michelle die Hauptinsel bereits erreicht hatte. Wo? Das sollte einer wissen. Wenn das Auge des Sturms Havanna durchquerte, das an sich schon baufällig war, wäre das die gewaltigste Katastrophe der letzten fünfzig Jahre. Für einen Moment verspürte ich so etwas wie Patriotismus. Ich hasste Michelle.

Von der Veranda ging ich auf den Vorplatz, der zur Garage führt. Die seitlichen Fenster des Nachbarhauses waren alle geschlossen. Prima, dachte ich. Ich wollte nicht, dass mich irgendjemand sah.

Ich öffnete das Tor. Drinnen in der Garage war es dunkel wie in einem Wolfsschlund. Es roch nach Rost, Moder und Benzin. Mit angeschalteter Taschenlampe stieg ich in den Ford Pickup und versuchte, ihn in Gang zu bringen. Keine leichte Aufgabe. Ich schaffte es im dritten Anlauf. Den Benzintank überprüfte ich nicht, denn das hatte ich schon am Nachmittag getan. Der Pickup war eine Antiquität, ein wahres Museumsstück. Jeder Tourist, der ihn sah, wollte ihn sofort kaufen. Oder sich neben ihm fotografieren lassen. Oder ihn beim Fahren filmen. Tatsächlich fuhr er wie durch ein Wunder, ohne dass man in den letzten vier Jahrzehnten auch nur ein einziges Teil ausgewechselt hätte. Wenn das kein Guinness-Rekord ist, es fehlt bestimmt nicht viel.

Auf der Straße warf ich einen Blick in den Rückspiegel. Das Garagentor stand offen. Aber ich würde jetzt nicht aussteigen, um es zu schließen. Auf keinen Fall. In der Garage war nichts zum Stehlen, und vielleicht diente sie jemandem sogar als Unterschlupf. Immer gibt es Vagabunden, Bettler, Betrunkene, verrückte Alte, die aus dem Haus flüchten und dann nicht wissen, wohin, wenn Hurrikane kommen. Und es gibt streunende Hunde und Katzen. Jedenfalls wollte ich mich so schnell wie möglich von dem Ort entfernen. Inzwischen hatte es zu regnen begonnen, und der Wind schüttelte die Baumwipfel, als wollte er sie abknicken. Ich schoss also los … Nun gut, mehr oder weniger, wobei ich betete, dass der Ford-Dinosaurier mich nicht gerade jetzt im Stich ließ.

Ich glaube, ich fuhr einige Kilometer ziellos durch die Gegend, drehte ein paar Runden, gelangte bis zur Eisenbrücke über den Almendares und nahm dann eine andere Strecke zurück. Mir lag nicht daran, einen bestimmten Ort anzusteuern. Ich fuhr bloß so dahin. Der Regen wurde immer heftiger. Der Wind peitschte ihn mal in die eine, mal in die andere Richtung. Er bildete Wirbel, Spiralen, Wasserhosen. Ich fuhr recht langsam, hielt jedoch nicht an. Anfangs hatte ich noch eine gewisse Sichtweite. Ich erinnere mich vage an die Straßen im Vedado, finster, verlassen, ohne Fahrzeuge oder Fußgänger. Die Straßenlichter waren ausgeschaltet. Die des Pickup ebenso. Ich war ein Gespenst, das durch eine Gespensterstadt fuhr. Zum ersten Mal seit vielen Jahren war ich glücklich.

Die Landschaft verschwamm allmählich hinter dem Wasservorhang. Das war zu erwarten gewesen. Nichts vermag ein Scheibenwischer, der ein halbes Jahrhundert alt ist, gegen sintflutartigen Regen. Als Letztes konnte ich noch die Umrisse einer menschlichen Gestalt ausmachen. Ich rollte in meiner Kiste selig die Dreiundzwanzigste entlang, und irgendjemand, ich weiß nicht, ob Mann oder Frau, spazierte in der Querstraße Montero Sánchez oder der Crecherie. Ich weiß nicht. Sie ging die kleine Querstraße der Dreiundzwanzigsten entlang. Taumelnd. Fiel auf die Knie.

Stand auf, offenbar unter enormer Mühe, und machte ein paar Schritte. Fiel wieder hin, jetzt mitten aufs Gesicht. Stand wieder auf. Ging wieder, auf einem Bein hinkend … Bis der Wasservorhang sich in eine Wasserwand verwandelte und ich rein gar nichts mehr sah. Was wohl aus der Gestalt geworden ist? Ich erfuhr es nie.

Blind rollte ich weiter, jetzt ein wenig schneller. Etwas *musste* doch mit mir passieren, oder? Da war ich mir sicher. Und tatsächlich passierte etwas.

Auf einmal machte der Pickup einen Satz und blieb stehen. Natürlich hatte ich keinen Sicherheitsgurt. Fast wäre ich durch die Windschutzscheibe geflogen. Und in der Tat schlug ich mir die Stirn gehörig am Lenkrad an oder an etwas anderem, ich weiß nicht. Was war, verdammt nochmal, geschehen? Der Motor lief noch, aber der Pickup fuhr nicht weiter. Ich legte den Rückwärtsgang ein, aber nichts, auch rückwärts Fehlanzeige. Nie hatte man einen regloseren Pickup als diesen gesehen. Nicht mal ein Maultier hätte störrischer sein können! Abgesehen von einem »verdammt« murmelte ich noch weit Schlimmeres. Eigentlich fluche ich nicht. Flüche, die man häufig loslässt, verlieren an Wirksamkeit. Besser, man spart sie sich für große Anlässe auf.

Währenddessen lief mir eine lauwarme Flüssigkeit übers Gesicht. Ich tastete danach. Es war Blut. Ich schaute mich im Rückspiegel an. Die Wunde an der Stirn sah gar nicht schön aus. Wie seltsam, dass sie nicht wehtat. Obwohl das eigentlich keine Rolle spielte. Ich versuchte wieder weiterzufahren, erfolglos. Der Motor ging aus. Wenn ich in diesem Augenblick ausgestiegen wäre, hätte ich vielleicht mehr Glück gehabt. Aber ich tat es nicht. Ich blieb im Pickup sitzen. Um mich herum nur Wasser. Der Regen prasselte höllisch gegen die Windschutzscheibe. Es würde mich nicht wundern, dachte ich mir, wenn sie zerspränge. Diese Vorstellung beruhigte mich.

Der Pickup war in einem Schlagloch steckengeblieben. Letztlich nichts Außergewöhnliches. Es ist bekannt, dass die Straßen im Vedado wie viele andere in Havanna voller Löcher sind, manche davon riesig und für jegliches Fahrzeug gefährlich. In einem davon war ich gelandet. Den Pickup hätte man nur noch mit einem Kran herausheben können. Abgesehen vom Steckenbleiben und von platten Reifen ist das Problem mit den Schlaglöchern, dass sie überlaufen, sobald es ein bisschen stärker regnet. Ein simples tropisches Gewitter, und sie laufen über, gar nicht davon zu reden, was bei einem Hurrikan los ist. Der Wasserpegel stieg also, erreichte den Motor, und der ging selbstverständlich aus.

Aber das erfuhr ich erst viel später. Damals hatte ich keinen blassen Schimmer. Wie ich da im Pickup saß, störten mich die Hitze und der kupferartige Geruch nach Blut. Denn es gab reichlich Blut und reichlich Hitze. Zumindest habe ich es so in Erinnerung. Ich fragte mich, ob ich besser die Fenster herunterkurbeln sollte, um die verbrauchte Luft heraus- und den wahnsinnigen Regen und Wind hereinzulassen, der wie tausend Teufel tobte … Da kam der zweite Schlag. Der tat allerdings weh. Und wie. Aber nur eine Sekunde lang, vielleicht weniger. Nach dem Schmerz kam die Ruhe. Ein seltsames Gefühl der Erfüllung, des Wohlseins. Ich konnte den Regen und den Wind hören, das schon, aber stark gedämpft, als wäre ich Tausende von Kilometer entfernt. Dann überkam mich Müdigkeit. Nach und nach umhüllte mich Dunkel.

Ich hatte kein Glück. Ich erwachte in der Notaufnahme der Fajardo-Klinik. Man hatte mir eine Bluttransfusion verabreicht, ich hing am Tropf, hatte eine Sauerstoffmaske, einen Verband um den Kopf und ich weiß nicht was noch alles. Sie hatten sogar meine Kleider gegen eine Art grauen Schlabberkittel ausgetauscht! Nicht auszuhalten! Mein erster Impuls war, mir den ganzen Mist abzureißen, Kittel inklusive. Aber ich konnte nicht einen Finger rühren. Ich fühlte mich schwach, schwindlig, mit entsetzlichen Kopfschmerzen.

Kaum hatte die Krankenschwester gesehen, dass ich aufgewacht war, lief sie hinaus. Sofort erschien ein Arzt. Als Erstes sagte er zu mir: Ah! Wir haben also grüne Augen! Und er stürzte sich auf mich, um sie mit einem Lämpchen zu untersuchen. Dann nahm er mir die Sauerstoffmaske ab und fragte, wie ich mich fühlte, und erkundigte sich nach Name, Adresse, Telefon, nächsten Verwandten usw. Ich antwortete nicht. Ich hatte keine Lust zu reden. Er akzeptierte mein Schweigen, als wäre es das Natürlichste auf der Welt. Er fragte mich, ob ich ihn hören könne. Ich bejahte mit den Augen (sich taub stellen ist weitaus schwieriger, als die Stumme spielen, zumindest für mich). Da setzte er mir die Maske wieder auf und übernahm selbst das Reden. Ich erinnere mich nicht an alles, was er sagte, nur an einiges. Auf den Pickup war eine Pappel gefallen. Natürlich hatte mich der Stamm nicht voll erwischt, denn in dem Fall hätte er mich zu Brei gequetscht. Na, wer einmal eine Pappel gesehen hat, der weiß, dass sie größer als ein zweistöckiges Haus sein kann. Diese hatte in ihrem Sturz zuerst einen Zaun, dann ein paar Büsche und ein Auto platt gedrückt und am Ende den Pickup bloß mit einem ihrer Äste gestreift. Ich war drei Tage lang bewusstlos gewesen. Abgesehen von der Wunde an der Stirn, die man hatte nähen müssen, wies ich keine sichtbaren Verletzungen auf. Man hatte mehrere Röntgenaufnahmen und Untersuchungen gemacht: nichts. Alles schien in Ordnung zu sein. Doch dürfe man sich nicht darauf verlassen. Die Erschütterung sei sehr heftig gewesen. Ich solle zur Beobachtung noch ein paar Tage dableiben. Was das Reden angehe – er lächelte –, damit habe es keine Eile. Ich würde schon noch reden. Augenblicklich sei vollkommene Ruhe vonnöten.

Als der Dickwanst fort war, schaute ich mich um. In der Notaufnahme waren noch andere Betten, andere Patienten, Angehörige der Patienten und Freunde der Patienten und Angehörigen, Krankenschwestern und Verlobte der Krankenschwestern, da war die, die den Boden schrubbte, die, die den Kaffee machte, der, der Lutscher verkaufte … Kurz, es schien die Kajüte der Marx Brothers zu sein. Alle quatschten, stritten, gaben Meinungen zum Besten, fielen einander ins Wort. Oben an einer Wand, gegenüber der Bettreihe befand sich ein eingeschalteter Fernseher. Der natürlich in voller Lautstärke lief. Von wegen »vollkommene Ruhe«, was?

Ich konzentrierte mich auf den Fernseher. Michelles Abenteuer waren immer noch das Thema Nummer eins. Der Hurrikan war Richtung Nordwesten weitergezogen, über den Golf von Mexiko und wütete jetzt in Louisiana oder Florida, ich weiß nicht mehr genau. Was Kuba anging, war das Auge des Wirbelsturms über die Inselmitte gezogen. Die Hauptstadt hatten nur die Ausläufer erreicht. Das heißt, der »schwächste« Teil des Monstrums. Was ich während meiner verunglückten Spazierfahrt gesehen hatte, all diese wütenden Wasser und Winde, war nichts im Vergleich zu dem gewesen, was im Zentrum der Hauptinsel geschehen war, die später offiziell zum »Katastrophengebiet« erklärt wurde. Dorthin hatte sich ein Großteil der nationalen und internationalen Presse begeben. Die Luftaufnahmen, die jetzt auf dem Bildschirm erschienen, waren so entsetzlich, wie zu erwarten gewesen war. Die reine Verwüstung, auch an der Karibikküste Zentralamerikas.

Dann sendeten sie eine Reportage über ein Dorf mit Namen Jícara, in der Landesmitte. Eine dieser bedeutungslosen Hüttenansammlungen, die nicht mal auf der Landkarte zu finden sind. Ich erinnere mich an den Namen nur, weil ich es lustig fand, dass die Bewohner sich als »Jicarener« bezeichneten. Michelle hatte tatsächlich ihre ganze Wut an dem Ort ausgelassen. Nicht eine Hütte stand mehr, keine Palme, rein gar nichts. Die Jicarener machten einen sehr ähnlichen Eindruck wie die geschädigten Zentralamerikaner. Allerdings ohne Indios. Nur Schwarze und Mulatten. Ansonsten sah man ihnen mit bloßem Auge Elend, Hunger und Hilflosigkeit an. Und jetzt hatten sie zu allem Überfluss noch einen Hurrikan abbekommen. Als der Journalist sie fragte, wie sie sich fühlten, antworteten sie jedoch: Hervorragend. O ja. Wundervoll. Jeder hätte gedacht, sie meinten das ironisch, denn die Frage war schließlich ein wenig idiotisch. Aber nein. Die Jicarener meinten es ernst. Sie fühlten sich hervorragend! Sie hatten den Hurrikan ertragen, ja! Und sie würden alles ertragen, was sie zu ertragen hätten, um des Vaterlands und der Revolution willen! Und sie würden gegen den Imperialismus der Yankees kämpfen, jawohl! Bis zum letzten Blutstropfen! Und ein ewiges Leben dem unsterblichen Comandante en Jefe! All das gaben sie laut schreiend von sich und schüttelten frenetisch die Fäuste dazu, damit nicht der geringste Zweifel aufkomme, wie hervorragend sie sich fühlten. Himmel noch mal, dachte ich, und da soll mir einer sagen, ich sei verrückt ... In der Notaufnahme waren einige Lacher zu hören. Schau dir das an, um Gottes willen! Die haben sie nicht alle, diese Blödmänner von Bauerntrampeln! Ha, ha, ha! Ich glaube, keiner wies die Lacher zurecht. Man weiß ja, dass die Großstädter sich oft über die Landeier lustig machen.

Wenn der Dickwanst tatsächlich glaubte, ich würde ihm etwas über mich erzählen, dann hatte er sich geschnitten. Nichts sagte ich ihm, nicht einmal den Namen. Warum? Das ging ihn nichts an. Ich verharrte mehrere Tage in Schweigen, stummer als eine Auster auf dem Grund des Ozeans. Er versuchte, etwas aus mir herauszukitzeln, immer nervöser. Er sagte, anonyme Patienten seien nicht zugelassen, er sei nicht mein Kindermädchen und müsse nicht meine Launen ertragen, er drohte mir sogar, mich in die Psychiatrie einzuweisen. Aber er erreichte nichts. Sobald ich konnte, flüchtete ich aus der Klinik. Erst da erfuhr ich den Rest.

Wie mir schon bekannt war, hatten Michelles Ausläufer unzählige Verwüstungen in Havanna angerichtet, Einstürze und Überflutungen, unzählige geknickte Leitungsmasten, verstreute Bäume. Der Wind hatte alle möglichen Objekte, die für gewöhnlich nicht fliegen, durch die Luft gewirbelt. Außerdem hinterließ er ungefähr ein Dutzend Todesopfer. Das ist nicht viel für eine Stadt von drei

Millionen Einwohnern, es gab also keine humanitäre Katastrophe. Doch eines dieser Opfer war mein kleiner Bruder Bebo. Man fand seine Leiche mitten auf der Straße, ein paar Ecken von unserem Haus entfernt. Er wies zahlreiche Quetschungen auf, vielfache Knochenbrüche, einen davon an der Schädelbasis. Was genau geschehen war, weiß ich nicht. Ich werde es wohl nie erfahren. Unter den gegebenen Umständen wäre es äußerst schwierig, vielleicht unmöglich, es herauszubekommen. Und wozu Vermutungen anstellen, wozu, frage ich mich, wenn er doch nicht zurückkehrt …

Ich lebe jetzt allein in unserem Haus im Vedado. Ich weiß nicht, warum ich noch »unser« sage. Vermutlich aus Gewohnheit. Die Ausreiseerlaubnis lässt auf sich warten. Papas Freund schickt mir Monat für Monat immer noch etwas Geld, und damit schlage ich mich durch. Der Ford Pickup hatte, wie zu erwarten, bei dem Vorfall mit dem Schlagloch und der Pappel seinen Geist aufgegeben. Ich habe eine ziemlich hässliche Narbe auf der Stirn, aber das ist mir egal. Wenn ich sie hinter einer Haarsträhne verstecke, errege ich zumindest kein Aufsehen auf der Straße. Ich ertrage es nicht, dass mich Fremde anstarren, schon immer bin ich gern unbemerkt geblieben. Ich werde keinen Schönheitschirurgen aufsuchen, selbst wenn ich es mir leisten könnte, aus demselben Grund, aus dem ich mir keinen Hund anschaffe und mich nicht der Pflege des Gartens widme oder versuchen werde, einen Roman zu schreiben … Nichts davon hat einen Sinn für mich. Denn ich bleibe bei meinem Entschluss. Und ob. Jedes Jahr, vom 1. Juni bis zum 30. November, der Wirbelsturmsaison, schaue ich mir im Fernsehen die Nachrichten an. So erfahre ich, wie schlecht es in der Welt zugeht und wie gut in meinem Land. Aber am meisten interessiert mich der Wetterbericht. Jawohl. Ich lasse keinen einzigen aus. Wie Penelope ihren Odysseus erwarte ich einen Hurrikan.

Aus dem Spanischen von Susanne Lange

Pilar Quintana

Vergewaltigung

Mit Hängen und Würgen gelang ihm bei seiner Frau eine Erektion, die stark genug war, um in sie eindringen zu können. Dann begann die eigentliche Qual, denn selten war er erregt genug, um zu kommen. Stundenlang mühte er sich auf dem fülligen, schlaffen Körper der Frau ab, die unter ihm schnaufte wie ein Tier. Wenn es dunkel genug war und er sie kaum berührte, blieb ihm die Phantasie, sie sei das Mädchen. Dann kam er sofort.

Das Mädchen konnte Erektionen auslösen, wie er sie sich wünschte. Sah er sie auch nur, in ihr weißes, kleines Handtuch gewickelt, aus dem Bad kommen oder in ihrem Pyjama mit den kurzen Hosen und dem gestreiften Oberteil in der Wohnung umherlaufen.

Seit das Mädchen sieben Jahre alt war, lebte er mit ihnen zusammen. Mittlerweile war sie dreizehn und sagte Papa zu ihm. Ihre Brüste begannen bereits zu wachsen. Ihre Regel hatte sie noch nicht. Das hätte ihm seine Frau sonst erzählt. Außerdem lagen nur die Binden im Badezimmer im Papierkorb, die seine Frau dort entsorgte, wenn sie ihre Tage hatte. Zu gern hätte er gewusst, ob an ihrer Scham die ersten Härchen wuchsen, die Achseln jedenfalls waren noch unbehaart. Sobald das Mädchen die Arme streckte, beispielsweise wenn sie sich etwas aus der Speisekammer holte, blieb er stehen und beobachtete sie.

An jenem Morgen bekam seine Frau einen Anruf. Ein Onkel war gestorben. Bedrückende, langwierige Trauerfeiern sind nicht das Rechte für ein junges Mädchen, ebenso wenig konnte man sie allein lassen. Ein Kind. Am vernünftigsten war es da, dass er zu Hause blieb und sich um sie kümmerte.

Als das Mädchen aus der Schule kam, hatte sich ihre Mutter bereits auf den Weg zur Totenwache gemacht. Sie meinte, weinen zu sollen, auch wenn sie den Onkel kaum gekannt hatte und ihr keine Träne in die Augen stieg. Das Mädchen aß eine Kleinigkeit, die er ihr zubereitet hatte. Dann setzte sie sich an die Hausaufgaben, während er abwusch. So wurde es Abend und Zeit, ins Bad zu gehen. In ihr knappes, weißes Handtuch gewickelt kam sie wieder heraus. Seine Blicke folgten ihr. Auf dem Bett lag ihr Pyjama mit den kurzen Hosen und dem gestreiften Oberteil bereit. Sie zog sich an und kam wieder zu ihm herüber. Er lachte und fragte, ob sie zusammen auf dem großen Bett fernsehen wollten.

Stöhnen Lust ausdrückte, und konnte sich nicht mehr beherrschen. Er drang tief in sie ein.

Das Mädchen stöhnte, und er bewegte sich gleichmäßig, langsam, um ihr nicht weh zu tun. Kurz vor dem Höhepunkt war er noch imstande, sich zu fragen, ob er in ihr kommen dürfe oder nicht. Sie hat ja ihre Tage noch nicht, dachte er, und kam in ihr. Danach war alles ganz still.

Am Morgen darauf zogen die beiden gemeinsam die Laken vom großen Bett und steckten sie in die Waschmaschine. Alles war wie immer, als wäre nie etwas geschehen. Mit einem Unterschied: Bevor sie zur Schule ging, wollte das Mädchen ihn zum Abschied küssen, was noch nie vorgekommen war. Er fühlte sich befangen und gab ihr einen Kuss auf die Stirn.

Als seine Frau zurückkam, waren die Laken bereits wieder sauber. Die Nähe zum Tod wiederum hatte auch in ihr sexuelles Verlangen geweckt. Er aber wusste, dass er nicht einmal eine schwache Erektion bekommen würde, um ihr den Wunsch zu erfüllen.

Aus dem Spanischen von Ralph Amann

Pablo Ramos

Der Engel der Bar

Für Mercedes

Kaum hatte ich sie gesehen, wusste ich, dass sie ein Engel war. Und wenn mir das Wort »Engel« einfällt, dann nicht nur, weil es sie von allen anderen Frauen in meinem Leben unterscheidet, sondern vor allem, weil ich – ein elfjähriger, nicht zu Mystik neigender Junge, der schon einige Lektionen der Straße und des Lebens gelernt hatte – spürte, dass sie tatsächlich ein Engel war. Denn Engel müssen Frauen sein, damit Menschen das Gefühl haben, beschützt zu sein.

Damals waren Pancho, der Pole und ich Freunde und verkauften Blumen in den Kneipen rund um den Friedhof von Recoleta. Wir stammten aus dem armen Süden der Stadt, aus Avellaneda, aber wir hatten an der Endhaltestelle des 17er-Busses den Türken getroffen, einen Typen um die vierzig, der Straßenjungs Sachen zum Verkaufen gab. Wir hatten schon von ihm gehört, deshalb willigten wir ein, als er uns das Geschäft mit den Blumen vorschlug. Wir zogen in den Waggon eines verlassenen Zugs in der Nähe des Bahnhofs Retiro. Er gehörte dem Türken, war also eine sichere Bleibe. Die einzige Gefahr war der Türke selber, wenn er gesoffen hatte, aber dagegen wussten wir uns zu wehren.

Eines Abends – nachdem wir zwei Monate für ihn gearbeitet hatten – hielt ein großer, silberner Wagen mit dunklen Scheiben direkt neben mir an. Die Scheibe wurde heruntergelassen, bis das Gesicht des Fahrers zum Vorschein kam. Er war ein junger Kerl, und neben ihm saß jemand, den ich nicht sehen konnte. Der Typ fragte mich nach meinem Namen und dem Preis für die Blumen. Kaum hatte ich geantwortet, drehte er den Kopf weg und murmelte der Person, die neben ihm saß, etwas zu. Dann sah er wieder mich an und sagte, er würde alle kaufen. Er bat mich, die hintere Tür zu öffnen und die Blumen auf den Rücksitz zu legen. Ich wurde misstrauisch, rührte mich nicht, wusste nicht, was tun. Da ging die Beifahrertür auf, und sie stieg aus: groß, rötliches Haar bis über die Hüften, himmelblaue Augen; sie sah mich so eindringlich an, dass ich verschämt den Blick senkte. Dann gab sie mir das Geld, das sie dem Typen aus der Hand genommen hatte, beugte sich vor und küsste mich auf die Wange. Noch nie hatte mich eine Frau geküsst. Mein Mutter, ja, aber dieser Kuss war anders.

Der Engel war eine schöne Frau, fuhr immer in teuren Autos, und jedes Mal saß ein anderer Kerl hinterm Lenkrad. Sie besuchte uns nur zwei Wochen lang, und in dieser Zeit kaufte sie uns jeden Tag alle Blumen ab. Bevor sie für immer fortging, ließ sie noch einige Wunder geschehen, die dafür sorgten, dass ich sie niemals vergessen werde.

Es war an einem Samstag (der Engel kam schon seit einer Woche jeden Tag zu uns, immer zur gleichen Uhrzeit, um uns die Blumen abzukaufen), gegen drei Uhr morgens. Ich hatte meinen ganzen Korb für sie aufgehoben – die anderen hatten längst alles verkauft – und war der Einzige, der sich noch auf der Straße herumtrieb. Es war kalt, aber allein schon der Gedanke an den Türken hielt mich davon ab, zum Waggon zurückzukehren. Er würde mir nicht zuhören, würde mich draußen schlafen lassen, und draußen, auf den Gleisen, konnte man nicht schlafen. Nicht nur wegen der Stadtstreicher, sondern auch wegen der Ratten. Ich hatte mit eigenen Augen gesehen, was Ratten mit jemandem anstellen, der draußen schläft. Mit dem festen Entschluss, die verlorene Zeit wieder aufzuholen, betrat ich eine Kneipe. Sie war fast leer: drei Tische, an denen drei Männer und ein Pärchen saßen. Ich schaffte es, die Blumen einmal anzubieten, bevor mich der Kellner am Arm packte und rauswarf. Ich ging in eine weitere Kneipe, aber auch dort hatte ich kein Glück. Müde und hungrig, wie ich war, hatte ich mich fast schon damit abgefunden, dem Türken irgendwie unter die Augen treten zu müssen. Da hatte ich eine Eingebung: La Jirafa. Das war eine Bar, in die wir fast nie reinkamen, sie hatte verspiegelte Fenster, man konnte nicht sehen, was drinnen vor sich ging. Ich nahm meinen ganzen Mut zusammen und öffnete die Tür. In großem Bogen schlich ich mich am ersten Kellner vorbei, schlug mich bis ganz hinten durch, und dort sah ich sie: Sie saß mit dem Rücken zu mir, einem Japaner gegenüber, mit dem sie, die Hand erhoben, plauderte. Ich sah sie, bevor sie mich sah. Die Bar war voll, sie trug, als spürte sie die Kälte viel stärker als alle anderen, einen braunen Pelzmantel. Mit erhobenem Zeigefinger und in ernstem Ton redete sie mit dem Japaner, aber ich konnte nicht richtig hören, was sie sagte. Ich ging zu ihr und bot ihr meine Blumen an.

»Was willst du, Kleiner?«, fragte der Japaner.

Sie drehte sich um. Ich glaube, sie war überrascht, denn ihre himmelblauen Augen weiteten sich. Ich musste an den Himmel denken, den ich so oft vom Viadukt aus gesehen hatte, daheim in meinem Viertel, und ich war erleichtert: Niemand würde mir wehtun, solange ich in ihrer Nähe war.

»Er will ein riesiges Sandwich essen, einen Milchkaffee trinken und dir all seine Blumen verkaufen. Auf deine Visage kann er verzichten«, sagte sie. Genau das hatte ich gedacht.

Ich setzte mich neben den Japaner, und sie bestellte, ohne mich zu fragen, einen Milchkaffee und ein Sandwich. Als der Kellner mir beides brachte, hörte sie auf zu reden und sah mir beim Essen zu. Sie zündete sich eine Zigarette an und begann zu rauchen. Alles, was sie tat, war anders. Eine Serviette in ihrer Hand war etwas anderes, eine Kaffeetasse, ein Bleistift, die Art, wie sie sich – ich hatte es einmal gesehen – die Lippen schminkte. Und wie sie rauchte. Ich fragte mich neugierig, wie wohl ihr Körper war, denn ihre Hände, ihre Beine, ihre Hüfte waren wunderschön. Ich wollte mehr sehen, ich wollte unter den Mantel gucken, wollte wissen, was sie anhatte. Ich aß zu Ende, der Japaner bezahlte mir die Blumen, und sie sagte zu dem Kellner, dass der Milchkaffee und der Sandwich auf sie gingen. Der Japaner wollte nichts davon wissen, aber sie brachte ihn mit einem Blick zum Schweigen. Als sie das Geld rausholte, öffnete sich ihr Mantel. Ich saß direkt vor ihr, ließ mir kein Detail entgehen. Ich sah die Form ihrer Brüste, sogar der Brustwarzen; ich sah ihren Oberkörper bis zum Bauch, die geschwungene Form, die rosafarbene Haut bis zum Bauchnabel. Den Rest hinter dem blauen, transparenten Stoff, einem Stoff wie aus einer anderen Welt, konnte ich mir leicht vorstellen. Sie bemerkte es und gab mir mit einem verschwörerischen Lächeln zu verstehen, dass ich das Geheimnis für mich behalten sollte. Ich erwiderte ihr Lächeln, dann stand ich auf und ging.

Ich hatte den Fehler gemacht, meinen Freunden zu sagen, dass ich sie für meinen Schutzengel hielt. Seither ließ der Pole keine Gelegenheit aus, um sich darüber lustig zu machen. Trotzdem konnte ich die Geschichte nicht für mich behalten, und als ich wieder bei den anderen im Waggon war, erzählte ich alles.

»Das ist doch nur eine Hure mit Geld, du Idiot«, sagte der Pole, »und zwar eine, die nicht mehr alle Tassen im Schrank hat.«

»Warum hat man mich dann nicht aus der Bar geschmissen?«, fragte ich. »Wo wir doch sonst immer rausfliegen?«

»Du hast einfach Glück gehabt, Mann.«

Weil Pancho nichts sagte, wandte ich mich ihm zu. Er zuckte mit den Achseln und sagte, dass es ihm am Arsch vorbeiginge.

»Ihr seid selber Idioten, weil ihr an gar nichts glaubt«, sagte ich. »Ich habe nämlich ihre Flügel gesehen. Da staunt ihr, was? Wer ist jetzt der Idiot? Ihr oder ich? Das war das Geheimnis, das ich euch nicht verraten durfte.«

Ich schaute so überzeugt drein, wie ich nur konnte, aber meine Freunde lachten sich nur kaputt: Weil der Pole so tat, als würde er fliegen und gleichzeitig Geige spielen, und dann, als würde er fliegen und gleichzeitig einen Schwanz lutschen. Einen Engel wie sie hätte er gar nicht verdient, sagte ich, und wenn ich sie das nächste Mal sehen würde, würde ich ihr das auch sagen, damit sie nie wieder eine Blume von ihm kaufte.

»Sei nicht so, war doch nur ein Scherz«, sagte der Pole.

Ich fühlte mich elend. Am liebsten hätte ich um mich getreten. Ich wollte nicht wie meine Freunde denken. Ich hatte ihren Körper gesehen und war mir sicher, dass sie ein Engel war, aber das mit den Flügeln war gelogen. Wahrscheinlich hatten weibliche Engel aus irgendeinem Grund keine Flügel. Vielleicht weil sie sich sonst an der Hüfte verletzten. Aber meine Freunde, besonders der Pole, hörten nicht auf, mich zu verspotten.

Eines Abends nahmen sie und der Japaner mich zum Essen mit in eine Bar, und so kam ich viel später als üblich zurück. Einige Meter vor dem Waggon stellte sich mir der Türke in den Weg. Obwohl ich ihm das ganze Geld gab, begann er mich zu schikanieren. Zum Glück war er nicht betrunken, aber er schrie mir direkt ins Gesicht, wie er einem immer direkt ins Gesicht schrie. Er gab mir einen Klaps nach dem anderen auf den Nacken, von der Sorte, die einen so nervös macht, dass man den anderen am liebsten umbringen würde, die man aber lieber Spucke schluckend aushält, wenn der körperliche Unterschied groß und die eigenen Möglichkeiten klein sind. Er sagte, er hätte mit Pancho und dem Polen gesprochen und sie weggeschickt, und ich sollte endlich mit diesem Engelgequatsche aufhören und richtig ranklotzen, wenn ich Geld, Essen und ein Dach über dem Kopf wollte. Er wäre nicht mein Vater, könnte nicht die ganze Zeit auf mich aufpassen, die Huren zögen einem das letzte bisschen Geld aus der Tasche, sagte er und noch so Zeug von der Art, an das ich mich nicht mehr erinnere. Sie sei keine Hure, sagte ich, sondern eine Freundin, sie kaufe uns seit einer Woche alle Blumen ab, und davon würden wir alle profitieren. Da tickte der Türke endgültig aus und schimpfte mich einen Verräter, ich würde mit der Polizei unter einer Decke stecken, und dann boxte er mir mit der Faust auf die Brust. Ich bekam keine Luft mehr, aber ich riss mich zusammen, wollte ihm nicht den Gefallen tun, mich nach Luft schnappen zu sehen.

An diesem Nachmittag hatte ich keine Chance, aus dem Waggon rauszukommen. Der Türke brachte mir Brot und Wurst und schloss mich ein. Um mir die Geisterseherei auszutreiben, sagte er. Abends brachte er mir eine Flasche Wasser und zwei Baguettes.

»Wenn was ist, sag deinem Engel, sie soll dich da rausholen, du Spinner«, rief er, bevor er die Tür wieder schloss.

Der Waggon ließ sich von außen verriegeln. Wenn man mal eingesperrt war, hatte man keine Chance, wieder rauszukommen. Eingesperrt zu sein machte mich nervös, mir war zum Heulen zumute. Ich riss mich zusammen, solange ich konnte, aber als es Tag wurde und Licht durch die Ritzen der Holzbretter fiel, drehte ich durch. Ich heulte und trat gegen die Bretter, bis ich vollkommen fertig war. Da hörte ich ein Geräusch: Jemand machte sich an der Tür zu schaffen. Der Türke konnte es nicht sein, dafür war es zu früh, es sei denn, er war betrunken, aber das wäre dann noch schlimmer, als eingesperrt zu sein. Ich verkroch mich in die hinterste Ecke des Waggons. Plötzlich flutete Licht herein und blendete mich einige Sekunden lang. Da sah ich sie: sie, den Engel, in ihrem Pelzmantel, wie sie in den Waggon stieg, ja schwebte.

Woher wusste sie, dass ich hier war? Wie konnte sie hier sein, wenn sie dafür doch die ganze Siedlung hatte durchqueren müssen? Ich werde es nie herausfinden. Wir stiegen in das Auto, an dessen Steuer diesmal ein besonders gutaussehender Kerl saß, und nahmen gemeinsam vorn Platz. Jasminduft stieg mir in die Nase, und ich drehte mich zur Rückbank um: Darauf lagen Berge von Blumen, den Blumen meiner Freunde und anderen Jungs wie uns. Wir erreichten eine Bar am Fluss und stiegen aus. Sie bestellte drei Milchkaffee und jede Menge süße Hörnchen. Im Morgenlicht konnte ich ihr Gesicht gut erkennen und stellte fest, dass sie noch viel schöner war, als ich gedacht hatte. Aber sie war übel zugerichtet: Ein Bluterguss zog sich vom linken Auge bis zur Wange. Sie berührte ihn, und ich merkte, dass sie Schmerzen hatte. Da begriff ich, dass auch Engel zerbrechliche Wesen sind, Wesen, die Zauberkräfte haben, aber einen Preis dafür bezahlen müssen. Das Zaubern tut ihnen weh, fügt ihnen blaue Flecken zu, verletzt sie, deshalb gehen sie mit ihren Tricks auch nicht verschwenderisch um. Auch Engel können sterben, dachte ich, und wollte ihr etwas zeigen, damit sie sich nicht allein fühlte.

»Ich habe auch so einen«, sagte ich und zog meinen Pullover hoch, damit sie meine Brust sah.

»Dieses Schwein«, sagte der junge Typ. Mir wurde klar, dass er den Türken kannte.

Wir fuhren weiter. In der Nähe einer Avenida, zwei Häuserblocks von der Siedlung entfernt, setzten sie mich ab. Sie bat mich, erst am späten Abend zum Waggon zurückzukehren.

Ich weiß nicht, ob sie ihre Hände mit im Spiel hatte, jedenfalls verschwand der Türke von der Bildfläche. Alle verschwanden ab und zu von der Bildfläche, einfach so, aber dieser Zufall kam mir seltsam vor. Meine Freunde und ich warteten mehrere Tage ab, ob der Türke zurückkehren würde. Die ganze Woche bettelten wir an derselben Haltestelle und gaben nur das aus, was wir zum Essen brauchten. Aber es wurde Donnerstag, und vom Türken keine Spur.

»Er ist wegen irgendwas untergetaucht«, sagte der Pole.

»Gut, dass wir das Arschloch los sind. Jetzt gehört der Waggon uns, und wir lassen niemanden rein«, sagte ich.

»Schon, aber was sollen wir jetzt verkaufen?«, fragte Pancho.

»Wir leihen uns was. Mit dem, was wir haben, und dem, was wir zusammenbekommen, besorgen wir Blumen, und die verkaufen wir dann«, sagte der Pole, der allmählich Gefallen an der Idee fand.

Während die anderen redeten, kletterte ich zum Luftloch des Waggons und holte die 38er des Türken runter.

»Die hat der Blödmann vergessen!«, sagte ich. »Bumm, bumm, bumm, einer bleibt mit der Knarre hier und passt auf den Waggon auf, zwei ziehen los und schauen, was sich machen lässt.«

An diesem Abend brachen wir auf, um den Plan umzusetzen, den ich vorgeschlagen hatte.

»Vielleicht haben wir Glück, und diese Engelstussi taucht auf und schenkt uns einen Tausender«, sagte Pancho und lachte sich tot, während wir in Richtung Avenida gingen.

Ich konnte ihm nicht erzählen, was mir passiert war, wie sie mich aus dem Waggon gerettet hatte, und auch nicht, was der junge Typ gesagt hatte. Pancho würde denken, dass ich ein Verräter war und den Türken in den Knast gebracht hatte.

Da geschah etwas, das meinem Freund für immer die Sprache verschlug. Wir waren beide baff, als mich an diesem Donnerstag, eine halbe Stunde, nachdem wir mit dem Betteln angefangen hatten, der Kellner vom La Jirafa zu sich rief und mir einen Zettel von ihr und einen Haufen Blumensträuße übergab, die wir verkaufen durften. Freesien und Jasmin, die genauso aussahen wie die, die sie immer von uns gekauft hatte, nur dass sie kalt waren, eiskalt, als hätte sie gerade jemand aus der Gefriertruhe geholt. Der Kellner sagte, wir sollten ab jetzt jeden Donnerstag kommen, es wären noch mehr da, sie hätte alles arrangiert.

Die Blumen hielten so lange vor wie ihre Besuche: zwei Wochen. Wenn der Zauber echt gewesen wäre, hätten die Blumen niemals ausgehen dürfen, könnte man denken. Aber dann könnte man diese Geschichte nicht begreifen. Was auf dem Zettel steht, ist ein Geheimnis, das ich bis heute mit niemandem geteilt habe. Es erzählt vom Leben, von einem Schiff, das wegfährt, und von Spuren, die Vögel nie in Wolken hinterlassen. Auch ihr Name steht da, der Name, unter dem ich den Engel im Gedächtnis behalten soll. Der Name ist so sanft und schön, dass ich ihn nur aussprechen muss, und schon werden mir das Herz und die Erinnerung leichter.

Aus dem Spanischen von Matthias Strobel

Giovanna Rivero

Zwillingsbetten

Ein Liebesschmerz. Wer kennt das nicht. Liebesschmerz bis in die Fingerspitzen. Die Äpfel wurden faul, kaum dass ich sie berührte. Alles verfaulte. Damals jaulte ständig MTV, und das machte es auch nicht besser. Kenneth Branaghs *Mary Shelleys Frankenstein* war gerade rausgekommen, und ich spulte immer wieder zurück, um mir das zuckende Herz in der Hand des verlassenen Monsters anzusehen. Mit eingeschlagener Brust, eine gewaltige Kriegsverletzung. Ich zog mir die Bluse aus, ich hatte das Gleiche vor: meine Brust aufreißen und das Herz rausholen, vielleicht würde ich es aufessen und dann laut rülpsen, einfach bloß um meine Eltern zu erschrecken. Eltern kriegen das Kotzen, wenn sie mit ansehen müssen, wie sich ihre Kleinen beim Mittagessen aufführen. Auf der einen Seite nervt der Junge mit der Nummer vom hässlichen Entlein, auf der anderen Seite das Mädchen: Gänseblümchenspiel – er liebt mich, er liebt mich nicht. Knochenknacken – so, das wär's.

Dann hieß es, irgendwas sei nicht in Ordnung, und irgendwer musste das in Ordnung bringen.

»Als die Kleine noch lebte, hatte ich auch so Brüste wie du«, sagte meine Zimmergenossin. Die Mädchen in Weiß waren schuld daran, dass wir uns wegen nichts mehr schämten; sie verfügten über unsere Körper, als wären es Bettdecken, die man jeden Morgen kräftig ausschütteln muss, damit sich keine Milben darin festsetzen. So was Verrücktes. Eigentlich wäre es mir am liebsten gewesen, sie hätten mir das Herz rausgerissen. Jedenfalls war das Essen, das wir bekamen, sehr stark gewürzt, denn vom Clonazepam hatten wir den Geschmackssinn verloren.

»Als die Kleine gestorben ist«, fuhr meine Zimmergenossin fort, »sind meine Brüste ausgetrocknet und schlaff geworden. Schau mal ...« Sie stand auf und hob ihr Flanellnachthemd hoch; es war ihr viel zu weit, sie sah völlig durchgedreht darin aus.

Die Brustwarzen waren zwei welke Blüten, seit langem vom Schmerz ausgetrocknet. Traurige Brüste. Ich hatte trotz allem, trotz des Liebesschmerzes, fröhliche Brüste. Ich trug gerne weiße T-Shirts, damit die anderen auch was von meinen Brüsten hatten. Meine Eltern fanden auch das nicht gut. Mädchen dürfen nicht so freizügig mit ihren Reizen sein, so was tut man nicht, und es tut ihnen selbst auch nicht gut, sagten sie, und MTV gab ihnen irgendwie recht. Madonna hätte keinen solchen Superhit haben dürfen wie »Like a Virgin«. Langsam verfaulte alles. Irgendwo auf der Welt, was für ein komischer Ort, sind Würmer ein ganz teures Gericht.

»Ob sie uns heute Abend einen Film zeigen?«, fragte meine Zimmergenossin. Das Nachthemd hatte sie immer noch bis zum Kinn aufgerollt. Eins von den Mädchen in Weiß kam mit dem Abendcocktail. Ich bekam inzwischen die gelben Pillen, meine Zimmergenossin dagegen immer noch die blauen, davon sabberte sie den Vormittag über, nachmittags erlangte sie ihre Würde dann einigermaßen zurück.

»Ich hab Gio gerade gefragt«, sagte sie zu dem Mädchen in Weiß, »ob wir heute Abend einen Film gezeigt bekommen.« Sie sagte »Fielm«. Dass sie sich wegen der Medikamente wie eine Schwachsinnige anhörte, war ihr egal, sie tat nichts dagegen.

»Lass dein Nachthemd runter«, sagte das Mädchen in Weiß. »Man könnte meinen, du bist verrückt.«

Meine Zimmergenossin gehorchte und streckte die Zunge raus,

um sich die blauen Pillen drauflegen zu lassen. Wasser wollte sie keins dazu, die Flüssigkeit mache sie traurig, sagte sie. Das Mädchen in Weiß verzog das Gesicht, sie hasste so was, in dieser Weise über Sachen zu reden, die man nicht sieht. Es war überhaupt nicht witzig, die Übersicht zu verlieren, erst recht nicht, wenn man über die abartigen Wesen, die einem anvertraut sind, Berichte schreiben muss. Blutdruck, okay, Pupillen, nicht übermäßig geweitet, also okay, Nervenreflexe, okay, alles in Ordnung. »Traurig, wieso?«, fragte sie für alle Fälle und kramte doch noch einmal die menschlichen Umgangsformen hervor, die sie irgendwo vor der Zimmertür zurückgelassen hatte. Aber vor der Zimmertür war nichts. »Traurig, weil es kein Alkohol ist«, sagte meine Zimmergenossin – es hörte sich an wie eine Zeile aus einem alten Tango, wie sie manchmal im Abendprogramm von Radiosendern zu hören sind, die sich im Jahrhundert geirrt haben. Manche DJs machen so was, vermiesen einem Freddie Mercury, streuen einem Sand in die Augen und laufen danach völlig ungeniert auf der Straße herum. Sie scheißen auf Leute wie Mercury oder Madonna und bilden sich auch noch etwas darauf ein. Sie haben den Tod verdient. Aber die Mädchen in Weiß waren mit ihren eigenen Angelegenheiten beschäftigt. »Ich hab den ganzen Hals voll Spucke«, entschuldigte sich meine Zimmergenossin, während sie ihre Pillen im Mund kreisen ließ, wo sie in dem klebrigen Speichel schwammen, den man vom Clonazepam bekommt, wenn man seine beste Freundin geworden ist. Aber das Mädchen in Weiß befahl ihr, den Mund noch mal aufzumachen und »aaah« zu sagen, damit sie mit eigenen Augen sehen konnte, dass sie die Kapseln hinuntergeschluckt hatte.

»Jetzt bist du dran«, sagte sie und tastete mich in Lichtgeschwindigkeit mit den Augen ab. »Was soll das denn? Ist das eine Party? Knöpf dir die Bluse zu«, befahl sie und reichte mir zwei perfekte entenfarbige Zylinder – in der Farbe der Entchen im Kindergarten.

Die gelben Zylinder rutschten die Speiseröhre hinab. Rückkehr ausgeschlossen.

Bevor sie ging – in ihrem makellosen Weiß –, sagte sie noch, ja, wir würden einen Film gezeigt bekommen, aber nur bis zur Hälfte, die andere Hälfte gebe es morgen, nicht alle kämen gut mit den Medikamenten zurecht und müssten deshalb früher ins Bett. Ab ins Bettchen. Schlaft gut. Schlaft gut, meine Trauerklößchen. Schlaft gut, damit ihr den Liebesschmerz vergesst.

»*Frankenstein*«, bettelte ich.

»Wer? Was?« Das Mädchen in Weiß runzelte die Stirn. Die Mädchen in Weiß wurden schnell böse, das war eine Art, die Ordnung aufrechtzuerhalten, dafür zu sorgen, dass alle ohne zu mucksen ihre Medizin nahmen und die Arme voll blauer Flecken ausstreckten, um sich die nächste Spritze verpassen zu lassen.

»Bitte leiht *Frankenstein* aus, die Geschichte von dem zusammengeflickten Mann«, bat ich.

Das Mädchen in Weiß sagte, sie würden eine Komödie zeigen. »Lachst du etwa nicht gern? Vergiss das mit den zusammengeflickten Leuten, hier sind alle schwer krank.«

Schließlich ging sie hinaus, und meine Zimmergenossin fing an zu sabbern. An diesem Nachmittag klappte das mit der zurückerlangten Würde irgendwie nicht so recht. Ich zog mir die Bluse aus, hob die Arme hoch und musterte meine Achselhöhlen. Die kastanienbraunen Haare waren viel zu lang geworden. Ich strich mit der rechten Hand über die linke Achselhöhle, die Haare waren ganz weich, aber deshalb trotzdem nicht hinzunehmen. Das merkte ich immer noch. Der Liebesschmerz hatte mir, was meine Achseln betraf, die guten Sitten noch nicht restlos ausgetrieben.

»Die Kleine hat nicht mehr getrunken, und da sind meine Brüste ausgetrocknet«, sagte die Frau, die ihre Tochter hatte sterben lassen. Manche lassen ihre Kinder sterben, werden in Kliniken gesperrt, wo sie sich erholen sollen, indem sie den Arm ausstrecken und Ströme von Haloperidol eingeflößt bekommen, danach können sie nicht mehr richtig an die Decke sehen, stoßen mit der Hüfte an die Wand, verschaffen sich Blutergüsse an den Handgelenken, weil ein unsichtbarer Sadist gesagt hat, er liebt sie nicht. Ihr Zahnfleisch fängt an zu bluten – die Mädchen in Weiß helfen ihnen nie dabei, sich die Zähne zu putzen. Und diese Frau hatte ihre Tochter sterben lassen.

»Ich will mir die Achseln rasieren«, sagte ich. Ich hatte nur diesen einen Wunsch, mir die Achseln zu rasieren. Ein bisschen was von dieser Würde zurückbekommen.

Es gibt einen Ort, wo ich nie hin will. Frankreich muss grässlich sein, lauter stinkende Leute. Als Kind träumte ich davon, nach Disneyland zu fahren, die tote Tochter meiner Zimmergenossin hat wahrscheinlich auch davon geträumt, nach Disneyland zu fahren. Im Disneyland, heißt es, setzt du dich in die Achterbahn und hebst die Arme hoch, damit du besser schreien kannst. Ich will schreien können, wie in der Werbung, ohne dass jemand sagt: »Schau mal, du hast ja ganz lange Achselhaare!«

»Verdammt, alles, was ich will, ist, mir die Achseln rasieren«, sagte ich.

Morgens beim Aufwachen zitterte ich. Ich schwitzte, und der kühle Luftzug trocknete meinen Schweiß unter der Decke. Ich wusste nicht mehr, wo meine Hände waren, um das Federbett heranzuziehen und mich damit zuzudecken. Die Mädchen in Weiß schlossen uns ein, damit wir armen Seelen nicht versuchten abzuhauen. In den Zimmern lagen die Albträume sorgfältig übereinandergestapelt.

Eines Nachts träumte ich, Frankenstein sei mein Geliebter. Der unsichtbare Sadist, der behauptete, er liebe mich nicht. Liebe mich, mein Geliebter, liebe mich, wenigstens ein kleines bisschen. Frankie lächelte unschuldig. Frankie hatte sich einen Geist ausgeborgt, von wem, wusste ich nicht. Frankie wusste nicht, ob er mich lieben oder einfach mit dem Schwanz eines anderen unsichtbaren Sadisten, der ihm eingepflanzt worden war, vögeln sollte. Ich wachte schreiend auf. Ich schrie, bis mein Zahnfleisch zu bluten anfing. Da kamen die Mädchen in Weiß mit ihren Spritzen und ihrer makellosen Ordnung. Ich schlief zwei Tage lang. Wieder stapelten sich die Albträume in einer abgelegenen Ecke meines Verstandes auf.

»Rasieren oder enthaaren?«, fragte meine Zimmergenossin. Sie nahm es gerne genau. Was soll's, in unseren Zwillingsbetten hatten wir mehr Zeit als nötig. Wenn jemand dich nicht liebt, kannst du die Sekunden wie Seifenblasen vor dir her pusten, du kannst dich ringsum mit Seifenblasen umgeben. Sie tun dir nichts, Seifenblasen können einem nicht wehtun, sie platzen geräuschlos und hinterlassen bloß ein paar feuchte Flecken.

»Hast du eine Pinzette?«, fragte ich. Ich war mir sicher, dass meine Zimmergenossin keine Pinzette haben würde. Die Frau war achtundvierzig Jahre alt und hätte meine Mutter sein können. Mütter haben nie das, was ihre Töchter wirklich brauchen. Eine Pinzette, zum Beispiel.

»Nein, aber dafür kannst du auch einen Nagelknipser nehmen. Morgen bekommen wir die Nägel geschnitten.« Sie sagte »geschnittschen« – der viele Speichel machte sich verräterisch bemerkbar. »Aber ein Rasierer wäre besser, was?«, sagte sie. Nachmittags wurde die Würde langsam, die Wörter zogen sich in die Länge.

»Ja, ein Rasierer wäre besser. Hast du einen?«, fragte ich. An der Decke zerplatzten Seifenblasen. Wer zum Schlafen eingeschlossen wurde, durfte keinesfalls einen Einmalrasierer besitzen. Solche kleinen Freuden des Lebens blieben einem hier verwehrt. Aber es gab auch Ausnahmen von dieser Regel. Am Ende des Gangs war ein Dreizehnjähriger untergebracht, der tote Menschen sah, sie spähten ihn durch die Lüftungsschlitze der Klimaanlage an und schnitten Gesichter. Wenn dir jemand Gesichter schneidet, zahl es ihm in gleicher Münze zurück. Er wurde in ein Zimmer mit Deckenventilator verlegt – daraufhin fing er an, sich wie ein Karussell im Kreis zu drehen.

»Nein, aber hör mal, Gio, ich schlage dir ein Geschäft vor.« Abmachungen mit ihr klappten, das kann ich nicht bestreiten. Sie wollte von mir die in Alkohol getränkten Wattebäusche, die die Mädchen in Weiß nach dem Spritzen liegen ließen. Sie lutschte daran, als wären es Karamellbonbons. Dafür verschaffte sie mir ab und zu eine von den blauen Pillen, worauf ich bloß die Augen zu schließen brauchte, und schon lag ich in den Armen von Frankenstein.

Von ferne, aus einem anderen Zimmer, hörten wir jemanden weinen. Einer von uns hatte einen Anfall und trampelte laut auf dem Boden herum. Gleich würden die Mädchen in Weiß erscheinen – beflissen, umsichtig, diszipliniert, dass es einen ekeln konnte – und die Venen des Betreffenden mit Haloperidol fluten.

»Was für ein Geschäft? Ich weiß nicht«, sagte ich. Dabei dachte ich daran, dass ich mir auch ein paar Figuren in die Scham ritzen könnte. Frankie würde das gefallen.

»Ich besorg dir den Rasierer. Ich hab gehört, der aus der Fünf wird entlassen, angeblich hat er keine Schlafstörungen mehr, er ratzt jetzt wie ein Murmeltier. Der aus der Fünf ist mein Freund.«
»Fümf«, sagte sie langsam; das Einzige, was unsere Freundschaft beeinträchtigte, war ihre Art zu sprechen – unsere sogenannte Freundschaft, unsere rüde Art, uns zu begrüßen: »Morgen, Gio, na, hast du wieder von deinem zusammengeflickten Mann geträumt?« – »Schlafen Sie gut, Señora, und passen Sie auf, dass Sie nicht wieder von der Kleinen träumen, im Grunde ist sie wie Freddy Krueger. Ein Monster ist doch wie das andere, also träumen Sie nicht von der Kleinen.« Das war unsere Freundschaft.

»Der von der Fünf hat versprochen, mir zum Abschied was zu schenken. Ich bring dir den Rasierer. Du wirst zufrieden sein damit«, sagte sie.

»Und dafür willst du ein paar Schneeflöckchen …« Ich lächelte. Allmählich tat mir der linke Arm weh, mir fiel ein, dass ich ihn wieder runternehmen musste. Die kastanienbraunen Härchen würden auch morgen noch dort sein.

»Nein. Ich bitte dich bloß um einen Gefallen«, sagte sie langsam. Ihre Augen glänzten, wie bei einer Maus, die man auf halbem Weg zwischen Küche und Esszimmer überrascht hat.

»Einen Gefallen …«

»Ich will deine Brüste berühren.« Das Wort »Brüste« kam ihr ohne jede Anstrengung über die Lippen. Die Betäubung ließ nach, die Seifenblasen über unseren Zwillingsbetten verflüchtigten sich.

Das Weinen in dem anderen Zimmer wurde zu einem Wimmern. Die Mädchen in Weiß hatten ihre Arbeit erledigt.

»Und morgen bekommst du den Rasierer«, sagte meine Zimmergenossin. »Das verspreche ich dir.«

»Ein Rasierer ist keine schlechte Idee«, sagte ich, »ein Rasierer kann einem das Leben retten.«

»Und dich hier rausbringen, aus dieser Hölle, dann brauchst du nie mehr die Pillen von diesen verfluchten Nutten zu schlucken«, sagte sie. Dabei kontrollierte sie ihre Aussprache und streckte gierig die Hände nach mir aus, wie ein freundliches Gespenst, das nur dein Bestes will. Dein Allerbestes.

Die gelben Pillen wirkten so wie immer: Ein angenehmer Schwindel, ein Hinnehmen von allem, bis alles verschwunden ist. Ich ging auf sie zu und hob die Arme, wie ich es bei Madonna gesehen hatte, und bei Frankie, und bei Freddy Krueger, wenn alles verloren war.

Ihre Mäuseaugen glitzerten. Ein Schritt, zwei Schritte. Drei Schritte zwischen unseren Zwillingsbetten!

Ich hatte nur diesen einen Wunsch, mir die Achseln zu rasieren.

Aus dem Spanischen von Peter Kultzen

Santiago Roncagliolo
Wilde Tiere

Mit ihren neununddreißig Jahren hatte Carmen sich mit dem Alleinsein abgefunden. Sie war nicht hübsch und auch nicht hässlich, und diese Mittelmäßigkeit traf auf alle Bereiche ihres Lebens zu: Sie war weder reich noch arm, weder dumm noch blitzgescheit. Ihre Eigenschaften waren so normal – so wenig charakteristisch –, dass Carmen ihren Mangel an einem Begleiter einem zu hohen Anspruch zuschrieb, oder einfach als ihr Los betrachtete. Nicht unbedingt ein schlechtes Los, aber eben das Los, das sie gezogen hatte.

Sie war auch weder eine alte Jungfer noch bigott. Sie hatte in ihrem Erwachsenenleben Beziehungen gehabt. Manche davon waren ganz nett gewesen. Kaum eine hatte besonders lange gehalten. Die meisten waren mit der Zeit einfach verflossen, und die wenigen, die länger dauerten, lösten sich zumeist in Luft auf, wenn der Moment kam, sich für Ehe und/oder Kinder zu entscheiden. Das hieß nicht – wie ihre Mutter gehässig sagte –, dass die Männer sie nicht heiraten wollten. Sie selbst fühlte sich unfähig, sich länger als für sechs oder sieben Wochenenden zu binden. Für sie stand fest, dass sie sich lieber allein als zu zweit langweilte. Und wenn sich ihre Laken kalt anfühlten, erschien ihr eine Wärmflasche verlässlicher als ein lauer Bettgefährte.

Außerdem genügten ihr als Gesellschaft ihre Arbeitskollegen. Carmen arbeitete in einer Reiseagentur unweit der Calle Comercio. Der Großteil ihrer Arbeit bestand aber nicht darin, Menschen in die Welt hinauszuschicken, sondern den Aufenthalt für die – immer zahlreicheren – Touristen zu organisieren, die nach Barcelona kamen. So stand die Agentur in gewisser Hinsicht nicht am Ausgangspunkt, sondern Ende einer Reise, als Ziel, und so war sie auch gelegen: in einer Sackgasse irgendwo in den verwinkelten Gassen der Altstadt, unter einem ziemlich alten Torbogen; praktisch unsichtbar für Passanten glich sie einer verzauberten Höhle.

Der Vorteil dieser Lage bestand darin, dass sich die Kunden in der Agentur kaum blicken ließen, was wiederum die familiären Umgangsformen zwischen den Mitarbeitern förderte. Unter Carmens vier Kollegen – Dani, Milena, Lucía und Jaime – hatte sich eine herzliche, das Privatleben aber respektierende Kameradschaft entwickelt, was ihnen erlaubte, Freuden zu teilen, ohne indiskret zu werden. Als beispielsweise Milenas Mutter starb, gingen alle auf die Beerdigung, um ihr beizustehen. Und als Jaime eine Lungenentzündung hatte, brachten die anderen ihm abwechselnd heiße Brühe. Als bei Carmen jedoch die Zysten diagnostiziert wurden, die ihre Nierentätigkeit beeinträchtigten, wollte sie niemanden mit ihren gesundheitlichen Problemen belästigen. Und als ihr letzter Freund sie verließ – daran erinnerte sich Carmen noch gut, denn das hatte sie sehr getroffen –, sperrte sie sich zwar tagelang immer wieder im Bad ein, um sich auszuweinen, aber ihren Kollegen vertraute sie sich nicht an. Nicht einmal Daniel erzählte sie davon, der homosexuell war und mit dem sie sich am besten verstand. Carmen wusste, dass sie bei Kleinigkeiten auf die Unterstützung der anderen zählen konnte, aber sie hatte Angst, die schmale Grenze zu überschreiten, die Kameradschaft von emotionaler Erpressung trennt, würde sie mehr erbitten oder brauchen.

Die private Agenda der Agentur wurde von Festlichkeiten markiert, deren wichtigste die Geburtstage waren. Fünf Mal im Jahr feierte die Truppe nach Büroschluss den Geburtstag eines Kollegen. Üblicherweise legten sie zusammen, um dem Jubilar irgendein schönes Geschenk zu machen, meistens ein Parfum. Es gab

Kuchen mit Kerzen zum Ausblasen, allerdings waren die Damen fast immer auf Diät, so dass aus dem Schokoladenkuchen irgendwann nur Muffins mit Kaffee wurden. Bei diesen Zeremonien wurden immer dieselben Witze wiederholt, und obwohl sie nicht unbedingt zum Schreien komisch waren, mochte Carmen sie; ihr gefielen die kleinen alltäglichen Rituale, die ihr Leben zu einem sicheren Ort ohne Überraschungen machten.

Doch an ihrem vierzigsten Geburtstag wurde das Ganze riskanter als erwartet. Das Datum fiel in den Karneval, und irgendeiner aus der Agentur – vielleicht Lucía, die etwas exaltiert war – hatte vorgeschlagen, sie sollten sich alle verkleiden und gemeinsam von Bar zu Bar ziehen. Carmen fand den Karneval in Barcelona ganz pittoresk, und in einem Jahr war sie auch mit auf die Straße gegangen, aber als Zuschauerin, verkleidet als sie selbst und in dem schützenden Gefühl ihrer Normalität, während sich ringsum skurrile Figuren gedrängt hatten. Sie war bereit, die Erfahrung in dieser Form zu wiederholen, wenn die gesunde Distanz zwischen dem Karneval und ihr selbst gewahrt bliebe, wenn sie über phantasievolle Verkleidungen lächeln konnte, als handele es sich um eine Theateraufführung. Das Problem war nur, dass die anderen Agenturangestellten ihr zu ihrem Entsetzen eine *Überraschung* angekündigt hatten, was zweifellos auch eine Verkleidung obligatorisch machte.

Carmen hasste solche Dinge: Überraschungen, Verkleidung und was sie »vulgäre Hemmungslosigkeit« nannte. Sie fand so etwas absolut kindisch und für verständige Erwachsene unangebracht. Aber sich zu weigern, hätte eine Konfrontation innerhalb des sonst so gesunden Arbeitsklimas heraufbeschworen, und sie wollte ihr kleines Universum nicht gefährden. Außerdem hatte sie für diesen Abend auch keinen anderen Plan. Die einzige Alternative wäre ein Abendessen mit ihrer Mutter. Und sie würde alles tun, selbst als Ungeheuer verkleidet auf die Straße gehen, um an ihrem Geburtstag nicht mit ihrer Mutter zu Abend essen zu müssen.

Seit Carmen denken konnte, hatte ihre Mutter ihr die Geburtstage ruiniert. Sie war eine extrovertierte Person, die leidenschaftlich gern auf Partys ging und das Haus immer voller Gäste hatte. Als ihre Tochter klein war, hatte sie deshalb immer versucht, aus ihrem Geburtstag ein großes Kinderspektakel zu machen. Sie stellte die ganze Wohnzimmereinrichtung um, kaufte Unmengen Lebensmittel und Getränke ein und verteilte ringsum Einladungen, sogar an Mädchen, die gar keine Freundinnen oder sogar erklärte Feindinnen ihrer Tochter waren. Wenn Carmen protestierte, erklärte ihre Mutter, es gebe keine bessere Gelegenheit als eine Party, um Freundschaft zu schließen, und letztlich könnten solche Dinge bei Mädchen ihres Alters nicht so schlimm sein.

Carmen war jedoch – vielleicht gerade deshalb – ein eher zurückhaltendes, schüchternes Mädchen, das sich in eine Ecke verkroch, während die eingeladenen Kinder sich vergnügten und ihre Mutter sich mit den Eltern unterhielt. Bei diesem Versuch, sich möglichst unsichtbar zu machen, wurde sie manchmal von der Gastgeberin zum Opfer ihrer Gäste. Wenn die besonders kessen Mädchen merkten, dass sie auf keine ihrer Provokationen reagierte, dachten sie sich kleine Formen der Folter aus: Sie zogen sie an den Zöpfen, schubsten sie, lachten sie aus, klebten ihr Gummibärchen an die Kleider, klauten ihre Geschenke. Kam ihre Mutter vorbei, taten sie, als wäre alles in bester Ordnung, und zwangen Carmen, lächelnd mitzuspielen. Natürlich beklagte Carmen sich anfangs, aber darauf antwortete ihre Mutter nur:

»Mein Liebes, du musst lernen, etwas lockerer zu werden. Deine Freundinnen spielen doch nur.«

Und mit diesen Worten schickte sie sie wieder zu den Kindern. Sie müsse sich integrieren, sagte sie.

Angesichts dieser feindlichen Welt suchte Carmen bei ihren Spielzeugen Zuflucht, vor allem bei den Plüschtieren, die sie über alles liebte. Zu ihrer Sammlung gehörte ein Teddybär mit Knopfaugen, ein Zebra, eine fette Katze und eine Kuh mit dickem roten Euter, neben vielen anderen Tieren, die an den Wänden hingen und ihre Schränke überquellen ließen. Carmen behandelte diese Plüschtiere nicht wie Dinge, sondern wie Freunde. Sie setzte sie im Kreis in die Mitte ihres Zimmers und spielte Teetrinken. Oder sie ließ sie selbst entscheiden, was sie spielen wollten. Sie leisteten ihr beim Schlafen Gesellschaft, und als sie nicht mehr alle unter die Decke passten, überließ sie ihnen das Bett und schlief selbst auf dem Vorleger. Sie hatten es sich verdient, zumindest mehr als die meisten Menschen.

Ihr Lieblingsplüschtier war ein kleiner brauner Wolf, den ihr Vater ihr aus Deutschland mitgebracht hatte. Er hieß Max. Wenn ihre Mutter fragte, wie sie denn auf diesen Namen gekommen sei, sagte Carmen:

»Er will so genannt werden.«

Und als hätte er tatsächlich ein Eigenleben, tauchte der Wolf Max stets an den unverhofftesten Orten auf: in der Messerschublade in der Küche, unter dem Elternbett, in der Badewanne. Gleichzeitig sah man Carmen immer seltener. Wenn sie aus der Schule kam, sperrte sie sich mit den Plüschtieren in ihr Zimmer ein, und zum Abendessen musste man sie fast mit Gewalt holen. Waren Gäste im Haus, sogar mit Kindern, versteckte sich Carmen mit all ihren Plüschtieren unter dem Bett. Jeden Tag machte es mehr den Eindruck, als rede sie nur noch mit ihnen, wobei sie Max die Rolle des Kundschafters in der Außenwelt übertrug.

Musste sie sich mit den Erwachsenen verständigen, tat Carmen dies als Sprecher der Plüschtiere. Sie bat nicht um Schokolade, sondern sagte: »Max möchte Schokolade.« Wenn sie nicht zu ihrer Großmutter wollte, brachte sie als Entschuldigung vor, der Bär oder die Kuh seien krank (der Wolf war der Einzige, der einen richtigen Namen hatte, aber er wurde nie krank). Sogar in ihren Wunschzetteln an die Heiligen Drei Könige bat sie nur um Geschenke für ihre Plüschtiere, die einzigen Wesen, die für sie real zu sein schienen. Der Wunschzettel, den sie mit neun Jahren schrieb, lautete so:

Liebe Könige bitte bringt einen Schal für den Bär der hat Schnupfen und einen Hut für meine Giraffe die ist so groß und stößt mit dem Kopf gegen die Decke und für Max eine Wölfin weil ich kleine Wölfe haben will, danke.

Dieser Wunschzettel verärgerte ihre Mutter sehr. Für sie war Einsamkeit die schlimmste Strafe, aber nur dies erstrebte ihre Tochter beharrlich. Um dem entgegenzuwirken, probierte sie es mit Ausflügen an die Costa Brava, zu den Vulkanen von Olot und den Thermalbädern von Montbui. Sie nahm andere Kinder mit, so viele ins Familienauto passten. Bei Ankunft lud sie sie aus wie eine Meute, damit sie durchs Gras laufen, Tierchen fangen, sich voller Leben zeigen sollten. Aber was Carmen betraf, war das alles umsonst. Das Mädchen legte eine höfliche, aber kühle Distanz an den Tag. Sie gehorchte und nahm an den Spielen ohne Klagen und ohne Begeisterung teil, als handele es sich um eine unabänderliche, wenn auch nicht besonders schwierige schulische Pflicht. Und sie war dabei mit den Gedanken woanders, fraglos zu Hause bei ihren Plüschtieren.

Zu ihrem Geburtstag Nummer zehn beschloss ihre Mutter, eine kleine Schocktherapie anzuwenden. Sie organisierte das größte aller bis dahin ausgerichteten Feste. Dafür mietete sie einen komplett ausgestatteten Partyraum und lud über fünfzig Personen ein, ein wahres Kunststück angesichts der dürftigen Freundesliste ihrer Tochter. Sie kaufte dem Mädchen ein rosa Kleid und wies es tagelang darin ein, wie es sich gesellig und fröhlich zu geben habe, ob freiwillig oder nicht.

Am Tag der Party beriet Carmen den ganzen Morgen mit ihren Plüschtieren, was sie tun solle. Sie war so mit ihnen verschmolzen, dass sie richtiggehende Versammlungen abhielten, mit Debatten und Wortmeldungen. An diesem Vormittag schlugen ihr einige Plüschtiere vor, sich krank zu stellen. Andere, darunter der Wolf Max, sprachen sich für den offenen Widerstand aus: Sie solle sich schlicht weigern teilzunehmen.

Aber das konnte Carmen ihrer Mutter nicht antun. Sie hatte sie mehrere Tage lang hektisch zahllose Vorbereitungen treffen sehen, und sie wusste, dass diese Party für sie mehr bedeutete als für sie selbst, das Geburtstagskind. Außerdem hatte Carmen sich ein dickes Fell zugelegt, das es ihr ermöglichte, in der äußeren Welt zu funktionieren, wenn sie dafür mit heiler Haut in ihre eigene zurückkehren konnte, und es störte sie nicht, darauf zurückzugreifen, wenn es nötig war. Im Grunde war es der sicherste Weg, denn er garantierte ihr, dass sich zwischen ihren Plüschtieren und ihr nichts ändern würde, solange sie sich richtig zu benehmen wusste. Und so entschied sie sich gegen den Willen ihrer Stofftiere für die diplomatische Lösung: Sie würde auf die Party gehen und dann bis zu ihrem nächsten Geburtstag wieder in ihre Plüschtierwelt schlüpfen.

Die große Überraschung war, dass ihr die Party gefiel. Abgelenkt von Trampolinen und Rutschen, kamen die kleinen Gäste nicht auf die Idee, sie zu quälen, und sie selbst vergaß ihre Ängste und beteiligte sich an den Spielen. Einige Mädchen, die ihre Liebe zu Stofftieren kannten, aber nicht von der diesbezüglichen Besorgnis ihrer Mutter wussten, schenkten ihr Plüschtiere: Hündchen, Affen, Hühner, Rehe. Doch zum ersten Mal zog Carmen die Menschen vor, und sie vergnügte sich sogar mit ihnen. Als sie an diesem Abend nach Hause kam, klopfte ihr Herz noch von der aufregenden Entdeckung der Party und ihrer Versöhnung mit der Welt.

Sie ging in ihr Zimmer, um all das ihren Plüschtieren zu erzählen, aber die waren nicht mehr da.

Weder in ihrem Schrank.

Noch unter ihrem Bett.

Carmen suchte das ganze Haus ab, wühlte die Schubladen

durch, lupfte die Teppiche, rief laut nach jedem einzelnen ihrer Plüschtiere, vor allem nach Max. Schließlich, auch wenn sie die Antwort längst wusste, fragte sie ihre Mutter, was mit ihren Freunden geschehen war. So nannte sie sie, *meine Freunde*, und dabei liefen ihr die Tränen über die Wangen. Und die Worte ihrer Mutter fielen auf sie herab wie bleierne Schläge:

»Dafür bist du langsam zu alt, mein Liebes. Es ist Zeit, dass du dir andere Zerstreuungen suchst.«

An ihrem vierzigsten Geburtstag öffnete Carmen die Augen zehn Minuten, bevor der Wecker klingelte, und ließ die Zeit bis zum Aufstehen langsam verstreichen. Als sie sich vor dem Spiegel auszog, bemerkte sie die Falten, die langsam an ihrem Hals, ihren Achseln und zwischen ihren Brüsten auftauchten. Sie spürte, dass ihr Körper ein Verfallsdatum hatte. Es kam ihr wie ein geschmackloser Brauch vor, das Vergehen der Zeit fröhlich zu feiern.

Den ganzen Tag über verhielten sich ihre Kollegen betont normal, was Carmen nur noch nervöser machte. Manchmal erhaschte sie einen verschwörerischen Blick zwischen ihnen und war versucht, eine Erkältung vorzutäuschen und nach Hause zu gehen. Am Nachmittag kam ein Kunde, um ihr zum Geburtstag zu gratulieren, was er mit einem Zwinkern tat. Carmen hatte das Gefühl, die ganze Stadt wüsste Bescheid, als stünde ihr auf die Stirn geschrieben: »Heute bin ich einen Tag älter.«

Nachdem sie die Agentur geschlossen und die Abrechnung gemacht hatten, löschten Jaime und Daniel das Licht und kamen aus dem Hinterzimmer mit dem üblichen Muffin, der sogar Carmens Lieblingssorte war: Apfel-Zimt. Zwei Kerzen mit den Zahlen 4 und 0 steckten darin, die den Raum matt erleuchteten, während ihre Kollegen *Happy Birthday* sangen. Carmen wünschte sich, das wäre alles, und blies die Kerzen aus. Aber sie wusste, dass der Muffin ihr den Wunsch nicht erfüllen würde.

Wegen der nahenden Osterferien schlossen sie spät, so dass sie sich nur umziehen mussten, um direkt ihre »Wahnsinnsnacht« zu beginnen, wie Daniel es in dem tuntigsten Tonfall sagte, zu dem er fähig war. Und das war der Moment, den Carmen so gefürchtet hatte: Mit einem *Tatarataaa* zur gebührenden Unterstreichung präsentierten ihr Milena und Lucía ihre Verkleidung und damit die unverrückbare Tatsache, dass keiner einen Rückzieher machen würde, dass sie den Abend als jemand verbringen würde, der nicht sie war, umgeben von gesichtslosen Menschen.

Die Verkleidung war nicht einmal besonders originell. Sie war sogar ganz besonders billig und abgedroschen: eine Prostituierte. »Ein Hürchen«, präzisierte Daniel mit einem schrillen Glucksen. Sie musste Plateauschuhe anziehen und bunte Seidenstrümpfe, einen ledernen Minirock mit Hosenträgern und ein schwarzes Oberteil, und dazwischen waren breite Streifen nacktes Fleisch zu sehen. Das Gute daran war, dass sie so wenigstens auf der Straße einen Mantel tragen konnte. Das Schlechte daran war alles Übrige.

Die Verkleidungen ihrer Kollegen waren auch nicht wahnsinnig einfallsreich, aber sie waren fraglos besser. Daniel trug eine Tunika und einen Lorbeerkranz à la Caligula, Jaime ging als Goth, ganz in Leder und Metall und mit einer Kette aus Nägeln. Milena war als Rotkäppchen verkleidet, Lucía als Polizistin. Nacheinander verschwanden sie im Bad, und wenn sie herauskamen, empfingen die anderen sie klatschend und mit johlenden Bemerkungen. Carmen war die Erste gewesen und bemühte sich, dem Spektakel einigermaßen gefasst beizuwohnen, aber sie hatte das Gefühl, das alles geschehe Lichtjahre von ihr entfernt.

Als sie hinausgingen, stellte sie erleichtert fest, dass sie nicht die einzigen Kostümierten waren. In den Gassen und unter den Torbögen des Viertels tummelten sich Vampire und Astronauten. Gegenüber dem Perückenladen in der Calle Princesa verglichen ein Kobold und eine Hexe ihre falschen Nasen. Aus der Metrostation auf der Plaça del Àngel quollen Hunde und Ratten an die Oberfläche. Anfangs versetzte das Geschehen die fünf Kollegen in eine kribblige Nervosität, und Daniel versuchte die Situation mit unanständigen Witzen zu entspannen. Und am Santa Caterina Markt fühlte sie sich schon wohler in ihrer neuen Haut, als sie in die surreale Atmosphäre der Maskierten unter dem bunten Marktdach eintauchten. Als sie die Vía Laietana überquerten, hob sich der Hals einer Plüschgiraffe zwischen den Häusern ab. Carmen wurde sich bewusst, dass ihre Aufmachung als leichtes Mädchen letztlich ziemlich bieder war. Der Platz vor der Kathedrale bestätigte sie in dieser Einschätzung. Zwischen Touristen und zufälligen Passanten promenierten Wasserspeier, die soeben von den Mauern der Kathedrale herabgestiegen zu sein schienen.

Angeführt von Daniels Tunika bahnten sich Carmen und ihre Kollegen hintereinander einen Weg durch die engen Altstadtgassen zu einer Bar. Vielleicht aufgrund des Unbehagens, das es ihr verursachte, so gekleidet durch die Straßen zu gehen, fühlte sich Carmen beim Eintreten gleich besser, als käme sie an einen vertrauten, sogar heimeligen Ort.

Die Bar war als Katakombe dekoriert, und in der verqualmten Luft wirkten die Gäste wie Gespenster im Nebel. Carmen bestellte sich einen doppelten Whisky. Normalerweise trank sie nie, aber normalerweise sah sie sich auch nicht so einer Situation ausgesetzt, und auch wenn Lucía mit ihren Handschellen ulkte und alles ganz lustig schien, brauchte sie etwas, um sich zu lockern.

»Das Dumme am Karneval ist«, sagte Milena, »dass man Gefahr läuft, mit den hässlichsten Typen anzubändeln, ohne es zu merken. Alle sind so vermummt …«

»Nein«, entgegnete Jaime, »das Gute ist, dass du anbändeln kannst, auch wenn du noch so hässlich bist. Eine prima Gelegenheit für viele …«

Man musste sich schreiend Gehör verschaffen. Carmen verstand immer nur die Hälfte, aber für alle Fälle lächelte sie, um nicht außen vor zu bleiben. Sie wäre gern auf die Toilette gegangen, aber dafür hätte sie sich durch die Menschenmenge zwängen müssen. Sie machte einen Versuch, kam aber nicht besonders weit.

»Man schaut dich an, mein Herz«, flüsterte Daniel ihr ins Ohr.

Ein Wolfsmensch hatte gerade etwas an der Theke bestellt. Sein Körper war mit Fell bedeckt, und ein haariger Schwanz baumelte daran herab.

»Der hat mich nicht angeschaut«, sagte Carmen.

»Und ob, das kannst du mir glauben. Ich weiß, wann ein Mann jemanden anschaut. Auch wenn er nicht mich anschaut.«

Jemand gab eine Runde aus, und Carmen bekam ein Glas in die Hand gedrückt. Ihre Kollegen stießen an und lachten, allerdings verstand Carmen nicht ganz, worüber. Der Wolfsmensch stand jetzt noch näher bei ihnen, plötzlich sprach er mit Daniel. Und wenig später auch mit allen anderen.

»Eine gute Verkleidung«, sagte Carmen, um etwas zu sagen. »Du siehst aus wie ein echter Wolf.«

»Ich bin ein echter Wolf«, antwortete er.

Sie lachte.

»Deine Verkleidung ist auch hübsch«, sagte er. »Ganz … anregend.«

»Ich hasse sie.«

Ehe sie es sich versah, war sie mit dem Wolfsmenschen in ein Gespräch vertieft. Zwischendurch, wenn sie nicht verstand, was er sagte, bestaunte sie immer wieder sein phantastisches Kostüm. Sie konnte weder Reißverschlüsse noch Nähte ausmachen, und die Maske schien sich perfekt seinem Gesicht anzupassen.

Nach einer Weile fragte Milena:

»Gehen wir woanders hin?«

Beinahe mechanisch begannen alle, sich gen Ausgang zu schieben. Als sie schon an der Tür war, fiel Carmen ein Bär mit Schal auf, der im hinteren Teil der Bar etwas trank. Seine Augen kamen ihr vor wie zwei Knöpfe.

An der frischen Luft merkte Carmen, dass sich alles ein wenig drehte; der Wolfsmensch – inzwischen hatte er sich als Fran vorgestellt – bot ihr einen haarigen Arm unter einem Mantel an, der sich ganz normal anfühlte. Sie drängten sich hinter den anderen durch eine dichte Menge von Skeletten. An einer Ecke mit Mauerbogen und schmiedeeisern verziertem Balkon prallte Carmen gegen einen schallend lachenden Che Guevara. Auf dem Platz vor ihnen befand sich eine überdimensionale Kamera aus Metallverstrebungen, die sie aus ihrem einzigen Auge fixierte. Carmen brauchte einen Moment, um zu begreifen, dass es sich um ein Monument oder so etwas handelte.

»Wo sind wir?«, fragte sie ihren Begleiter.

»Hier entlang.«

Sie überquerten einen von Säulen umgebenen Platz mit einem Brunnen und Palmen in der Mitte. Carmen erkannte die Plaça Reial wieder, aber alles kam ihr anders vor als sonst. Vielleicht wegen der Leute, die in den Fenstern standen und sie schweigend beobachteten. Als sie auf die Ramblas hinaustraten, merkte Carmen, dass sie ihre Freunde verloren hatten.

»Ich könnte schwören, dass sie gerade noch hier waren«, sagte Fran.

In diesem Moment, tatsächlich erst in diesem Moment, wurde Carmen klar, worum es sich bei ihrer Geburtstagsüberraschung tatsächlich handelte; einer Überraschung, wie sie Daniel ähnlich sah, die ihr aber letztlich, vielleicht nach dem wärmenden Alkohol, gar nicht mehr so unangenehm war: ein pelziges Geschenk mit langen Reißzähnen namens Fran.

»Sollen wir in eine andere Bar gehen?«

Carmen fiel auf, wie groß Fran war. Wenn sie zu ihm aufsah, zeichnete sich sein Gesicht gegen den Mond ab. Er lächelte. Eine als Kuh verkleidete Frau mit großem rosigen Euter schwankte sturzbetrunken an ihnen vorbei.

Mein Liebes, du musst lernen, etwas lockerer zu werden.

Sie überquerten die Ramblas und gelangten ins Raval. Dort kamen sie an einer Art ehemaligem Gefängnis mit vergitterten Fenstern vorbei. Carmen meinte einen Schrei aus dem Inneren zu hören, aber als sie sich umdrehte, sah sie nur einen als dicke Katze verkleideten Mann. Fran zuckte nicht mit der Wimper. Er hatte in einem von Chinesen geführten Laden eine Dose Bier gekauft und bot ihr davon an. Carmen trank einen Schluck. Je weiter sie gingen, desto mehr verlief sich die Menge, und manche Gassen waren richtig ausgestorben. Noch ein Stück weiter, hinter der Rambla del Raval, merkte Carmen, dass die Menschen ringsum nicht als Marokkaner verkleidet, sondern echte Marokkaner waren. Manche pfiffen ihr nach. Es roch nach Kebab und Bier. An eine Straßenecke hatte jemand in großen Lettern gepinselt: BRINGT SIE ALLE UM.

Vor einer Bar mit heruntergelassenem Rollladen blieb Fran jäh stehen.

»Verflucht«, sagte er. »Ich dachte nicht, dass hier ausgerechnet heute geschlossen wäre.«

»Mir ist kalt«, bemerkte Carmen, durch deren bunte Seidenstrümpfe die kalte Luft drang.

Wortlos zog Fran sie zu einer Gasse, die in ein verwinkeltes Netz aus weiteren kleinen Gassen mündete. Sie wanderten durch dieses Labyrinth bis zu einem Haus, das so schmal war, dass nicht einmal ein Aufzug hineingepasst hätte. Während sie die engen Treppen hinaufstiegen, gab Fran murmelnd zu verstehen, dass er hier wohne und etwas zu trinken zu Hause habe. Carmen ging weiter, mehr von der Kälte denn von irgendeiner Art von Verlangen getrieben. Sie fühlte sich matt und unbeholfen und sehnte sich nur noch nach einem Sofa, auf das sie sich fallen lassen könnte.

Und für Max eine Wölfin weil ich kleine Wölfe haben will, danke.

Frans Wohnung war erstaunlich groß gemessen an dem engen Treppenhaus. Sie bestand aus einem Korridor, der rings um einen Innenhof verlief, von dem die Zimmer abgingen. Das Wohnzimmer war nur eine Verbreiterung dieses endlos wirkenden Korridors. Carmen kauerte sich in einen Sessel und ließ sich von dem Wolfsmenschen einen Brandy geben. Die Flüssigkeit schmeckte zäh und warm an ihren Lippen, wie türkischer Kaffee.

»Weißt du, dass du mich an jemanden erinnerst, Fran?«

»Wirklich?«

»Darf ich dich Max nennen?«

»Du kannst mich nennen, wie du willst.«

Irgendwo im Korridor ertönte ein dumpfes Geräusch, wie von einem Schlag, aber wieder hatte Fran offenbar nichts bemerkt. Carmens Füße fühlten sich kalt an, und sie trank ein wenig mehr. Nach jedem Schluck schenkte Fran ihr von dieser Flüssigkeit nach, die ihr immer weniger Ähnlichkeit mit Brandy zu haben schien. Das Zimmer drehte sich, und es kam ihr vor, als höre sie Stimmen, allerdings konnte sie nicht ganz ausmachen, ob sie in oder um ihren Kopf klangen. Fran hatte sein Kostüm nicht abgelegt. Sein Fell wirkte so echt. Es war, als säße sie neben einem Riesenhund.

»Max, warum ziehst du denn nicht deine Maske ab? Ich habe immer noch nicht dein Gesicht gesehen.«

»Du willst, dass ich sie abnehme?«

Carmen nickte.

»Vielleicht gefällt dir nicht, was darunter ist«, sagte er, und ihr war, als umspiele ein Lächeln sein Maul.

»Nimm sie ab.«

Er fasste sich mit den Händen in den Nacken und nestelte auf Kragenhöhe herum, als habe sich dort ein Reißverschluss verhakt. Carmen sah alles doppelt, ihre Augen fielen zu, nur die Erwartung hielt ihre Lider noch auf. Schließlich gab das Wolfsgesicht nach. Erst wurden seine Umrisse schwammig, dann verlor es ganz die

Form. Fran griff mit beiden Händen danach und zog es nach oben. Die Maske rutschte hoch, und Carmen entdeckte das Gesicht, das sich darunter verbarg. Es war das Gesicht ihrer Mutter. Und es war ihre Stimme, die jetzt schrill und deutlich zu ihr sagte, als halle sie aus allen Ecken des Wohnzimmers wider:

Dafür bist du langsam zu alt, mein Liebes. Es ist Zeit, dass du dir andere Zerstreuungen suchst.

Im nächsten Augenblick sah Carmen nur noch die aufgerissenen Reißzähne, die auf ihr Gesicht zukamen. Dann war alles dunkel.

Carmen öffnete die Augen zehn Minuten, bevor der Wecker klingelte, und ließ die Zeit bis zum Aufstehen langsam verstreichen. Sie brauchte ein paar Sekunden, bis sie begriff, dass sie bei sich zu Hause war. Dann versuchte sie sich zu erinnern, wie sie dorthin gekommen war, aber es gelang ihr nicht. Sie hätte sich gern eingeredet, dass sie in Wirklichkeit gar nicht ausgegangen war, aber ihre Verkleidung – diese entsetzliche Verkleidung – lag wie ein lästiger Zeuge auf dem Boden verstreut. Sie stand auf und schob alles mit dem Fuß unters Bett. Sie wollte einfach nur vergessen, dass sie gerade ihren vierzigsten Geburtstag gehabt hatte. Dass sie überhaupt je einen Geburtstag gehabt hatte. Das einzig Wirkliche, sagte sie sich, ist das, was in Gegenwart anderer passiert.

Zumindest konnte sie sicher sein, dass in der Agentur niemand Fragen stellen würde. So war das Verhältnis, das unter den Kollegen herrschte, jeder respektierte die Privatsphäre des anderen. Sie könnte ohne weiteres beschließen, dass es nie eine Party mit Apfel-Zimt-Muffins gegeben hatte. Vielleicht würden die anderen sich nicht einmal erinnern, wenn sie fragte. Vielleicht war der Vortag unbemerkt an ihnen vorübergegangen und sie erwarteten sie mit schelmischem Lächeln und einem Flittchen-Kostüm, um gemeinsam auf den Karneval zu gehen.

Als sie sich vor dem Spiegel auszog, bemerkte sie die Falten, die langsam an ihrem Hals, ihren Achseln und zwischen ihren Brüsten auftauchten. Sie spürte, dass ihr Körper ein Verfallsdatum hatte. Es kam ihr wie ein geschmackloser Brauch vor, das Vergehen der Zeit fröhlich zu feiern.

Aus dem Spanischen von Angelica Ammar

Mayra Santos Febres

Die Fotografin

1.

Das Blackberry klingelt. Eine Mail aus der Redaktion. »Virginia. Bitte dringend zurückrufen. Erstklassiges Material. Pepe.« Sie ist auf dem Weg nach Hause, in ihrem neuen Auto. Einem Geländewagen, nagelneues Modell. Die monatlichen Raten sind hoch, und sie zahlt sie pünktlich, seit man ihr einen unbefristeten Arbeitsvertrag gegeben hat. Der Wagen ist das Symbol ihrer Rettung.

Sie fährt zum Supermarkt. Die Straße riecht nach Wolkenbruch, nach Salz und Wärme. Im Licht steht ein Junkie und bettelt. Er hält ein Pappschild hoch, schwört, dass er das Geld, das man ihm gibt, für Essen ausgeben wird und nicht für Drogen. Dass er auf der Straße lebt, dass er Aids hat. Er wäre ein gutes Fotomotiv.

Virginia parkt vor dem Supermarkt und holt sich einen Einkaufswagen. Geht durch die nach Desinfektionsmitteln riechenden Gänge. Wirft eine Packung Nudeln in den Einkaufswagen, dann noch eine Packung Reis, ein paar Dosen Bohnen, Milch, Kaffee. Sie legt noch ein paar Tiefkühlgerichte dazu, für die kaputten Nächte, die Nächte, in denen sie todmüde von der Arbeit nach Hause kommt und nicht mehr kochen will, aber von quälendem Hunger gepackt wird. In letzter Zeit hat es bei ihr viele kaputte Nächte gegeben, vor allem seit sie eine feste Anstellung hat.

Mit so einem Leben aus lauter kaputten Nächten hat sie nicht gerechnet. Virginia muss an die Kontaktabzüge vom letzten Jahr denken, an die Vogelfedern, die Aktfotos, die Nahaufnahmen von verrosteten Vorhängeschlössern und von alten Frauen, die vom Fenster aus aufs Meer schauen. Sie erinnert sich an einförmige Tage, an denen sie von so gut wie nichts lebte. Sie ging in das Fotostudio, in dem sie halbtags arbeitete, machte Familienfotos, Babyfotos, Hochschulabschlussfotos. Den Rest des Tages zog sie mit der Kamera in der Hand durch die Stadt. Sie denkt zurück an die überzogenen Konten, die ständigen Umzüge, an die Freunde, die so lebten wie sie und auch davon träumten, dass man eines Tages ihre Fotos in großen Galerien im Ausland ausstellen und in bedeutenden Zeitschriften veröffentlichen würde. Dann erinnert sie sich an die Weiterbildungskurse in Photoshop und Graphikdesign, die sie besuchte, damit sie einmal ein besseres Leben haben würde; damit sie sich stärkere Objektive würde kaufen können, Zooms und Stative, gute Belichtungsmesser, mit denen man das funkelnde Licht einfangen kann, das sich an der Oberfläche der Dinge bricht. Licht der Karibik, eine Farbe wie saurer Orangensaft, rosa Grapefruit. Die Leute irren sich, Karibik heißt nicht Körper, Natur, Sex. Die Karibik ist auch nicht nur das Meer. Die Karibik ist dieses Licht.

Aber die Zeit verging. Sie bekam die Gelegenheit, als Layouterin in der Graphikabteilung von *Ultima Hora* zu arbeiten. Nach anderthalb Jahren sprachen ihre Vorgesetzten, weil sie mit ihr zufrieden waren, die Empfehlung für eine Festanstellung aus.

Sie hätte gewiss nie damit gerechnet, einmal zu sein, was sie jetzt war. Manchmal gestaltet sie das Layout für den Gesellschaftsteil, ein andermal die Politikseite, viele Anzeigen für Produkte und Serviceleistungen. Und fast jeden Tag wird sie von der Redaktion beauftragt, die Nachrichtenseite mit den Morden einzurichten. Die Arbeit reißt nicht ab. Mit Leichen kann man sich immer sein Essen verdienen. Sie hat sich in eine Hyäne verwandelt.

Jetzt hat sie Geld. Sie kann sich die aktuellsten Versionen für ihr Bildbearbeitungsprogramm kaufen. Kann sich Digitalkameras mit höchster Auflösung leisten. Hat Geld genug, um die Monatsraten für einen brandneuen Geländewagen zu begleichen. Doch die Tage zerrinnen ihr zwischen den Fingern. Sie verbringt sie eingeschlossen in ihrem kleinen Zimmer, bei künstlichem Licht. Wenn sie von der Arbeit kommt, ist es schon dunkel. Aber wenn sie ihre Chefs weiter begeistert, vielleicht kriegt sie sie dann so weit, dass sie sie raus auf die Straße schicken. Sie vor eine Linse stellen, sie wieder Licht sehen lassen.

Virginia zahlt an der Kasse, geht zum Auto und fährt zu ihrer Wohnung. Der Geländewagen führt sie durch nächtliche, fast menschenleere Straßen. Die Straßen sind vom Scheinwerferlicht erleuchtet, stille Häuserreihen erheben sich hinter überwachten Zugangstoren. Königspalmen und Goldbäume wiegen sich in der Brise, die vom Meer herüberweht. Virginia gelangt zu ihrem Haus. Klettert mit ihrer Tasche aus dem Wagen. Hievt die Einkäufe heraus, das kann sie alles. Noch ist ihr Körper jung, noch ist ihr Fleisch fest. Sie geht die Treppe hoch zu dem 300 Quadratmeter großen Kasten, der ihr als Zuhause dient.

Den Katzen geht es gut. Melusina hat kein Wasser mehr in ihrem Schälchen. Beim Anrufbeantworter blinkt ein Lämpchen. Drei Nachrichten. Ihre Mutter hat angerufen, sie solle doch am Sonntag zu ihr zum Essen kommen, falls sie Zeit habe, sich um ihre Familie zu kümmern. Jemand von der Eigentümerversammlung erinnert sie an ein Treffen, auf dem die geplante Fassadenrenovierung besprochen werden soll. Die dritte Nachricht ist nur ein durchdringendes Faxsignal. Wer hatte ihr wohl ein Fax schicken wollen? Höchstwahrscheinlich hatte sich jemand verwählt.

Virginia löscht die Nachrichten. Sie weiß nicht, warum sie zwei Telefone hat, das Blackberry und den Festnetzanschluss. Zwei Telefone, und dann ruft doch fast nie jemand an. Sie schaltet ihr Blackberry ein und wählt die Nummer der Redaktion. Es klingelt.

»*Ultima Hora,* Redaktion …«

»Pepe.«

»Meine liebe Virginia, wo hast du nur gesteckt?«

»Ich war einkaufen.«

»Aha, das ist der Vorteil, wenn man in der Graphikabteilung arbeitet.«

»Sie wollen mich halt nicht auf die Straße lassen.«

»Jetzt mach mal halblang, Schätzchen, du hast es doch schon weit gebracht.«

»Warum hast du mir gemailt?«

»Warum wohl?«

»Frische Leiche.«

»Wie hast du das jetzt wieder erraten? Siebenundzwanzig Einschusslöcher, meine Liebe. Das Bürschchen ist nur noch so eine Art Sieb. Aber dieser Depp von Gregorio hat die Fotos unterbelichtet und jetzt sieht man den Blutfleck nicht gut, und wie die Beamten von der Spurensicherung die Leiche hochheben, erkennt man auch nicht. Kann man da noch was machen?«

»Hat er sonst keine Fotos gemacht?«

»Zwei oder drei. Ich meinte die Bildverbesserung.«

»Was hat er sich bloß gedacht? Wieso hat er nicht erst den Belichtungsmesser aus dem Auto geholt?«

»Na ja, Schätzchen, es wird ihn wohl umgehauen haben.«

»Wenn ich Fotoreporterin wäre, würde mir so was nicht passieren.«

»So, jetzt ist aber genug gelästert …«

»Okay, okay, schick sie mir per Mail. Ich setz mich dran, sobald ich was im Magen habe.«

»Aber iss nur was Leichtes, damit du's auch verdauen kannst. Die Szene ist makaber.«

»An so was bin ich schon gewöhnt.«

»Daran gewöhnt man sich nie.«

Virginia öffnet die Tür zur Vorratskammer, in der sie Bohnen,

Kaffee, Nudeln und Reis aufbewahrt. Die Milch und die Tiefkühlkost lässt sie in den Kühlschrank und das Eisfach wandern. Eine Packung landet gleich in der Mikrowelle. »Huhn mit Nudeln. Pappdeckel entfernen, drei Minuten auf hoher Stufe garen, anschließend umrühren und weitere zwei Minuten garen lassen. Heiß servieren.« Virginia macht es genau, wie es dasteht. Sie wärmt das Tiefkühlgericht in der Schale. Dann macht sie noch einmal den Kühlschrank auf und nimmt sich ein Diätgetränk. Ihre Hände zittern ein wenig, als sie den Deckel aufreißt. Sie hat Hunger.

»Nicht zu fassen«, seufzt sie beim Kauen. »Halst der mir schon wieder Arbeit auf. Weiß der Kuckuck, wann ich damit fertig bin.« Erschöpft schaltet Virginia den Computer ein.

Das Telefon klingelt. Aber sie hat keine Lust dranzugehen. Sie will niemanden hören, mit niemandem sprechen, keinem erzählen, wie der Tag so gelaufen ist. Sie hat keine Lust zu sagen: »Mir geht es bestens. Ich arbeite für *Ultima Hora*. Endlich bin ich die Handlangerjobs los.« Sie will nicht erklären: »Stimmt schon, Fotos mache ich keine mehr, aber wenigstens habe ich mit Bildern zu tun. Fürs Erste versuche ich, ein bisschen Routine zu bekommen. Und später tut sich dann ja vielleicht noch was anderes auf.«

Alle können ihre Arbeit sehen. Tausende von Menschen. Die anderen können die Dinge so sehen, wie sie selbst sie sieht. Können dieses Licht sehen.

Der Anrufbeantworter zeichnet einen Anruf auf.

»Virginia, hier ist Solá. Ich wollte mal wieder Hallo sagen. Hab dich jetzt schon lange nicht mehr gesehen. Ich habe gerade meine Dateien entrümpelt, und dabei bin ich auf ein paar Fotos von dir gestoßen, alte Aufnahmen, die wir mal vom Leuchtturm von Fajardo gemacht haben. Ich hatte ganz vergessen, wie gut die sind.

Und da dachte ich, ich ruf dich mal an. Meine Süße, ich bekomme gar nichts mehr mit von dir. Melde dich doch mal, wenn du kannst. Okay? Bis dann …«

»Der Alltag, die kleinen Details des Lebens werden durch den Fotografen sichtbar. Sein unsichtbares Auge zeigt uns den Alltag in einem anderen Licht. In dem Maße, in dem der Fotograf im Bild zurücktritt, gelangt sein Objekt auf eine andere Wahrnehmungsebene«, erinnert sie sich. Kauend geht sie durch die Wohnung. Die Lektion sitzt immer noch. Wie so viele andere, die sie bei den Photoworkshops gelernt hat. Zahllose Stunden übte sie sich darin zu verschwinden; im geheimen Leben der Dinge aufzugehen. Ganze Nachmittage brachte sie damit zu, das Licht zu beobachten, das auf die Blätter fällt, auf eine Frau, die an der Straßenecke Lotterielose verkauft, auf einen Wassertropfen, der von einem Plastikflamingo perlt. Endlos hatte sie gewartet, um den Moment abzupassen, in dem sich ein Sonnenstrahl in diesem Tropfen brechen würde. In dem das rosa Licht aufscheinen würde. Das geheime.

Virginia macht es wie jeden Abend und isst ihr *chicken with pasta* direkt aus der Plastikschale. Setzt sich vor ihren Computer. Öffnet erst ihre Mails, dann das Photoshop-Programm. Sie lädt das Foto von dem Jungen hoch, er ist zwischen 18 und 25, er ist tot, die Turnschuhe liegen auf dem Gehsteig, das Hemd ist bis zur Schulter hochgerutscht und blutbefleckt. Sie sucht nach dem Ausschnitt, der diesen Tod für die Sensationsmeldung auf der Titelseite am eindrucksvollsten wiedergibt. Versucht eine Wunde so heranzuholen, dass sie möglichst blutig wirkt. Macht die Blutflecken noch um fünfundzwanzig Prozent dunkler, senkt den Farbsättigungswert des Fotos, zoomt die Leiche mit dem Cursor heran, verschiebt sie ein wenig Richtung Bildmitte. Jetzt sind die offenen Augen des Toten besser zu erkennen. Ein Klick auf »Fertigstellen«. Dann steckt sie sich den letzten Bissen *chicken with pasta* in den Mund.

II.

Mit diesem Leben hatte sie gewiss nicht gerechnet. Wenn sie nur an die Kontaktabzüge von früher denkt, die Vogelfedern, die Aktfotos, die Nahaufnahmen von verrosteten Vorhängeschlössern und alten Frauen, die vom Fenster aufs Meer hinausschauen. Aber der Tag heute war gar nicht so schlecht gewesen. Heute hatte sie die Fotos vom letzten Miss-Universum-Wettbewerb bekommen, und man hatte ihr bei der graphischen Gestaltung der zentralen Seiten, auf denen die Meldung erscheinen sollte, völlig freie Hand gelassen. Das hatte ihr ungeheueren Spaß gemacht. Es gelang ihr, die Miss Puerto Rico, die gerade den Titel der Miss Universum errungen hatte, ein bisschen lächerlich wirken zu lassen. Sie wandte einen neuen Trick an, drehte das Krönchen ein wenig, so dass es der Königin jetzt mitten auf der Stirn saß, legte noch etwas mehr Tusche auf die Wimpern und ließ sie ihr über die Wangen laufen, dann verdrehte sie ihren Püppchenkörper. Die arme Teilnehmerin weinte vor lauter Glück, dass man sie zur Schönsten der Welt gewählt hatte, und Virginia machte sich daran, sie auf ihrem Computer in ein Schreckgespenst zu verwandeln. Auf dem Weg zum Parkplatz lachte sie über ihren Streich. Heute hatte sie ihren Arbeitsplatz früh verlassen. Erst wollte sie ihre Mutter besuchen gehen und dann noch schnell an den Strand. Vielleicht hätte sie ja noch Zeit, kurz ins Meer zu hüpfen. Sie wollte zu Hause vorbeifahren und ihre Kamera holen. Die Abenddämmerung würde bestimmt schön werden.

III.

Wieder eine frische Leiche. »Brudermord nach Familienzwist.« Vier Einschusslöcher. Vier Löcher, aus denen ein wenig klebriges, dunkles Blut läuft. Der Bursche trägt ein Nike-Shirt, teure Markensneakers, eine Markenjeans, ebenfalls teuer. Neben ihm liegt eine Mütze der New York Yankees auf dem Boden. Außerdem noch ein zum Shirt passendes Sweatshirt. Alles teuer. Alles versaut mit dem Blut, das aus den vier Einschusslöchern rinnt, zwei in der Brust, eins im Hals und eins an der Nasenwurzel. Das Gesicht der Leiche ist zerfetzt, der Körper liegt verrenkt da. Der Brudermörder sieht die Leiche mit leeren Augen an. Sein Haar ist blond gefärbt, der Haaransatz ist schwarz. Er trägt ein billiges Hemd von der Stange und eine dunkelgrüne gestreifte Hose. Das Foto ist schlecht. Unterbelichtet. Die Farben sind kaum zu erkennen. Der Reporter erzählt, der Angeklagte habe seinem Bruder, der aus New York gekommen war, um der Beerdigung der Mutter beizuwohnen, aufgelauert. Das Opfer dieses Gewaltverbrechens sei ein mutmaßlicher Drogenhändler, aber keiner habe Beweise. Sein Bruder erwartete ihn am Flughafen. Er wusste nicht, wie man schießt. Eine Kugel landete in der Scheibe eines Autos, eine weitere in einem Laternenpfahl. Die vier restlichen trafen den Bruder.

Wieder Gregorio mit seinen unterbelichteten Fotos. Was für ein Glück, dass der Mörder unter einer Laterne stand, als man ihm Handschellen anlegte. Der Rest des Fotos ist dunkel, der Körper des einen Beamten halb abgeschnitten. Eine Polizeibeamtin drückt leicht den Arm des Mörders. Die Leiche des Opfers ist ein undeutlicher Fleck auf dem Asphalt. Virginia versucht, aus dem Material noch etwas herauszuholen. Sie klickt im Photoshop-Programm, vielleicht kann sie die Konturen im Bild, das auf der Titelseite der Tageszeitung erscheinen soll, noch etwas herausarbeiten.

IV.

»Heute ist Freitag, da wird gefeiert. Ich lad dich auf ein Bier ein. Wir gehen ins Violeta's, komm doch vorbei. Pepe.«

Virginia erhält die Nachricht als Mail. Sie ist auf dem Weg nach Hause. Melusina hat bestimmt kein Wasser mehr in ihrem Schälchen. Was diese Katze so alles wegsäuft! Sie sollte sich mal ein Beispiel an ihr nehmen. Sollte selbst mehr Wasser trinken, mehr Flüssigkeit zu sich nehmen, ruhig mal einen trinken gehen. Schließlich hatte sie das Layout fertiggestellt, und der Chef der Abteilung Graphikdesign war entzückt gewesen. Der von der Redaktion auch. Der Fotojournalist war ihrem technischen Rat gefolgt, denn man merkte, dass Virginia wusste, wovon sie sprach. »Dann bist du also Fotografin?«, kommentierte er. »Das muss ich mir merken, vielleicht wird ja bei der nächsten Umverteilung mal eine Stelle frei.« Das musste gefeiert werden.

›Aber mit dem Gesicht kann ich mich nirgendwo blicken lassen‹, denkt Virginia, während sie auf einer vielbefahrenen Straße an der Kreuzung steht. Es ist die Straße, auf der sie immer von der Arbeit nach Hause fährt. Von zu Hause zur Arbeit. Virginia wartet in ihrem Geländewagen mit der hohen monatlichen Belastung. Rotes Licht. Grünes Licht. Sie tritt aufs Gaspedal. ›Ich sehe völlig fertig aus, so kann ich unmöglich ins Violeta's gehen. Ich fahr am besten zu Hause vorbei und zieh mich schnell um‹, denkt sie. ›Lass mir ein Bad ein. Style mich ein bisschen für die Bar. Ja, es ist Zeit zum Feiern.‹

Sie nimmt den Koffer und die Tasche aus dem Auto und schließt die Haustür auf. Den Katzen geht es gut. Melusina hat ihr Wasserschälchen schon wieder leergetrunken. Virginia zieht sich die Bluse und die Hose aus. Dreht die Dusche auf. Betrachtet sich nackt im Badezimmerspiegel. Sie hat noch immer eine gute Figur. Die Haut am Busen ist straff. ›Ich ziehe das schwarze T-Shirt mit den Spaghetti-Trägern an, das mit dem tiefen Ausschnitt.‹ Sie stellt sicht unter den kräftigen Wasserstrahl. ›Und die schwarze Jeans und hochhackige Schuhe‹, denkt sie. ›Heute gehe ich als *femme fatale.*‹

Auf dem Weg zur Kneipe zählt sie die Ampeln. Bei der zweiten biegt sie links ab. Sucht sich einen Parkplatz. Parkt den Geländewagen auf der Straße. Sie steigt aus und geht in die Kneipe. Sie sieht keinen der Jungs von der Zeitung. Vielleicht ist sie zu früh gekommen – oder zu spät. Sie setzt sich. »Eine Flasche Bier bitte. Ohne Glas. Danke.« Sie schaut sich um. Hinten in der Kneipe steht ein Typ, der sie schon mit den Augen auszieht. Sie lässt diesen Blick über ihren Körper gleiten. Es gefällt ihr, wie dieser Blick sie umfängt.

»Macht zwei Pesos.«

»Lass mal. Ich zahle der Dame das Bier«, hört sie ihn sagen. Seine Stimme klingt herzlich.

»Danke.«

»Ich habe dir zu danken. Du versüßt mir den Abend.«

»Ich?«

»Ja sicher. Einer Frau wie dir begegnet man nicht jeden Tag.«

Sie setzt ganz bewusst ein hintergründiges Lächeln auf. So hat sie schon lange nicht mehr gelächelt. Nicht mehr seit den Kontaktabzügen und den Wassertropfen auf dem Plastikflamingo. Seit den Fotos vom Leuchtturm von Fajardo. Vielleicht übertreibt sie ja, vielleicht hat sie schon oft so aufreizend gelächelt, wenn jemand sie aufmerksam anschaute. Aber gewiss nicht mehr, seit sie ihr bei *Ultima Hora* einen festen Vertrag gegeben haben, nicht, soweit sie sich erinnern kann.

Virginia trinkt ein Bier und dann noch eins. Sie unterhält sich mit dem Typen, der sie auf ein Bier eingeladen hat. Er heißt Juan. Hat einen Job als Handelsvertreter.

Hat sich vor kurzem scheiden lassen, zumindest behauptet er das. Sie findet, er ist ein echter Leckerbissen. Aber Pepe ist immer noch nicht gekommen, und sie hat sich ja eigentlich mit ihrem Kollegen amüsieren und nicht einen Handelsvertreter als Bettwärmer abschleppen wollen. Früher wäre sie überallhin gegangen, unter eine Palme, in ein am Strand geparktes Auto.

»Arbeitest du samstags?«

»Ich arbeite immer. So ist das bei der Zeitung.«

»Bei welcher bist du denn?«

»*Ultima Hora*.«

»Bist du Journalistin?«

»Nein, Graphikdesignerin«, antwortet sie und verzieht das Gesicht.

»In der Anzeigenabteilung also.«

»So ähnlich.«

»Gefällt dir deine Arbeit nicht?«

»Ich langweile mich ein wenig. Aber das Auto, die Wohnung, das muss ja alles bezahlt werden.«

»Sicher, man muss ja leben.«

»Also, danke für das Bier und gute Nacht.«

»Ich bring dich besser zum Auto. Du weißt ja wie das ist auf der Straße.«

»Und ob.«

Sie verlassen die Bar, gehen zu dem neuen Geländewagen. Juan fragt sie nach ihrer Telefonnummer.

»Besser du gibst mir deine, ich melde mich dann bei dir«, entgegnet ihm Virginia. Sie will keinen Ärger. Sie will keine Anrufe von Typen, die sie kaum kennt und die sie nerven, wenn sie müde von der Arbeit nach Hause kommt. Ein bisschen flirten ist genug.

»Warte, ich such mein Blackberry, und dann gibst du sie mir.«

Virginia fingert in der Tasche nach dem Handy, das sie lose eingesteckt hat. Dabei schnappt sie sich gleich die Schlüssel und überlegt, wie sie diesen Typen verabschieden soll. Einen Kuss auf die Wange, aber nahe beim Mund, eine zarte Berührung mit dem Finger, ein Blick von der Seite … Plötzlich lächelt Juan anders. Das freundliche Gesicht ist verändert. Sie spürt, wie eine Hand sie an der Schulter packt, spürt einen Stich in der Seite. Sie bekommt keine Luft mehr.

»Ganz ruhig und nicht rumschreien, sonst geht das hier schlecht aus für dich.«

Aus dem Juan von der Bar werden zwei. Aus dem Nichts taucht noch ein Mann auf. Dunkles Hemd, verdreckte Sportschuhe. Er versucht ihr die Tasche zu entreißen. Sie wehrt sich, nur ein bisschen. Der Kerl gewinnt am Ende die Oberhand, zerrt an ihrem Arm, bis er die Tasche hat. Unterdessen reißt ihr Juan die Schlüssel aus der Hand. »Jetzt mach schon, du Arsch«, murmelt der andere, während Juan sie frech mustert. »Und tschüss, du Drecksnutte.« »Hier hast du noch ein Geschenk von mir, damit du dich an mich erinnerst.« Er sticht ihr etwas in die Seite. Die Reifen quietschen. Der Geländewagen verschwindet in einer Kurve. Da gehen sie hin, ihre hohen monatlichen Raten, bezahlt mit ihrer festen Arbeit.

Der Stich zwischen ihren Rippen brennt, und sie würde am liebsten losheulen. Sie weiß nicht, ob sie jetzt schreien soll, jemanden bitten, die Polizei zu holen. Sie spürt etwas Klebriges zwischen den Fingern. Schaut nach. Ihre Bluse ist zerfetzt, sie ist verletzt, eine klaffende, blutende Wunde. Virginia sieht sich ihre Finger an. Sie haben einen Glanz, von dem sie nicht weiß, woher er kommt. ›Und dieses Licht?‹, fragt sie sich.

Ein Stöhnen entweicht ihrer Kehle.

v.

»Überfall auf Fotografin der *Ultima Hora* vor der Bar Violeta's.« Virginia liest die Schlagzeile im Krankenhaus. Sie versteht gar nichts. Fotografin der *Ultima Hora*. Haben sie ihr jetzt etwa aus Mitleid den heißersehnten Job gegeben? Bei Tag, ein Licht wie rosa Grapefruit. Bei Nacht ist Gegenlicht, bricht es sich am Rot des Blutes. Und jetzt wollen sie, dass sie auf die Straße geht, um Fotos zu schießen?

Virginia zittert. Sie weiß, um ein Haar wäre sie die nächste Leiche geworden.

Am Morgen kommt Pepe mit der Zeitung bei ihr vorbei. Er bringt ihr auch ein paar Blumen und einen Schluck guten Espresso, den man hier im Krankenhaus nicht kaufen kann, wo es nur diese Brühe gibt, die nach nix schmeckt. Schlimmer noch, nach Tee.

»Mensch, Mädchen, was für ein Pech. An dem Abend kam mir was dazwischen. Ich musste bis spät im Büro bleiben.«

»Mach dir mal keine Gedanken. Das habe ich mir schon gedacht.«

»Ich hatte mehrere Leute ins Violeta's eingeladen und dachte mir, einer von denen wird schon auftauchen. Ist denn keiner gekommen?«

»Nein, kein einziger.«

»Hätte ich dir doch nur eine Mail geschickt. Hätte ich dir doch nur Bescheid gesagt … «

»Mach dir keinen Kopf, Pepe, das ist nicht deine Schuld. Wie könntest du schuld daran sein, dass man mich überfallen hat?«

»Wenigstens wurdest du nicht umgebracht oder vergewaltigt. Wenigstens haben sie dir nichts Schlimmeres angetan.«

»Ich lebe noch, das ist das Einzige, was zählt. Man muss leben.«

»Ja, man muss leben.«

Ein Gespräch, ein Bier, alte Frauen, die aus dem Fenster aufs Meer schauen, der Leuchtturm von Farjado, viele Tote, ein Junkie, ein Kerl in verdreckten Sportschuhen. Der Geländewagen, der hinter einer Kurve verschwindet, ein Tropfen dunkeln Lichts, das von den Händen tropft … Passt das alles auf ein Foto? Vielleicht passt diese ganze Wirklichkeit auf ein Foto?

»Die Jungs haben die Nachricht unter den wichtigsten Tagesereignissen herausgebracht. Sie haben die Beschreibung der Angreifer veröffentlicht, die du der Polizei gegeben hast. Die Zeitung wird auf ihre Festnahme eine Belohnung aussetzen.«

»Danke, Pepe.«

»Vargas hat die Meldung verfasst.«

»Angriff auf Fotografin der *Ultima Hora* vor der Bar Violeta's.« Diesmal liest Virginia den Nachrichtentext laut vor. Pepe lächelt sanft.

»Gegen elf Uhr abends wurde Virginia Sánchez Casellas Opfer eines grausamen Überfalls vor der Bar Violeta's in der Avenida Ponce de León in Santurce. Die Täter entwendeten einen blauen, nagelneuen Geländewagen sowie eine Brieftasche mit 150 Dollar Bargeld. Am Ende stachen die Angreifer ihr Opfer nieder. Sie wurde ins Hospital Prespiteriano gebracht und befindet sich außer Lebensgefahr …«

Die Meldung erschien ohne Foto.

Aus dem Spanischen von Michaela Meßner

Karla Suárez

Die Strategie

Ich sah ihn zum ersten Mal bei einem Vortrag am Institut. Er war ein talentierter Psychologe mit einer halben Stelle, renommiert wegen seiner Arbeit mit Jugendgruppen, ein interessanter Typ. Ich setzte mich, um mir seinen Vortrag über Alkoholismus anzuhören, und wusste sofort, er ist der Mann meines Lebens. Ich bin überzeugt, dass es irgendwo auf der Welt jemanden gibt, der auf uns wartet, und ich hatte ihn gefunden. Sogleich machte ich mich daran, eine Strategie zu entwickeln, die uns zusammenbringen würde. Absolut, unausweichlich, glücklich.

Ich war damals eine junge angehende Schriftstellerin. Er war für mich eine Art Gott, er tauchte auf allen Literaturveranstaltungen und Präsentationen der Zeitschriften auf, war aber extrem zurückhaltend. Anfangs bedauerte ich, dass ihn sein tiefes Interesse für die moderne Psychologie daran hinderte, auf mich zuzugehen, aber ich beschloss, mich keinesfalls aufzudrängen. Das vernarrte junge Ding, das den erfahrenen Mann verführt? Unmöglich. Unsere Liebe war rein, endgültig, ohne Wenn und Aber. Sie musste sich langsam entwickeln. Ich fing an, anders zu schreiben. Ich ließ die politischen Themen hinter mir und widmete mich der Erforschung der menschlichen Psyche. Das würde seine Aufmerksamkeit erregen.

Die erste Gelegenheit zu einer Annäherung kam, als ich auf einem der Flure des Instituts zufällig eine Bemerkung aufschnappte. Vor kurzem hatte das Radio über eine vielversprechende junge

Künstlerin berichtet, die bei einem bedeutenden Wettbewerb der bildenden Künste in Barcelona einen Preis gewonnen hatte. Die junge Frau wurde über Nacht berühmt. Ich hörte rein zufällig davon.

»Weißt du, mit wem diese kleine Malerin liiert ist? Mit dem Psychologen, der hier den Vortrag gehalten hat.«

Es amüsierte mich, dass ein so intelligenter Mann wie er seine Energie auf Liebesaffären verschwendete, die zu nichts führten. Das ließ nur den Schluss zu, dass er verwirrt war, also musste ich die Sache in die Hand nehmen. Ich musste eine Begegnung herbeiführen, und die Malerin war der geeignete Köder. So wurde sie mein Zielobjekt.

Der Vorteil war, dass wir derselben Generation angehörten und uns folglich an denselben Orten über den Weg liefen. Sie war stets in Begleitung meines Psychologen und ich auf der Lauer nach einer passenden Gelegenheit. Irgendwann gewann ich bei einem Wettbewerb den ersten Preis, und die Erzählung wurde veröffentlicht. Das sprach sich schnell herum.

»Eine ungewöhnliche und interessante Erzählung, spektakulär.«

Das sagte sie später an dem Abend, an dem man uns bei einer Vernissage einander vorstellte. Die Malerin wollte mich unbedingt kennenlernen, der Glanz ihrer Augen verriet sie. Mein Psychologe nickte zustimmend und meinte, die Erzählung sei sehr gut, und ich lächelte in dem Wissen, dass mir die Freundschaft des Mädchens sicher war.

Von dem Tag an grüßte sie mich. Ihre Arbeiten interessierten mich nicht, aber ich blätterte in den Katalogen und tat so, als ob ich sie sehr bewunderte. Ihr hingegen merkte man an, dass sie wirklich von meinen Texten beeindruckt war, und ich gab ihr Kurzgeschichten von mir mit und malte mir aus, dass sie ihm die nachts vorlas. Mein Name wurde allmählich bekannt, und es wurde Zeit, einen Schritt weiterzugehen. Alles war genau geplant. Als ich die beiden traf, sagte ich der Malerin, ich hätte Interesse, etwas mit ihr gemeinsam zu machen. Ich hätte an eine Lesung meiner Kurzgeschichten im Rahmen einer Ausstellung ihrer Arbeiten gedacht. Die Malerin bekam wieder glänzende Augen, und er nickte lächelnd.

Alles lief wie am Schnürchen. Ihre Bilder füllten die Galerie, und ich stellte sie mit großem Respekt vor. Dann kam ich an die Reihe. Während ich las, schaute ich mehrmals auf, weil ich wissen wollte, wie mich der Mann meines Lebens an der Seite seiner Gelegenheitsgeliebten ansah. Ich war überzeugt, an diesem Tag würde sich alles ändern. Meine Geschichten über Alkoholiker, Selbstmörder und Homosexuelle konnten einen Psychologen wie ihn nicht unbeeindruckt lassen. Und so war es auch. Als die Veranstaltung zu Ende war, schlug er vor, bei ihm zu Hause anzustoßen. Ich lächelte, und gemeinsam mit Freunden gingen wir dorthin.

Es war eine schöne Wohnung, perfekt eingerichtet, mit vielen Bildern an den Wänden. Die Malerin war tief bewegt und sprach von weiteren gemeinsamen Projekten. Sie redete und redete, stellte mich Leuten vor, und ich verfolgte derweil aus den Augenwinkeln die Liebe meines Lebens. Als sie mich einen Moment allein ließ, war die Gelegenheit gekommen, auf ihn zuzugehen.

»Du bist hier jederzeit willkommen, und wenn ich dir bei irgendetwas behilflich sein kann, tue ich das gern.«

Das war das Letzte, was der Psychologe sagte, bevor er von einem seiner Freunde fortgezogen wurde. Ich schaute aus dem Fenster und dachte, dass sich soeben die Türen zu meiner Liebe geöffnet hatten. Die Malerin würde mir helfen, sie zu bekommen. Mit vollen Gläsern kam sie auf mich zu, und ich lächelte, bereit, das Gerede über weitere Projekte über mich ergehen zu lassen.

Ein paar Tage später war ich wieder dort, um die Frau zu besuchen, die ich, so der Plan, zu meiner besten Freundin machen wollte. Sie war gutmütig und sensibel, nur ihr Lächeln fand ich infantil. An dem Tag hatte sie Augenringe, und wir gingen in ihr Atelier. Sie bat mich, leise zu sein, denn er schlief in dem anderen Zimmer, und sie kochte uns einen Kaffee.

»Entschuldige, ich weiß, wir wollten heute mit der Arbeit anfangen, aber ich bin vollkommen daneben, wir hatten gestern einen schrecklichen Streit. Wir streiten oft, weißt du.«

Ihr abgezehrtes Gesicht und die Nachricht, dass es in ihrer Beziehung nicht gut lief, kamen mir für die weitere Umsetzung meines Planes wie gerufen. Wenn Leute deprimiert sind, erzählen sie dem Erstbesten, der ihnen über den Weg läuft, all ihre Probleme, und sie vertraute mir. Und so erfuhr ich, dass sie ihn nicht liebte. Anfangs war die Sache gut gelaufen, doch jetzt kriselte es.

»Weißt du, er ist sehr egoistisch. Außerdem … Er hat ein großes Problem … Ich erzähl es dir, weil ich weiß, dass du etwas davon verstehst, er ist Alkoholiker, und wenn er sich betrinkt, ist es die Hölle.«

Die Liebe meines Lebens war Alkoholiker und meine engste Freundin abhängig und wehrlos. Bestens. Von da an wurden meine Besuche häufiger. Manchmal arbeiteten wir stundenlang an dem neuen Projekt, meine Texte in Bilder umzusetzen. Andere Male unterhielten wir uns einfach nur, und so erfuhr ich alles über meine große Liebe, die versteckten Winkel der Wohnung, die Bar mit den leeren Flaschen und die Neurosen seiner Geliebten. Sie stammte aus der Provinz. Diese Wohnung war ihre einzige Bleibe in der Stadt. Andererseits sagte sie auch, das sei der Ort, an dem sie die Ruhe und Geborgenheit fände, um weiter malen zu können. Ich bot ihr meine Freundschaft an und versuchte den Besuch möglichst lange auszudehnen, damit ich noch da war, wenn mein Mann nach Hause kam.

An einem Sonntag wartete ich an der Straßenecke, bis ich sie herauskommen sah. Kurz darauf stand ich vor der Wohnungstür. Die Liebe meines Lebens bat mich herein und sagte, ich könne drinnen auf sie warten. Ich willigte ein. Es dauerte Stunden, bis sie wiederkam. Ich nahm die Einladung zum Mittagessen an und auch den Drink, den mein Psychologe mir reichte, um das Warten angenehmer zu machen. Er sah ein wenig müde aus und zog es vor, mir im Wohnzimmer Gesellschaft zu leisten anstatt zu arbeiten. Wir unterhielten uns. Ich schlug ihm vor, meinen neuesten Erzählband vorbeizubringen, und er zeigte sich interessiert. Ich sah, wie er die Gläser wieder füllte, und lächelte. Wir waren zum ersten Mal allein.

»Du bist eine intelligente Frau, ich mag intelligente Frauen, und ich fühle mich in deiner Gesellschaft sehr wohl.«

Ich war nicht nur eine intelligente Frau, sondern die Frau seines Lebens, aber das würde er mit der Zeit schon merken. Momentan bestand meine Aufgabe darin, dafür zu sorgen, dass die andere mit ihren Bildern und ihrem infantilen Lächeln aus der Wohnung verschwand.

Am nächsten Tag rief sie mich an und sagte, sie müsse mich sehen. Einen kurzen Moment dachte ich, sie sei verärgert wegen meines Besuchs, und wappnete mich mit einer Rechtfertigung und viel Geduld. Sie war das reinste Nervenbündel und führte mich gleich in ihr Zimmer.

»Du bist meine beste Freundin, du musst mir helfen, entschuldige, dass ich dich gestern habe warten lassen, aber als ich nach Hause kam, war er betrunken, ich hab gesagt, ich würde abhauen, egal wohin, und er hat mir eine Ohrfeige gegeben und gemeint, er würde sich für mich verantwortlich fühlen, ich würde nirgends hingehen.«

Und sie fing an zu weinen, ich strich ihr mit der Hand übers Haar und sagte, wir würden schon einen Platz finden, sie müsse raus aus dem gemeinsamen Zimmer. Sie könne nicht bei einem Alkoholiker bleiben, der sie zudem noch schlug. Schluchzend umarmte sie mich, und ich empfand keinerlei Mitleid. Eher eine seltsame Genugtuung.

In den nächsten Tagen ging es ihr schlecht. Sie beschloss, in das Atelier umzuziehen, und ich atmete erleichtert auf. Bei meinem Psychologen war ich von einer lapidaren Begrüßung schon zu kurzen Gesprächen vorgedrungen. Er versprach, meine Kurzgeschichten zu lesen, sobald seine Arbeit es ihm erlaube. An einem Abend brachte ich meine Freundin in ihr Zimmer, und bevor ich die Wohnung verließ, fing er mich ab.

»Du musst mir helfen … Sie ist neurotisch und depressiv, ich sehe, dass deine Freundschaft ihr guttut, und ich wollte dich bitten, jeden Tag vorbeizuschauen, wenn du es einrichten kannst.«

Ich drückte meiner großen Liebe einen Kuss auf die Wange und ging auf den Vorschlag ein. Eine Woche später bat mich meine Freundin zu bleiben. Es war ein Samstag, und sie hatte Angst, ihr Exgeliebter würde sich wieder betrinken und sie schlagen. Ich blieb. Er betrank sich nicht; er blieb die ganze Nacht in seinem Zimmer, und am nächsten Morgen frühstückten wir, während sie noch schlief. Wir tranken Kaffee und rauchten, und irgendwann tauchte sie auf. Sie begrüßte uns lächelnd und setzte sich zu uns.

»Wie eine Familie«, sagte sie und sah mich dabei an. »Du solltest bei uns einziehen.«

»Keine schlechte Idee. Warum bleibst du nicht bei uns?«

Als meine große Liebe das sagte, spürte ich, wie mir die Hitze ins Gesicht stieg. Ich schluckte und lächelte. Freudig sahen sie mich an. Am nächsten Tag betrat ich mit Koffern beladen meine künftige eheliche Wohnung. Die Versuchung war groß, als ich an der Türschwelle zum Zimmer meiner Liebe stand, doch ich ging weiter und stellte meine Sachen in das Atelier, in dem die Malerin inzwischen wohnte.

Das gemeinsame Leben in der Wohnung war gut organisiert. Ich ging jeden Tag ins Institut, er an die Uni, und sie blieb allein in dem nach Ölfarben stinkenden Zimmer zurück. Abends aßen wir zusammen. Meine Schreibmaschine stellte ich ins Wohnzimmer, denn die Malerin wollte nachts schlafen. Ich lauschte eine Weile ihren verrückten Plänen und Gesprächen, dann gab ich ihr einen Kuss und ging schreiben.

Eines Tages fand ich sie bei meiner Rückkehr weinend vor. Sie hatte gerade ein Bild zerstört. Sie sagte, ihr Leben sei ein grenzenloses Nichts, und ich empfand Mitleid. Sie stand auf und sagte, sie wolle sich umbringen, sie würde sich die Pulsadern aufschneiden. Ich versuchte, sie zu beruhigen, und sie umarmte mich. Ich sollte sie nicht alleine lassen. Zu dem Zeitpunkt hatte ich sie bereits ins Herz geschlossen und ich wachte bei ihr, bis sie eingeschlafen war. Spätabends tauchte er im Wohnzimmer auf. Er sah erschöpft aus, goss sich etwas zu trinken ein und setzte sich zu mir.

»Heute wollte sie den ganzen Tag nicht mit mir sprechen … das macht mir Sorgen, das letzte Mal, als sie den ganzen Tag nicht mit mir gesprochen hat, hat sie versucht, sich umzubringen.« Er schaute auf und versuchte zu lächeln. »Du bist ein sehr wichtiger Mensch in diesem Haus geworden, weißt du das?« Er trank das Glas auf einen Zug aus. »Ich habe sie nie geliebt, für mich ist sie wie ein kleines Mädchen, das ich beschützen muss, ja, ein zerbrechliches kleines Mädchen.«

Als er geendet hatte, ließ er seinen Kopf auf meinen Schoß sinken. Ich spürte, dass im Wohnzimmer etwas Seltsames umging. Ich wollte etwas sagen, aber was? Bis zu dem Moment war alles perfekt gelaufen, ich durfte das Ende nicht kaputtmachen. Doch ganz tief in mir rebellierte etwas, eine Mischung aus Schuld und Mitleid und Liebe zu diesem Mann. Ich seufzte tief und lächelte, so sind die Spielregeln: entweder sie oder ich. Wenn sie die Schwächere war, musste ich die Sache lösen.

An einem Abend beschloss ich, mich zu betrinken und ihr die Wahrheit zu sagen. Es war ein Samstag, und er war nicht zu Hause. Sie malte in ihrem Zimmer. Ich fing an zu trinken, während ich an einer Erzählung schrieb. Als sie ins Wohnzimmer kam und vorschlug, wir sollten etwas essen, war ich schon leicht beschwipst. Sie lächelte.

»Keine Sorge, ich mach was für uns beide. Schreib nur weiter.«

Sie ging in die Küche, und ich biss mir auf die Lippen. Schließlich war sie meine Freundin. Ich schenkte noch mal nach. Meine Farce musste ein Ende haben. Als sie mich zu Tisch rief, war ich schon ein wenig betrunken.

»Wollen wir nicht auf den Mann im Haus warten?«

»Nein, setz dich. Er kommt nicht.«

Umso besser, so könnten wir in Ruhe reden und schlimmere Folgen vermeiden. Es kam mir nur merkwürdig vor, dass sie so selbstsicher auftrat, und da wollte ich es wissen. Sie schob die Gabel in den Mund, kaute, schluckte und trank ein wenig Wasser.

»Ich kann vor dir keine Geheimnisse haben … Du weißt, er ist Alkoholiker, aber das ist nicht sein Problem, eher die Folge. Der Grund für seine Sucht sind unterdrückte Gefühle. Sein Leben lang hat er sie unterdrückt, weißt du, die Uni, den Namen, den er hat, all das … Dieses Wochenende kommt er nicht, weil er mit seinem Liebhaber an einen abgelegenen Ort gefahren ist.«

»Seinem Liebhaber?«, stammelte ich und schob den Teller beiseite, und sie führte die Gabel wieder zum Mund.

»Ja, ein Junge von der Uni, ein Student. Er war ab und zu hier, blond, groß, ich weiß nicht, ob du ihn bemerkt hast.«

Die Malerin kaute unbefangen weiter, bis sie irgendwann aufschaute und fragte, was los sei. Ich sprang auf und lief nervös herum. Im Wohnzimmer nahm ich einen Schluck direkt aus der Flasche. Ich wusste nicht, was ich tun sollte. Sie beobachtete mich, während ich den Schnaps hinunterstürzte. Ich wollte mich betrinken. Ich war wütend und trank weiter. Zum ersten Mal umarmte sie mich, um mich zu trösten. Ich wollte nicht, dass sie mich allein ließ. Plötzlich stand ich zornig auf und sagte, ich wolle sterben. Ich zerbrach das Glas auf dem Couchtisch und wollte mir die Pulsadern aufschneiden, aber sie hinderte mich dran. Sie brachte mich in unser gemeinsames Zimmer, und auf dem Weg trat ich gegen seine Zimmertür. Die Flasche hatte ich mitgenommen. Sie umarmte mich. Sie küsste meine Wange und fragte wieder, was mit mir los sei. Ihre Stimme klang infantil, und der Gedanke, dass all ihre Depressionen und Neurosen daher rührten, dass sie wusste, dass ihr Geliebter jemand anderen hatte und dass dieser andere ein Mann war, brachte mich auf die Palme. Aus Zorn schlug ich auf sie ein. Doch sofort tat es mir leid und ich umarmte sie. Sie flüsterte mir ins Ohr. Sie wollte mich beruhigen, aber ich wollte mich rächen, an ihr, weil sie verrückt und dumm war, und an ihm. Warum? Ich wusste es nicht, ich wollte mich einfach rächen. Ich war erfüllt von Wut, Zärtlichkeit, fühlte mich einsam, und in diesem Chaos der Gefühle schliefen wir miteinander.

Am nächsten Tag hatte ich beim Aufwachen einen dicken Kopf. Ich setze mich im Bett auf. Ich war völlig durcheinander und immer noch ein wenig betrunken. Der Geruch der Ölfarben im Zimmer erzeugte in mir Übelkeit. Fröhlich kam sie mit einem Tablett durch die Tür, sagte lachend »Champion-Frühstück« und stellte es mit einem Blumenstrauß neben mich.

»Ich habe ein Geschenk, eine kleine Freude am Morgen«, sagte sie und küsste meine Lippen – ein kurzer Kuss, der nach nichts schmeckte. Sie ging zur Staffelei und drehte sie zu mir. Unter unzähligen Pinselstrichen entdeckte ich auf der Leinwand mein Gesicht.

»Heute ist der glücklichste Tag meines Lebens, unseres Lebens, weißt du, ich hab gewusst, dass es so kommen würde …« Sie machte ein paar Schritte auf mich zu und setzte sich auf den Bettrand, ohne den Blick von mir abzuwenden. »Sag nichts, heute Nacht hast du alles gesagt«, sie lächelte und biss sich auf die Lippen, »ich kann vor dir keine Geheimnisse haben, alles war von Anfang an geplant« – wieder dieser Glanz in ihren Augen – »als ich dich sah, wusste ich, du bist die Liebe meines Lebens. Ich hab deine Erzählungen gelesen und nach einem Köder gesucht, um dich anzulocken, und wer wäre da besser geeignet gewesen als mein Psychologe, nicht? Deshalb bin ich hier eingezogen, er brauchte eine Frau im Haus, um den Schein zu wahren, weißt du, wir hatten nie etwas miteinander, das mit den Schlägen und dem Streit war gelogen, er ist einfach nur mein Psychologe, aber er wusste nichts von meinem Plan«, aufgekratzt sah sie mich an, »jetzt ist alles perfekt, sein Liebhaber kann hier einziehen, alle werden uns für zwei Pärchen halten, und das sind wir ja auch, ein wenig anders zwar, aber glücklich«, sie lächelte mit diesem erregten Glanz in den Augen, »wenn du mich nicht lieben würdest, würde ich mir die Pulsadern aufschneiden, aber als du heute Nacht geschrien hast ›du bist die Liebe meines Lebens‹, hatte ich die Bestätigung, dass meine Strategie aufgegangen ist, ich bin überzeugt, dass es irgendwo auf der Welt jemanden gibt, der auf uns wartet, ich habe dich gefunden, du bist die Liebe meines Lebens, meine große Liebe: absolut, unausweichlich, glücklich.«

Aus dem Spanischen von Sabine Giersberg

Patricia Suárez

Versengter Eukalyptus

»Wozu – Ganovin – bist du hier?«
»Sir, weil die Liebe süß ist!«

Er pflegte mich anzurufen, um mir zu sagen, dass er mich liebte. Ich wusste ja, dass er mich liebte, wusste es schon eine ganze Weile, aber ich wagte ihm nicht zu antworten. Ich antwortete nichts, hielt sprachlos den Hörer in der Hand, ohne ein Wort herauszubringen, dabei wusste ich doch, dass er mich liebte. Er hatte mir *Der Tod in Venedig* in einer Prachtausgabe geschickt, Ledereinband, mit Wasserzeichen und auf Dünndruckpapier. Nur jemand, der mich liebte, konnte mir ein solches Buch schicken, ein Buch, das ich liebte, seit ich es in einer heruntergekommenen Bibliothek zum ersten Mal gelesen hatte, und das ich mehr oder weniger einmal im Jahr las, denn dieses Buch hatte die Eigenart, mich zu beruhigen. Nur jemand, der mich liebte, konnte mir das schicken, und ich habe keinen Zweifel, dass er mich lieb hatte. Unentwegt schickte er mir Bücher, und einmal schenkte er mir sogar zwei Korallenringe, die mich faszinierten, nie zuvor hatte ich Koralle gesehen. Sie waren rot, und er erklärte mir, erklärte es mir einige Tage nach Eintreffen des Pakets, dass rote Korallen Leidenschaft bedeuten, und Leidenschaft war das, was er für mich empfand. Natürlich bevorzugte ich von allen Geschenken die Bücher, und das wusste er. Er wusste beinahe alles über mich, das war es, was ich immer empfand, wenn ich den Hörer von der Gabel nahm und seine matte Stimme hörte, die sich nach mir sehnte. Er hatte mir *Der Tod in Venedig* geschickt und auch Bücher von Tolstoi und Flaubert und Quevedo. Von Quevedo schickte er mir *Die Fortuna mit Hirn oder die*

Stunde aller, und ich hatte viel Spaß beim Lesen, so viel Spaß, dass ich mir zum ersten Mal beinahe ein Herz gefasst und ihm etwas geantwortet hätte. Gesagt, dass er, der Mann, der von sehr fern mit mir telefonierte, meine einzige Verbindung mit der Welt, meine Brücke zu ihr war. Dass ich ihn verzweifelt brauchte, ebenso sehr, wie er angeblich mich brauchte. Doch am Abend, als er anrief, blieb ich still und biss mir auf die Lippen. Ich, die ich mich danach verzehrte, ihm für die Büchersendungen zu danken, für die vielen Bücher, die hier unmöglich zu bekommen waren, die nie auf die Insel gelangten. Anfänglich waren darunter Bücher auf Deutsch gewesen. Die wurden verbrannt. Mein Vater hielt eine Bücherverbrennung ab, ein Feuer mit deutschen Büchern in schwieriger Frakturschrift. Er verbrannte sie, wie er alles verbrannte, was mit Deutschland zu tun hatte, zu tun gehabt hatte. Nicht einmal die Sprache lernten wir. Weder meine Geschwister noch ich. Keiner. Ausgenommen Fausto. Wir verstanden nur gerade das Wort *Spinne*. Das kannten wir, weil es einen Verein bezeichnete. Die Spinne. Mein Vater sprach immer sehr respektvoll von der Spinne, aber er sagte das Wort nie auf Spanisch, sondern immer auf Deutsch, mit seinem bayrischen Akzent, einem Akzent und einer Stimme, die in seinen Nasenhöhlen entstand und von da herausdrang, die Luft kam aus den Nasenhöhlen meines ungestümen Vaters, als hätte der schreckliche bayrische Akzent einem Drachen gehört. Die Spinne, das war das einzige Wort, das mein Vater auf Deutsch sagte, gesagt hatte. Erst als er alt wurde, brachte ihn die Senilität manchmal durcheinander, und wenn er von meiner Mutter sprach, von der unauslöschlichen Erinnerung, die sie in seinem Leben hinterlassen hatte, nannte er sie irrtümlich Vera statt Martina. Vera Huss, das war ihr Name gewesen bis zur Flucht, bis zur Zeit der Flucht aus Deutschland, damals um 1950, und sie sich in Martina umbenannte, was ihr bodenständiger erschienen war. Die einzige so dicke und weiße und blonde Martina, die es auf der Insel gegeben hat und geben wird. Außer mir natürlich. Laut meinem Vater bin ich ein wenig wie sie. Ich weiß nicht, wie ich ihr gleichen kann, meiner Mutter, wo sie doch, meine Mutter, Fräulein Vera Huss, von morgens bis abends Klavier spielte, sie war Konzertpianistin, in Berlin, für die kultivierten Menschen. Später ruinierte sie sich die Hände, die Finger, diese so besonderen Hände, die Pianisten allem Anschein nach haben, lang und schmal. Wir mussten die Wäsche an Steinen im Fluss waschen, dabei hat sie sich die Hände ruiniert. In jener Zeit fragte ich, immer habe ich dasselbe gefragt, mein ganzes Leben ist nichts als das anhaltende Echo einer einzigen Frage: Warum haben wir Deutschland verlassen? Warum habt ihr Deutschland verlassen? Anfänglich erhielt ich keine Antwort. Meine Mutter zuckte mit den Schultern oder schaute in die Ferne, ans andere Ende des Flusses, zur Stadt hin. Sie schaute in den Fluss mit ihren so himmelblauen, durchsichtigen Augen, Augen, wie wir sie alle haben, wir, meine Geschwister und ich. Ausgenommen Fausto. Alle meine Geschwister außer Fausto, der der Dunkle war. Von uns allen war Fausto nicht wie wir, er war der Dunkle, er war es, der mir zu erklären versuchte, wenn wir geblieben wären, wenn sie, mein Vater und meine Mutter, ganz ruhig in Deutschland geblieben wären, so hätte man meinen Vater gehängt. Ich fragte mich, fragte mich so oft, wenn mich der Mann, der mich vorgeblich liebte, anrief, ich fragte mich, ob er wohl wusste, ob er die Geschichte kannte, ob er es wusste, dass mein Vater in Deutschland hingerichtet worden wäre, wenn er geblieben wäre. Er, der Mann, der mich anrief, wusste alles über mich. Aber ich fürchtete mich, hatte Angst, eine Angst, die mich nicht atmen ließ, die wie ein schwacher Vogel mit Flötenstimme in meiner Brust nistete, ein Vogel lang und schmal wie Pianistenhände, die so besonders sind, wie man sagt, wie sie wohl meine Mutter gehabt hat, dort in Berlin, als sie Vera Huss hieß und Klavier spielte. Oder auch nicht. Die Angst war eine Spinne, die ihr Netz an den Rändern meiner Atmung, in den Bronchien spann. Sie sagte mir, die Angst sagte, diktierte mir, dass der Mann, der verkündete, mich zu lieben, wenn er mich von fern anrief, nicht käme, dass er nur ein Gesandter war, der kam, um meinen Vater aus dem Korbsessel wegzuholen. Trotz seiner Jahre, der Jahre, die vergangen waren, seit er aus Deutschland gekommen war, und trotz seines argentinischen Passes, den ihm ein hagerer Beamter ausgehändigt hatte, welcher sagte, die Papiere seien von oben genehmigt, das sagte der Beamte, gar nicht schmierig, mit einem Zahnpastalächeln, der meinem Vater den Pass aushändigte, das argentinische Dokument, in dem er von jetzt an anders hieß, Eugenio, Eugenio Sterba. Mein armer Vater, der seinen eigenen Namen fast nicht aussprechen konnte, sein schrecklicher bayrischer Akzent ließ ihn über Eugenio stolpern, sein Akzent, seine Herkunft verbrannten das ch im g von Eugenio, schluckten es. Da schöpfte ich Verdacht, misstraute dem Mann, der mich anrief, vermutete, nach all den Jahren komme er, um meinen Vater aus seinem Korbstuhl zu heben, nach dem langen Schweigen der Jahre komme dieser Mann, der mich liebte, wie es schien, mich aber vielleicht überhaupt nicht liebte, komme mit dem hündischen Ehrgeiz, ihn aus dem Korbstuhl zu heben, in dem er immer saß und leere, bodenlose Worte murmelte, Worte in einem affektierten, einem schlecht übersetzten Spanisch, würde ich sagen. Um ihn der Justiz zu übergeben, dem, was der Mann, der mich anrief, für die Justiz halten mochte: ein Gericht, eine Pantomime und der Galgen. Und wer könnte es? Wer könnte das beurteilen, was außerhalb des Begriffsvermögens haust? Den Galgen, ja, den Galgen könnte er begreifen. Man überzog die Seile mit weichem Kalbsleder, das hat mir Fausto gesagt, damit sie den Hals der Verurteilten nicht beschädigten. Die Fabrik eines gewissen John Edgington in England schickte vierzig Seile aus italienischem Hanf für die drei Galgen, die in Nürnberg aufgestellt wurden. Vielleicht suchte der Mann, der mich anrief, der mich liebte, meinen Vater. Das dachte ich, denn wenn einer meiner Geschwister den Anruf entgegennahm, irgendeiner meiner Geschwister, ausgenommen Fausto, der der Dunkle war, sagte, befahl der Mann: Noth, geben Sie mir das Mädchen. Er wusste, kannte als Einziger den Namen Noth, den alten Familiennamen, den, mit dem mein Vater zwischen den Reihen seiner Soldaten hindurchspaziert war. Noth, geben Sie mir das Mädchen, sagte, befahl der Mann, der mich anrief, und der Vogel, der Rabe, der in meiner Brust nistete, oder die Spinne, kämpften auf einmal in mir, lösten in meinen Bronchien Krämpfe aus, und mein Atem pfiff. Pfiff, und ich konnte kaum antworten mit einem pfeifenden Ja? Zu Fausto, dem Dunklen von uns, sagte der Mann, der mich anrief, kein einziges Wort. Aber Fausto wusste, dass er es war, der Mann, der die Bücher und die Korallenringe geschickt hatte, der meine anderen Geschwister Noth nannte und ihn, Fausto, nicht, denn Fausto war der Dunkle. Mein Vater hatte ihn so gemacht, mein Vater vertraute ihm, hatte ihm wegen seiner Dunkelheit seit je vertraut. Fausto war es, der zwischen der Insel und der Stadt hin und her fuhr, den Honig verkaufte, Perlmutterspangen für das Haar meiner Mutter brachte und für mich das Mittel gegen den Bronchospasmus. Fausto der Dunkle, der Sohn meines Vaters, mehr Sohn meines Vaters als wir alle, die wir da blieben, auf der Insel, zwischen verdorrten, vom Blitz versengten Eukalypten, wir blieben und sahen den glücklichen Fausto in die Stadt gehen und zurückkommen, dank der zufälligen Dunkelheit seines Teints und seinem Lockenhaar, seinem Lammhaar; und wir, die Noths, die wir mehr Noth fühlten denn je, zumindest mehr als er, dicht gedrängt auf der Insel wie kränklich zitternde weiße Ratten. Noth, geben Sie mir das Mädchen, das waren die Worte, die der Unbekannte immer wieder sagte, wenn irgendeiner meiner Geschwister, ausgenommen Fausto, den Anruf entgegennahm. Mein Vater nahm ihn nicht entgegen, mein Vater ging nicht mehr, er erhob sich nicht von seinem Korbstuhl. Er flüsterte Dinge vor sich hin, Worte für sich, oder er murmelte den ganzen Tag, so dass man, da man ja ständig an ihm vorbeiging und ihn hören musste, am Ende des Tages den Eindruck hatte, er gebe ein Summen von sich. Er war ein wenig zu diesen Bienen geworden, die er so eifrig gezüchtet und mit eigens für sie gesetzten Blumen ernährt hatte, Pfingstrosen, Dahlien, Immortellen, sogar ein Beet mit Teerosen, die nicht lange hielten. Der die Überschwemmung zum Verschwinden gebracht hatte. Er behandelte die Bienen wie kleine reizende, wohlerzogene Gäste, deren Stock seiner Meinung nach das Ergebnis eines ausgearbeiteten Gedankengangs, langen Nachdenkens war. Er behandelte die Bienen wie denkende Wesen. Mit den Jahren interessierte er sich nicht mehr für die Bienenzucht. Mit den Jahren und dem Tod meiner Mutter. Manchmal hörte man, vernahm ich im Summen meines Vaters während seiner Senilität ihren Namen, Vera, den Namen meiner Mutter. Er rief nach ihr, er rief immer nach meiner Mutter. Ich kannte eine Anekdote aus dem Leben meiner Mutter, die mir Fausto erzählt hatte. Fausto wusste am meisten über uns, von der Geschichte, von unserer Geschichte, denn mein Vater hatte ihm vertraut, unterhielt sich nur mit ihm, mit Fausto, hatte ihm wegen seines dunklen Teints von Anfang an vertraut. Ich kannte die Anekdote, nach der meine Mutter das Klavierspiel aufgegeben hatte. Wegen meines Vaters. Es war wegen meines Vaters, wegen seiner Liebe, sagte Fausto, mein Vater, der sie so sehr liebte, so sehr, dass er auf das Klavier eifersüchtig war. Auf die Musik. Meine Mutter wird ihn auch geliebt haben, nehme ich an, denn sie zögerte nicht, zuckte nicht mit der Wimper, als sie sich zwischen meinem Vater und dem Klavier entscheiden musste. Was war letztlich schon das Klavier?, fragte mein Bruder. Ein Möbelstück, antwortete er gleich selbst. Mein Bruder fragte sich nicht, Was war letztlich schon mein Vater?, und er fragte es sich nicht, weil er befürchtete, sich eine ziemlich konzise Antwort geben zu müssen, eine Antwort, die etwa gelautet hätte: ein junger aufsteigender Offizier. Eine schäbige Antwort. Ganz offensichtlich interessierten meinen Bruder Fausto die Fragen und Antworten auch nicht allzu sehr. Er war glücklich, das war klar. Er verkehrte zwischen der Insel und der Stadt, verkaufte den Honig, kannte Menschen, Jungen, Frauen, während wir im Schatten der verdorrten, vom Blitz versengten Eukalypten blieben und unsere Haut schützten wie zitternde weiße Ratten. Er, Fausto, war nicht naiv. An meiner Stelle hätte er nicht an den Gründen gezweifelt, die der Mann hatte, mich von so fern anzurufen und mir zu sagen, er liebe mich, er empfinde Leidenschaft für mich, denn das war es, was die rote Koralle bedeutete, die er mir geschickt hatte, der Mann, der alles über mich wusste, wie beispielsweise, dass mein Familienname, mein wirklicher Name, Noth war und dass ich meine Stunden mit dem Lesen und Wiederlesen der Bücher verbrachte, die er mir schickte, unter dem Eukalyptus, gehetzt von der unerbittlichen Sonne dieser Insel wie eine arme weiße Ratte, während ich das Wimmern meines Vaters hörte, der summte, Vera, Vera, den Namen, den meine Mutter dort gehabt hatte, in Berlin, und er rief nach ihr, unermüdlich, denn sie, ihr Leben, ihr heller Körper war die einzige Verbindung meines Vaters mit seinem Leben dort, mit seinem Leben in Deutschland, sie war die Einzige, die ihn in dieses Leben zurücktransportierte, in die Welt ohne Überschwemmungen und Mücken, Bremsen, Giftschlangen und all diese Heimsuchungen auf der Insel, auf der wir uns verbergen, wir alle, ausgenommen Fausto, denn er war der Dunkle, alle auf der Insel versteckt, und oben, draußen die Welt. Und doch, abgesehen von meiner Mutter und vielleicht abgesehen von Fausto, der von ihm auserwählt wurde, um die Geschichte weiterzugeben, zählen wir, meine anderen Geschwister und ich, nicht für ihn, für meinen Vater. Wir sind Gespenster, die diese verdammte Insel durchqueren und uns mit der Machete einen Weg bahnen, mit der Machete auf eine Vegetation einhauen, die uns wie ein Gefängnis umschließt. Am Anfang der Anrufe des unbekannten Mannes hatte ich zu ihm gesagt, ich werde von der Insel weggehen. Und er, mein Vater, verkrampfte sich, ein Schatten von Verkrampfung huschte über sein Gesicht, und er erklärte, ich tauge nichts, weggehen wäre Sterben und würde ihnen allen den Tod bringen. Meine Lungen würden platzen, wenn ich zum ersten Mal Liebe machte. Und ich sagte zu ihm, Warum, Papa, warum tun Sie mir das an?, und er hätte mich geschlagen, wenn er gekonnt hätte, aber er konnte nicht mehr gehen, nicht vom Korbstuhl aufstehen, und er hatte keine Kraft mehr, einem meiner Geschwister zu befehlen, mich zu schlagen, niemand würde mich je schlagen können, denn sie, meine Geschwister, sogar Fausto, obwohl er anders war, wagten nicht, mich anzurühren. Als bestände ich, als hätte ich aus zwei entgegengesetzten Materialien zugleich bestanden. Aus überaus zartem Porzellan und stinkendem, schmutzigem Ton, aus diesem Grund wagte keiner von ihnen, auch Fausto nicht, mich zu berühren. Und sie getrauten sich auch nicht, das Gespräch zu unterbrechen, wenn mich dieser Mann von fern anrief, der Mann, der vielleicht einen außerordentlichen Gerechtigkeitssinn besaß und die Beute verfolgte, die mein Vater war, um diesen seinen ganz eigenen Gerechtigkeitssinn auszuleben. Oder vielleicht erwartete er, dass ich ihm antwortete, mit ihm sprach, denn er war verliebt in mich, könnte bis über beide Ohren in mich verliebt sein und gleichzeitig drei Meter Strick aus italienischem Hanf hinter seinem Rücken verstecken, bezogen mit Kalbsleder, um den hinfälligen Hals meines Vaters nicht zu beschädigen. Meines Vaters, der allabendlich von einem meiner Geschwister ins Bett getragen wurde. Ich wartete auf den Anruf, es war Zeit, und ich dachte, und ich hörte die leise Stimme krächzen, Vera, Vera, und das Telefon begann zu klingeln, mit seinem gebieterischen Klingeln, und mir hüpfte das Herz in der Brust, und bei jedem Hüpfer des Herzens wurden die Lungen, die Bronchien angeschabt und erodiert wie alte Felsen, sehr alte Felsen, die erst jetzt kurz vor dem Bersten standen. Ich wartete die erforderliche Zeit, damit der Mann, der mich anrief, meinem jüngeren Bruder den unerlässlichen, den einleitenden Satz sagen konnte: Noth, geben Sie mir das Mädchen; und während des Wartens blätterte ich langsam in dem Buch von Tolstoi, das er mir geschickt hatte, blätterte, blätterte, und dann ging ich zum Telefon und hielt einige Sekunden den Atem an, damit mein Herz zur Ruhe käme und zu hämmern aufhörte, und ich konnte kaum stammeln, Ja?, das übliche Ja?, schlicht, flötend, dem das lange, endlose Schweigen folgte, das unsere Leben und das meine gewesen waren und schließlich immer sein könnten. Ja?, sagte ich zögernd und holte Luft, ich hatte das Gefühl, ich saugte alle Luft im Zimmer ein, und meine Knie zitterten, und langsam, karg fügte ich hinzu, Hier spricht Eva Noth, wer spricht dort?

Aus dem Spanischen von Peter Schwaar

Iván Thays

Lindbergh

Letztlich läuft alles hierauf hinaus. Einen ganzen Vormittag lang sehe ich Paulos und mein Gesicht im Fernsehen. Zehn Reporter belagern den Eingang meines Hauses. Drei Polizisten wachen im Esszimmer neben dem Telefon, während sie eine Fußballzeitung lesen. Jeden Augenblick werden sie sich melden. Warten ist alles, was ich tun kann. Ich habe Lucía angerufen, um ihr zu sagen, dass ich die Sendung heute natürlich nicht machen werde. Sie hat am Telefon losgeweint. »Es ist unglaublich, dass dir so was passiert«, hat sie gesagt. Nun, es passiert mir aber. Daraufhin habe ich aufgelegt. Ich kann nicht umhin, sie in Gedanken als meine Feindin anzusehen. Wer wird nicht zu deinem Feind, wenn man deinen Sohn entführt hat und du in ein Zimmer mit noch ungemachtem Bett eingesperrt bist, wo du Fotos in den Nachrichten siehst, Erklärungen vermeintlicher Freunde, von Polizisten oder Nachbarn zu hören bekommst? Wie seltsam zum Beispiel, Felipe in den Nachrichten des Senders zu sehen, bei dem ich arbeite, wie er von mir in der dritten Person spricht und sagt, er hoffe, ich würde nicht als peruanischer Lindbergh enden.

Ich habe Lindbergh in die Suchmaschine eingegeben. So konnte ich einiges herausfinden. Zum Beispiel habe ich erfahren, dass er am 29. Januar 1928 in Maracay, Venezuela, ankam. Er hat das National-Pantheon besucht und das Geburtshaus des Freiheitskämpfers, den Elliptischen Salon im Kongress sowie das Bolívar-Museum. Ich weiß jetzt auch, dass sein Sternzeichen Wassermann war, genau wie das von Charles Darwin, Jules Verne, Mozart, Bécquer, Clark Gable, James Dean und Giacomo Casanova. Seine Lieblingsfarbe war Graugrün, seine Lieblingssteine der Turmalin und der Zirkon und seine Glückszahlen die 7, die 14 und die 20. Ich habe gelernt, dass er sich während seiner berühmten Überquerung des Nordatlantiks ausschließlich von Schokoladenriegeln ernährte. Ich weiß jetzt, dass Billy Wilder 1957 einen Film mit James Stewart als Lindbergh drehte, der auf dessen Biographie basierte. Die Musik des Films stammt von Franz Waxman, der auch die Musik für Wilders *Sunset Boulevard* komponierte. Der Titel des Wilder-Films lautet *Lindbergh. Mein Flug über den Ozean*. Ich habe erfahren, dass man sich, um ein Zimmer im Holiday Inn, Paris Orly Airport, zu buchen, an die Adresse 4, Avenue Charles-Lindbergh in 94656 Rungis, wenden muss. Ich weiß jetzt, dass ein Kinderbuch von Bob Burleigh über Lindberghs Tagebuch mit Illustrationen von Mike Wimmer als geeignete Lektüre zur Förderung von Mut, Selbstzufriedenheit und Urteilsvermögen von Kindern ab sechs Jahren empfohlen wird. Ich habe erfahren, dass Lindbergh, um ins Cockpit zu gelangen, eine Klappe am oberen Teil des Flugzeugs oder eines der Seitenfenster benutzte, durch die er sich in gewissen Abständen hinauslehnen musste, wenn er keine Sicht nach vorn hatte, um seinen Kurs zu korrigieren. Ich habe erfahren, dass ein gewisser Jimmy Angel, ein 1888 in Springfield, Missouri, geborener Pilot, 1921 anlässlich einer Flugschau in Lincoln, Nebraska, bei einer Aktion mit ihm zusammenarbeitete, die darin bestand, mit dem Fallschirm abzuspringen und Pirouetten zu drehen. Ich weiß jetzt auch, dass während Charles Lindbergh den Atlantik ohne Copilot in einem Einmannflugzeug namens *Spirit of St. Louis* überquerte und Calvin Coolidge, der damalige Präsident der Vereinigten Staaten, die in den Radios verbreitete Nachricht vorzeitig mit den Worten feierte: »Ich sehe nichts Außergewöhnliches darin, dass ein Mann den Atlantik überquert. Ein Mann allein bringt alles fertig.«

Man hat mich nach unten ins Wohnzimmer gerufen, um die Fragen eines Polizeihauptkommissars zu beantworten, der, wie er mir sagte, auf direkte Anweisung des Innenministers mit dem Fall betraut worden war. So musste ich ein weiteres Mal erzählen, was ich schon den ganzen Vormittag mehrmals erzählt habe: Graciela und ich haben uns getrennt, als Paulo ein Jahr alt war; sie zog nach Los Angeles zu ihrer Schwester. Diese Woche ist Paulo zum ersten Mal seit fünf Jahren mit seiner Großmutter wieder zurückgekehrt, um zwei Wochen mit mir zu verbringen. Im Obergeschoss habe ich ein Kinderzimmer für ihn eingerichtet, Spielzeug und Anziehsachen gekauft und über eine Agentur eine Betreuerin engagiert, die Erfahrung als Kinderfrau hat. Die Telefonnummer der Agentur habe ich den Beamten gegeben, die als Erste da waren. Ich habe den ganzen Tag mit Paulo verbracht, und später haben wir uns in meinem Bett gemeinsam einen Film angeschaut und sind darüber eingeschlafen. Um drei Uhr morgens habe ich Paulo dann in sein Zimmer gebracht und bin in meines zurückgegangen. Beim Einschlafen habe ich ihn noch ganz ruhig und regelmäßig atmen hören. Ich selbst habe in seinem Zimmer noch das Fenster geschlossen. Am nächsten Morgens bin ich um sieben Uhr aufgewacht. Dann wollte ich nach Paulo und der Kinderfrau schauen. Das Fenster stand offen. Darunter eine Leiter, die ich noch nie zuvor gesehen habe. Es roch nach Äther. Ich hatte den Eindruck, am Fenster klebe Blut. »Ja«, bestätigte der Kommissar, als ich seine Stimme schon fast vergessen hatte, »da war Blut, aber es muss nicht unbedingt von dem Jungen stammen.«

Meine Mutter hat angerufen, um mir mitzuteilen, dass Graciela gleich in Lima landen wird, und mich gebeten, sie am Flughafen abzuholen. »Ohne zu streiten«, hat sie mich ermahnt. Dann hat sie sich, schon weniger streng, erkundigt, ob ich wirklich sicher sei, dass sie nicht kommen solle, um bei mir zu sein. »Ja, ich bin mir sicher«, habe ich geantwortet. »Dann weiß ich auch nicht mehr, was ich noch tun soll«, hat sie gesagt. Ich habe eine ganze Weile ins Leere gestarrt, bevor ich behauptet habe, die Polizei wolle, dass ich die Leitung frei hielte.

Zurück in meinem Zimmer habe ich weiter nach Informationen über Lindbergh und die Entführung seines Sohns gesucht. Der hieß Charles Junior und wurde im März 1932 etwa gegen neun Uhr abends entführt. Er war erst zwanzig Monate alt. Die Entführer hinterließen eine Nachricht, die sie ans Fenster geheftet hatten und die erst am nächsten Tag entdeckt wurde. Obwohl Lindbergh fünfzigtausend Dollar Lösegeld bezahlte, fand man zehn Monate später nur wenige Kilometer von seinem Haus entfernt Juniors Leiche. Der Kopf war übel zugerichtet mit einem Loch in der Schädeldecke, und nicht alle Gliedmaßen konnten gefunden werden. Zwei Jahre später wurde ein deutscher Tischler namens Bruno Richard Hauptmann wegen dieses Verbrechens angeklagt. Hauptmanns Schrift und die der Erpresserbriefe waren auf gespenstische Weise identisch. Außerdem gab er mitten in der Depression, und obwohl er arbeitslos war, eine Menge Geld aus. Er leistete sich sogar den Luxus, an der Börse zu spekulieren. Obwohl er die Tat nie gestand und ohne dass seine Schuld vollständig hätte bewiesen werden können, wurde er hingerichtet. Es war wohl der Druck der Presse, der den Schalter des elektrischen Stuhls umlegte. Man sagt, Hauptmann habe als Sündenbock herhalten müssen. Aber für wessen Sünde? Es heißt, Juniors Tod sei als Warnung an Lindbergh zu verstehen gewesen, der vorgehabt habe, für die Präsidentschaft der Vereinigten Staaten zu kandidieren. Andere behaupten, Hauptmann könne auf keinen Fall allein gehandelt haben, er sei nur das kleinste Rädchen im Getriebe einer Maschinerie gewesen, die in Gang gesetzt wurde, um Lindbergh einzubläuen, dass seine Feinde es ihm nie verzeihen würden, sollte er als Erster den Atlantik überqueren.

Lucía hat erneut angerufen. Ich habe ihr alles erzählt, was ich inzwischen über Lindbergh herausfinden konnte. Sie hat es sich stillschweigend angehört, man könnte sagen geradezu stoisch. Dann wollte sie wissen, ob es etwas Neues von Paulo zu berichten gebe. Ich verneinte. Sie sagte, sie liebe mich. Wir hatten uns ein paar Mal in ihrem Hotel und auf einer Werbereise für den Sender geliebt, aber das war keine Liebe. Dessen war ich mir sicher. Sie hat mich gefragt, ob ich überhaupt zugehört hätte. »Das ist jetzt nicht der rechte Moment«, habe ich erwidert. »Ich denke, es gibt keinen besseren«, beharrte sie. »Ich muss auflegen, tut mir leid.« – »Schon gut«, hat sie gesagt und dann noch gefragt: »Kannst du mir bitte noch erklären, was dieser ganze Unsinn mit Lindbergh soll?«

Den Rest des Nachmittags habe ich damit verbracht, mir Fotos des Lindbergh-Babys auszudrucken. Eines der Fotos habe ich neben eines von Paulo gehängt. Auf dem Bild ist Lindberghs Sohn zu sehen, wie er in einem Kinderstuhl sitzt und nach einem Strandeimerchen greift. Paulos Foto ist auf einem Spielplatz auf den Bahamas entstanden, wo er auf den Schultern eines Plastikspidermans sitzt. Neben ihm sieht man Gracielas sonnengebräunten Arm. Ich habe mir auch das Titelblatt des Time-Magazins, Nummer 18, Band XIX, ausgedruckt, das eine Kohlezeichnung von Lindberghs Sohn zeigt. Ich wollte mir einen vergrößerten Abzug davon machen und ihn für mein Büro rahmen lassen. Ein dramatisches *Souvenir* für mein neues Leben. In letzter Zeit war meine Sendung zum Teufel gegangen. Ich hatte mich vom Produzenten überreden lassen, ein paar drastische Veränderungen des Bühnenbilds vorzunehmen und das gesamte für die Recherchen zuständige Team zu entlassen. Sie hatten mich zum Hanswurst gemacht. Und zu einem Menschen, der keine Skrupel kennt, was in meiner Familie niemanden verwunderte, da sie mich schon immer für einen Selbstdarsteller mit Sinn für einen eher obskuren Humor gehalten haben. Ich war überzeugt, dass ich es wieder zu einem seriösen, sogar gefährlichen Journalisten bringen könnte, so wie früher, als ich bei einer Institution arbeitete, die mich nur alle drei Monate bezahlte. Auch mein Leben war zum Teufel gegangen. Mindestens einmal pro Monat flog ich nach Los Angeles, um ein Wochenende mit der Familie zu verbringen. Mir war es sogar gelungen, eine Klausel in meinem Vertrag unterzubringen, die mir dies ermöglichte. Graciela hatte Paulo eine abenteuerliche, leicht rührselige Geschichte erzählt, um ihm zu erklären, warum ich regelmäßig auftauchte und wieder verschwand. Anschließend hatte ich nach und nach am Telefon von Paulo erfahren, wie diese Lügengeschichte sich ausweitete. Ich war verblüfft über Gracielas ungewöhnliche Phantasie. Das hatte etwas Poetisches, aber auch etwas Grausames. Paulos Geschichten variierten je nach seiner jeweiligen Lieblingslektüre. Letztes Jahr hatte er offenkundig eine Vorliebe für Science-Fiction. Vielleicht war das der Grund, warum er immer ein wenig enttäuscht wirkte, wenn ich zu Besuch kam.

Neben Hauptmann fand ich noch die Namen von Isidor Fisch, Jacob Nosovitsky, Paul Wendel, Gaston Means, der Russischen OGPU, der deutschen Lufthansa, den der Mutter, Anne Lindbergh Morrow, und den von Elisabeth Morrow und der Großmutter. Auch Wahgoosh, ein schwarzer Foxterrier, das Familienmaskottchen, wurde erwähnt. Und sogar Charles Lindbergh selbst. Jeder dieser Namen ist schon einmal im Rahmen irgendeiner Theorie als für den Tod des Lindbergh-Babys verantwortlich genannt worden. Entweder hatte dieser Tollpatsch Hauptmann es beim Wegtragen von der Leiter fallen lassen; oder das Ganze war ein Komplott der Regierung gegen einen möglichen Präsidentschaftskandidaten mit einer zu starken Affinität zu den aufkeimenden faschistischen Bewegungen in Europa; oder aber dahinter steckte die Verschwörung einer Gruppe von Juden, die sich rächen wollten, weil Lindberghs Vater – Juniors Großvater – einigen jüdischen Investoren die Gründung einer Bank untersagt hatte; oder der Kleine war vielleicht hyperaktiv, so dass er am Bett festgebunden werden musste, hatte sich in jener Nacht jedoch losreißen können, war dann von der Leiter in den Tod gestürzt und anschließend von Wahgoosh zerfleischt worden; vielleicht hatte sogar Lindbergh selbst oder auch ein anderes Familienmitglied den Kleinen aus Versehen getötet oder misshandelt und das durch eine fingierte Entführung vertuschen wollen, um Lindberghs guten Ruf oder seine politische Zukunft nicht zu gefährden. Jede Theorie konnte sich auf eigene Beweise oder entsprechende Alibis stützen. Hauptmann waren genauso viele Internetseiten gewidmet wie Lindbergh, und es gab Dutzende von Foren zu der Frage, wer das Baby umgebracht hatte und warum. Auch einige vom FBI freigegebene Akten gab es. Ich kam auf den Gedanken, mir ein paar Seiten davon auszudrucken, um mir die Wartezeit am Flughafen mit der Lektüre zu vertreiben.

Als sie die dunkle Brille abnahm, sah ich, dass ihre Lider schwer waren, dass sie müde war und halb tot vor Angst. Während der Heimfahrt machte sie mir natürlich Vorhaltungen. Sie gab mir die Schuld, weil ich mich im Fernsehen zum Affen machte und eine dubiose Kinderfrau bei einer Agentur von Betrügern engagiert hätte, die sicherlich zu den Entführern gehörte. Ich sagte ihr, die Polizei hege den gleichen Verdacht. Überdies vermuteten sie, die Entführung sei vom Gefängnis aus organisiert worden. In jedem Polizeiwagen hätten sie ein Phantombild von der Entführerin, das auch alle zehn Minuten im Fernsehen gezeigt werde, zusammen mit einem Foto von Paulo. (Was ich ihr wohlweislich verschwieg, war, dass das Phantombild nicht die geringste Ähnlichkeit mit der Kinderfrau hatte.) Als sie es endlich leid war, mich weiter zu beschimpfen, wollte sie von mir hören, wie es passiert sei. Ich erzählte ihr alles, mit Ausnahme der Sache mit dem Blut. Als wir zu Hause ankamen, stand vor der Haustür meine Mutter ratlos inmitten einer Schar von Journalisten, die unentwegt um eine Erklärung baten. Mit einer merkwürdigen Glückseligkeit eröffnete mir meine Mutter, der Präsident habe mir bei einem Interview im

Fernsehen seine volle Unterstützung zugesichert. Sie hatte eine Gebetsgruppe für eine Wache vor dem Hauseingang zusammengetrommelt und eine gelbe Schleife an der Tür angebracht. Jedes Mal, wenn jemand entführt wird, befestigt man eine gelbe Schleife an der Tür, und manche tragen sie auch am Revers. Sie trug eine, ebenso wie die Journalisten, die uns den Weg versperrten. Meine Mutter blieb draußen, um die Wache zu organisieren. »Zu welchem Zeitpunkt hast du denn so viel Geld verdient?«, fragte Graciela mit Blick auf meine Wohnungseinrichtung. »Ich hatte etwas Glück«, sagte ich. Sie wollte Paulos Zimmer sehen. Dort schaltete sie den Fernseher ein, den ich auf eine Kommode gestellt hatte, und nickte bei einem Zeichentrickfilm in seinem Bett ein. Das flimmernde Licht des Fernsehers, das auf ihr Gesicht fiel, gab diesem mal einen finsteren, mal einen fröhlichen Anstrich.

Ich schaltete den Computer wieder ein. Die Lektüre der FBI-Akten über Lindbergh stimmte mich traurig. Offensichtlich war Edgar Hoover der Überzeugung gewesen, dass Lindbergh ein Nazispitzel gewesen war. In einem Brief an Präsident Roosevelt nennt er ihn *The Nazi Pet*. Damit schien er gar nicht so falsch zu liegen. 1938 hatte Lindbergh von Hitler persönlich eine Medaille überreicht bekommen, also kurz vor Beginn des Zweiten Weltkriegs. Und als der Krieg dann ausbrach, machte sich Lindbergh gegen einen Angriff der USA auf Deutschland stark mit der Begründung, es gehe dort um Verwicklungen rein innenpolitischer Natur. Eine noch deutlichere Sprache sprechen seine schriftlichen Äußerungen, die in jenem Jahr erschienen. Darin benutzt er Begriffe wie »arische Rasse«, »Männlichkeit«, »Überlegenheit«, »Disziplin« so überzeugt wie Hitler selbst. In einem *Readers Digest* von 1939 veröffentlichte er sogar einen Artikel mit dem Titel: »Luftfahrt, Geographie und Rasse«. Ich gab mehrere Stichwörter ein: lindbergh +FBI, lindbergh+nazi, lindbergh+war. Auch jeden einzelnen Namen der mutmaßlichen Mörder fragte ich ab. Und bei einer dieser

Suchaktionen enthüllte mir der Bildschirm auf einmal die Fotografie der Leiche des Lindbergh-Babys.

Da endlich verstand ich. Mir wurde klar, wer dieser Mann gewesen war, der den Atlantik überquert hatte, Präsident werden wollte, sich von der Naziideologie verführen ließ und später die ganze Welt in einer Mission als Menschenfreund bereiste. Denn da gab es noch die andere Seite: der Held, der allein den tosenden Atlantik überflog und dabei immer wieder den Oberkörper bis zur Hälfte aus einem wackeligen Flugzeug herausstreckte, um nicht vom Kurs abzukommen. Und dann dieser andere kleine Held, Junior, ein zwanzig Monate altes Baby inmitten von wer weiß was für einer weitaus längeren und endgültigeren Reise als die seines Vaters damals, ohne jede Chance, inmitten der vielen Wolken Kurs zu halten, ein Held auf einer sehr kurzen Reise, die für ihn abrupt auf einer Mülldeponie endete, mit zertrümmertem Schädel und ohne Gliedmaßen, die wahrscheinlich einem Foxterrier oder einem wilden Hund oder einem Wahnsinnigen zum Opfer fielen, der sich dachte, die Arme von Söhnchen Lindbergh könnten eine Menge wert sein in einer Welt von Journalisten, Klatschkolumnisten und Spinnern, die selbst den Müll ihres Idols durchsuchten. Woran mag Lindbergh gedacht haben, als sein Flugzeug aus dem Gleichgewicht geriet und jeden Moment abzustürzen drohte, in allen seinen Entscheidungen ganz auf sich allein gestellt, ohne jemanden, mit dem er sich hätte darüber beraten können, was zu tun sei. Und was mag sein Söhnchen empfunden haben, welche frisch erlernten Worte mag der Kleine gesagt haben, als man ihn über eine Leiter verschleppte, eben erst aus einem Traum erwacht, der so nicht hätte enden dürfen, der Traum eines Jungen, einsam und verlassen wie ein Felsen inmitten eines rätselhaften Meeres oder eben mitten auf einer Mülldeponie, nur wenige Kilometer von seinem Zuhause entfernt? Und mein Gott, was mochte vor allem Paulo denken in dieser Welt offener Fenster, ganz allein in seinem fragilen Einmannflugzeug auf seiner finsteren und einsamen Reise, auf die weder seine Mutter noch ich ihn haben begleiten können. Na los, Baby Lindbergh, ich habe gebetet, du kannst es schaffen, komm wieder nach Hause.

Ich bin in Paulos Zimmer gegangen, habe den Fernseher ausgeschaltet und den Kopf aus dem offenen Fenster hinausgestreckt. Draußen waren die Gebete zu hören. Im Zimmer erinnerte mich Gracielas sanftes Schnarchen an die Atemzüge ihres schlafenden Sohnes. Dieses Schnarchen wie ein in Schlaf gewiegtes Meer. Wie das Meer bei Ebbe. Wie eine Welle, die auf den Sandstrand aufschlägt. Einen dunklen Strand, auf dem ein Eindecker mit Teppichboden und einer Hülle aus Schokolade landet. Einen sicheren, festen Strand. Einen Strand, so groß wie meine flache Hand.

Aus dem Spanischen von Petra Strien-Bourmer

David Toscana

Der Neue

Victor stieß die Gabel in sein Abendessen, Bratkartoffeln mit Eiern, und versuchte ganz bewusst, den Frieden seiner heimischen vier Wände auf Leib und Seele wirken zu lassen, um den Arbeitstag im Büro zu vergessen. Mariana fragte, wie viele Tortillas er wolle, und da er keine Antwort gab, legte sie vier aufs Backblech.

»Und wie ist es dir heute ergangen?«

»Ganz gut«, antwortete er. »Du weißt schon: gut wie immer.«

Kurz darauf schaltete Mariana den Ofen ab und stellte die heißen Tortillas auf den Tisch. Sie schaltete den Fernseher an und musste einige Sekunden warten, bis der Bildschirm zum Leben erwachte. Es lief eine Werbesendung für Kosmetik. Victor hob den Blick und schaute sich interessiert das Modell an. Unwillig schaltete Mariana den Fernseher aus, und er wandte sich wieder seinen Bratkartoffeln mit Eiern zu.

»Willst du nicht deine Telenovela sehen?«

»Die ist doch langweilig.«

»Wie wär's mit den Nachrichten?«

»Dann schon eher die Novela.«

Obwohl sie den Apparat nicht angestellt hatte, starrten beide auf den Bildschirm. In die Stille des Zimmers drangen ein Lachen aus der Wohnung nebenan und das Geräusch von Wasser, das durch die Leitung rauschte. Danach das Kratzen auf dem Teller, als er die letzte Spur von Ei aufzugabeln suchte. Für Victor war das Lachen ein lästiges Geräusch, da er selbst nichts zu lachen hatte.

»Heute hat der Neue angefangen«, sagte er und fühlte sich dabei, als werde er verhört.

»Was?«, fragte Mariana zerstreut. Sie war aufgestanden und räumte den Tisch ab. Im Glas war noch ein wenig Milch, daher ließ sie es stehen, wo es stand.

Als man ihm am Nachmittag den neuen Kollegen vorgestellt hatte, war Victor aufgestanden und hatte ihn lächelnd begrüßt. »Stets zu Diensten«, hatte er gesagt und dann noch hinzugefügt, dass neues Blut in der Abteilung stets willkommen sei, dass es eine Menge interessanter Projekte gebe und dass man mit Teamarbeit das meiste aus ihnen herausholen könne; wenn er irgendwelche Fragen habe, solle sich der Neue vertrauensvoll an ihn wenden. Danach hatte er die Fäuste geballt und die Zähne zusammengebissen und zugesehen, dass er den Rest des Tages kein Wort mehr mit dem Kerl wechseln musste.

»Ich habe ein Geschenk für dich gekauft«, sagte Mariana, während sie das Geschirr abspülte. »Ich hole es gleich.«

Er lächelte und hätte seine Frau gern umarmt, doch dann kamen ihm wieder seine Überlegungen in den Sinn, was er dem neuen Kollegen morgen sagen könnte, um sich Respekt zu verschaffen. Eine ganze Weile schon ging ihm der Satz durch den Kopf: »Hör zu, Kleiner, ich war schon hier, als du noch gar nicht geboren warst.« Er war sich aber nicht sicher, ob diese Worte ihn als Mann mit Erfahrung ausweisen oder schlicht Mitleid erregen würden.

»Heute hat der Neue angefangen«, sagte er noch einmal; der Wunsch nach Umarmung war verflogen.

»Ah.« Mariana heuchelte Interesse und beugte sich über das Spülbecken, damit ihr Mann nicht sah, wie sie den Mund verzog. »Und wie heißt er?«

»Ist doch egal. Er ist einer von diesen Grünschnäbeln, die glauben, alles, was man wissen muss, schon in der Schule gelernt zu haben.«

Dann erklärte er ihr noch, dass der Bursche ein halber Gammler war; wer sonst käme auf die Idee, am ersten Arbeitstag in Jeans und Freizeithemd zu erscheinen.

»Na ja«, sagte sie, »er ist eben jung.« Da kam ihm das Abendessen hoch, weil seine Frau den neuen Kollegen mit einem derart nichtssagenden Argument auch noch verteidigte.

Von fern hörte man den langgezogenen Pfiff einer Lokomotive. Victor wischte sich mit der Serviette den Schweiß von der Stirn.

»Ich muss etwas unternehmen«, sagte er, stand vom Tisch auf und ging zum Fernseher, änderte auf halbem Weg jedoch die Richtung und ließ sich aufs Sofa fallen.

In fast zweiundzwanzig Jahren am selben Arbeitsplatz hatte er acht Kollegen an sich vorbeiziehen sehen. Fünf hatten in der Firma Karriere gemacht, und die anderen drei hatten gekündigt, weil sie sich besser bezahlte Jobs suchen wollten. Sogar der Generaldirektor hatte eine Zeitlang das Büro mit ihm geteilt.

»Was denn?«

Er hätte sich eine Antwort lieber erspart, doch seine Frau, die mit verschränkten Armen vor ihm stand und ihn mit bohrendem Blick anschaute, gab ihm das Gefühl, sie ihr schuldig zu sein.

»Noch mehr arbeiten. Ich kann nicht zulassen, dass sie dieses Bürschchen vor mir befördern.«

»Das hast du auch gesagt …« Mariana hielt erschrocken inne. Sie hatte, ohne nachzudenken, losgeplappert und vermied jetzt, dem Blick ihres Mannes zu begegnen. Zum Glück fiel ihr der nachmittägliche Einkauf ein. »Ich hole dir dein Geschenk.«

Wieder der lange Pfiff des Zuges.

»Warum muss er pfeifen, um sich anzukündigen? Ich sitze doch hier in meiner Wohnung und will nur meine Ruhe haben.«

Victor erwartete zwar keine Antwort, dennoch stieg ihm nach einigen Sekunden der Stille das Blut in den Kopf, nach einer gefühlten Ewigkeit, bis seine Frau wieder vor ihm stand, die Arme wieder vor der Brust verschränkt, ihn mit leerem Blick ansah, wie jemand, der aus dem Fenster schaut.

»Er muss doch die warnen …«

»Das weiß ich selbst«, fiel er ihr ins Wort. »Das brauchst du mir nicht zu sagen. Aber warum muss er alle andern damit nerven? Warum muss er uns morgens in aller Herrgottsfrühe aus dem Schlaf reißen? Bloß um irgendeinen Idioten zu warnen, der vor den Zug laufen könnte? Ein Menschenleben mehr oder weniger ist dem Lokführer doch egal. Weißt du, warum er pfeift? Weißt du das?« Da Mariana nur mit den Schultern zuckte, gab er selbst die Antwort: »Um die Leute zu ärgern, nur deshalb.«

Mariana schaltete den Fernseher ein, suchte einen Nachrichtensender und ging ins Schlafzimmer. Victor interessierte nicht, was einer, dem ein Mikrophon vors Gesicht gehalten wurde, über die wirtschaftliche Erholung des Landes zu sagen hatte. Vielleicht, dachte er, sollte er jeden Tag eine Stunde länger arbeiten. Oder zwei. Dann waren da noch die Samstage und Sonntage. Auf jeden Fall musste er dafür sorgen, dass man ihn diesmal nicht überging. Eigentlich, sagte er sich, kann mir der neue Kollege sogar als Anreiz dienen.

»Sieh mal, was ich dir mitgebracht habe.« Mariana brachte eine erwartungsvolle Miene zustande.

Sie drückte ihrem Mann ein Päckchen in die Hand. Von der Größe her konnte es eine Schachtel Zigaretten sein, aber nicht vom Gewicht. Es war in Geschenkpapier mit brennenden Kerzen und einem Schneemann eingeschlagen. Es stimmte Victor traurig, sich Mariana vorzustellen, wie sie mitten im August in den Weihnachtssachen kramte.

»Was ist das?«, fragte er.

Mariana antwortete nicht gleich. Sie ging zum Fernseher, schaltete ihn aus und kam zum Tisch zurück.

»Mach's auf«, sagte sie.

Er riss das Geschenkpapier ab und starrte verdrießlich auf ein Päckchen Spielkarten. Er betrachtete es genauer: Dem englischen Text entnahm er, dass die Marke *Bicycle* hieß, die Karten zum Pokern gedacht und in Cincinnati hergestellt waren und über ein *air-cushion finish* verfügten. Luftmatratzenausführung?, fragte er sich und versuchte, sich aufblasbare Karten vorzustellen. Er brauchte seine Frau nicht anzusehen, um zu wissen, dass sie eine Reaktion von ihm erwartete. Er stand schon im Begriff, ihr zu danken und Worte zu finden, die Begeisterung erkennen ließen, doch dann sagte er:

»Was soll das denn?«

Mariana schaute beschämt zu Boden, bevor sie sich zu einer Antwort aufraffte.

»Es wäre mal was Neues. Anstatt den ganzen Abend fernzusehen, könnten wir spielen. Als Kind habe ich viel gespielt: Rommé, Canasta, Kartendomino, Patience, Doppelkopf …«

Victor streckte abwehrend die Hand aus. Er hatte nicht die Geduld, sich weitere Spiele aufzählen zu lassen. Er steckte das Kartenspiel in die Hemdtasche und stand auf, um den Fernseher einzuschalten. Kaum flackerte der Bildschirm, sah er ein, dass er sich falsch entschieden hatte. Es war besser, den Apparat aus zu lassen und erst einmal die Dinge mit seiner Frau zu klären.

»Aber auf dem Kartenspiel steht, dass es zum Pokern ist.«

Mariana schaute ihn wortlos an und machte sich in der Küche zu schaffen, um den Eindruck zu erwecken, sie hätte zu tun. Victor dachte an den nächsten Morgen, wenn er dem neuen Kollegen die Fabrik zeigen, die übrigen Mitarbeiter vorstellen und ihn in die Geheimnisse einweihen musste, die zu verstehen er selbst zweiundzwanzig Jahre benötigt hatte.

»Und bestimmt hat der Trottel nur Augen für die Sekretärinnen.«

Sie begriff nicht gleich, wovon ihr Mann sprach; aber auch als sie im Geiste seinen jungen Kollegen vor sich sah, gab sie keine Antwort. Aus der Nachbarwohnung hörte man wieder Lachen.

»Willst du deine Milch nicht trinken?«

Victor ging zum Tisch und nahm das Glas. Als er es gegen das Licht hielt, konnte er die fettigen Abdrücke von Fingern sehen. Er stellte das Glas wieder hin.

»Es ist heiß«, sagte er, und da Mariana ihm weiterhin den Rücken zukehrte, fügte er hinzu: »Ich gehe noch auf ein Bier nach unten, danach spielen wir, was du willst.«

Er wusste, dass es sinnlos war. Mariana würde nicht mehr spielen wollen. Aber so konnte er ihr wenigstens die Schuld geben und sich später ohne Gewissensbisse vor den Fernseher setzen. Mit etwas Glück lief ein guter Film.

Die frische Luft empfand er als angenehm, zumal er gerade an eines der letzten Betriebsfeste denken musste. Die Nacht war schwül gewesen und das Bier lauwarm, und jemand hatte geklagt, dass kein Wind wehte. Victor, schon ziemlich betrunken, war mit den Worten herausgeplatzt: »Wind weht nur in Freiheit.« Alle, die ihn gehört hatten, applaudierten ihm, und sein Chef nannte ihn einen Philosophen. Er hatte nie jemandem verraten, dass er absolut keine Ahnung hatte, was dieser Satz bedeuten sollte.

Er war noch keinen halben Häuserblock in Richtung seiner Kneipe *Zur Fernsicht* gegangen und ärgerte sich schon über das schwere Kartenspiel in seiner Hemdtasche, als ein Taxi neben ihm seine Geschwindigkeit verlangsamte und mit zaghaftem Hupen auf sich aufmerksam machte. Warum nicht, dachte er, und bedeutete dem Taxifahrer anzuhalten.

»Wohin?«

»Ein Stück geradeaus«, sagte er, »zur Chemiefaserfabrik.«

Der Volkswagen fuhr langsam, doch der Motor röhrte, als würde er mit Vollgas gefahren. Als sie die Kreuzung passierten, erklärte der Taxifahrer, dies sei seine letzte Fahrt, jawohl, er sei schon überfällig, und zu Hause warteten sie bestimmt schon auf ihn, aber die Zeiten waren schlecht, da durfte es auf ein Überstündchen nicht ankommen. Victor wünschte sich den Mut, dem Fahrer zu sagen, er solle den Mund halten, tröstete sich jedoch mit dem Gedanken, dass sie bald am Ziel sein würden. Fünf Straßen weiter kamen sie an den Bahnübergang. Der Fahrer hielt an und blickte nach beiden Seiten, bevor er weiterfuhr.

»Warum so übervorsichtig?«, fragte Victor. »Man braucht doch bloß die Ohren aufzusperren.«

Der Taxifahrer schaute verdrossen und hielt die nächsten sechs Straßen bis zur Fabrik den Mund. Als Victor aus dem Taxi stieg, hatte er gleich das grinsende Gesicht des Nachtwächters vor sich, der am Eingangstor Dienst tat.

»Um diese Zeit noch arbeiten?«, fragte er.

»Tja«, antwortete Victor lustlos, »auf ein Überstündchen darf es nicht ankommen.«

Er stieg die Treppen zum Büro hinauf. Er hatte schon öfter Nachtschichten eingelegt und wusste, welche Sicherungen er im Schaltkasten umlegen musste, um im Bereich seines Schreibtisches Licht zu haben. Als Erstes entledigte er sich des toten Gewichts, das sein Hemd nach unten zog, als hinge eine stillende Brust darin. *Bicycle playing cards*, las er und verzog missmutig das Gesicht, als er auf der Verpackung die Zeichnung eines nackten Engelchens auf einem Fahrrad erblickte. Auf dem Schreibtisch lagen ein paar Zettel mit halbfertigen Berechnungen über Einsparungen, die erreicht werden könnten, wenn man dazu überginge, Nylonabfälle wiederzuverwerten. Victor stellte den Taschenrechner an und begann Zahlen einzutippen. Er dachte an seinen Chef, der ihm die ganze Woche in den Ohren gelegen hatte, wie wichtig diese Berechnungen waren. Wenn er nicht rechtzeitig damit fertig wurde, würde man vermutlich den neuen Kollegen damit beauftragen.

»Der Neue«, sagte er laut vor sich hin. »Dieser verdammte Neue.«

Die Klimaanlage war ausgeschaltet, und die luftdicht verschlossenen Fenster gaben ihm das Gefühl, ersticken zu müssen. Er knöpfte sich das Hemd auf und empfand beim Anblick seines prallen Bauches ein Vergnügen, wie wenn man absichtlich eine Regel übertritt. Das Jüngelchen kommt in Jeans, und ich mache mir das Hemd nicht zu, dachte er, doch schalt er sich fast im selben Augenblick wegen dieses kindischen Gedankens.

Jetzt fiel ihm auch wieder ein, warum er die Berechnungen über die Abfallwiederverwertung noch nicht abgeschlossen hatte. Weil er nicht wusste, wie viel Prozent das nicht wiederverwertbare Material ausmachte.

Victor ging noch einmal seinen Zeitplan durch: Mindestens zehn Arbeitstage würde er brauchen, bis er alle Muster und die Laborproben davon hatte, so dass er den prozentualen Anteil errechnen konnte. Seinem Chef würde das zu lang sein; aber er würde ihm schon erklären, wie wichtig es war, exakte Daten zu bekommen. Er stand auf und probte die richtige Stimmlage.

»Der kleinste Fehler in den Berechnungen kommt uns teuer zu stehen, Herr Ingenieur.«

Er war ganz zufrieden mit sich, doch nur für wenige Sekunden, denn dann stellte er sich vor, wie der Neue sagen würde, er könne dieselben Daten, und zwar ebenso exakt, in weniger als einer Woche liefern. Victor riss sich das Hemd vom Leib und schleuderte es auf den Schreibtisch des Neuen.

»Scheißkerl«, knurrte er.

Seine Frau würde schon nicht mehr mit ihm rechnen, und so riss er in Gedanken an sie das Kartenpäckchen auf. Er fragte sich, warum das einem schwarzen Herzen ähnelnde Bild Pik hieß und wer auf die Idee gekommen war, aus Kreuz eine Trumpfkarte zu machen. Herz und Karo stellte er nicht in Frage. Die sind in Ordnung, sagte er sich. Erwartungsgemäß fand er auch zwei Joker, die in diesem Kartenspiel zwei Könige auf Fahrrädern waren. Unter einem der beiden war außerdem ein Text gedruckt, in dem versichert wurde, dass man, sollte eine Karte fehlerhaft sein, selbstverständlich ein komplettes neues Spiel liefern werde. Er blätterte die Karten auf, und so sehr er sie auch drückte und betastete, fand er nicht heraus, worauf sich das *air-cushion finish* bezog.

Er hörte den Zug mitten in der Nacht pfeifen, doch diesmal störte es ihn nicht. Er legte den Kartenstapel auf seine Berechnungsunterlagen und zog mit der rechten Hand aufs Geratewohl eine Karte heraus. Pik Acht. Warum nicht, dachte er, und schrieb mit roter Tinte die Zahl acht auf eines der mit seinen Berechnungen vollgekritzelten Blätter. Eine gar nicht so unwahrscheinliche Zahl. Er stand auf und zeigte das Papier vor.

»Acht Prozent, Herr Ingenieur«, sagte er.

Kaum saß er wieder, kam ihm der Gedanke, dass sich die Realität nie als so glatt und rund erwies. Er nahm eine weitere Karte. Karo Drei. Er stand noch einmal auf.

»Acht Komma drei Prozent, Herr Ingenieur.«

Fabelhaft, die Macht der Karten! In wenigen Sekunden hatten sie ihm zehn Tage Arbeit erspart. Dem Ass sprach er einen Wert von einem Prozent zu, Bube, Dame, König, elf, zwölf und dreizehn. Wann werden Sie die Zahlen vorlegen können? Nun, der Monat hatte dreißig Tage, das waren zwei Karten: vielleicht die Kreuz Vier und die Karo Dame. Am Sechzehnten, Herr Ingenieur. Für Zahlen bis Hundert würde er acht Karten brauchen; das wäre zwar nicht sehr exakt, aber das war das Leben auch nicht. Beim Joker würde er natürlich frei wählen können. Wann kommst du nach Hause, Victor? Die Dame wäre, »um zwölf«, und der Joker, »wenn mir danach ist«. Welchen Fernsehkanal soll ich einschalten? Wie viele Tortillas möchtest du?

Das Telefon klingelte. Victor nahm an, dass es seine Frau war;

doch dann erschien ihm dies ebenso absurd, wie mitten in der Nacht im Büro am Schreibtisch zu sitzen. Mariana würde eher denken, dass er auf der Straße einen Freund getroffen hatte oder sich in der Kneipe betrank. Gerade oder ungerade? Die gezogene Karte war eine Kreuz Sieben, also nahm er nicht ab.

Victor empfand ein ungeahntes Glücksgefühl und war sich mit einem Mal sicher, dass der Neue unmöglich vor ihm befördert werden konnte. Was immer der Chef von ihm verlangte, er würde unmittelbare und präzise Antworten parat haben. Wie viele Arbeitsgänge benötigen wir für diesen oder jenen Vorgang? Wer ist der günstigste Lieferant für dieses oder jenes Material? Daten, Summen, Prozentsätze; Bube, Dame, König, Ass; alle Zahlen im Ärmel.

Er zog sich das Hemd an, ohne es zuzuknöpfen, nahm die Karten und verließ zufrieden das Büro. Am Wachhäuschen informierte ihn der Nachtwächter, das seine Frau angerufen hatte.

»Ich weiß«, antwortete Victor, »aber ich hatte zu tun.«

Er ging die elf Häuserblocks bis zu seiner Wohnung zu Fuß. Blockbube, dachte er. Die nächtliche Brise tat ihm wieder gut, mehr noch als vorhin, als er aus dem Haus gegangen war, weil der Wind jetzt aufgefrischt hatte und sein Hemd aufgeknöpft war und der Nachtwächter ihn so aus der Fabrik kommen sehen hatte und der Wind nur in Freiheit wehte. Er wälzte in seinem Kopf die Möglichkeiten, die ihm das Kartenspiel bot, und je schwerer es ihm fiel, neue Ideen zu entwickeln, desto unsinniger erschienen ihm jene, die ihn kurz zuvor noch begeistert hatten. Wenn man mich nach der Jahresproduktion fragte, wüsste ich nicht, ob ich eine oder zehn oder alle Karten ansetzen sollte. Dasselbe, wenn man mich nach einem Materialpreis fragte. Mit der acht Komma drei hatte ich Glück, weil die Zahl im Rahmen des Wahrscheinlichen liegt. Aber was hätte ich gemacht, wenn ich ein Ass gezogen hätte? Mit einem Prozent hätte sich der Chef nie zufriedengegeben. Und wenn ich bei meiner Frau einen König ziehe? Egal, dann macht sie mir eben dreizehn Tortillas.

Als er an den Bahnübergang kam, war ihm klar geworden, dass die Karten nur dazu taugten, zwischen zwei Möglichkeiten zu wählen, und dass eine Münze für diesen Zweck viel praktischer war. Ja oder Nein. Gerade oder ungerade. Damit hatte es sich. Die Begeisterung, der er sich kurz zuvor noch hingegeben hatte, war ihm jetzt peinlich; vor allem wunderte ihn, dass sein Verstand solche Kapriolen schlagen konnte, ohne dass ein paar Biere notwendig gewesen wären. Er setzte sich auf die Gleise und breitete die Karten vor sich aus.

»Ich bleibe hier sitzen«, sagte er laut, um das Gefühl zu bekommen, dass seine Worte einen Pakt besiegelten, »bis ich ein Ass ziehe.«

Er legte eine Hand an die Stirn, um Konzentration zu demonstrieren, und tippte mit der anderen auf die Rückseite einiger Karten, bevor er sich für eine entschied. Herz König. Weder war das Pfeifen des Zuges zu hören, noch vibrierten die Schienen. Er schätzte die Zeit auf kurz vor Mitternacht. Es gab keinen Autoverkehr, und auch Fußgänger waren nicht mehr unterwegs.

»Jeder verdient eine zweite Chance«, sagte er.

Wieder legte er die Hand an die Stirn und tippte auf die Karten. Diesmal zog er eine Karo Zwei. Er erinnerte sich an einen Film, in dem sich Jungen, rein zum Spaß, auf dem Rücken zwischen die Gleise legten und den Zug über sich hinwegfahren ließen. Der Lärm war ohrenbetäubend, und es war aufregend zu sehen, wie die Waggons, einer nach dem andern, vorbeiratterten und fast die Nasenspitzen der Jungen streiften. Als Letztes kam der Plattformwagen, die Jungen sprangen auf die Füße, lachten sich halbtot und versuchten, ihr Adrenalin in den Griff zu bekommen. Victor stellte sich vor, das Gleiche zu tun, dann hätte er vielleicht kein Problem mit der Nase, aber die Waggons würden ihm den Bauch abschleifen. Er umfasste ihn mit beiden Händen und dachte dabei an das *air-cushion finish*.

»Einmal noch«, murmelte er. »Ein letztes Mal.«

Die dritte Karte war die Pik Acht, die ihm als Prozentzahl gute Dienste geleistet hatte. Ihm fiel eine Zeitungsmeldung über illegale Wanderarbeiter ein, die sich zum Schlafen zwischen die Schienen des Zuges nach San Antonio gelegt hatten. Allein der mit dem leichtesten Schlaf hatte überlebt und von dem Unglück berichten können. Victor fragte sich, ob man ganz besonders müde oder ganz besonders blöd sein musste, um so zu sterben.

Er glaubte, ein Vibrieren der Gleise zu spüren, und nahm schnell eine weitere Karte.

»Doch«, sagte er, »eine Chance gebe ich mir noch.«

Er war erleichtert, als er sah, dass er einen Joker gezogen hatte, so gut wie ein Ass. Mit der weiteren ernüchternden Erkenntnis, dass die Karten nicht einmal dazu taugten, eine Entscheidung herbeizuführen, stand er auf und setzte seinen Weg nach Hause fort. Eines war jedenfalls sicher; egal, was passierte, morgen würde er seinem Chef einen Bericht abliefern, in dem die Menge des nicht wiederverwertbaren Materials mit acht Komma drei Prozent, keinen Punkt mehr und keinen Punkt weniger, ausgewiesen wäre. Die zehn Tage Faulenzen würde er sich nicht entgehen lassen, und ganz nebenbei hätte er dem Neuen noch gezeigt, was Arbeitstempo war.

Seine Beine wurden schwer, und er hätte jetzt gern ein Fahrrad wie das des kleinen Engels besessen. Er überlegte, dass er bei den Karten vier Chancen gebraucht hatte, um sein Leben zu retten, und dass er morgen früh seine neunte Chance im Büro bekam. Ein Glücksgriff ist nicht mehr als gerecht, dachte er zufrieden, und vielleicht sogar unvermeidlich. Die *Fernsicht* war schon geschlossen, und wenige Schritte voraus erkannte er den Wirt, der, auf die Schulter seines Gehilfen gestützt, mit unsicheren Schritten nach

Hause wankte. Jetzt eine andere Kneipe zu suchen, war Victor zu viel.

Als er den Wohnblock erreichte, freute er sich, dass, außer in seiner Wohnung, alle Fenster dunkel und keine Stimmen zu hören waren. Während er die Treppen hinaufstieg, verspürte er den starken Wunsch, Mariana für das Kartenspiel zu danken. Er würde sie um Verzeihung bitten, dass er sich so abweisend verhalten hatte, so lange fort geblieben war, ohne ihr Bescheid zu sagen, und das Telefon nicht abgehoben hatte. Er würde ihr einen Kuss geben und sie sogar innigst bitten, irgendeines der Spiele, die sie erwähnt hatte, mit ihm zu spielen. Doch als er die Tür aufschloss und sie allein auf dem Sofa vor der dunklen Mattscheibe sitzen sah, verließ ihn aller Mut, und er sagte:

»Den Neuen werden sie vor mir befördern.«

Mariana kam ihm entgegen und umarmte ihn, strich ihm übers Haar, führte ihn zum Sofa und setzte sich neben ihn. Dann nahm sie seine zitternde, schweißfeuchte Hand und sagte mit aller Liebe, zu der sie fähig war:

»Ich weiß, Victor; aber damit müssen wir leben.«

Aus dem Spanischen von Willy Zurbrüggen

Henry Trujillo
Der Ameisenhaufen

Noch heute erinnert man sich hier in der Gegend an die Beerdigung der kleinen Alicia. Überall hing Trauerflor. Mehr noch als die vielen Menschen, die sich dem Trauerzug anschlossen, muss Neuankömmlingen die Stille aufgefallen sein. Man hörte weder Beileidsbekundungen noch Gemurmel noch Schluchzen. Selbst die alten Frauen, die die Beerdigungen einsamer Verstorbener sonst mit lautem Wehklagen begleiten, waren stumm vor Entsetzen. Alicias Eltern blieben weit zurück, und es waren Fremde, die den Sarg durch die von Betroffenheit und dem Gleißen des Mittags erfüllte Stille trugen.

Langsam bewegte sich der Zug auf den Friedhof zu. In Wahrheit erinnere ich mich nicht mehr genau an jenen Tag ohne Nachmittag. Aber an den Abend einige Tage zuvor erinnere ich mich noch gut, den Abend, an dem Alicia verschwand. Sie war mit Martín und Diego spielen gegangen, zu Rodríguez' Schuppen, die damals hinter meinem Haus lagen. Um dorthin zu kommen – der vordere Zugang war in dem Monat verschlossen –, mussten sie durch meinen Hof und das dazugehörige Grundstück, wo, wie ich euch erzählen muss, falls ihr mir Glauben schenken wollt, in jenem Sommer so große Kürbisse wuchsen, wie man sie noch nie gesehen hatte. Die Indiogören schlüpften immer durch den Drahtzaun von Diegos Grundstück zu mir und von dort durch den Zaun zu den Schuppen. An jenem Nachmittag sah ich sie gegen fünf Uhr hindurchschlüpfen. Ich war beim Umgraben der Erde auf dieser

Seite des Schilfs, so dass sie mich nicht sehen konnten. Aber ich habe sie gesehen. Die beiden Jungs rannten, das Mädchen rief ihnen nach, doch auf sie zu warten. Dann verlor ich sie für eine ganze Weile aus den Augen.

Um sechs, als ich zu arbeiten aufhörte, waren sie noch immer nicht zurück. Ich dachte, ich hätte Diego aus dem Augenwinkel auf dem Dach eines Schuppens gesehen. Ich fürchtete, er könnte herunterfallen, und ging hin, um mit ihm zu schimpfen. Aber als ich dort ankam, war keiner mehr auf dem Dach, und auch nirgendwo sonst konnte ich sie entdecken. Ich verstaute Hacke und Spaten in einer Kiste bei der Küche und kehrte noch einmal zurück, um sicherzugehen. Da war niemand.

Um neun erschien Alicias Mutter. Seit einer Weile schon regnete es heftig, und ihre Tochter war nicht nach Hause gekommen. Gerade war sie auf Diego und Martín getroffen, zwei Straßen weiter, am Fluss, das machte es noch schlimmer. Sie hätten auf dem Damm gespielt, bis die ersten Tropfen gefallen waren. Alicia habe sich gleich auf den Weg nach Hause gemacht, und sie hätten sich in Medinas Lagerhaus geflüchtet. Das sei vor etwa einer Stunde gewesen, seitdem hätten sie sie nicht mehr gesehen. Und Sie wissen ja, auf sie ist Verlass, sagte die gute Frau, wenn sie sagt, sie ist um sieben wieder da, dann ist sie um sieben wieder da, und erst recht, wenn es regnet, es muss ihr was passiert sein. So redete sie immer noch, als wir bei Diego angekommen waren. Doch Diego war früh ins Bett gegangen und schlief schon. Er schien Fieber zu haben, erklärte uns seine Mutter, und habe sofort ins Bett gehen wollen, als er nach Hause kam. Also gingen wir zu Martín, der noch wach war.

Gleich als es zu regnen anfing, ist Alicia nach Hause gegangen, sagte Martín. Ich und Diego sind ganz schnell zu Medinas Schuppen gelaufen, bis wir gemerkt haben, dass der Regen nicht aufhört, und dann sind wir direkt hierhergekommen. Und zu Alicia habe ich gesagt: Geh nach Hause, sonst schimpft deine Mutter mit dir. Ich erinnere mich nicht mehr daran, was Martín genau sagte, weiß aber noch, wie er mich ansah und dass ohne Zögern ein Wort nach dem anderen aus seinem Mund kam. Ich ärgerte mich darüber, beinahe um Mitternacht im Regen nach so einer frechen Indiogöre suchen zu müssen, die abgehauen war, und maß all dem keine Bedeutung bei. Wir suchten jedenfalls die ganze Nacht, im Regen. Fragten bei allen Freunden und Verwandten nach, zu denen sie gegangen sein konnte, und auch bei der Polizeistation, wo sie manchmal hinging, weil die Polypen sie im Hof spielen ließen. Dort meldeten wir ihr Verschwinden und kehrten zurück. Niemand hatte sie gesehen.

Auf dem Rückweg kamen wir am Damm vorbei. Der Damm, der zur Befestigung der neuen Straße dient, verläuft parallel zum Flussbett. Der Regen hatte das Rinnsal in eine Stromschnelle verwandelt, die an die Häuserwände peitschte. Wir sahen das Wasser nicht, wir hörten es nur.

»Es hat keinen Sinn«, sagte jemand, »nachts hat es keinen Sinn.«

Wir beschlossen, am nächsten Tag weiterzusuchen. Als ich nach Hause kam, war es fast zwei Uhr morgens und regnete immer noch. Ich hatte schon bereut, schlecht von Alicia gedacht zu haben. Ihr musste etwas zugestoßen sein.

Auch am nächsten Tag war es sinnlos. Das Flussbett war völlig überflutet. Vor zwanzig Jahren hatte irgendein erfinderischer Bürgermeister beschlossen, das Flussbett zu kanalisieren, damit die Gegend bei Regen nicht jedes Mal in einen Sumpf verwandelt würde. Inzwischen gab es keinen Sumpf mehr, dafür aber einen Wasserschwall, der jeden, der es wagte, einen Fuß hineinzusetzen, zum Rio Negro zu spülen drohte. Trotzdem sind wir ein Stück an beiden Ufern entlanggelaufen. Ohne daran zu glauben, irgendetwas zu finden. Aber es war alles, was wir tun konnten.

Mittags kehrte ich zu meinen Schösslingen zurück. Dort, tief im

Matsch grabend, fand mich ein Polizeibeamter, den der Polizeichef geschickt hatte, um zu erfragen, was jeder schon wusste. Ich erzählte ihm, ich habe die drei Kinder am vorigen Nachmittag hinter dem Schilf über das Grundstück laufen sehen. »Um wie viel Uhr?«, fragte er. Ich sagte ihm, um fünf, und er meinte, das sei merkwürdig. Man habe ihm gesagt, sie seien von Diegos Haus aus zum Damm gelaufen. Wir waren noch im Gespräch, als Diego und Martín durch den Draht geschlüpft kamen. Der Polizist fragte sie danach.

»Klar«, antwortete Martín, »auf dem Weg zum Damm sind wir hier durchgekommen.« »Warum habt ihr das nicht gesagt?«, fragte der Beamte. »Das haben wir vergessen«, antwortete er und zuckte mit den Schultern. Schließlich ging der Polyp. Ich wollte den Spaten holen, um einen neuen Baum zu pflanzen, und musste feststellen, dass ich ihn nicht in der Kiste verstaut hatte. Ich begann, alles zu durchwühlen, die Kiste, die Küche, unter der Spüle, wo ich auch einiges aufbewahre, den kleinen Schuppen, und Martín und Diego immer hinterher.

»Warum helft ihr mir nicht beim Suchen, ihr Faulpelze?«, sagte ich zu ihnen.

Sie sahen mich an.

Manchmal, da bin ich zerstreut und finde etwas nicht, obwohl es vor meiner Nase liegt, deshalb gab ich das Suchen für den Moment auf und ging in die Küche. Die beiden Indiorotznasen folgten mir und standen rum, als warteten sie auf Anweisungen. Ich war gereizt, schimpfte sie erneut aus und schickte sie den Spaten suchen.

Während ich das Wasser für den Mate kochte, schaltete ich das Radio ein. Ich dachte, vielleicht würde unser Dorf ja in den Nachrichten erwähnt. Als in Drable mal ein Knirps umgebracht worden war, kamen sogar Journalisten aus Montevideo. Aber das war jetzt nicht der Fall, und im Radio war nicht die Rede davon, obwohl, es waren ja auch noch keine vierundzwanzig Stunden vergangen.

Und hoffentlich vergehen auch nicht mehr, dachte ich, Mensch, das arme Indiomädel, hoffentlich ist sie tot, nicht noch Schlimmeres, obwohl am besten wäre, sie wäre noch am Leben, keine Frage. Da merkte ich, dass Martín und Diego mich von der Tür aus ansahen.

»Was wollt ihr denn jetzt schon wieder?«

»Der Spaten.«

Und Martín stellte ihn vor mich hin. Den Spaten. Er hatte wohl beim Feigenbaum gelegen, neben dem Schilf. »Den müssen Sie gestern dort liegen gelassen haben«, erklärte Martín, »nach dem Umgraben.« So zerstreut bin ich nicht, wollte ich antworten, außerdem war der Spaten sauber. Wenn, dann müsste ich ihn nach dem Saubermachen vergessen haben und in dem Fall hätte er irgendwo beim Haus gelegen, nicht beim Feigenbaum. Ein Klopfen an der Tür riss mich aus meinen Überlegungen.

Es war Martíns Mutter, die ihn abholen kam. Mit rollenden Augen hinter den Brillengläsern berichtete sie, man habe sie gefunden, ja, man habe sie gefunden, die arme Kleine. Gott steh mir bei, und in welchem Zustand, offenbar wurde sie vergewaltigt, die arme Kleine, was für schmutzige, schäbige Menschen, anders kann man es nicht nennen, scheinbar hat man sie in ein Auto gezerrt, arme Kleine, aber ich mag so etwas vor den Kindern gar nicht aussprechen, also ich nehme sie jetzt mit, denn alle haben Angst und meiner soll nicht allein herumstromern, der, nebenbei gesagt, mit großen Augen dastand. Die Mutter rief nach ihm. Martín gehorchte, ohne zu murren, und ging zur Tür, doch bevor er hinauslief, drehte er sich noch einmal um und rief nach seinem Freund, der wie versteinert stehengeblieben war.

Ich hörte weiter Radio und trank Mate, während sich das Fenster grau einfärbte. Umsonst, sie brachten nichts. Niemand scherte sich um unser Dorf, man hätte es ebenso gut von der Landkarte streichen können. Unwillkürlich musste ich an Alicia denken und mich darüber wundern, wie wenig ich sie beachtet hatte. Vielleicht, weil sie weniger Ärger gemacht hatte als ihre Freunde, auch wenn sie immer hinter ihnen hergerannt war. Diego war hinter Martín hergelaufen und sie hinter Diego, der mich jetzt von der anderen Seite des Zauns aus ansah, über den Hof hinweg, während ich wieder in den Garten ging, um meine Arbeit zu beenden.

Nach einer Weile bemerkte ich, dass Diego mich anstarrte, inzwischen von meiner Seite aus. Er sagte kein Wort.

»Was hast du denn?«, fragte ich ihn. »Ist dir dein Freund abhandengekommen?«

»Haben Sie es schon gehört?«, fragte er.

»Was gehört?«

»Sie haben Alicia gar nicht gefunden. Alles, was sie gefunden haben, ist ein Schuh, am Flussbett.«

Ich hob überrascht den Kopf, aber er sah nicht her, sondern wies in Richtung Schilf.

»Haben Sie die Schösslinge gesehen?«

»Nein, was hast du denn mit den Schösslingen?«

»Die sind voller Ameisen.«

Verdammt! Tatsächlich. Wie ein einziges großes schwarzes Tier wuselten die Ameisen um die Pflänzchen herum. Ich kratzte mich am Kopf und fragte mich, wie sie über Nacht aus dem Nichts hatten auftauchen können.

»Ich weiß, wo sie herkommen.«

Ich war erneut überrascht, und auch diesmal trafen sich unsere Blicke nicht. Er machte mir Zeichen, ihm zu folgen, lief auf das Schilf zu und zeigte auf einen Lehmhaufen, aus dem sie scharenweise herausströmten. Ich beugte mich hinunter, um sie mir genauer anzusehen. Die Ameisen wuselten hinein und wieder heraus, wobei sie winzige weiße, rote und schwarze Fetzen mit sich schleppten.

»Wie hast du die entdeckt?«

Er hatte mich allein gelassen. Ich hatte ihn gar nicht weggehen hören, mir blieb aber auch keine Zeit, um darüber nachzudenken, denn vom Tor her schritt ein Nachbar auf mich zu. Er grüßte. Als er mich über den Lehmhügel gebeugt sah, schüttelte er schon von weitem verständnisvoll den Kopf.

»Ameisen«, sagte er. »Bei mir zu Hause haben sie den ganzen Unterboden in Beschlag genommen.« Und dann sprach er noch ein wenig über ein Gift, das er gegen sie anwendete, dasselbe, das ich auch schon einmal verwendet hatte, und als ich ihn fragte, ob es wirkte, fiel ihm ein, warum er gekommen war. Und zwar um mich zu fragen, ob ich am nächsten Tag mithelfen würde, sie wollten die Leiche dieser armen kleinen Vermissten suchen, vorausgesetzt das Wasser wäre dann ein wenig zurückgegangen. Am nächsten Tag würden wir also in dieser Dreckbrühe baden, denn nichts anderes war der Fluss, würden bis zur Brust im Wasser herumhampeln, zwischen all dem Dreck, den die Dorfbewohner da hineinschmissen. Traurig dachte ich an meine Kindheit zurück, als das Flussbett noch ein Rinnsal zwischen Ligustersträuchern gewesen war, an dem ich mit meinen Freunden Frösche und kleine Süßwasserkrebse gefangen hatte. Damals wäre so etwas nie geschehen.

Und da standen wir nun, das Wasser bis zur Hüfte, in dem Dreck, stocherten mit Stöcken in dem Flussbett herum, auf die Gefahr hin, von der immer noch starken Strömung ins Jenseits gerissen zu werden. Wenigstens hatte der Gestank nachgelassen. Die Dorfleute, die nicht an der Suche teilnahmen, saßen am Ufer, zwischen Haus und Haus, tranken Mate, unterhielten sich und warteten geduldig auf das Auftauchen der Leiche.

Doch es wurde Abend, und wir hatten nichts gefunden. Schlotternd und durchnässt beschloss man, das Mädchen für vermisst oder tot oder wie es zu lauten hatte, zu erklären. Als wir die Brücke über das Flussbett hinter uns gelassen hatten, schien schon niemand mehr an die Sache zu denken. Vielmehr war es, als habe sie sich schon zu den vielen anderen schmerzhaften Vorkommnissen gesellt, die weit weg vom Dorf geschehen und die man lediglich beim Plausch mit dem Nachbarn am Zaun erwähnt. Schon bald sorgte man sich in erster Linie um das Wetter, das nicht sehr günstig für die kommende Ernte war. Die einfachen, vorzeitig gealterten Männer schritten mit gesenkten Köpfen einher oder zeigten auf die violetten Wolken am Horizont.

Ich konnte es nicht so einfach vergessen, denn Martín und Diego saßen auf meiner Treppe und warteten auf mich. Wortlos folgten sie mir ins Haus.

»Haben Sie die Ameisen gesehen?«, fragte Martín und bohrte seinen Blick in meinen.

»Was bitte habt ihr mit den Ameisen?«

»Werden Sie Gift auf den Haufen streuen?«

»Wollt ihr mir helfen?«

»Na klar.«

Martín behielt den respektlosen Blick bei, den er immer an sich hatte. Diego sah manchmal zu ihm hin und manchmal mich an, ohne seine Augen irgendwo ruhen zu lassen. Ich setzte Wasser auf und ging mir die nassen Sachen ausziehen. Dann kam ich zurück in die Küche, entsorgte langsam die alten Blätter und dachte über all das nach. Die beiden schwiegen immer noch, wenngleich Martín, wie so oft, meine Fläschchensammlung im Regal über dem Herd studierte. Diego saß nur da und sah mir auf den Rücken, während ich damit fortfuhr, die Blätter aus dem Matetopf zu nehmen.

»Gut«, sagte ich schließlich. »Morgen gehe ich das Gift kaufen. Ihr wollt mir also helfen? Dann kommt am Nachmittag.«

»Klar«, antwortete Martín. »Morgen kommen wir. Los, lass uns gehen, Diego.«

Ich blieb allein zurück, schaltete das Radio ein und bereitete während der Acht-Uhr-Nachrichten den Mate fertig zu. Auch heute würde unser Dorf nicht darin vorkommen. Ich setzte mich, um mir durchs Fenster anzusehen, was vom Himmel noch übrig war. Ich versuchte weder an Ameisen zu denken noch an Martín noch an Diego noch an irgendwen. Alicia hatte ich schon vergessen.

Um neun löschte ich das Licht und legte mich hin. Steif, den Blick zur Decke gerichtet. Ich schlief traumlos, den Schlaf der rechtschaffen Müden und derer, die vergessen wollen. Als ich die Augen öffnete, drang schon der erste Lichtstrahl durchs Fenster.

Langsam stand ich auf und schaltete das Radio ein. Die Stimme von Gardel zerfaserte in den Klängen einer stöhnenden elektrischen Gitarre. Mate trinkend, wartete ich darauf, dass es richtig hell wurde. Dann nahm ich den Spaten und ging zum Ameisenhaufen.

Ich versenkte den Spaten in der Mitte des Hügels, bis er auf etwas Hartes stieß. Ich zog ihn wieder heraus und versenkte ihn erneut, diesmal am Rand. Er drang ganz leicht in die feuchte, schwarze Erde ein, und als ich am Stiel zog, löste sich der obere Teil des Ameisenhaufens wie der Deckel von einem Kochtopf. Drinnen schwamm Alicias Leiche in einem Sud von Ameisen, die in ihr rosa Kleid, ihre Augen und ihren Mund hinein- und aus ihnen herauskrabbelten, mit kleinen schwarzen, roten und weißen Fetzen bepackt. Alicias Füße lagen dicht beieinander und die Hände waren über der Brust gekreuzt wie beim Gebet, so wie die Toten im Bestattungsinstitut hergerichtet werden.

Ich brauchte eine knappe halbe Stunde, um die Erde über ihr und um sie herum fortzuschaffen. Am Ende war es acht Uhr. Müde ging ich zurück ins Haus, um den Mate auszutrinken. Es war noch zu früh, um den Polizeichef zu stören.

Aus dem Spanischen von Hanna Grzimek

Antonio Ungar

Rein hypothetisch

1

Vier Uhr früh. Mein Freund Pierre sitzt an seinem Schreibtisch, sein Blick ist auf den nassen Gehsteig gerichtet, der auf der anderen Seite des dreckigen Fensters aufleuchtet. Auf einem Buch steht eine Tasse mit kaltem Kaffee. Pierre ist soeben mit dem Entwurf einer Kinorezension fertig geworden. Ihm ist langweilig. Das Zimmer liegt im zweiten Stock eines Wohnhauses, das genauso aussieht wie alle anderen in diesem erbärmlichen, feuchten und finsteren Stadtviertel. Es hat einen alten Linoleumfußboden, fleckige Wände, die vormals grau waren, und einen Wackelkontakt in der Elektrik. Das Bett ist nicht bezogen, und über dem Schreibtisch hängt eine Glühbirne an einem Kabel. Auf der anderen Seite des Fensters verläuft, in dem eisigen Winter der Stadt, eine Straße. Darauf häufen sich Müllberge, kotzen Betrunkene, kacken Kampfhunde, und alles gefriert in kürzester Zeit. Die Stadt auf der anderen Seite ist London: eine Stadt armseliger Menschen, in der es unaufhörlich Eisregen nieselt; eine Stadt voll verrückter alter Mütterchen, die rastlos durch die Gegend marschieren. Eine Stadt, zweigeteilt von einem riesigen schwarzen und langsam dahingleitenden Fluss.

Pierre ist fünfundzwanzig, von hagerem Wuchs, er hat einen Buckel und lange Haare. Soeben spielt er mit dem Aschenbecher; er zerstreut sich bei dem Gedanken, wie er wohl die Pfund Sterling seines Gehalts, das er als Redakteur einer mittelmäßigen Zeitschrift verdient, ausgeben wird. Er denkt an den bevorstehenden Winter, an die Tage, die ihm bleiben, bis der Frühling kommt. Dann hört er plötzlich einen Mann schreien. Er spitzt die Ohren – ganz der elende Hund, der er nun einmal ist. Dann weitere Schreie, Schläge. Er steht auf und geht zum Fenster. Es kommt aus der Nachbarwohnung. Ein Streit der Barnes', der Brüder Barnes, seiner Nachbarn.

Freddy, der Ältere, bringt hundert Kilo Muskelmasse auf die Waage und ist der Stolz des Stadtviertels, weil er einmal bei den *Nationals* Jugendmeister im Rugby gewesen ist und hintereinander siebzehn Pints Bier trinken kann. Außerdem ist er imstande, mit seiner Armkraft ein Auto umzukippen, er ganz alleine. Und jedes Mal, wenn er dies tut, wenn er in seiner Straße ein falsch geparktes Auto umkippt, klatscht und jubelt ihm das ganze Viertel zu, wie nur die Engländer zu klatschen und zu jubeln verstehen, indem sie mit tief nach vorn geneigtem Kopf gaffen und ihnen ein Rest Speichel aus dem Mund tropft, den sie nicht herunterschlucken, während ihre britannischen Augen spitzfindig lächeln und sie kaum zu verstehende Laute ausstoßen. Freddys Bruder, Teddy, ist noch weitaus betrunkener. Er ist eine über hundertzwanzig Kilo schwere Kuh und gehbehindert, aufgrund eines doppelten Hüftbruchs, den er sich wegen der ständigen Sauferei bei einem Verkehrsunfall zugezogen hat. Jener Unfall, der ihn auch auf einem Auge erblinden ließ. Er kann sich seither nur noch langsam bewegen und sprechen und sabbert am laufenden Band. Sein Bruder Freddy wischt ihm den Geifer mit Sorgfalt ab.

Pierre hört, wie Freddy Barnes Schimpfwörter brüllt, die von den Wänden widerhallen, wie Teddy schluchzt. Sie halten sich im Zimmer mit den zerschlissenen Sofas und den Fotos von nackten Frauen auf, das man von der Straße aus sehen kann. Pierre vernimmt, wie Freddy einen Stuhl an der Wand zerschlägt, wie etwas zerbricht, das ein Teller gewesen sein könnte. Dann wieder den unseligen Teddy, mit seiner Stimme, die klingt, als würde er seit tausend Jahren Futter wiederkäuen, verloren in einer feuchtfröhlicheren, unschärferen Zeit. Sinnlose Sätze faselnd, verteidigt er sich, so gut er kann. Dann dauert das Schweigen immer länger, es erfüllt den Raum vor jedem Wutausbruch mit knisternder Spannung. Nach einer halben Stunde versteht Pierre, worum es geht. Ein zusammenhängender Satz, aus Freddy Barnes' feuchtem Mund, erklärt es ihm: Freddy möchte am liebsten alle Möbel der Wohnung kurz und klein schlagen und so laut schreien, wie es ihm seine verfluchten Lungen erlauben und – falls es nötig ist – jene unnütze Masse aus Fleisch, Teddy Barnes, ein für alle Mal abmurksen. Denn ein Bündel mit Geldscheinen, das seit geraumer Zeit in einer Keksdose mit Deckel immer dicker geworden war, ist spurlos verschwunden. Die Keksdose hatte auf dem weißen Kühlschrank gestanden, sie war verschlossen gewesen. Pierre hört, wie Teddy schluchzt, wie er, von Freddys Schimpftiraden verfolgt, über den Boden kriecht, wie er flennt, bevor er mit seinem schweren Körper auf das gelbe Sofa plumpst. Er redet noch immer, aber jetzt viel lauter. Er klopft jetzt Sprüche, endlose Sätze, die keinen Sinn ergeben, die in seinem großen und feuchten Hirn einer Kuh auf Grund liegen, seit der Zeit als seine Mutter noch lebte. Von dort aus sagt er Dinge wie *Nein, nein, nein, du sollst heute Nacht besser nicht so viel trinken, Freddy, geh' lieber wieder zurück nach Dorham, dein Vater würde an deiner Stelle, Freddy, du sollst nicht so viel trinken.*

Und so immer weiter. All das hört mein Freund Pierre, auf der anderen Seite der Wand, erstarrt in seiner Neugierde eines elenden Hundes, in seiner krankhaften Furcht, die ihm ein Lächeln auf die Lippen treibt. Mit einem Mal erinnert er sich an seinen neuen Apparat, an jenes Wunderwerk der Technik, das seit einer Woche in einer Schublade seines Zimmers ruht. Er holt ein klitzekleines Mikrophon hervor, das er an einem in der Mauer eingelassenen Wäschehaken neben dem Fenster der Barnes' befestigt. Fünf Meter

Kabel führen vom Mikrophon zu einem CD-Player, wo ein Laserstrahl haarklein jeden der Schreie, Schläge und Rohheiten der beiden Bestien in der Nachbarwohnung auf CD brennt. Zwei kleine Lautsprecher sorgen dafür, dass man zugleich alles noch besser hören kann. Pierre überblickt lächelnd seine Apparatur, drückt auf den entsprechenden Knopf und bezieht erneut Stellung neben dem Fenster.

Freddy ist sturzbetrunken. Die zwanzig Geldscheine, die verschwunden sind, waren zweitausend Pfund Sterling, das gesamte Kapital, das der Familie noch zur Verfügung stand. Ein neuer Kühlschrank und ein verfluchtes Motorrad sollten davon gekauft werden, und sie hätten den Rest des Monats davon gelebt. Und jetzt ist bloß noch eine leere Dose übrig, die nach Orangen riecht, oben auf dem Kühlschrank. Freddy weiß: Falls Teddy das Geld nicht geklaut hat, hat er den, der es geklaut hat, auf alle Fälle gesehen. Er ist sich ganz sicher, dass sein Bruder ihm etwas verschweigt. Und Teddy hat nur deshalb von Anfang an nichts gesagt und gewimmert und sich hin und her bewegt wie ein Kleinkind, hat wie ein Schwachsinniger zu Boden geschaut: weil er etwas weiß! Und wenn nicht Teddy, dann hat jetzt irgendwer anders aus dem Viertel die verfluchten Geldscheine, und Freddy Barnes wird herausfinden, wer es ist, und wenn er Teddy dafür verprügeln und seinen Körper durch sämtliche Zimmer der verdammten Wohnung schleifen muss.

Von Zeit zu Zeit hallt aus der schwarzen Box, die alles aufnimmt, Freddys Stimme. Sie klingt jetzt lauter und wettert gegen irgendetwas und schreit sturzbetrunken Schimpfwörter (vermutlich hält er eine Flasche in der Hand, vermutlich kreist er um Teddy herum und blickt ihm fest in die Augen, brüllt ihm aus nächster Nähe ins Gesicht, spuckt ihn beinahe an). Danach vergeht wieder eine längere Zeit, in der man gar nichts hört. Vielleicht hat sich Freddy jetzt in eine Ecke gesetzt und starrt die roten Wände und den Körper seines Bruders an, vielleicht auch die Kalendertage, die sie ohne ein Pfund Sterling auskommen müssen. Pierre stellt sich vor, wie Freddy die Sache mit der Blechdose herausgefunden hat und dann das ganze Haus auf den Kopf gestellt hat, aber nichts finden konnte. Dass er dann Teddy gefragt hat und schließlich anfing, diesen anzubrüllen; dass dieser den Mund nicht aufbekam und sich in sein Schneckenhaus eines Autisten verkrochen hat. Er stellt sich vor, dass Freddy dann in den Pub gegangen ist, dass er sich mürrisch und mutterseelenallein an die Theke gesetzt hat und so viel Gin bestellte, wie er nur vor Mitternacht trinken konnte, und wie er das, was mit seinem Ersparten geschehen ist, einfach nicht glauben konnte. Das ist auch der Grund, weshalb er sich jetzt in eine Bestie verwandelt zu haben scheint, weshalb er jetzt entweder auf der Stelle sein ganzes Geld wiederfinden oder ein für alle Mal seinen Bruder Teddy Barnes abmurksen wird.

Jetzt schreien Freddy Barnes' Wörter wie verzweifelte Messerstiche, die Vergangenheit heraufbeschwören: der Unfall, der Teddy zum Krüppel werden ließ, Herrgott, die verfluchte Trunksucht, das Geld. Das verdammte Geld, das in Gottes Namen noch vor Morgengrauen wieder auftauchen muss. So redet er, alleine, fast schluchzend, eine halbe Stunde lang. Bis ihn die Müdigkeit übermannt. Durch die winzigen Lautsprecher hört man ihn erschöpft, machtlos, den Tränen nahe. Es scheint, als würde er – schlaftrunken von seinem Rausch – auf den Teppich fallen. Pierre stellt sich vor, wie die beiden Brüder am nächsten Tag in aller Früh aufstehen: erschöpfter, aber genauso verloren, elendig und fett, hungrig und einsam. Es scheint, dass es bereits zu Ende geht.

Dann stellt Pierre sich vor, wie Freddy in einer Ecke sitzt, völlig besoffen, und drauflos heult, wie er noch nie in seinem Leben geheult hat; am Boden zerstört wegen des scheiß Lebens, der scheiß Wohnung, wegen dieses Bruders, der jetzt den Idioten mimt und Wörter vor sich hin grölt. Wörter, die nicht seine eigenen sind, sondern aus dem Mund einer Mutter stammen, die längst tot ist und auf einem Friedhof zwischen zwei Schnellstraßen im Nebel begraben liegt. Wörter, die jene zwanzig Hundertpfundscheine aus der Keksdose, die nach Orangen riecht, auch nicht wieder zurückbringen können. Womit Pierre nicht rechnet, ist, dass Freddy plötzlich aus der Stille ausbricht, dass er mit langen Schritten über den hölzernen Fußboden des Wohnzimmers läuft, wo er im Vorbeigehen einen Tisch mit Tellern umstößt. Dass er ohne jede Vorankündigung, ohne ein Wort zu sagen, mit seinen Oberarmen eines Rugbymeisters den Fernseher – ein Monstrum aus den achtziger Jahren – hochhebt und mit dieser kolossalen Kiste über'm Kopf das Zimmer durchquert, hochkonzentriert, ernsthaft wie ein Betrunkener, und diese zum Fenster hinausschmeißt; und dass die Flimmerkiste ein letztes Mal leuchtet in dem Augenblick, als sie auf dem Boden zerschellt, in einer Explosion aus Splittern, Schaltungen, Kabeln, roten und grünen Plastikteilen, Kontakten, Scherben, Sicherungen.

Dann herrscht wieder Schweigen. Mein Freund Pierre spürt jetzt einen noch größeren Schrecken. In seinem Zimmer konnte er hören, wie die Scheibe der Nachbarwohnung zerbarst, jetzt sieht er, wie die Trümmer des Fernsehers auf dem Gehsteig im Regen liegen. Eine Minute lang herrscht völlige Stille. Pierre stellt sich vor, wie Teddy langsam, ganz langsam anfängt zu verstehen, dass es von nun an keinen Fernseher mehr gibt, dass der Fernseher für immer fort ist. Ein anhaltendes Schluchzen ist zu hören, lang und tief. Und plötzlich ein verzweifelter Schrei, wie von einem Bären, der von einer Lanze durchbohrt wird, wie von jenem kopflosen Monstrum, das Teddy Barnes nun einmal ist, fast schon ein Walfisch, als er sich auf seine beiden kleinen Füßchen stellt, die ihn seit zehn Jahren nicht mehr tragen, und taumelnd durchs Zimmer läuft und sich daranmacht, die Treppen hinunterzutorkeln.

In diesem Moment beginnt Freddy zu schreien *Du verdammter*

irischer Köter, Ted Barnes, wage es bloß nicht abzuhauen, feige Ratte, sonst blas' ich dir das Hirn weg, du gottverdammter Hurensohn, verfluchter Idiot, du hast schon genügend Schaden angerichtet. Diese Litanei brüllt er, während er die Treppe hinunterläuft, seinem lärmenden Bruder hinterher, ganz langsam geht er, denn in seinem Rausch kann er sich kaum noch auf den Beinen halten. Pierre kennt die Nachbarwohnung, sie gleicht der seinen aufs Haar, und dann wird ihm klar, dass Teddy in die Küche wankt. Pierre kann, wenn er aufs Klo steigt, durch das kleine Fenster im Bad Teddy Barnes sehen und sieht, wie dieser voller Verzweiflung alle Schränke öffnet und alles zerschlägt und umstößt, noch bevor sein Bruder die letzte Stufe erreicht hat; dieser Bruder, dem alle Beleidigungen, die sich ein Mensch ausdenken kann, bereits vorauseilen. Pierre sieht, wie es Teddy gelingt, eine Schublade zu öffnen und wie er zitternd etwas Schwarzes herausholt, das er in seinen Händen wiegt, und wie er auf demselben Weg, auf dem er gekommen ist, wieder verschwindet, in Richtung Korridor. Dann herrscht einen Augenblick Stille.

Schließlich hört man den Schlachtruf von Freddy Barnes, er verbreitet sich im Garten und ertönt aus den beiden schwarzen Lautsprechern. Man hört, wie ein Stuhl zerschlagen wird. Und dann, plötzlich, eine Detonation. Gewaltig, schwer, ihr Echo ist im ganzen Stadtviertel zu hören. Pierre merkt, dass er vor lauter Angst weiche Knie bekommt, er stützt eine Hand auf den Rand des Waschbeckens. Über fünf Sekunden lang Stille. Eine weitere, ungeheure Detonation lässt ihn seine Finger noch fester ans Waschbecken klammern, sie breitet sich aus und verliert sich in den leeren Straßen. Dann totale Stille. Pierre verharrt starr, er ist verwirrt. Danach, ganz langsam, mit getrübtem Blick und schwankend wie ein Betrunkener, schafft er es zurück in sein Zimmer. Auf dem Weg dorthin, stellt er sich (ohne zu wissen weshalb) die leeren Gehsteige der Stadt vor und die Verkehrsampeln, wie sie gelb im

Regen flackern. Und den Rauch, der aus einem Schornstein steigt. Unten, an der Tür der Barnes', dreht sich der Schlüssel im Türschloss. Pierre bewegt sich langsam von seinem Schreibtisch weg, nähert sich dem Fenster. Ein gewaltiger Mann tritt aus der Tür. Pierre kann seinen blonden, runden, halbkahlen Kopf erkennen. Der Mann seufzt, er schwankt. Schwerfälligen Schrittes geht er auf die Straße. Es sieht so aus, als würde er nach vorne umkippen, er hat ein schmutziges, weißes T-Shirt an, das seinen ungeheuren Wanst bedeckt, in der Hand hält er einen Revolver.

Es ist der jüngere der Brüder Barnes. Von oben wirkt sein Körper viel größer, fetter, kahlköpfiger und weißer. Er zittert, er schwankt. Er gelangt bis an den Rand des Gehsteigs, dann lässt er sich auf seinen Hintern fallen, seine Füße auf der Straße. Er hält die Waffe mit beiden Händen fest, zwischen den Beinen. Er wiegt seinen Körper vor und zurück, vor und zurück, die Waffe fest in den Händen, zwischen den angewinkelten Beinen. Er schaut einfach nur geradeaus und wiegt seinen Körper, Pierres Blicke im Rücken. Er schaut auf die Plakate, den Abfall, die Schulmauer. Er versteht nichts. Niemand ist gekommen, um nachzusehen, was geschehen ist. Niemand möchte etwas wissen. Die Polizei wird erst in über einer Stunde vor Ort sein. Pierre beobachtet von seinem Fenster aus den Mann, der seinen Körper wiegt und laut seufzt, der ganz nass wird und im Nieselregen vor sich hin heult, ganz und gar verloren.

2

Seit einer halben Stunde sitzt Teddy Barnes bereits im Nieselregen auf dem Gehsteig, von Pierre beobachtet durch das geschlossene Fenster. Einer der Nachbarn hat zum Fenster hinausgesehen, vielleicht hat einer von ihnen die Polizei gerufen. Aber die Polizei ist heute Nacht, wie es scheint, sehr beschäftigt, denn Teddy wiegt auch weiterhin im Nieselregen seine Hüfte vor und zurück. Und Pierre sieht ihm noch immer dabei zu.

Pierre hat Zeit gehabt, über viele Dinge nachzudenken. Er hat, während er dem Mann auf dem Gehsteig zugesehen hat, ohne es zu merken, über sich selbst nachgedacht. Er hat gemerkt, dass er, so wie er da sitzt, ganz alleine ist auf der Welt. Und ihm ist auch klar geworden, dass er frei ist. Dass er es schon immer war. Und dass er tun und lassen kann, wozu er Lust hat. Er kann aus dieser gottverdammten Stadt abhauen und sich in jemand Lebendiges verwandeln, in jemanden, der tatsächlich existiert. Sofern er es nur will. In einen wirklichen Menschen. Soeben denkt er, dass er jetzt endlich von diesem Schreibtisch aufstehen wird. Dass er alle seine Klamotten zu einem Bündel packen wird, dass er sein Geld von der Bank abheben wird und zu Fuß hinausgehen, an diesem Körper vorbei, der ganz gelb gefärbt ist und noch immer auf dem Gehsteig vor sich hin heult. Er wird zum Bahnhof laufen, abhauen und sich endlich dem widmen, was er schon immer tun wollte.

Er wird vom Klauen leben, in Parks schlafen. Vielleicht wäre die beste Lösung, wenn auch er sich einen Revolver kaufen würde. Um im entscheidenden Moment Gebrauch davon zu machen, um ein Geschäft zu plündern, um zu überleben. Oder wenn er nach Australien ginge, wo jeder Meter Boden, auf den er seinen Fuß setzen wird, unbekanntes Terrain ist. Und sich dort dem Klauen widmete. Und herumwanderte. Bis sie ihn umlegen. Vielleicht wird er auch eine dunkelhaarige Frau lieben, in einer verlassenen Hütte in der Wüste. Oder sich mit Lastwagenfahrern an einer Tankstelle betrinken. Er wird sein ganzes Vermögen beim Kartenspielen setzen und es verlieren. Er wird eine Nacht in einem australischen Gefängnis verbringen, in Gesellschaft eines Aborigines.

Draußen hört er Sirenenlärm. Der Mann, gewaltig und verloren, wiegt seinen Körper nun langsamer, er ist völlig vom Regen durchnässt. Mit starrem Hals und der Pistole zwischen den Beinen. Er weint noch immer. Ein Polizist bleibt zehn Meter vor ihm stehen, im Bewusstsein, dass dreißig Gewehre auf den Kopf des Kerls gerichtet sind. Dann spreizt er die Beine und schreit *Waffe auf den Boden und Hände nach oben*. Als er auf einen Meter herangerückt ist, drückt er den Lauf seiner Pistole gegen Teddys Schläfe, sieht ihn fest an, kniet sich neben ihn und führt seine freie Hand unter die angewinkelten Beine des Riesen. Er umklammert die Waffe zwischen dessen Fingern. Der Riese lässt sie nicht los. Es gelingt dem Polizisten, die wulstigen Finger von der Tatwaffe zu lösen. Er schleudert sie aufs Straßenpflaster, weit weg vom Mörder.

Teddy Barnes blickt dem Polizisten in die Augen, langsam, er weiß inzwischen gar nichts mehr. Wer ist er? Was ist los? Was hat er dort zu schaffen? Dann blickt er wieder geradeaus. Ein Polizeiwagen kommt lärmend die Straße entlang, hinter ihm traben zehn bewaffnete Polizisten. Pierre sieht, wie sie Teddy in die Höhe heben – schwer wie ein Toter – wie sie ihm den Kopf nach unten drücken, wie sie ihn in den hinteren Teil des Fahrzeugs verfrachten. Zwei Polizisten steigen mit ihm ein.

3

Jetzt, einen Monat später, sitzt Pierre im Esszimmer des Hauses eines gemeinsamen Freundes. Vor ihm stehen ein Teller mit einem Fischgericht und ein stilvolles Glas Weißwein. Er lächelt. Er hält die Hand seiner Freundin in seiner rechten Hand. Das Mädchen ist nicht sonderlich hübsch. Er sieht ihr einen Moment in die Augen, dann steht er auf, räuspert sich und bittet uns alle um Aufmerksamkeit, er möchte uns die große Neuigkeit des Abends mitteilen. Die große Neuigkeit des Abends lautet, dass ihm die mittelmäßige Zeitschrift, für die er arbeitet, vergangene Woche für zwei weitere

Jahre Arbeit angeboten hat. Sie werden ihm für dieselben Kinorezensionen weiterhin denselben Lohn zahlen. Er und seine Freundin werden in *Mainstream* ein Apartment anmieten, ganz in der Nähe des Hauses, in dem sich seine Junggesellenbude befindet. Er möchte die englische Staatsangehörigkeit beantragen.

Als er zu Ende gesprochen hat, sieht er uns alle an, er strahlt übers ganze Gesicht. Er möchte einen Toast ausbringen. Auf seine Freundin. Auf uns. Wir erheben uns, und ich beobachte seine kleinen Augen eines glücklichen Hundes. Seinen Mund, der lächelt, den Glanz des Speichels, der seine Unterlippe zum Leuchten bringt. Wir stoßen an. Als er sich wieder hinsetzt, lösen sich seine Hände vom Weinglas und von der Hand seiner Freundin. Er greift nach dem Besteck und stibitzt noch ein Stück vom Fisch. Er führt den Bissen zum Mund, und während er darauf kaut, wirft er einen streifenden Blick in die Runde, ohne das Lächeln zu verlieren. Sein Blick verharrt bei mir. Er sieht mich von der gegenüberliegenden Seite des Tisches an, als wollte er etwas fragen. Da kann ich nicht anders: Ich neige ein wenig den Kopf und beglückwünsche ihn, mit erhobenem Glas, und stelle mein allerschönstes Lächeln zur Schau.

Aus dem Spanischen von Matthias D. Borgmann

Juan Gabriel Vásquez
Der Doppelgänger

Ernesto Wolf. In der Schule stand sein Name auf der Jahrgangsliste unter meinem, auf den in Kolumbien sonst kaum mehr einer folgt (es sei denn ein ausländischer oder ein Kuriosum: Yáñez oder Zapata, Yammara oder Zúñiga). Am Tag der Auslosung, wer zum Militärdienst musste, sorgte die alphabetische Reihenfolge dafür, dass ich vor ihm meine Kugel zog. Im weinroten Samtbeutel befanden sich nur noch zwei Kugeln, eine blaue und eine rote, während dort eben noch an die fünfzig gelegen hatten, entsprechend der Zahl der Schüler, die in diesem Jahr zur Einberufung anstanden. Die rote Kugel würde mich zum Militärdienst schicken, die andere meinen Freund. Ein einfaches System.

Das Spektakel fand im Teatro Patria statt, einem Nebengebäude der Kavallerieschule, wo heute schlechte Filme gezeigt und gelegentlich eine Komödie, ein vereinzeltes Konzert oder Zauberkunststücke aufgeführt werden. Wie ein Zauberkunststück, so wirkte unsere Auslosung. Das Publikum bildeten die Abiturienten und einige halbwegs solidarische Lehrer; auf der Bühne drei Schauspieler: ein Oberleutnant, dessen pomadisiertes Haar Stuckmuster bildete (beim Dienstgrad bin ich mir allerdings nicht sicher: ich habe Schultern, Revers oder Brusttasche nicht mehr vor Augen und ohnehin niemals die Ränge unterscheiden können), eine uniformierte Assistentin und ein Freiwilliger, der widerstrebend zu ihnen hinaufgestiegen war, um an dem Zauberkunststück teilzunehmen und eine Kugel zu ziehen, die ihn vielleicht für ein Jahr aus dem

Zivilleben verbannte. Die Assistentin, die nach Naphthalin roch, hielt den Beutel mit den Kugeln. Ich griff hinein, zog die blaue Kugel heraus, und bevor ich mir noch bewusst geworden war, dass ich meinen Freund verurteilt hatte, war der schon auf die Bühne gestürzt, um mich zu umarmen, unter den empörten Blicken des Soldaten und den verschwörerischen der Assistentin: dem Zwinkern eines blauen Lids mit üppiger Wimperntusche.

Der Soldat, Oberleutnant oder was auch immer, unterschrieb mit seinem Füller ein knochenweißes Papier mit Wasserzeichen und Prägesiegel, faltete es zweimal und überreichte es mir, als übergäbe er einen stinkenden Lappen, die Plastikkappe des Stifts steckte noch zwischen seinen Zähnen: Weiß und speichelnass leuchtete sie über einer gelben Zahnreihe. Währenddessen unterhielt sich Ernesto mit der Frau. Er wollte die rote Kugel nicht ziehen, denn es war die letzte und somit ein überflüssiger Akt und keine Überraschung mehr für das Publikum, die Masse der Abiturienten, die sich alle dasselbe von diesem Unterhaltungsprogramm erhofft hatten: dass der Nachbar rekrutiert wurde. Aber die Frau oder vielleicht ihr Make-up überredeten ihn dazu, hineinzugreifen und die Kugel herauszuziehen, und nicht nur dazu. Am nächsten Tag schrillte zur Mittagszeit das Telefon bei mir zu Hause.

»Junge, hatte die einen Körper«, teilte mir Ernestos sumpfige Stimme mit. »Das hat man ihr in der Uniform gar nicht angesehen.«

Wir sahen uns noch ein paar Mal, dann lag es nicht mehr in unserer Hand. Mit bedenkenloser Leidenschaft und beleidigendem Gehorsam trat Ernesto Ende August seinen Dienst bei der Kompanie Ayacucho, zehnte Brigade in Tolemaida an. *Ayacucho*: Diese Kakophonie sagte ihm nichts, war für ihn nur eine vage Erinnerung aus der Grundschulzeit. Als Enkel eines Ausländers, den eine einflussreiche Zeitung einmal als vaterlandslosen Gesellen bezeichnet hatte, und als Sohn eines Vaters, der aufgewachsen war, ohne viel über sein Land zu wissen – auch wenn sein Taufname dem Heiligenverzeichnis entstammte, damit er nicht auffiel –, wusste Ernesto wenig über die Unabhängigkeitskriege im Allgemeinen oder über Ayacucho im Besonderen. So sah ich mich aus Freundschaft dazu verpflichtet, seinem Patriotismus ein wenig auf die Sprünge zu helfen. An einem Sonntag stand ich früh auf, machte am Heldendenkmal ein Polaroid, das ich in eine Zeitungsseite wickelte und ihm nach Tolemaida brachte.

Ayacucho
Pichincha
Carabobo

Zwei Kakophonien und zum Abschluss eine verschleierte Beleidigung – Dummfratze – waren in den fast geheiligten Stein der nationalen Unabhängigkeit gemeißelt. Das überreichte ich dem Kadetten Wolf. Es war wie gesagt August, der Herbstwind wehte schon, und auf den Grünflächen um das Denkmal herum waren Leinen gespannt, an denen Drachen zum Verkauf hingen, geometrische Figuren aus Seidenpapier mit Bambusskelett, die keiner Bergböe standhalten würden. In Tolemaida, das nicht in den Bergen, sondern im heißen Flachland lag, wehte kein Wind. In Tolemaida regte sich die Luft nicht, schien sie sich niemals zu regen. Der Gefreite Jaramillo ließ die Kadetten eine alte Boa schultern, die Dauer entsprach der Schwere ihrer Disziplinlosigkeit; der Gefreite Jaramillo erzählte der Kompanie als Drohung oder zur Abschreckung die einzige Legende in dieser ländlichen Gegend, von dem Kerker von Cuatro Bolas, wo ein Schwarzer, ein Ungetüm von Mann, sich mit den Aufmüpfigen auf recht unfromme Weise vergnügte. Ein Jahr lang erzählte Ernesto Wolf vom Gefreiten Jaramillo, mehr, als er je von einem anderen erzählt hatte. Der Gefreite Jaramillo war verantwortlich für die Reglosigkeit der Luft, für das Fieber, für die Blasen an den Händen, die man bei den Schießübungen vom Gewehrhalten bekam. Er war verantwortlich für die Tränen der jüngeren Kadetten (manche mit vorzeitigem Abitur waren erst fünfzehn), die sich hinter den Schuppen oder in den Waschräumen versteckten und nachts das Gesicht unter dem Kopfkissen verbargen. Der Gefreite Jaramillo. Nie erfuhr ich seinen Vornamen, nie bekam ich ihn zu Gesicht, aber ich lernte ihn hassen. Sonntags, wenn ich Ernesto in der Escuela de Lanceros besuchte oder zu Hause bei den Wolfs in Bogotá, setzte er sich nieder – auf das trockene Gras, wenn der Besuch in Tolemaida stattfand, in Bogotá ans Kopfende des Tischs – und erzählte. Seine Eltern und ich aßen, sahen einander an, und gemeinsam hassten wir den Gefreiten Jaramillo. Aber nein, ich irre mich: Vater Antonio war nur bei Ernestos Heimaturlauben da gewesen, er hatte niemals einen Fuß in die Escuela de Lanceros gesetzt, wie auch damals nicht in das Teatro Patria.

Als wir einmal im Auto bei geschlossenen Fenstern (der Staub, der Lärm an der Puente Aranda) zusammen auf den Bus warteten, der Ernesto an den freien Sonntagen aus Tolemaida herbrachte, sagte Antonio Wolf, der mich schätzen gelernt hatte, plötzlich zu mir: »Aber du hättest nicht gewollt.« Diesen seltsamen Satz sagte er, der unvollständig zu sein schien und es doch nicht war, und nahm dabei nicht seine Hände vom Lenkrad, diese Hände eines alten Boxers, eines bayrischen Bauern, die den Neuankömmling nie würden abschütteln können, wenn auch nicht er der Einwanderer gewesen war, sondern sein Vater. Er sagte das, ohne mich anzuschauen, denn in einem Wagen schaut man sich gewöhnlich nicht an. Wie ein Feuer oder eine Kinoleinwand zieht die Windschutzscheibe die Blicke an, hält sie fest, bannt sie.

»Was denn?«, fragte ich.

»Weggehen«, sagte er. »Weggehen und deine Zeit verlieren. Aber Ernesto wollte hin. Wozu? Um zu lernen, Unsinn zu schwören und mit einem Gewehr zu schießen, das er sein Lebtag nicht mehr benutzen wird.«

Ich war damals achtzehn. Ich verstand seine Worte nicht, verstand nur, dass Antonio Wolf, der Mann, den ich respektieren gelernt hatte, ganz offen mit mir sprach und vielleicht auch mich respektierte. Ein Respekt, den ich mir nicht verdient hatte, denn das Glück, keine Ideen oder Prinzipien, war verantwortlich dafür gewesen, dass ich mich nicht an dem verfluchten Ort befand, wo man lernte, Unsinn zu schwören und Gewehre abzufeuern, die man nie mehr wieder benutzen würde, wo man jedoch vor allem seine Zeit verlor, die eigene wie die der Eltern, und wo das Leben einen Knoten bekam.

Und tatsächlich bekam das Leben der Wolfs einen Knoten. Siebzehn Tage vor Ende des Militärdiensts starb Ernesto bei irgendeinem Manöver, dessen Bezeichnung ich nicht kenne. Eine Laufrolle brach, das Seil, an dem Ernesto hing, fiel dreißig Meter in eine Schlucht, Ernestos Körper schlug mit siebzig Stundenkilometern auf die Steine auf, und alle waren sich einig, dass er bereits tot gewesen sein musste, als er auf dem Grund der Schlucht aufkam, dort, wo es einen kleinen Wasserfall gibt, an dem sich die Liebespaare der Gegend treffen, um ihr erstes Mal zu erleben. Ich hätte zur Beerdigung gehen können, tat es aber nicht. Ich rief an, bei den Wolfs war besetzt, und ich versuchte es kein zweites Mal. Ich schickte Blumen und einen Brief, in dem ich erklärte, ich sei in Barranquilla, was natürlich eine Lüge war, und ich weiß noch genau, was für eine absurde Mühe es mir bereitete, mich zwischen Barranquilla und Cali zu entscheiden, die Stadt zu wählen, die wahrscheinlicher wirkte oder weniger Skepsis erweckte. Ich erfuhr nicht, ob die Wolfs mir geglaubt oder die plumpe Lüge durchschaut hatten. Sie beantworteten den Brief nicht, und ich besuchte sie nach dem Unfall nie mehr. Ich begann Jura zu studieren, wusste jedoch schon nach der Hälfte des Studiums, dass ich den Beruf niemals ausüben würde, denn ich hatte ein Buch mit Erzählungen geschrieben, und dabei war mir klar geworden, dass ich nichts anderes in meinem Leben tun wollte. Ich ging nach Paris. In Paris lebte ich fast drei Jahre lang. Ich ging nach Belgien. In Belgien, in einem Ort mit einem unaussprechlichen Namen in den Ardennen, verbrachte ich elf Monate. Im Oktober 1999 zog ich nach Barcelona, im Dezember desselben Jahres lernte ich in den Weihnachtsferien, die ich bei meiner Familie in Kolumbien verbrachte, eine deutsche Frau kennen, die 1936 nach Kolumbien ausgewandert war. Ich stellte ihr Fragen über ihr Leben, über die Flucht ihrer Familie vor den Nationalsozialisten, über das Kolumbien zur Zeit ihrer Ankunft, sie beantwortete alles mit einer Freimütigkeit, die mir seitdem nie wieder begegnet ist, und ich notierte ihre Antworten auf einem kleinen karierten Notizblock, einer von denen, die seitlich eine Zeichnung oder ein Logo haben (in diesem Fall ein berühmtes Zitat auf Italienisch: *Guardati dall'uomo di un solo libro).* Jahre später benutzte ich diese Aufzeichnungen, diese Antworten – das heißt: dieses Leben –, um einen Roman zu schreiben.

Der Roman erschien im Juli 2004. Er handelt von einem deutschen Immigranten, der während des Zweiten Weltkriegs im Sabaneta interniert worden war, einem Luxushotel, das die kolumbianische Regierung vorübergehend in ein Internierungslager für feindlich gesinnte Staatsbürger umgewandelt hatte (Feinde Roosevelts, Sympathisanten Hitlers oder Mussolinis). Die Recherchen für den Roman hatten sich als schwierig erwiesen, denn das Thema ist für viele Familien der deutschen Gemeinde Bogotás noch immer heikel oder sogar tabu. Deshalb erschien es mir umso ironischer, dass nach Veröffentlichung des Buches so viele Leute auf mich zukamen und mich baten, ich solle doch nun *ihnen* zuhören, *ihre* Geschichte erzählen. Noch Monate später erhielt ich E-Mails von Deutschen oder ihren Kindern, die das Buch gelesen hatten und ein, zwei Angaben korrigierten – zum Beispiel die Farbe einer Hauswand oder die Existenz irgendeiner Pflanze an einem bestimmten Ort –, und sie tadelten mich, weil ich mich nicht besser informiert hatte, und boten mir dann ihre eigenen Geschichten für mein nächstes Buch an. Ich antwortete höflich ausweichend (aus einem Aberglauben heraus, den ich nicht erklären kann, habe ich noch nie ein Angebot kategorisch abgelehnt). Und Wochen später bekam ich eine ähnliche Mail oder die Mail von dem Bekannten eines Bekannten, der im Hotel Sabaneta interniert gewesen war und mir ebenfalls Auskunft erteilen wollte. Deshalb überraschte es mich nicht, als ich im Februar 2006 einen Umschlag erhielt, auf dessen Rückseite ein deutscher Name stand. Ich gestehe, dass ich einige Sekunden brauchte, bis ich ihn identifizierte, dass ich schon zwei, drei Stufen in meinem Hauseingang hinaufgegangen war, bevor ich ein Gesicht zu dem Namen vor mir sah. Ich öffnete den Brief auf der Treppe, begann ihn im Aufzug zu lesen und beendete ihn stehend in der Küche meiner Wohnung, die Reisetasche über der Schulter, die Wohnungstür sperrangelweit geöffnet, der Schlüssel noch im Schloss.

Stell Dir vor, wie komisch (sagte mir der Brief), im Spanischen gibt es kein Wort für das, was ich bin. Wenn Deine Frau stirbt, bist Du ein Witwer, wenn Dein Vater stirbt, bist Du eine Waise, aber was bist Du, wenn Dein Sohn stirbt? Dass Dein Sohn stirbt, ist so grotesk, dass die Sprache kein Wort dafür gefunden hat, obwohl tagaus, tagein Kinder vor ihren Eltern sterben und Eltern tagaus, tagein unter dem Tod ihrer Kinder leiden. Ich habe Deinen Weg verfolgt (sagte mir der Brief), wollte mich jedoch bist jetzt nicht melden. Wollte Dich weder aufsuchen noch Dir schreiben. Weißt Du, warum? Weil ich Dich gehasst habe. Jetzt hasse ich Dich nicht mehr, das heißt, nur an manchen Tagen, dann verlasse ich morgens voll Hass auf Dich das Bett und wünsche Deinen Tod, oder ich stehe auf und wünsche mir, dass Deine Kinder sterben, falls Du Kinder haben solltest. Aber nur an manchen Tagen. Verzeih, wenn ich Dir das schreibe, so etwas sollte man einem ins Gesicht sagen, direkt und persönlich, aber das ist in diesem Fall natürlich nicht möglich, weil Du drüben lebst, in Barcelona, und ich hier, in einem Häuschen in Chía, das ich mir nach der Scheidung gekauft habe. Du weißt bestimmt von der Scheidung, denn das war in Bogotá Gesprächsstoff, all die hässlichen Einzelheiten kamen ans Licht. Nun gut, ich will nicht näher darauf eingehen, will Dir jetzt nur gestehen, dass ich Dich gehasst habe. Ich habe Dich gehasst, weil Du nicht Ernesto warst, denn es fehlte so wenig, und Du wärst Ernesto gewesen, warst es aber nicht. Ihr habt dieselbe Schule besucht, wusstet dieselben Dinge, ward in derselben Fußballmannschaft, saßt in derselben Reihe im Teatro Patria, aber Du kamst zuerst zum Beutel mit den Kugeln, Du hast die Kugel gezogen, die für Ernesto bestimmt gewesen war. Du hast ihn nach Tolemaida geschickt, und das will mir einfach nicht aus dem Kopf. Würdest Du Arango oder Barrera heißen, würde mein Sohn noch leben, und ich hätte mein Leben noch im Griff. Aber mein Sohn ist tot, er hat diesen scheiß Nachnamen, ist tot wegen dieses scheiß Nachnamens, des Namens, der auf seinem Grabstein steht. Vielleicht kann ich es mir selbst nicht verzeihen, dass ich ihm diesen Namen gegeben habe.

Aber warum hoffe ich, dass Du all das verstehst? (fragte mich der Brief). Wo Du doch nicht mal den Schneid gehabt hast, auf dem Friedhof zu erscheinen, um Dich von Deinem Freund zu verabschieden? Wo Du jetzt drüben lebst, fern von diesem Land, in dem man seinen Militärdienst leistet und womöglich mit dem Leben dafür bezahlt. Nein, Du lebst bequem, was soll Dich das kümmern? Nein, Du hast Dich nach dem Tod Deines Freundes versteckt, weil Du Schiss hattest, den Dingen ins Augen zu sehen und miterleben zu müssen, wie eine Familie zerstört wird, eine Familie, die die Deine hätte sein können und es bloß aus glücklichem Zufall nicht gewesen ist. Wovor hast Du Angst? Dass es eines Tages Dich trifft? Dich wird es treffen (sagte mir der Brief), das schwöre ich Dir, eines Tages kommt der Moment, an dem Du merkst, dass man die anderen manchmal braucht, und wenn sie nicht im richtigen Augenblick für Dich da sind, kann Dein Leben in die Brüche gehen. Ich weiß nicht, was mit meinem geschehen wäre, wenn ich Dich am Tag der Beerdigung hätte umarmen und Dir für Dein Kommen hätte danken können, oder wenn Du uns einmal wöchentlich zum Mittagessen besucht hättest wie damals, als Ernesto beim Militär war und zu Besuch kam. Wir sprachen über den Gefreiten Jaramillo damals, Ernesto erzählte uns von diesem Kerker und von der Boa, die man den Kadetten auf die Schultern legte. Manchmal glaube ich, dass ich alles besser verkraftet hätte, wenn ich mir das am Tisch gemeinsam mit Dir hätte in Erinnerung rufen können. Ernesto hat Dich geliebt, Ihr ward zu Freunden fürs Leben bestimmt gewesen. Und Du hättest uns eine Stütze sein können, wir liebten Dich (sagte mir der Brief), wir hatten Dich ebenso ins Herz geschlossen, wie Ernesto es getan hatte. Aber nach all dem (sagte mir der Brief) kräht kein Hahn mehr: Du warst nicht da. Wir brauchten Dich, und Du warst nicht da, hast Dich versteckt, uns Deine Unterstützung verweigert, und bei uns lief es immer schlechter, bis alles zusammenbrach. Das war an Weihnachten, zehn Jahre ist das schon her, wie die Zeit vergeht. Ich erinnere mich nicht mehr genau, was geschah, aber die Leute haben mir nachher gesagt, dass ich sie um den Tisch herumgejagt habe, dass Pilar sich auf der Toilette verstecken musste. Hingegen erinnere ich mich noch sehr gut daran, dass ich die Feier verlassen, den Wagen genommen habe und einfach drauflosgefahren bin, und erst als ich wieder parkte, stellte ich fest, dass ich mich an der Puente Aranda befand, auf demselben Parkplatz, wo immer die Busse von Tolemaida angekommen sind, auf demselben Platz, wo wir beide manchmal auf Ernesto gewartet haben und einmal eine Unterhaltung hatten, die ich nie vergessen werde.

All das sagte mir der Brief. In Erinnerung ist mir vor allem noch, dass ich dachte: Er ist krank. Er stirbt, und dieser Brief ist sein letztes Aufbäumen. Und ich erinnere mich an das anschließende Gefühl der Bestürzung, nicht der Traurigkeit, der Nostalgie oder der Empörung (auch wenn eine gewisse Empörung angesichts von Antonio Wolfs Anschuldigungen sicher legitim gewesen wäre). Ich beantwortete den Brief nicht; ich schaute auf die Rückseite des Umschlags, sah, dass der Absender – dieses Häuschen in Chía – vollständig war, und verwahrte Umschlag und Brief im Bücherregal meines Arbeitszimmers zwischen zwei Fotoalben mit Bildern von meinen Töchtern, den Töchtern, denen Antonio Wolf gedroht hatte. Vielleicht wählte ich diesen Platz, um den Brief zu bannen, zweifellos mit Erfolg, denn oft schlug ich im folgenden Jahr die Alben auf und sah mir die Fotos meiner Töchter an, las den Brief jedoch kein zweites Mal. Vielleicht hätte ich ihn nie wieder gelesen, wenn ich im Januar 2007 nicht von Antonio Wolfs Tod erfahren hätte. Eines hundekalten Montags stand ich auf, öffnete mein E-Mail-Postfach, und da war die Rundmail, die von der Vereinigung ehemaliger Absolventen meiner Schule verschickt worden war. Man meldete das Hinscheiden – ein Ausdruck, den ich schon immer gehasst habe –, teilte Datum und Uhrzeit der Totenfeier mit – in diesen Worten – und erinnerte daran, dass der Verblichene – noch so ein Ausdruck – Vater eines ehemaligen Mitschülers gewesen war, erwähnte jedoch nicht, dass der Sohn viele Jahre vor ihm gestorben war. Als ich drei Monate später aus anderen Gründen nach Bogotá reisen musste, steckte ich den Brief in meine Unterlagen. Denn ich kenne mich, kenne meine Überspanntheiten und Obsessionen und wusste, dass ich es später bereuen würde, das Häuschen nicht gesehen zu haben – und sei es nur von weitem –, in dem Antonio Wolf seine letzten Jahre verlebt hatte, die Jahre seines Niedergangs und seines Todes, und wo der feindseligste und zugleich intimste Brief verfasst worden war, den ich in meinem Leben erhalten hatte. Nach meiner Ankunft ließ ich zwei Tage verstreichen, aber am dritten nahm ich den Umschlag und legte in einem geliehenen Auto die dreißig Kilometer zurück, die zwischen Bogotá und Chía liegen.

Das Haus zu finden, war nicht schwierig. Chía ist ein winziger Ort, in nicht einmal fünfzehn Minuten hat man ihn durchquert. Die Nummerierung der Straßen führte mich zu einer geschlossenen Wohnanlage: zehn Häuser aus billigen Ziegeln, die einander in zwei Reihen à fünf Häusern gegenüberstanden und von einem Vorplatz aus den gleichen Ziegeln getrennt waren, in diesem Lachsrot, das immer wie neu wirkt. Mitten auf dem Vorplatz lagen ein Fußball (einer von den neuen: silber-gelb) und eine Plastikthermosflasche. Vor einigen Häusern sah ich Motorräder, weiter hinten beugte sich ein Mann mit bloßem Oberkörper und in Sandalen über den laufenden Motor eines Renault 4. So stand ich am Straßenrand, gegenüber von dem Pförtnerhäuschen mit den dunklen Scheiben, verengte die Augen, um die Hausnummern entziffern zu können und herauszubekommen, welches das von Antonio Wolf war, als der Pförtner herauskam und mich fragte, wohin ich wollte. Ich hätte nicht überraschter sein können, als er in sein Häuschen zurückging, über die Sprechanlage telefonierte, wieder herauskam und mich aufforderte: »Folgen Sie mir.« Und ich folgte ihm. Zehn, zwanzig, dreißig Schritte. Leute schauten hinter Spitzengardinen aus den Fenstern, um den Besucher zu begutachten; eine Tür ging auf, eine Frau kam heraus. Sie war um die vierzig, trug eine Schürze mit Weihnachtsmotiven, obwohl schon ein Monat seit Weihnachten vergangen war, trocknete sich die Hände; unter dem Arm klemmte eine gerippte Plastikmappe, eine von denen, die sich mit Klettverschluss schließen lassen.

»Das hat Don Antonio für Sie dagelassen«, die Frau reichte mir die Mappe. »Er hat gesagt, Sie würden kommen. Er hat auch gesagt, ich soll Sie nicht hereinlassen, nicht einmal auf ein Glas Wasser.«

In ihrer Stimme lag Groll, aber auch Fügsamkeit: die Fügsamkeit von jemandem, der einen Auftrag erfüllt, den er nicht versteht. Ich nahm die Mappe, ohne sie mir anzuschauen, und wollte mich verabschieden, aber die Frau hatte mir bereits den Rücken gekehrt und ging zur Haustür.

Als ich wieder im Wagen saß, legte ich die Mappe auf den Brief: zwei Signale, mit denen Antonio Wolf seine Präsenz in meinem Leben beanspruchte, siebzehn Jahre nachdem wir uns das letzte Mal begegnet waren. Ich fuhr los (aus einer seltsamen Scham heraus), um nicht vor der Wohnanlage, vor dem Pförtnerhäuschen stehenzubleiben, hatte mir aber schon überlegt, zum Centro Chía zu fahren, dessen riesiger Parkplatz gebührenfrei ist und von niemandem kontrolliert wird. Das tat ich auch, gelangte zu dem Einkaufszentrum, parkte vor Los Tres Elefantes und machte mich daran, den Inhalt der Mappe durchzugehen. Nichts von dem, was ich darin fand, überraschte mich. Das heißt, bereits vor dem Öffnen wusste ich, was ich finden würde, wie gewisse Dinge schon im Hinterkopf existieren, noch bevor einsetzt, was wir Intuition oder Vorahnung nennen.

Das älteste Dokument war eine Seite aus dem Jahrbuch des Gymnasiums. Darauf hielten wir beide, Ernesto und ich, im Trikot der Fußballmannschaft den Pokal eines Bogotaer Turniers hoch. Dann kam ein Exemplar der Zeitschrift *Cromos* vom April 1997, aufgeschlagen auf der Seite, die in fünf kurzen Zeilen von der Veröffentlichung meines ersten Romans berichtete. Unwillkürlich schob ich den Beifahrersitz nach hinten, um mehr Platz zu haben, und verteilte alle Dokumente im Wageninneren, benutzte jede verfügbare Fläche – das Armaturenbrett, die geöffnete Klappe des Handschuhfachs, den Rücksitz, die Mittelarmlehne –, um mein Leben chronologisch anzuordnen, ausgehend von Ernestos Tod. Da waren all die Artikel über meine Bücher, jede Rezension und jedes Interview, die in der kolumbianischen Presse erschienen waren. Manche Dokumente waren keine Originale, sondern verblichene Fotokopien, als hätte Antonio von anderen von dem Artikel erfahren und die Zeitschrift in einem Archiv kopieren müssen. Manche Zeilen waren unterstrichen, nicht mit Bleistift, sondern mit billigem Kugelschreiber, Passagen, in denen ich zu großspurigen oder einfach dummen Erklärungen ausholte, Gemeinplätze abspulte oder hohle Antworten auf hohle Journalistenfragen gab. In den Rezensionen zu meinem Roman über die Deutschen in Kolumbien waren mehrere Passagen unterstrichen, und in jedem Kommentar über das Exil, über das Leben anderswo, über die Schwierigkeiten der Anpassung, über das Gedächtnis und die Vergangenheit und über die Art, in der wir unsere Fehler von unseren Vorfahren erben, sprachen Antonios Unterstreichungen von einem Stolz auf mich, der mir unangenehm war und bei dem ich mich schäbig fühlte, als würde er mir nicht zustehen.

Nie erfuhr ich, wer die Frau gewesen war, die mir die Mappe überreicht hatte. Damals kamen mir natürlich mehrere Möglichkeiten in den Sinn, und auf der Rückfahrt nach Bogotá spielte ich mit unterschiedlichen Ideen, stellte mir das unbekannte Leben Antonio Wolfs vor, während ich zerstreut die Autobahn entlangfuhr. Womöglich war es eine Frau aus dem Ort, vielleicht eine Bäuerin, Wolf hätte sie als Haushaltshilfe eingestellt und nach und nach gemerkt, dass er niemand anderen mehr auf der Welt hatte. Auch die Frau war womöglich alleinstehend gewesen oder hatte eine Tochter, eine junge Tochter, die Wolf bei sich aufgenommen hatte. Ich stellte mir vor, wie sich die Beziehung zwischen zwei einsamen und verwirrten Menschen veränderte, stellte mir verwerfliche Sexszenen vor, die in der Bogotaer Gesellschaft einen Skandal verursacht hätten, stellte mir Wolf vor, der beschloss, dass die Frau nach seinem Tod in dem Haus bleiben sollte. Aber vor allem stellte ich mir vor, wie er hingebungsvoll das Leben eines anderen sammelte und das Gefühl hatte, mit anonymen Dokumenten die Leere auszufüllen, die die Abwesenheit des Sohnes in seinem Leben hinterlassen hatte. Ich stellte ihn mir vor, wie er der Frau von dem jungen Mann erzählte, der Bücher schrieb und in der Fremde lebte. Ich stellte mir vor, wie er nachts träumte, dass dieser junge Mann sein Sohn wäre, dass sein Sohn lebte, in der Fremde, und sich dem Schreiben von Büchern widmete. Ich stellte mir vor, wie er in Gedanken mit der Möglichkeit spielte zu lügen, der Frau zu sagen, der junge Mann sei in Wirklichkeit sein Sohn, und ich stellte mir vor, wie er für den kurzen Augenblick der Lüge eine Illusion von Glück empfand.

Aus dem Spanischen von Susanne Lange

Alejandro Zambra

Die Geschichte eines Computers

Er wurde am 15. März 2000 für vierhundertachtzigtausend Pesos gekauft und mit zwölf Schecks bezahlt, die Max ungeduldig ausfüllte, als gehorche er einem Impuls und nicht einer vernünftigen Entscheidung. Max versuchte, die Kartons im Kofferraum eines Taxis zu verstauen, der jedoch nicht groß genug war, so dass die Ladung mit Schnüren und sogar einer Gepäckspinne gesichert werden musste. Er wohnte in der Innenstadt von Santiago, zehn Blocks vom Kaufhaus entfernt, in einem dunklen und engen Zwei-Zimmer-Apartment. So gut es ging, schob er dort den schweren Rechner unter den Esstisch und verlegte die Kabel so ordentlich wie möglich. Von da an teilten sich die Tastatur, der Monitor, die Maus und die Lautsprecher den Tisch mit gefährlichen Kaffeetassen und mit Aschenbechern, die nur selten geleert wurden.

Anfangs benutzte Max ausschließlich das Textverarbeitungsprogramm, und auch das nur in begrenztem Maße: Er schrieb die Zeilen nicht voll, da er nur kurze – wie er sie nannte: freie – Verse verfasste. Davon allerdings immer zwei auf einmal, auch wenn es häufig geschah, dass er sie wieder löschte und von vorne begann. Gleichzeitig benutzte er ein Notizheft und einen Füller, dessen Tinte schon bei der ersten Unachtsamkeit über dem rechten unteren Bereich der Tastatur auslief. Zudem musste die Tastatur einen ständigen Ascheregen über sich ergehen lassen. Denn Max erreichte fast nie den Teller, den er als Aschenbecher benutzte, und er rauchte viel, während er schrieb, oder besser gesagt: Er schrieb wenig, während er viel rauchte, denn sein Rauchtempo war um einiges höher als sein Schreibtempo. Jahre später sollte der angesammelte Schmutz dazu führen, dass der Vokal A und der Konsonant T ihren Dienst versagten, was nach einigen chaotischen Tagen natürlich dazu führte, dass die Tastatur ersetzt wurde. Doch das geschah viel später, und es wird das Beste sein, der Reihe nach zu erzählen.

Mit Beginn des Winters wurde der Computer beträchtlich häufiger genutzt. Manchmal kniete Max, der keine Heizung hatte, sich sogar vor den Rechner und drückte sich an ihn, um sich daran zu wärmen. Das leise Rauschen wurde sehr bald zu einem vertrauten Geräusch, das sich mit dem Brummen des Kühlschranks und den von draußen hereindringenden Stimmen und Huplauten verband. Max benutzte nicht mehr ausschließlich das Textverarbeitungsprogramm: Ungeschickt, aber beharrlich hatte er den Gebrauch einfacher Programme erlernt, die zu für ihn erstaunlichen Dingen in der Lage waren: die Aufnahme von Stimmen – mit Hilfe eines mickrigen Mikrophons, das er anfangs gar nicht bemerkt hatte – oder die Erstellung anspruchsvoller Musik-Wiedergabelisten. Mit seinen Gedichten allerdings füllte er immer noch keine Zeilen, und er druckte sie auch nie aus, vielleicht weil er sie nie als vollendet betrachtete.

Die wenigen Frauen, die ihn im Laufe dieser Monate in seiner Wohnung besuchten, verließen sie vor Sonnenaufgang, ohne vorher noch zu duschen oder zu frühstücken, und kamen für gewöhnlich nicht wieder. Bis schließlich doch einmal eine über Nacht und sogar zum Frühstück blieb. Nennen wir sie Claudia. Eines Morgens, als sie gerade aus der Dusche kam, blieb Claudia vor dem dunklen Bildschirm stehen und überprüfte ihr Gesicht auf Falten und andere lästige Zeichen oder Flecken. Sie war schön, kein Zweifel: braungebrannt, die Lippen weder zu schmal noch zu voll, ein zarter Hals, dunkelgrüne Augen. Die nassen Haare reichten ihr bis auf die Schultern: Es sah aus, als steckten die Haarspitzen wie Nadeln in den Knochen. Ihr Körper war zwei- oder dreimal in ein riesiges Handtuch gewickelt, das Claudia selbst mitgebracht hatte. Ein paar Wochen später schleppte sie auch einen Spiegel fürs Badezimmer an, betrachtete sich jedoch weiterhin im Bildschirm, obwohl es denkbar schwierig war, sich darin detailliert zu sehen.

Wenn sie den ganzen Morgen gevögelt hatten, schlief Max danach für gewöhnlich ein. Claudia konnte nicht gut bei Tageslicht schlafen, so dass sie sich an den Computer setzte, um schnelle Patiencen zu legen oder konzentriert Minesweeper oder Schach im mittleren Schwierigkeitsgrad zu spielen. Es dämmerte schon fast, wenn Max aufwachte, dann setzte er sich zu ihr, gab ihr Tipps für den nächsten Zug oder streichelte der nackten Spielerin einfach über die Haare oder den Rücken. Mit der rechten Hand umklammerte Claudia die Maus, deutete aber gleichzeitig ein ermunterndes Lächeln an, das mehr Streicheleinheiten forderte. Möglicherweise spielte sie besser, wenn Max ihr Gesellschaft leistete. Wenn die Partie beendet war, setzte sie sich auf seinen Schoß, und sie schoben eine bedächtige und ausgedehnte Nummer. Das Licht des Bildschirmschoners zeichnete derweil unaufhörlich Streifen auf Claudias Schultern, den Rücken, den Hintern und die beinahe perfekten Oberschenkel.

Manchmal räumten sie den Tisch frei, um, wie sie sagte, ein anständiges Frühstück einzunehmen. Die Tastatur und der Monitor kamen auf den Boden, wo sie Tritten und winzigen Brotkrümeln ausgesetzt waren, doch unterm Strich war Claudias Anwesenheit für den Computer von Vorteil: Sie hatte keinen Putzfimmel, doch wischte sie ihn von Zeit zu Zeit mit Glasreiniger und Küchentüchern sauber. Und das Gerät verhielt sich vorbildlich. Sie verlangten ihm nicht viel ab, hatten nicht einmal einen Internetanschluss, aber es gibt Computer, die schon bei geringeren Anforderungen den Geist aufgeben. In dieser Zeit lief Windows stets einwandfrei.

Am 30. Dezember 2001, fast zwei Jahre nach seiner Anschaffung, wurde der Computer eingepackt und in ein etwas größeres Apartment im Stadtteil Ñuñoa transportiert. Dort erwartete ihn eine um einiges anständigere Umgebung, er bekam ein eigenes Zimmer sowie einen Schreibtisch aus einer alten Tür und zwei etwas wackeligen, aber dennoch brauchbaren Böcken. Das war, wenn man so will, ein Goldenes Zeitalter, vor allem weil Claudia vom Solitärspiel und den endlosen Schachpartien zu anspruchsvolleren Dingen übergegangen war. Sie schloss eine Digitalkamera an, die beispielsweise Dutzende Fotos von einer jüngst unternommenen Reise enthielt. Auf diesen Bildern posierte Claudia vor dem Meer oder in einem holzverkleideten Raum. Ein mexikanischer Sombrero und ein riesiges Kruzifix hingen über dem einzigen Kissen eines schmalen Bettes ohne Kopfteil, daneben zwei Nachttische, die mit Bierflaschen und zu Aschenbechern umfunktionierten Muscheln vollgestellt waren. Claudia blickte auf den Bildern ernst drein oder wirkte, als sei sie kurz davor loszuprusten, war kaum oder gar nicht bekleidet, rauchte Gras, trank, bedeckte ihre Brüste oder zeigte sie mit verschämter Keckheit. Auf einigen Fotos waren nur Felsen oder das Wasser oder die am Horizont untergehende Sonne zu sehen, als hätte der Fotograf eher Postkarten als Erinnerungsbilder im Sinn gehabt. Nur auf zwei Bildern war Max zu sehen. Nur auf einem waren sie zusammen abgelichtet, Arm in Arm, lächelnd vor einem typischen Strandlokal.

Claudia verbrachte Tage damit, die Bilder zu sortieren: Sie gab den Ordnern vielleicht etwas zu lange Namen, die in Ausrufungszeichen oder Auslassungspunkten endeten, und verteilte sie anschließend wiederum auf mehrere Ordner, als gehörten sie zu unterschiedlichen Reisen.

Zwar lebten Max und Claudia zusammen, waren aber selten gleichzeitig zu Hause: Er arbeitete nachts, und sie verkaufte Versicherungen und machte noch so etwas wie einen Master oder ein Diplom oder war vielleicht auch nur mit dem endlosen Abschluss eines Studiums beschäftigt. Sie kam nach Hause, wenn Max gerade los wollte, und in der knappen gemeinsamen Zeit vögelten sie oder verbrachten sie manchmal auch nur lachend bei einer Tasse Kaffee. Bevor sie schlafen ging, rief Claudia ihn dann bei der Arbeit an, und sie unterhielten sich lang, denn Max' Arbeit bestand anscheinend darin, zu telefonieren oder dringende und unwahrscheinliche Anrufe entgegenzunehmen, die nie eingingen. Deine eigentliche Arbeit besteht darin, mit mir zu telefonieren, sagte Claudia eines Nachts, den Hörer zwischen Ohr und rechter Schulter eingeklemmt. Dann lachte sie keuchend, und es klang wie ein unterdrücktes Husten oder als verschmelze dieser mit dem Lachen.

Genauso wie Max schrieb auch sie lieber mit der Hand und gab ihre Texte später in den Computer ein. Es waren lange Dokumente mit zahlreichen Transkriptionsfehlern in weiblichen oder jugendlichen Schriftarten. Die Themen reichten von Kulturmanagement über Politik bis hin zum Regenwald oder so. Bald stellte sich heraus, dass sie für ihre Recherchen das Internet benötigte, etwas für sie damals vollkommen Neuartiges. Die Verbindung erfolgte zunächst über die Telefonleitung und bald, um die Leitung freizugeben und die zunehmend lästigeren Anrufe von Max durchzulassen, über einen zusätzlichen Anschluss. Bis dahin hatte noch keiner von beiden sich mit E-Mails vertraut gemacht, doch schon bald wurden sie süchtig danach. Max entwickelte zudem eine Sucht nach Pornoseiten, was zu einigen Diskussionen führte, die stets in wildem und ausgesprochen gutem Sex endeten, der vielleicht von den Szenen inspiriert war, die er sich ansah, wenn er von der Arbeit nach Hause kam und Claudia nicht da war. Rasch fand Max heraus, wie er es möglichst vermeiden konnte, auf den Websites registriert zu werden, doch manchmal vergaß er, den Verlauf zu löschen, den Claudia regelmäßig überprüfte. Dennoch wäre es übertrieben, den Diskussionen über die Pornoseiten zu viel Bedeutung beizumessen, da sie schließlich in diesen unvergesslichen Sex mündeten, den

Claudia ohne Hemmungen mitmachte, wobei sie womöglich auch die Frauen nachahmte, deren Kunststücke sie sich gelegentlich ebenfalls ansah.

Ungefähr zu dieser Zeit verloren sie das A und das T. Naiverweise glaubten sie, dass die neue – modernere und empfindlichere – Tastatur die Schwierigkeiten lösen würde, die schon seit einiger Zeit den Absturz ankündigt hatten. Die Tragödie ereignete sich an einem regnerischen Samstag. Vergeblich mühten sie sich den ganzen Tag damit ab, das System wieder zum Laufen zu bekommen. Am Sonntag rief Max einen Freund an, der ein Ingenieurstudium absolvierte: Am Ende des Abends standen zwei Piscoflaschen und fünf Coladosen auf dem Schreibtisch, ohne dass einer der drei betrunken gewesen wäre, vielmehr waren sie frustriert darüber, dass sich die Reparatur als so schwierig erwies, was Max' Freund auf etwas Seltenes, Niedagewesenes zurückführte. Aber vielleicht waren sie doch betrunken oder zumindest war es der Freund von Max, denn dieser löschte plötzlich mit einer unheilvollen Aktion die Festplatte. Alles war weg. Von jetzt an wird er wieder besser laufen, sagte der Typ daraufhin so ungerührt und kaltschnäuzig wie ein Arzt, der gerade ein Bein amputiert hat. Du bist ein Vollidiot, schimpfte Claudia, als hätten sie ihr tatsächlich aus purer Nachlässigkeit ein oder vielleicht auch beide Beine amputiert. Max schwieg und umarmte sie väterlich. Der Freund nahm noch einen letzten und langen Schluck von seiner Piscola und ging.

Claudia war nicht bereit, den Verlust hinzunehmen, und bestellte einen echten Techniker, der das Betriebssystem austauschte und jeweils Profile für sie und Max einrichtete und auf Claudias Bitten hin sogar ein symbolisches für Sebastian, den vergessenen Sohn von Max. Sebastian lebte in Temuco, und Claudia kannte ihn nicht. Max hatte das Kind schon seit zwei Jahren nicht gesehen und kam mit seinen Unterhaltszahlungen nicht immer nach. Die Existenz von Sebastian war natürlich der blinde Fleck der Beziehung von Claudia und Max. Es war besser, das Thema nicht anzuschneiden, das dennoch hin und wieder aufkam und Schuldgefühle verursachte und ein gewisses Selbstmitleid zur Folge hatte, dem Claudia sich früher oder später anschloss.

Unterdessen schenkten Claudias Eltern ihnen Geld für ein unglaubliches Multifunktionsgerät, das druckte, scannte und sogar fotokopierte. Mit neuerlicher Leidenschaft begann Claudia, umfangreiche Familienalben zu digitalisieren, was zwar mühselig war, ihr aber dennoch Spaß bereitete, da sie die Vergangenheit nicht registrieren, sondern sie vielmehr modifizieren wollte: Sie veränderte die Gesichter unsympathischer Verwandter, löschte einige Nebenfiguren und fügte unwahrscheinliche Gäste in Fotomontagen ein, die zwar nur laienhaft gerieten, jedoch ihre Cousinen zum Lachen brachten, denen sie die Ordner per E-Mail schickte, und ihre Eltern erheiterte, denen sie recht annehmbare Ausdrucke schenkte.

So verging ein Jahr.

Inzwischen arbeitete Max vormittags, so dass sie theoretisch mehr Zeit füreinander hatten, doch die meiste Zeit vergeudeten sie damit, sich um den Computer zu streiten. Max beklagte sich darüber, dass er nicht mehr schreiben könnte, wenn er eine Eingebung hatte, was nicht stimmte, da er nach wie vor für seine Gedichtentwürfe die alten Notizhefte benutzte. Doch er hatte sich angewöhnt, lange E-Mails an Leute zu schreiben, die er schon seit Jahren nicht gesehen hatte und jetzt sehr vermisste. Einige von ihnen lebten in der Nähe oder jedenfalls nicht allzu weit weg, und Max besaß auch ihre Telefonnummern, aber er schrieb ihnen lieber Briefe – denn es waren eher Briefe als E-Mails, da er die Gattung noch nicht verstanden hatte: Seine langen Mails wurden nur selten beantwortet. Ihre Empfänger hatten keine Lust, den Stil und die Ernsthaftigkeit von Max' Briefen zu erwidern.

Es wurde Sommer, und nach monatelangen schwierigen Verhandlungen kam Sebastian zu Besuch. Sie hatten ihn zu zweit in Temuco abgeholt und dafür eine anstrengende Busreise auf sich genommen, die dank Claudias Anwesenheit erträglich gewesen war. Der Junge war bereits sieben Jahre alt und sagte wenig, vor allem wenn sein Vater das Wort an ihn richtete. Sie unternahmen Ausflüge in die Innenstadt, den Zoo, einen Freizeitpark und verbrachten die heißen Nachmittage in der Wohnung. Seba nutzte diese Zeit, um sich einzuloggen und pausenlos über Messenger zu kommunizieren. Nebenbei bewies er überraschende Computerkenntnisse: Etwas gelangweilt, aber präzise war er ihnen bei der Wahl eines neuen Antivirenprogramms behilflich und machte sie sogar darauf aufmerksam, dass es notwendig war, die Festplatte regelmäßig zu defragmentieren.

Claudia und Sebastian wurden, um es so auszudrücken, Freunde. Sie hielt ihn für intelligent und einsam und nannte ihn einen prächtigen Jungen. Er seinerseits fand lediglich, dass Claudia gut aussah. Gemeinsam brachten sie ihn wieder nach Temuco zurück, die Fahrt war fröhlich, man versprach, sich wiederzusehen, es gab Geschenke und es wurde gelacht. Doch die Rückfahrt war anstrengend und bedrückend.

Ihr Zusammenleben verfiel in Routine, was beide auf ihre Art erkannten. Vielleicht war Max genervt von Claudias überflüssigen Kommentaren in Bezug auf sein Verhältnis zu Sebastian (»Du hast den Kontakt zwar wieder aufgenommen, aber jetzt darfst du ihn nicht abreißen lassen.«, »Du wirst den Jungen wieder verlieren, wenn du die Beziehung nicht pflegst.«) oder er hatte sie einfach nur über, so dass er sich nicht mehr die geringste Mühe gab. Er verbarg seinen Unmut nicht, erklärte aber auch nicht den Grund für seine schlechte Laune. Die ewigen Fragen von Claudia beantwortete er nur noch lustlos und einsilbig.

Eines Nachts kam er betrunken nach Hause und ging wortlos schlafen. Claudia wusste nicht, was sie machen sollte. Sie legte sich neben ihn ins Bett und legte ihre Arme um ihn. Dann versuchte sie zu schlafen, aber es gelang ihr nicht.

Sie schaltete den Computer ein und öffnete, einem entschiedenen Impuls folgend, das Profil von Max. Sie versuchte es mit einem Kennwort: *max*, ohne Erfolg. Großbuchstaben, Kleinbuchstaben, nichts. Ihr zweiter Versuch war *charles baudelaire*, Max' Lieblingsdichter, dann versuchte sie es mit *tindersticks* und *los prisioneros*, den Lieblingsgruppen von Max, danach mit *laetitia casta* und *monica bellucci* und mit *marihuana*, ihrer beider Lieblingsdroge oder besser gesagt Lieblingsangstlöser. Apropos, wir haben kein Marihuana mehr, dachte sie, und ich rauche auch nicht mehr, aber jetzt werde ich rauchen, viel rauchen, sagte Claudia laut, beinahe schreiend, als wollte sie Max wecken.

Beklommen rauchte sie eine Zigarette, fünf von Max' Zigaretten. Sie spürte eine unbekannte Angst, die in unregelmäßigen Abständen zu- und wieder abnahm. Sie dachte unnötig lange über die offensichtliche Lösung nach und traf endlich ins Schwarze: Sie schrieb *claudia*, und das System startete. Das Kennwort für das Mailkonto war ebenfalls nicht schwer zu erraten, es bestand aus einer absurden Kombination ihrer Vornamen. Sie war Max für seine Vorhersehbarkeit dankbar und verfluchte sie gleichzeitig: Sie wollte nichts lesen, aber jetzt war sie drin und hatte den gefürchteten Ordner der gesendeten Nachrichten vor sich.

Sie rauchte weiter und machte sich sogar eine Flasche Wein auf, bevor sie mit unerschütterlicher Schonungslosigkeit Max' E-Mails öffnete. Sie wusste, es gab kein Zurück. Sie wusste, sie würde jede einzelne Nachricht lesen. Sie wusste, sie würde so lange lesen, bis sie fand, was sie suchte.

Es dämmerte bereits, als Claudia betrunken vom Wein und voller Wut ins Bett ging. Als sie aufwachte, war es schon Nachmittag: Sie schleppte sich zum Computer, und obwohl er sich im angrenzenden Raum befand, kam ihr der Weg so lang vor, als müsste sie zahlreiche Hindernisse überwinden, um dorthin zu gelangen – doch anstatt den Rechner anzuschalten, beobachtete sie, wie die Sonne auf den Bildschirm schien. Claudia schloss die Jalousien und blickte wieder auf den Monitor, bis sie die Umrisse ihres Körpers erkennen konnte, die Tränen flossen ihr den Hals hinab und verloren sich in der Mulde zwischen ihren Brüsten. Sie zog ihren BH aus, betrachtete ihre unruhigen Brustwarzen, den glatten und weichen Bauch, die Knie, die Zehen auf dem kalten Boden. Mit dem BH wischte sie sich die Tränen ab und fuhr damit anschließend vorsichtig über den Bildschirm. Geduldig. Sie machte die Oberfläche gründlich sauber.

Am nächsten Tag ging sie fort und kam nur noch am Sonntag vorbei, um ihre Kleider und das Multifunktionsgerät zu holen.

Als legte er auf mysteriöse Weise Protest ein, streikte der Computer erneut. Ich werde ihn verschenken, mir ist egal, was da noch drin ist, sagte Max zu seinem Ingenieursfreund, der ihm eine lächerliche Summe dafür geboten hatte. Dann schenk ihn doch mir, du Penner, meinte der und machte sich schon Hoffnungen. Im Leben nicht, gab Max zurück. Nur widerwillig formatierte sein Freund die Festplatte.

Am Freitagabend machte Max sich auf den Weg nach Temuco. Er musste zwei Tickets kaufen, um den Computer mitnehmen zu können, der einen Fensterplatz bekam, während Max am Gang saß. Die ganze Fahrt über konnte er weder schlafen noch lesen noch schreiben. Das Licht der Straßenlaternen schien ihm ins Gesicht, als riefe es ihn, als lade es ihn ein, als gebe es ihm die Schuld für etwas, für alles.

Der Kofferraum des Taxis war diesmal groß genug, aber Max kannte sich in Temuco nicht aus und hatte sich die Adresse nicht aufgeschrieben. Sie fuhren eine ganze Weile umher, bis sie in eine Straße gelangten, die ihm bekannt vorkam. Es war zehn Uhr morgens, als er sein Ziel erreichte, in erbärmlichem Zustand. Anstelle einer Begrüßung fragte Sebastian ihn nach Claudia, als wäre nicht das unerwartete Auftauchen seines Vaters die Überraschung, sondern die Abwesenheit von dessen Freundin. Sie konnte nicht kommen, antwortete Max, während er Anstalten machte, ihn ungeschickt zu umarmen. Habt ihr euch getrennt? Nein, wir haben uns nicht getrennt. Sie konnte nur nicht kommen, das ist alles. Erwachsene müssen arbeiten, weißt du?

Der Junge bedankte sich überschwänglich und ausgesprochen höflich für das Geschenk. Sebastians Mutter empfing Max freundlich und bot ihm das Sofa zum Übernachten an. Aber er wollte nicht bleiben. Er nahm ein paar Schlucke von dem bitteren Mate, den ihm die Frau anbot, und machte sich auf, um den Zwölf-Uhr-Dreißig-Bus zu erwischen. Ich habe viel zu tun, viel Arbeit, sagte er, bevor er in dasselbe Taxi stieg, das ihn vom Busbahnhof hergebracht hatte. Zum Abschied streichelte er Sebastian in falscher Vertrautheit über den Kopf und gab ihm einen Kuss.

Als er wieder allein war, schloss Sebastian den Computer an und sah seinen Verdacht bestätigt: Der PC war in jeder Hinsicht deutlich minderwertiger als der, den er bereits hatte. Nach dem Mittagessen amüsierte er sich zusammen mit dem Mann seiner Mutter darüber sehr. Dann gingen sie in den Keller und schufen etwas Platz, um den Computer dort zu verstauen, wo er nun seit Jahren, wie man so schön sagt, auf bessere Zeiten wartet.

Santiago de Chile, im Juni 2008

Aus dem Spanischen von Catalina Rojas Hauser

Slavko Zupcic

Dienstags Versammlung

UNGEWÖHNLICHE SPIELE LIEBE EINRICHTUNG BENÖTIGT. Im März kommt der Papst und wird die Einrichtung segnen, das war's, was in dem Brief stand, der bei der Versammlung am Mittwoch vorgelesen wurde. Es war der letzte Tagesordnungspunkt. Davor war natürlich die Vorstellungsrunde gewesen. Als Erstes kam der Doktor dran, schließlich ist er hier der Chef. »Ich bin Ismael, der Psychiater in der Einrichtung.« Er gab das Wort weiter nach links, und es folgte Pedro von den Deprimierten. Nach ihm Jesús und Zambumbia, auch Deprimierte. Wie immer nannten die gerade mal ihre Namen und blickten dann sofort zu Boden. Danach kamen die Bipolaren. Oscar, der am aufgeregtesten war, brach in einen Redeschwall aus, den der Doktor stoppen musste. »Später kannst du uns alles erzählen, Oscar. Keine Bange. Jetzt sollst du einfach nur deinen Namen nennen.« »Jetzt und für allezeit«, entgegnete Oscar prompt, und seine beiden Freunde Ernesto und José, ebenfalls Bipolare, lachten. Rafael, Humberto und ich waren als Letzte dran. José kündigte uns an: »Jetzt kommen die Psychotiker.« »Lass sie sich selbst vorstellen«, hielt ihn der Doktor zurück, und so konnten wir uns schließlich vorstellen. Ich saß rechts vom Doktor, deshalb war ich der Allerletzte. José wollte wahrscheinlich, dass ich sage, ich heiße René und leide an Schizophrenie. Doch nein, ich habe mich nicht mit meiner Krankheit vorgestellt, sondern gesagt, was ich tue: »Guten Tag zusammen. Ich heiße René und schreibe den Versammlungsbericht für *Das Haloperidolauge*.« »Sehr schön, René«, unterbrach mich Doktor Ismael. »Du kannst ruhig auch sagen, dass du ein Patient der Einrichtung bist.« »Das bin ich.« Dann begann der Doktor mit den Empfehlungen. »Ich möchte euch daran erinnern, dass sich zu den Behandlungszeiten alle auf der Krankenstation einzufinden haben.« »Die Depris tun das aber nicht, Herr Doktor.« Oscar fuhr ihm mitten in der Versammlung ins Wort, nur der Doktor konnte ihn bremsen. »Mach dir deshalb keine Sorgen, Oscar. Sobald es ihnen besser geht, werden sie es tun. Sag du uns doch jetzt, an welche beiden Dinge wir immer denken müssen.« Der Doktor meinte damit das Bettenmachen nach dem Aufstehen und das Einnehmen unserer Tabletten, aber falsch gedacht. Oscar wusste es nicht mehr, er hatte anderes im Kopf. »Olanzaping reimt sich auf Pling.« »Dann sag du es uns, Ernesto.« Der wusste es erst recht nicht. Wie immer amüsierte sich Ernesto nur über Oscars Witze. »Und du, José?« Rafael flüsterte es ihm zu, und José konnte es dann endlich sagen: »Das Bett und die Tabletten.« Der Doktor erläuterte das dann noch, aber nicht sehr ausführlich, man merkte ihm an, dass er es eilig hatte. »Bevor ich einen Brief vorlese, der, glaube ich, für uns alle sehr wichtig ist: Möchte noch irgendjemand etwas sagen?« Oscar überlegte nicht lange und hob die Hand. Es war klar, dass er das mit dem Olanzaping sagen wollte, doch Ernesto und José hielten ihn zurück. Stattdessen sagte Ernesto dann was: »Ich habe etwas zu sagen und möchte, dass man es für *das Auge* in Betracht zieht, damit es keiner vergisst.« »Sprich, Ernesto. Wir hören dir gerne zu.« Ernesto sagte fünf Sekunden lang nichts. Man sah, dass er nur schwer den Anfang fand, aber José und Oscar selbst ermutigten ihn mit ihren Gesten. Man konnte sehen, es war ein wichtiges Thema für alle. »Es ist mir peinlich, das zu sagen, Doktor, aber wir können einfach nicht mehr. Wir wollen Beziehungen haben.« Doktor Ismael ging nicht weiter darauf ein: nicht, weil ihn das Thema nicht interessieren würde, sondern weil er uns doch den Brief vorlesen wollte über den Papstbesuch. »Wir können das in der nächsten Versammlung ausführlich besprechen, Ernesto. Es ist wichtig, ich weiß. Doch jetzt möchte ich euch gerne den Brief vorlesen, den mir die Leitung geschickt hat.« Und gleich darauf begann er, den Brief vorzulesen, in dem angekündigt wurde, dass uns der Papst, da er auf dem Weg zum Flughafen sowieso an der Klinik vorbeifahren musste, eigens mit einem Segen bedenken würde. »Was haltet ihr davon?« Die Depris freuten sich ein bisschen, sagten aber nichts. Die Bipolaren und wir waren noch verärgert, weil wir nicht über Beziehungen sprechen durften. Oscar war wie immer der Einzige, der sich was zu sagen traute. »Ich will keinen Papst. Ich will Beziehungen haben.« Der Doktor tat, als hätte er nichts gehört, und wandte sich an mich: »Du solltest einen Artikel dazu im *Haloperidolauge* bringen, René. Eine Ankündigung, dass der Papst kommt.«

POLIZISTENHINTERN. Heute konnten wir keine Vorstellungsrunde machen. Wir haben uns alle in den Hof der Einrichtung gesetzt; gleich sollte die Versammlung losgehen, da fingen die Depris an zu heulen. Alle drei gleichzeitig. Ich würde eher sagen, sie heulten schon, als die Krankenschwestern sie aus dem Schlafraum herbrachten, und als sie sahen, wie wir alle da saßen, konnten sie wohl nicht anders, sie fielen noch mehr in sich zusammen und heulten lauthals los. Der Grund? Mehr oder weniger der übliche: Gestern war Besuchstag, aber für sie hatte es keinen Besuch gegeben. Für die Bipos schon und sogar für uns, aber für Pedro, Jesús und Zambumbia keine Menschenseele. Es fällt eben nicht so leicht, einen Deprimierten zu besuchen. Deshalb heulten die drei, Jesús gab den Ton an. Er schrie und schrie: Warum denke ich bloß, es dir nie sagen zu müssen, dass ich den ganzen Nachmittag auf dich gewartet habe und dass ich später pinkeln musste. Der Doktor versuchte ihn zu besänftigen. Warum spüre ich, dass du mir ähnelst, wenn ich dir im Dunkeln ein Auge zuhalte? »Vielleicht waren sie verhindert. Es wird was dazwischengekommen sein.« Bestimmt wollte er wieder über den Papstbesuch reden und ärgerte sich, weil Jesús ihn nicht ließ. Warum ist mir inzwischen alles egal, was früher so wichtig war? Warum grabsche ich keinem Polizisten an den Hintern, wenn ich mir vorstelle, dass du vielleicht gerade mit einem anderen zusammen sein könntest? »Dir geht es gut, das ist das Wichtigste.« Warum rufe ich kein Taxi und fahre weg? Warum vergesse ich die Hälfte meiner Probleme, wenn du bei mir bist? »Dass hier für dich gesorgt wird und es dir an nichts fehlt.« Mann, statt ihm die Wahrheit zu sagen: dass es nicht leicht ist, einen Deprimierten zu besuchen, der die ganze Zeit rumheult. »Warte bis zum nächsten Besuchstag. Ich rufe sie an.« Warum ist mir egal, wie ein Trottel zu wirken, wenn deine Spucke auf meinen Lippen noch feucht ist? Warum spreche ich Fremde auf der Straße an und erzähle ihnen von dir? Warum rutscht mir alles aus den Händen, wenn ich das Gefühl habe, du kommst auf mich zu? »Jetzt müssen wir mit der Versammlung anfangen.« Warum denke ich immer, es ist dein Auto, das am Bürgersteig parkt? Warum spüre ich, wie mich die Leute anstarren? »Es hat gar nichts mit Religion zu tun, aber er ist eine so bedeutende Persönlichkeit, deshalb müssen wir irgendetwas machen, wenn der Papst kommt und uns segnet.« Warum fülle ich jede Lücke der Welt mit deinem Namen? Warum gehe ich kein Bier mehr mit meinen Freunden trinken? »Ideen sind gefragt. Lasst hören, na, habt ihr nicht irgendeinen Vorschlag?« Warum masturbiere ich nicht mehr jeden Morgen um sechs und antworte nicht mehr misogyn, wenn man mich nach meinem Geschlecht fragt? Warum trägst du immer diese engen Hosen? »Der Papst kommt: Es ist, als ob ein Präsident kommt.« Warum habe ich ständig irgendeine Chavela-Vargas-Schnulze im Ohr? »Er ist eine bedeutende Persönlichkeit.« Warum warte ich immer noch auf dich, obwohl wir uns, glaube ich, schon um sieben hätten treffen sollen? »Hat keiner eine Idee? Ich warte.« Warum musste dein Auto einen Unfall haben, nicht irgendein anderes? Ich war der Einzige, der etwas sagte, und alle fanden meine Idee gut. Warum? Warum? »Ich könnte ihm eine Extraausgabe des *Haloperidolauges* widmen.« »Gute Idee, René. Gratuliere.« »Ich werde *Das Auge* an das Schwarze Brett heften, damit es alle sehen können.«

DER PAPST KOMMT. Der Papst kommt. Er ist keine Rakete und auch nicht Superman, aber er kommt. In Weiß gekleidet wird er kommen und uns allen winken. Ein Papst namens Benedikt, der uns segnen wird. Er wird nicht mit dem Motorrad kommen, dann wäre es Jesus, aber er wird kommen. Ganz adrett in seinem Papamobil. Ein weißer Papst in einem milchweißen Papamobil. Und wir werden rufen. Es lebe der Papst, er lebe. Und die Zodiac-Ritter werden mit uns schimpfen. Vielleicht kann ich ihn fürs *Auge* interviewen? »Wie geht's, Papst?« »Ich esse gerade eine Schwarte.« »Ich dachte, ein Papst dürfe so was nicht sagen und auch nicht in der Innenstadt Bus fahren.« »Ich bin eben ein besonderer Papst.« So ein Interview, das würde um die Welt gehen. Die Überschrift müsste ganz schlicht lauten, eine Botschaft, die jeder versteht: »Der Papst isst Schwarte.« Das Problem ist nur, darüber würden sich die Araber ärgern. Ich interviewe ihn doch lieber nicht. Wir sollten ihn lieber um ein Wunder bitten. Nicht, dass er uns heilt, denn Schizophrenie ist nicht heilbar. Obwohl, Depression schon, aber egal. Wir werden ihn um Beziehungen bitten, Beziehungen für alle. Beziehungen, Besuch und Olanzapin für alle, bitte. Ein freundlicher Papst lässt uns bestimmt nicht im Stich. Ein guter Papst kann so was sicher einrichten. Ein nobler Papst versagt doch nichts. Er wird es tun: Der Papst wird kommen, er ist schon auf dem Weg und wird uns Beziehungen verschaffen. Aber wir müssen ein Ave-Maria und ein Vaterunser beten. Und das Gebet auf einen Fünfer schreiben. Und den Schein in den rechten Schuh stecken, da wo die Ferse, nicht wo der große Zeh ist. Und sieben Abschriften unter Nachbarn und

Nahestehenden verteilen. Wer sie nicht verteilt, hat Pech und kann's vergessen. Der Papst kommt, und vielleicht könnten wir ihn auch darum bitten, dass die Versammlungen ab jetzt drinnen abgehalten werden, nicht mehr im Hof. Wir trocknen sonst aus, wie die Kaffeebohnen.

P.S.: »Sprich nicht verkehrt herum, bitte. Mach das nie wieder!«, schrie meine erste Freundin an jenem zehnten November. »Reba, muraw tsger ud hcid nned os fua, se tsi hcod run nie Leips?« »Hör auf, Ariel. Mach das nicht noch mal. Merkst du nicht, dass das total unlogisch ist?« »Ies thcin food.« »Wenn du das noch einmal machst, dann verlasse ich dich, das schwör' ich dir.« »Uah nohcs ba! Fuarow tsetraw ud hcon?«, sagte ich schließlich zu ihr. Sie ging wirklich, und, alles verkehrt herum, heiratete am elften Januar einen Odontologen mit dem Nachnamen Leira. Edölb Essut.

PFEFFERMINZBINOKULARE. Susana zu Hause im Badezimmer. »Wie siehst du das, René?« Susana bei dem Versuch, das Stöhnen zu unterdrücken, um die Rechnung nicht bezahlen zu müssen. »Sieht gut aus, Doktor. Ich glaube, die letzte Nummer des *Auges* hat ihre Wirkung getan.« Susana in der Universitätsbibliothek bei der Lektüre einer Erzählung von Cortázar. »Was meinst du damit?« Susana zu Hause im Badezimmer – und stehend ins Waschbecken ejakuliert. »Jetzt sind alle ganz begeistert davon, dass der Papst kommt und uns segnet.« Susana im Bett – und in eine Literaturbeilage ejakuliert. »Sprichst du für dich oder für alle, René?« Susana im Moment der Kür zur schönsten Frau von da und da. »Für alle, Doktor. Die Jungs freuen sich jetzt richtig darauf.« »Wieso das?« Susana im Bett – und auf eine Micky-Maus-Decke ejakuliert. »Sehen Sie sich Oscar und José doch mal an: Dass das Wunder in Erfüllung gehen könnte, darüber sind die total aus dem Häuschen.« Susana in der Uni-Cafeteria Kakao trinkend. »Was für ein Wunder?« Susana im Bett bei einem Porno – und auf Claudia Schiffers Brust ejakuliert.

»Sie haben den Papst gebeten, ihnen Beziehungen zu verschaffen.« »Und die anderen?« Susana, die mich trotz ihres Freundes fragt, ob ich mit ihr ausgehen will. »Die auch. Na ja, Ernesto nicht, denn der hat manchmal Beziehungen mit David, dem Nachtpfleger.« Sexy Susana, die am Telefon meine Einladungen ausschlägt. »Ach ja?« Susana im Bett, ohne darauf zu achten, wo man hinejakuliert. Susana, die mich einen Schwätzer nennt. »Die kannten sich wohl schon von draußen.« Susana im Kino bei dem Gedanken an die superschlanken Beine von Miss Slowenien. »Und die anderen?« Susana unter einer Brücke mit Kondom von der WHO. »Wir bitten ihn auch um Beziehungen. Und um Besuch.« Susana bei dem Versuch, den Schlüssel in das kaputte Schloss am unüberwindlichen Ausgang zu stecken. »Wer wir?« Susana zwei Jahre später mit mir in einem Bestattungsinstitut. »Rafael, Humberto und ich, die Schizos.« Susana im Kino bei einem anderen Porno. »Um sonst nichts?« Susana in irgendeine riesige Pille verwandelt. »Um Zigaretten und Olanzapin.« Susana bei *Casablanca* im Kino in der Calle Lorenzo – und ins Haar des Mädchens vor mir ejakuliert. »Das mit dem Olanzapin finde ich sehr gut. Der Papst kann das zwar nicht besorgen, aber macht nichts, es zeigt, dass du deine Behandlung ernst nimmst.« Susana, wie wir uns in der letzten Reihe im Bus küssen. »Doktor, wollen Sie mich denn nicht nach den anderen fragen?« Susana am nächsten Tag, die mir sagt, dass es ihr gefallen hat. »Welche anderen?« Susana nachts durch die Straßen schlendernd. »Nach Pedro, Jesús und Zambumbia, Doktor. Wollen Sie mich nicht fragen, worum sie den Papst gebeten haben?« Susana im Taxi, ohne dass der Fahrer es merkt. »Natürlich, René. Ich war nur abgelenkt.« Susana, die mich nicht in sich eindringen lässt, aber überallhin ejakulieren. »Die sind vielleicht blöd, Doktor.« Göttliche Susana, wie sie nackt im Hof badet. »Ich habe es im *Auge* ganz genau erklärt.« Susana am U-Bahnsteig, die gelbe Linie missachtend. »Aber die sind total stur.« Susana, die wütend verlangt, dass es jeden Tag endgültig das letzte Mal ist. »Die wollten überhaupt nicht auf mich hören.« Susana bei der Erinnerung an irgendeinen Blödsinn. »Neulich sah ich sie in einer Hofecke beten.« Susana irgendwie, aber mit der linken Hand. »Zambumbia hatte ein Bildchen vom Papst in der Hand.« Susana sich mit den Füßen verabschiedend. »Aber kein Bildchen von dem jetzigen, sondern von dem anderen, dem von früher: dem, der Johannes Paul hieß.« Susana, die mir bei einem unglückseligen, traurigen Treffen von ihren Heiratsplänen erzählt. »Sie hatten schon ein Vaterunser und ein Ave-Maria für ihn gebetet.« Susana mit einem Stück Fleisch, wie sie mich bittet, nie wieder die sechs Buchstaben ihres Namens auszusprechen. »Und sie haben ihn gebeten, sie zu heilen.«

AGR. Alle gegen René. So hätte man das Motto der heutigen Versammlung nennen können. Alle gegen mich, und ich habe es auch nicht besser verdient. Sogar Doktor Ismael. Ihm ist es zu verdanken, dass sich die Versammlung in ein Referendum gegen mich verwandelte. Als er die Vorstellungsrunde eröffnete, sagte er, statt einfach seinen Namen zu nennen und seine Position in der Einrichtung, er sei ein Leser des *Haloperidolauges*. Womöglich wollte er mir damit bloß einen Gefallen tun, doch er hat es total vermasselt. Ernesto hatte noch gar nicht das Wort, er überging die anderen Bipos, Oscar und José, einfach und hielt eine Rede, in der er im Wesentlichen die Achtung seiner Privatsphäre forderte. Die Depris äußerten so etwas Ähnliches, und auch sie haben damit recht: Es ist ihre Sache, ob sie den Papst um das Wunder bitten, geheilt zu werden, oder nicht, und sie zu kritisieren, steht mir nicht zu. An dieser Stelle muss ich anmerken, dass mir das alles jetzt so klar ist, weil ich es mit dem Doktor in der Therapie besprochen habe. In der Versammlung war ich nicht so ruhig und habe sogar mit weiteren Ausgaben des *Auges* gedroht, in denen ich die Geheimnisse der Einrichtung verraten würde: wo man Zigaretten herbekommt, wer mit wem schläft und warum die Depris keine Beziehungen haben wollen. Wie eine wilde Meute fielen sie über mich her, und wenn Worte Steine wären, dann hätten sie mich umgebracht. Die Versammlung musste aufgelöst werden, damit wir uns wieder beruhigen. Die Krankenschwestern haben die Bipos mitgenommen. Die Psychologiepraktikantinnen Pedro, Jesús und Zambumbia. Und wir gingen mit Doktor Ismael. Die Pause dauerte etwa drei Stunden, und als wir die Versammlung wieder aufnahmen, waren wir alle ruhiger. Zuerst war Vorstellungsrunde. Der Doktor nannte lediglich seinen Namen und seine Tätigkeit. Wir, unsere Namen und Krankheiten. Und als wir uns zu Wort melden durften, war ich sofort der Erste und bat alle um Verzeihung, aber hauptsächlich Ernesto. Er war gerührt: Fertig, vollkommen fertig, begann er an Oscars Schulter zu weinen, und ich ging zu seinem Stuhl und umarmte ihn. Wir mussten wieder eine Pause machen, aber diesmal nur für fünf Minuten. Als wir wieder da waren, ergriff Doktor Ismael das Wort und bat uns erneut um Ideen, wie man den Papst empfangen könnte. Ich schwieg, denn mir war klar, dass er nichts meinte, was mit dem *Auge* zu tun hatte. Niemand sagte etwas und ich auch nicht. Der Doktor fragte noch einmal: »Irgendeine Idee? Kann irgendwer etwas beisteuern?« Diesmal brach Zambumbia das Eis. Nie sagt der irgendwas, und dann hat er so eine gute Idee: »Ich habe eine Idee.« Man konnte ihn praktisch nicht verstehen, weil er so leise sprach und die Akustik im Hof – wegen der Bäume und dem Wind nachmittags um vier – ziemlich erbärmlich ist. »Sprich lauter, Zambumbia. Wir können dich nicht verstehen.« Zambumbia versuchte es, aber man verstand trotzdem nichts. Da tauschte der Doktor seinen Platz mit Ernesto, konnte direkt neben Zamumbia schließlich verstehen, was er sagte, und wiederholte es laut für uns: »Zambumbia findet, bei der Segnung des Papstes sollten viele Leute in der Einrichtung sein.« Ernesto nutzte die Pause, um zu Oscar und zu uns allen zu sagen, dies könnten die Psychiater in der Notaufnahme leicht bewerkstelligen, indem sie die Zahl der Einweisungen erhöhten. Wir lachten ein bisschen, aber der Doktor hörte uns vielleicht nicht und fuhr, nachdem er sein linkes Ohr wieder von Zambumbias Mund gelöst hatte, fort: »Und das Beste wäre, jeder von uns würde sich mit seinen Verwandten und Freunden in Verbindung setzen und ihnen vorschlagen, zur Einrichtung zu kommen, so dass wir alle gemeinsam den Segen entgegennehmen können.« Wir hielten das alle für eine sehr gute Idee, und mit Einverständnis des Doktors wurde die Versammlung für beendet erklärt.

P.S.: Kaum hatten sie sich kennengelernt, erzählte sie ihm, dass sie über einer Bäckerei wohnte und jeden Morgen mit dem Geruch von im Ofen zergehenden Croissants aufwachte. Als er bei ihr einzog, konnte er ihr deshalb nie vorwerfen, dass seine Hemden nach Apfel und Schokolade, nach Vanille rochen; im Wesentlichen nach Zimt.

DIE REVOLUTION IST KEIN TRAUM. Es war Ernestos Initiative, aber wir waren alle einverstanden. Nach seinem letzten Haloperidol sprach er mit dem Doktor, damit der eine Sonderversammlung einberiefe. Und sie wurde für Donnerstag, drei Uhr nachmittags, festgesetzt. Ernesto war Feuer und Flamme. »Liebevoll muss es sein, wie es der Kollege René gemacht hat.« Doktor Ismael unterbrach ihn und bat ihn, zum Punkt zu kommen. Etwas Ähnliches versuchte auch Zambumbia zu sagen, der langsam mutiger wird. »Was meinst du, Ernesto?« Ernesto schwieg, stellte sich in die Mitte, breitete die Arme aus wie ein Prediger und begann von neuem: »Ich habe vom Papst gesprochen. Wovon sonst? Vom Papst in Rom. Wenn er kommt und wir wollen, dass er Frauen mitbringt, dann müssen wir mehr tun, als unsere Verwandten und Freunde anzurufen.« Diesmal fiel ich ihm ins Wort: »Aber viele von uns haben sie doch schon angerufen.« Ernesto stand immer noch in der Mitte.

»Macht nichts. Wir können sie auch weiterhin anrufen. Aber ihr wisst genau, dass sie so nicht kommen werden. Wir müssen sie zu einer Party einladen, mit Musik und allem. Eine richtige Party, auf der der Papst nur einer der Höhepunkte ist. Eine Megaparty.« Wir waren alle begeistert, das stimmt. Ich dachte an eine riesige Torte mit ganz viel Sahne und bunten Streuseln drauf. Humberto dachte an seine Musik, sein Steckenpferd: ein bisschen Oscar D'León, ein bisschen La Billo's. Rafael an Luftballons und Überraschungstüten. Dank Ernesto stellte sich jeder das Fest vor, das er haben wollte, und als wäre es damit nicht genug, kam Ernesto noch mit einem Knüller, von dem ausnahmslos alle begeistert waren, ich am meisten. »Das alles ist mir eingefallen, als ich von den Croissants von René gelesen habe. Wir könnten eine Art Einladungskarte machen. Oben schreiben wir kurz das mit dem Papst drauf, und unten machen wir die Croissants hin. Hinten können wir noch was anderes draufmachen, es muss nur mit Liebe zu tun haben. Ich habe schon was geschrieben, was ich René gleich gebe.« Ernesto meinte damit ein beschriebenes Blatt Papier, das er mir wirklich überreichte, das mir der Doktor aber sofort aus der Hand riss. Die Versammlung war beendet, und der Doktor, der das Blatt bereits gelesen hatte, gab es mir zurück. »Ernesto hat recht. Du kannst es verwenden.« »Wie denn?« »Wie er's gesagt hat: Mach eine Einladungskarte. Stell dir vor, es wäre eine Extraausgabe des *Auges*.« »Eine Extraausgabe?« »Genau, eine Extraausgabe.« So habe ich es verstanden, und daran arbeite ich jetzt. Vorerst und zum öffentlichen internen Gebrauch, Ernestos Worte als Post Scriptum.

P.S.: Er sah ein Mädchen namens Tamara beim Teetrinken und tamarierte sich in sie. »Tamara, Tamarina«, tamarätterte er am Morgen ohne Rücksicht auf die wütenden Nachbarn. »Tamala, Tamalita«, sang er auf Chinesisch, während er Tamariten entblätterte. »Werd' ich je an deinem Tamäuschen knabbern dürfen?« »Was für ein Tamtam«, sagte er zu seinen Freunden, die ihn den

Tamarierten nannten. »Tamarica, Tamarina«, malte er Graffitis für sie an die Tamauern der Stadt. Bis er begriff, Tamara, die würde ihn niemals tamarieren, und sich sukzessiv enttamarierte.

WARUM WOLLEN WIR ALLE EINE FRAU NAMENS LIBRUJA? Darum. Weil wir die Karten schon verschickt haben. Weil die Einladungen wunderschön geworden sind. Weil wir meine Croissants und Ernestos Tamaras draufgeschrieben haben. Weil wir sie aus rosa Pappe gemacht haben. Weil wir überall Herzen draufgemalt haben. Weil Oscar irgendwo einen Lippenstift aufgetrieben hat und seine Karten und die von José mit einem Mund verziert hat. Weil Pedro, Zambumbia und Jesús auch mitgemacht haben und so fröhlich dabei aussahen. Weil wir fast überall das Gesicht vom Papst draufgeklebt haben und daneben in verschiedenen Farben die vier Buchstaben von »Love«. Weil wir auch Karten an den Getränkehändler geschickt haben und an den Käsestangen-Großhandel, an die Olanzapin-Jungs und die Marlboro-Fabrik. Weil Doktor Ismael gesagt hat, er bringt einen Musikapparat mit. Weil wir ganz sicher eine Megaparty auf die Beine stellen werden.

ERNESTO HAT RECHT. Die Karten scheinen zu funktionieren. Noch eine Woche bis zur päpstlichen Segnung, und alle bekommen wir Besuch. Wir freuen uns riesig, Depris inbegriffen. Zambumbia mussten wir sogar sagen, dass er ein bisschen Theater spielen soll, damit er nicht entlassen wird. So fröhlich wie er ist, wirkt er gar nicht mehr wie ein Deprimierter, und wenn er rauskommt, verpasst er die Party. Er hat sich wieder etwas beruhigt, nachdem wir mit ihm gesprochen haben, und immer wenn er jetzt Doktor Ismael begegnet, fängt er zu heulen an. So geht es uns allen mehr oder minder. Und die Leute antworten. Die Käsestangen und die Zigaretten sind schon angekommen. Der Getränkehändler hat dem Doktor einen Brief geschrieben und ihm fünfzehn Kästen

Colita und fünf Kästen Malta versprochen. Die Olanzapin-Jungs haben auch geantwortet, und jetzt erhalten wir alle die komplette Medikation.

UNGEWÖHNLICHE SPIELE OLANZAPIN LIEBE EINRICHTUNG BENÖTIGT. Das ist die letzte Nummer des *Haloperidolauges*. Nicht, weil ich entlassen würde oder man in der Einrichtung die Presse verboten hätte. Nein, nicht deshalb. Sondern weil ich glaube, dass ich nach dem Segen des Papstes eine Pause einlegen sollte und dann zu einem anderen Projekt übergehe. Das *Auge* wird dann nicht mehr sehen, aber unsere Party, die werden wir nie vergessen. Sie war traumhaft. Es waren so viele da! Noch nie hat die Einrichtung so viele Leute empfangen. Mädchen in allen Formen und Farben. Große Schwarze, kleine Schwarze, Braune, Blonde, Weiße und Rothaarige. Dicke und Dünne, obwohl, mehr Dicke als Dünne. Wir haben gesungen und getanzt. Geraucht und Limo getrunken. José trieb sogar Bier auf, und irgendwann teilten wir es auf dem Klo unter uns auf. Von uns neun hatten nur Oscar und Zambumbia Beziehungen, aber wir anderen haben viele Freundinnen gefunden und werden bestimmt später Beziehungen haben. Ich habe ein ganz besonderes Mädchen kennengelernt, von der sich herausstellte, dass sie Josés Schwester ist. Ich tanzte gerade mit ihr, als Doktor Ismael sagte, in fünf Minuten käme der Papst, um uns zu segnen. Wir stellten die Musik ab und gingen alle zum Eingangstor. Eng aneinandergequetscht, weil so viele da waren. Es war wie auf einer Silvesterparty, alle haben die Sekunden gezählt. Als wir bei null angekommen waren, passierte nichts. Doktor Ismael sagte, wir müssten warten, was wir auch taten. Wir warteten zehn Minuten, und weil immer noch nichts passierte, stellte irgendjemand die Musik wieder an, und wir tanzten alle weiter, ich immer noch mit Erika. Wir tanzten auf ein ziemlich flottes Lied von Oscar D'León. »La Mazucamba«. Mitten in dem Lied hörte Erika eine Sirene, die nicht aus dem Musikapparat kam. Es war der Papst, ganz bestimmt, aber ich traute mich nicht, was zu sagen. Den anderen ging es genauso. Die Sirenen wurden immer lauter, aber alle, Patienten und Besucher, tanzten weiter. Als das Lied zu Ende ging, fuhren sie vorüber. Erst vier Motorräder, dann zwei schwarze Limousinen. Dann ein sehr hübscher weißer Wagen, der mit hoher Geschwindigkeit Richtung Flughafen brauste und von dem eine ebenfalls weiße Hand eine seltsame Geste machte, wie beim Segnen. Es war die Hand vom Papst. Wir sahen sie alle, tanzten aber trotzdem weiter. Wir amüsierten uns einfach zu gut. Alle Wunder waren uns schon gewährt worden.

Aus dem Spanischen von Hanna Grzimek

Über die Autoren

Daniel Alarcón

1977 in Lima, Peru, geboren, kam bereits als Kind in die USA. Er studierte an der Columbia University und lebt in Oakland, Kalifornien. Alarcón zählt zu den wichtigsten Nachwuchsschriftstellern, schreibt Englisch und Spanisch.

Alarcón publizierte seine mehrfach ausgezeichneten Kurzgeschichten u. a. im *New Yorker, Granta, Etiqueta Negra* und vielen Anthologien. Sein erster Roman, *Lost City Radio,* erschien 2007. Die deutsche Übersetzung (Wagenbach-Verlag, Berlin 2009) erhielt den erstmals vergebenen Internationalen Literaturpreis – Haus der Kulturen der Welt, Berlin, der an Autor wie Übersetzer vergeben wird.

Die vorliegende Erzählung »Peru, Lima, den 28. Juli 1979« ist dem Band *War by Candlelight* (HarperCollins, New York 2005) entnommen.

Übersetzung: Friederike Meltendorf

© Vorabdruck mit freundlicher Genehmigung des Wagenbach-Verlags

Claudia Amengual

1969 in Montevideo, Uruguay, geboren, studierte Literatur. Sie arbeitet als vereidigte Übersetzerin und leitet Werkstattseminare über erzählende Prosa. Sie erhielt mehrere Stipendien in Spanien. Bislang publizierte sie literatur- und sprachwissenschaftliche Essays und vier Romane, von denen *Desde las cenizas* (2005) mit dem Preis Sor Juana Inés de la Cruz in Guadalajara, Mexiko, ausgezeichnet wurde. Ihre Erzählungen erschienen in vielen Anthologien.

Der vorliegende Text »Das Abwasserrohr« ist der Sammlung *B'39. Antología de cuento latinoamericano* (Ediciones B, Bogotá 2007) entnommen.

Übersetzung: Kirsten Brandt

© Claudia Amengual

Carolina Andrade

1963 in Guayaquil, Ecuador, geboren. Sie arbeitet als Fernsehjournalistin, schreibt für Zeitungen und ist Schriftstellerin. Sie studierte Literatur, lebte einige Jahre in Mexiko und leitet jetzt die Fakultät Kommunikationswissenschaften in Guayaquil. Bislang publizierte sie drei Bände mit Kurzgeschichten und einen Roman (*Frágiles*, 2009). Ihre Erzählungen werden in vielen Anthologien gedruckt.

Der vorliegende Text »Abhanden« ist der Anthologie *pequeñas resistencias 3. antología del nuevo cuento sudamericano* (Ed. Páginas de Espuma, Madrid 2004) entnommen.

Übersetzung: Silke Kleemann

Marcelo Birmajer

1966 in Buenos Aires, Argentinien, geboren. Arbeitet als Journalist für verschiedene Zeitungen. Sein erzählerisches Werk ist sehr umfangreich, umfasst Romane, Erzählungen, Kinderbücher. Mehrere seiner Drehbücher wurden mit Preisen ausgezeichnet (Havanna und Berlin). Seine Erzählungen finden sich in den repräsentativen Anthologien Lateinamerikas.

Auf Deutsch publiziert: *Das argentinische Trio* (2004, Roman) und *Geschichten von verheirateten Männern* (2002, Erzählungen, beide C. H. Beck Verlag, München).

Die vorliegende Erzählung »Die falsche Liebkosung« ist dem Band *Nuevas historias de hombres casados* (Ed. Alfaguara, Buenos Aires 2001) entnommen.

Übersetzung: Stefanie Gerhold

Ana Clavel

1961 in México D.F. geboren. Sie arbeitet als Schriftstellerin und Künstlerin. Bislang vier Romane, von denen *Los deseos y su sombra* ›finalista‹ des Alfaguara-Preises 2000 war und ins Englische übersetzt wurde. *Cuerpo náufrago* (2005) war Ausgangspunkt eines Multimedia-Projekts. *Las violetas son flores del deseo* (2007) wurde ins Französische übersetzt und erhielt den Preis Juan Rulfo für Kurzromane. Dieses Werk diente als Ausgangspunkt einer gleichnamigen Ausstellung mit Installationen, Performances und diversen Puppen. Ihr letzter Roman *El dibujante de sombras* erschien 2009.

Die vorliegende Erzählung »Seine wahre Liebe« ist dem Band *Paraísos trémulos* (Alfaguara, México D.F. 2002) entnommen.

Übersetzung: Astrid Böhringer

Washington Cucurto (Pseudonym von Santiago Vega)

1973 in Buenos Aires, Argentinien, geboren. Publiziert Lyrik, Kurzprosa und Romane. Er arbeitete in vielen Brotberufen, u. a. in Supermärkten. 2002 gründete er das Verlagskollektiv ›Eloísa Cartonera‹, das Texte lateinamerikanischer Autoren in handgebundenen und individuell illustrierten Ausgaben verlegt. Die Idee entstand beim Einsammeln von alten Kartons, die hier neue Verwertung finden. Cucurto gilt als ›enfant terrible‹ der zeitgenössischen Literatur Argentiniens.

Seine Erzählungen wurden in vielen nationalen und internationalen Anthologien publiziert, bislang schrieb er vier Romane (oder romanähnliche Texte), u. a. *Cosa de negros* (2003) und *Las aventuras del Señor Maíz* (2005).

Die vorliegende Erzählung »Der Liebesheiler« entstammt dem gleichnamigen Buch *El curandero del amor* (Emecé, Buenos Aires 2006).
Übersetzung: Timo Berger

Junot Díaz

1968 in der Dominikanischen Republik geboren. Er kam als Kind in die USA und lebt in New York. Seine Kurzgeschichten erscheinen in allen renommierten Zeitschriften. Der erste Erzählungsband *Abtauchen* wurde ein internationaler Erfolg und mit dem PEN / Malamud-Preis ausgezeichnet. Für den Roman *Das kurze wundersame Leben des Oscar Wao* erhielt er 2008 den Pulitzerpreis (beide Bücher S. Fischer Verlag, Frankfurt am Main). Die Zeitschrift *New Yorker* wählte ihn zu einem der 40 wichtigsten Autoren unter 40 dieses Jahrhunderts.

Die vorliegende Erzählung »Alma« erschien im *New Yorker* (24.12.2007).
Übersetzung: Eva Kemper

Álvaro Enrigue

1969 in México D.F. geboren. Lebte lange in Washington D.C. Unterrichtete Literatur und Kreatives Schreiben an der Iberoamerikanischen Universität von Maryland. Literaturkritiker. Nach der Rückkehr nach Mexiko arbeitete er zunächst als Verlagslektor (fce) und ist jetzt literarischer Mitherausgeber der Zeitschrift *Letras libres.* Sein erzählerisches Werk umfasst drei Romane (u. a. *Vidas perpendiculares,* 2008) und zwei Erzählbände.

Die vorliegende Erzählung »Schmach« ist dem Band *Hipotermia* (Ed. Anagrama, Barcelona 2005) entnommen.
Übersetzung: Peter Kultzen

Jacinta Escudos

1961 in El Salvador geboren. Journalistin, Übersetzerin und Schriftstellerin. Sie war 2000 Gast im ›Heinrich Böll Haus Langenbroich‹ und im ›Maison des écrivains étrangers et des traducteurs‹, Saint-Nazaire. Im gleichen Jahr gewann sie den erstmals vergebenen Zentralamerikanischen Romanpreis Mario Monteforte Toledo für *A-B-Sudario* (Alfaguara, Guatemala) und 2001 den Preis der X. Juegos Florales für den Erzählband *Crónicas para sentimentales.* Drei Bände mit Erzählungen (u. a. *El diablo sabe mi nombre,* Costa Rica 2009). Ihre Geschichten werden in vielen Anthologien publiziert.

Die vorliegende Erzählung »Ich, Krokodil« ist der Anthologie *El futuro no es nuestro. Nueva narrativa latinoamericana* (hrsg. v. Diego Trelles Paz, Ed. Eterna Cadencia, Buenos Aires 2009) entnommen.
Übersetzung: Stefanie Gerhold

Guillermo Fadanelli

1963 in México D.F. geboren. Begründete 1989 die Zeitschrift *Moho*, die bis heute existiert. Mitarbeiter verschiedener Zeitschriften und Fanzinen (von Fans für Fans). Er brach das Studium ab, wollte Boxer werden und bezeichnet sich als Autodidakt. Mehrere seiner Werke wurden verfilmt. 2007 war er Gast des Berliner DAAD Künstlerprogramms. Sein umfangreiches Werk besteht aus vier Erzählbänden und Romanen, u. a. *Das andere Gesicht Rock Hudsons* (Matthes & Seitz, Berlin 2006), *Malacara*, *Educar a los topos* und *Lodo*. Sein letztes Buch ist eine Artikelsammlung, *Elogio de la vagancia* (2009).

Die vorliegende Erzählung »Zehn – In dem Alter war ich noch ein Kind« ist dem Erzählband *Compraré un rifle* (Ed. Anagrama, Barcelona 2005) entnommen.

Übersetzung: Sabine Giersberg

Jorge Franco

1962 in Medellín, Kolumbien, geboren. Er studierte an der London International Film School und nahm an Kursen für Kreatives Schreiben in Medellín teil. Anschließend studierte er Literatur in Bogotá. Für mehrere Erzählungen erhielt er nationale Literaturpreise, der Roman *Rosario Tijeras* wurde 2000 mit dem Internationalen Romanpreis D. Hammett in Gijón, Spanien, ausgezeichnet. Dieses Werk wurde in viele Sprachen übersetzt und verfilmt. Weitere Publikationen: *Paraíso Travel* (Unionsverlag, Zürich 2005), *Mala noche* und der Erzählband *Maldito amor* (2003).

Die vorliegende Erzählung »Wo erzählt wird, wie ich Don Quijote von der Mancha in Medellín begegnete, als sich die Stadt mit erfundenen Riesen füllte« ist dem Sonderband »Don Quijote« der Bank BBVA (Madrid 2005) entnommen.

Übersetzung: Susanna Mende

Rodrigo Fresán

1963 in Buenos Aires, Argentinien, geboren. Er arbeitet als Übersetzer (u. a. von A. Burgess, J. Cheever, Carson McCullers), Literaturkritiker und ist Herausgeber der Kriminalreihe Roja & Negra des Verlags Mondadori, Spanien. Seit 1999 lebt er in Barcelona. Sein umfangreiches und viel übersetztes literarisches Werk besteht aus Erzählbänden und Romanen, u. a. *Historia argentina*, *Vidas de santos*, *Mantra*, *Kensington Gardens* (S. Fischer Verlag, Frankfurt am Main 2004) und *El fondo del cielo* (2009).

Die vorliegende Erzählung »Ohne Titel: Neue Abhandlungen zur literarischen Berufung« ist dem Band *La velocidad de las cosas* (Ed. Mondadori, Barcelona 2002) entnommen.

Übersetzung: Matthias Strobel

Alberto Fuguet

1964 in Santiago, Chile, geboren. Als Kind verbrachte er viele Jahre in Kalifornien, kam erst als Teenager zurück nach Chile. Er studierte Journalismus und arbeitete als Film- und Rockkritiker sowie als Drehbuchautor. Sein Werk besteht aus Erzählsammlungen (*Sobredosis*, 1990; *Cuentos con walkman*, 1993; *Cortos*, 2004) und Romanen (u. a. *Mala onda*, 1991; *Tinta roja*, 1996; *Road Story*, 2007). *Tinta roja* wurde verfilmt, desgleichen einige seiner Erzählungen. Berühmt wurde Alberto Fuguet durch die Anthologie *McOndo* (1996), in der er lateinamerikanische Autoren versammelt, die sich gegen den ›magischen Realismus‹, insbesondere gegen García Márquez, auflehnen.

Die vorliegende Erzählung »Liebe auf Rädern« ist der Anthologie *pequeñas resistencias 3* (Ed. Páginas de Espuma, Madrid 2004) entnommen.

Übersetzung: Silke Kleemann

Alberto Guerra

1961 in Havanna, Kuba, geboren. Er studierte Geschichte und Sozialwissenschaften. Erzähler und Drehbuchautor. Erhielt mehrere kubanische Literaturpreise (Gaceta de Cuba, Ernest Hemingway, Rogelio Nogueras). 1999 verbrachte er drei Monate in Berlin als Gast des DAAD Künstlerprogramms. Einige seiner Erzählungen wurden verfilmt; auch in USA, Frankreich und Deutschland in Anthologien publiziert. Mehrere Erzählbände (*Disparos en el aula*, 1992; *Aporías de la Feria*, 1994; *Blasfemia del escriba*, 2002) und ein Roman *La soledad del tiempo* (2009).

Die vorliegende Erzählung »Verschwitzt« erschien in der Anthologie *Contar es un placer* (Ed. Emmanuel Tornés, Havanna 2007).

Übersetzung: Michaela Meßner

Guillermo Martínez

1962 in Bahía Blanca, Argentinien, geboren. Lebt seit 1985 in Buenos Aires. Promovierter Mathematiker, Romancier, Erzähler und Essayist. Für sein Werk, das in 35 Sprachen übersetzt wurde, erhielt er zahlreiche Auszeichnungen desgleichen wurde er mehrmals als ›Writer in Residence‹ (USA, Kanada, Italien) eingeladen. Sein Roman *Die Pythagoras-Morde* (Eichborn Verlag, Frankfurt am Main 2005/ Heyne, München 2008), von Alex de la Iglesia verfilmt, erhielt den Premio Planeta 2003. *Der langsame Tod der Luciana B.* wurde 2007 publiziert (Eichborn Verlag, Frankfurt am Main 2008/ Fischer Taschenbuch Verlag, Frankfurt am Main 2009). Der Erzählband *Die große Hölle* (1989) erscheint 2010 in Deutschland (Eichborn Verlag).

Seine Essays: »Borges y la matemática« (2003), »La formula de la inmortalidad« (2005) und »Gödel (para todos)« (2009) – letzterer zusammen mit G. Piñeiro.

Die vorliegende Erzählung »Die große Hölle« ist dem gleichnamigen Band entnommen und wurde 2009 auch im *New Yorker* abgedruckt.

Übersetzung: Angelica Ammar

Lina Meruane

1970 in Santiago, Chile, geboren, studierte Literatur und promovierte an der Universität von New York. Sie ist Schriftstellerin und Essayistin. Ihre Erzählungen erschienen in vielen Anthologien, einige wurden verfilmt. Sie publizierte Erzählbände (*Póstuma*, 2000, Premio Planeta Chile; *Cercada*, 2000) und den Roman *Fruta podrida* (fce, Mexiko 2007). Für einen noch unpublizierten Roman erhielt sie ein Guggenheim Stipendium sowie das National Endowment for the Arts of the USA. Sie lebt in New York und lehrt Kreatives Schreiben an der NYU.

Die vorliegende Erzählung »Pik-Dame« ist der Anthologie *pequeñas resistencias 3* (Ed. Páginas de Espuma, Madrid 2004) entnommen.

Übersetzung: Catalina Rojas Hauser

© Lina Meruane

Matías Néspolo

1975 in Buenos Aires, Argentinien, geboren, in einer Kleinstadt der gleichnamigen Provinz aufgewachsen. Er studierte Literatur, publizierte in verschiedenen Zeitschriften, stellte Anthologien zusammen und veröffentlichte 2005 einen ersten Gedichtband (*Antología seca de Green Hills*), 2006 seine erste Erzählsammlung (*Sobras completas*). Seit 2001 lebt er als Journalist in Barcelona. 2009 erschien dort sein erster Roman *Siete formas de matar un gato.*

Die vorliegende Erzählung »Unannehmlichkeiten« erschien im Band *Sobras completas* (Ed. Hijos de hule, Barcelona 2006).

Übersetzung: Peter Schwaar

© Matías Néspolo

Guadalupe Nettel

1973 in México D.F. geboren. Sie studierte Literatur und ging dann für die Doktorarbeit an die École des Hautes Études en Sciences Sociales nach Paris. Sie hat Erzählungen, Romane und Essays in Spanien, Mexiko und Frankreich publiziert. 1992 erhielt sie den Preis von Radio France Internationale für eine Erzählung. Ihr erster Roman, *El húesped,* war 2006 ›finalista‹ des Premio Herralde. Erzählbände: *Juegos de artificio* (1993), *Pétalos y otras historias incómodas* (2008). 2009 erhielt sie den Anna Seghers-Preis in Berlin.

Die vorliegende Erzählung »Jenseits der Mole« ist dem Band *Pétalos* (Ed. Anagrama, Barcelona 2008) entnommen.

Übersetzung: Petra Strien-Bourmer

© Guadalupe Nettel / Ed. Anagrama

Antonio Ortuño

1976 in Guadalajara, Mexiko, als Sohn spanischer Immigranten geboren. Abgebrochene Schulausbildung, verschiedene Berufe. Seit 1999 arbeitet er bei der Zeitschrift *Milenio,* ist jetzt Redaktionsleiter der Tageszeitung *Público-Milenio.* Sein erster Roman erschien 2006, *El buscador de cabezas,* und wurde in Mexiko von der Zeitung

Reforma zum besten Buch des Jahres gewählt. Im gleichen Jahr erschien in Spanien ein erster Erzählband, *El jardín japonés.* Sein zweiter Roman, *Recursos humanos,* war ›finalista‹ des Premio Herralde 2007.

Die vorliegende Erzählung »Tod eines Welpen« ist dem Band *El jardín japonés* (Ed. Páginas de Espuma, Madrid 2007) entnommen.

Übersetzung: Ralph Amann

© Antonio Ortuño

Ignacio Padilla

1968 in México D.F. geboren. Studierte Literatur und Kommunikationswissenschaften in Mexiko, Südafrika und Schottland, in Salamanca promovierte er mit einer Arbeit über Miguel de Cervantes. Bislang mehrere, in zahlreiche Sprachen übersetzte Romane, u. a. *Imposibilidad de los cuervos* (1994), *Si volviesen sus majestades* (1996) und *Amphitryon* (2000, *Schatten ohne Namen*, Tropen Verlag, Berlin 2007), *Espiral de artillería* (2003); *La gruta del toscano* (2006). Desgleichen publizierte er Erzählbände (u. a. *Últimos trenes,* 2003) und Kinderbücher. Mitbegründer der Gruppe ›Crack‹ (mit J. Volpi und anderen), die für ein anderes Literaturverständnis plädieren und den ›magischen Realismus‹ ablehnen. Zahlreiche Auszeichnungen in Mexiko sowie ein Stipendium der Guggenheim Stiftung. War Kulturattaché in der mexikanischen Botschaft in London. Padilla lebt in Querétaro, Mexiko.

Die vorliegende Erzählung »Darjeeling« ist dem Band *Las antípodas y el siglo* (Espasa, Madrid 2001) entnommen.

Übersetzung: Willy Zurbrüggen

© Ignacio Padilla

María del Carmen Pérez Cuadra

1971 in Jinotepe, Nicaragua, geboren. Studierte Kunst und Literatur in Managua. Sie arbeitet als Universitätslehrerin, ihr Schwerpunkt sind Forschungen über die zentralamerikanische Literatur. Desgleichen präsentiert sie einige Fernsehprogramme. Sie hat Lyrik und Kurzgeschichten (u. a. *Sin luz artifical*, 2004) publiziert, für die sie mehrere nationale Auszeichnungen erhielt. Desgleichen wurden ihre Texte in diverse Anthologien aufgenommen.

Die vorliegende Erzählung »Ohne künstliches Licht« ist der Anthologie *El futuro no es nuestro. Nueva narrativa latinoamericana* (hrsg. v Diego Trelles Paz, Ed. Eterna Cadencia, Buenos Aires 2009) entnommen.

Übersetzung: Susanna Mende

© María del Carmen Pérez Cuadra

Ena Lucía Portela

1972 in Havanna, Kuba, geboren. Studium der Literatur. Erzählerin. 1997 erhielt sie den Nationalpreis für Romane der UNEAC für *El pájaro: pincel y tinta china.* 1999 erschien ihr erster Erzählband, *Una extraña entre las piedras.* Die Erzählung »El viejo, el asesino y yo« (dt. in der Anthologie *Cubanísimo!*, Suhrkamp Verlag, Frankfurt am

Main 2000) erhielt den Juan Rulfo-Preis von Radio France Internationale. Weitere Romane: *Cien botellas en una pared* (2002, Premio Jaén 2002 und Prix Deux Océans-Grinzane Cavour 2003), *Djuna y Daniel* (2007). 2006 publizierte sie den Erzählband *Alguna enfermedad muy grave.*

Die vorliegende Erzählung »Hurrikan« ist der Anthologie *El futuro no es nuestro. Nueva narrativa latinoamericana* (hrsg. von Diego Trelles Paz, Ed. Eterna Cadencia, Buenos Aires 2009) entnommen.

Übersetzung: Susanne Lange

© Ena Lucía Portela

Pilar Quintana

1972 in Calí, Kolumbien, geboren. Studierte Soziale Kommunikation in Bogotá. Sie arbeitete als Drehbuchautorin für das Fernsehen und in der Werbung. 2000 gab sie ihr Büroleben auf und reiste durch Südamerika, die USA, Indien, Nepal und Australien. Sie hat so unterschiedliche Berufe ausgeübt wie Jaguartherapeutin oder Mangoerntehelferin. 2003 kehrte sie nach Kolumbien zurück und publizierte den ersten Roman, *Cosquillas en la lengua*. *Coleccionistas de polvos raros* folgte 2007 und *Conspiración iguana* 2009. Pilar Quintana lebt in einem kleinen Holzhaus am Meer.

Die vorliegende Erzählung »Vergewaltigung« ist der Anthologie *B'39. Antología de cuento latinoamericano* (Ediciones B, Bogotá 2007) entnommen.

Übersetzung: Ralph Amann

© Pilar Quintana

Pablo Ramos

1966 in einer Kleinstadt der Provinz Buenos Aires geboren, als Heranwachsender lebte er unter schwierigen Bedingungen ›auf der Straße‹. Musiker und Schriftsteller. 1997 erschien sein erster Lyrikband, *Lo pasado pisado*. Er erhielt mehrere Preise für seine Gedichte. 2004 erschien sein erster Roman (*Der Ursprung der Traurigkeit*, Suhrkamp Verlag, Frankfurt am Main 2007), *La ley de la ferocidad* folgte 2007, *En cinco minutos levántate, María* 2010. Für seinen Erzählband *Cuando lo peor haya pasado* (2005) erhielt er den Preis von Casa de las Américas, Havanna. 2009 war Pablo Ramos Gast des Berliner DAAD Künstlerprogramms.

Die vorliegende Erzählung »Der Engel der Bar« ist dem genannten Band (Alfaguara, Buenos Aires 2005) entnommen.

Übersetzung: Matthias Strobel

© Pablo Ramos

Giovanna Rivero

1972 in Santa Cruz, Bolivien, geboren. Sie studierte Literatur, nahm 2004 am Iowa Writing Program in den USA teil und konnte dank eines Fulbright Stipendiums ihr Studium der Hispanoamerikanischen Literatur an der Universität von Florida abschließen. Sie unterrichtet Kreatives Schreiben in Santa Cruz de la Sierra und arbeitet als Redakteurin.

Mehrere Erzählbände, u. a. *Contraluna* (2005), *Sangre dulce* (2006) und Romane *Las camaleonas* (2002), *Tukzon, historias colaterales* (2008). In Spanien erschien 2009 ihr Buch *Niñas y detectives.*

Die vorliegende Erzählung »Zwillingsbetten« ist der Anthologie *El futuro no es nuestro. Nueva narrativa latinoamericana* (hrsg. von Diego Trelles Paz, Ed. Eterna Cadencia, Buenos Aires 2009) entnommen.

Übersetzung: Peter Kultzen

Santiago Roncagliolo

1975 in Lima, Peru, geboren. Lebte in Mexiko, Peru und Spanien (Madrid, jetzt Barcelona). Seine ersten Schreibversuche waren völlig eklektisch: Er verdingte sich als Lohnschreiber, verfasste Telenovelas, politische Reden, Horoskope und Liebesbriefe. Sein erster Roman *Pudor* (2004, *Vorsicht*, Claassen-Verlag, Berlin 2006) wurde verfilmt; sein zweiter, *Abril rojo* (*Roter April*, Suhrkamp Verlag, Frankfurt am Main 2008), ein politischer Thriller, erhielt 2007 den Alfaguara-Preis und wurde in 12 Sprachen übersetzt. Sein Kinderbuch *Matías y los imposibles* wurde mit dem White Raven der Internationalen Jugendbibliothek, München, ausgezeichnet. Er verfasste eine Reportage über die peruanische Terrororganisation Sendero Luminoso, *Cuarta espada* (2008) und arbeitet als Journalist für *El País* (Madrid) und *El Comercio* (Lima) sowie diverse Zeitschriften.

Die vorliegende Erzählung »Wilde Tiere« ist dem Band *Hombre lobo* (451 editores, Madrid 2008) entnommen.

Übersetzung: Angelica Ammar

Mayra Santos Febres

1966 in Carolina, Puerto Rico, geboren. Sie ist Lyrikerin, Schriftstellerin, Literaturkritikerin und arbeitet als Dozentin an der Universität Rio Piedras. Promotion an der Cornell University, USA. Publiziert in diversen Zeitschriften seit 1984. Erste Gedichtbände 1991 (*Anamú y manigua*, *El orden escapado*), 2000 folgte *Tercer mundo.* 1994 erhielt sie den Preis Letras de Oro (USA) für ihren Erzählband *Pez de vidrio*; 1996 den Juan Rulfo-Preis von Radio France Internationale für *Oso blanco.* Ihr Werk umfasst Romane (u. a. *Sirena Selena vestida de pena*, 2000, die Geschichte eines männlichen Dragqueen-Teenagers, der in mehrere Sprachen übersetzt wurde), *Cualquier miércoles soy tuya* (2002); *Nuestra Señora de la noche* (2006) auch Essays (*Sobre piel y papel*, 2005). Sie war ›visiting professor‹ in Harvard und Cornell. 2009 erhielt sie ein Guggenheim Stipendium.

Die vorliegende Erzählung »Die Fotografin« erschien in der Zeitschrift *Los Noveles* (no.35, Julio–Agosto 2009, Sevilla).

Übersetzung: Michaela Meßner

Karla Suárez

1996 in Havanna, Kuba, geboren. Informatikingenieurin. 1999 wurde ihr Erzählband *Espuma* in Havanna publiziert. Mehrere Erzählungen erschienen in nationalen und internationalen Anthologien. *Silencios,* ihr erster Roman, erhielt den ersten Preis des spanischen Verlags Lengua de Trapo (*Gesichter des Schweigens,* Rowohlt Verlag, Reinbek bei Hamburg 2001). Weitere Publikationen: *Carroza para actores* (2001, Erzählungen) und *La viajera* (2005, Roman). Sie erhielt Stipendien in Frankreich, unterrichtete Kreatives Schreiben in Kuba, Italien und Frankreich. Karla Suárez lebte mehrere Jahre in Rom und nun in Paris und Lissabon.

Die vorliegende Erzählung »Die Strategie« ist der Anthologie *B '39. Antología de cuento latinoamericano* (Ediciones B, Bogotá 2007) entnommen.

Übersetzung: Sabine Giersberg

© Karla Suárez

Patricia Suárez

1969 in Rosario, Argentinien, geboren. Sie studierte Psychologie, Anthropologie und Dramaturgie. Seit 1977 erschienen ihre Bücher, vor allem eine große Anzahl an Kinder- und Jugendbüchern. Desgleichen verfasste sie Theaterstücke, von denen zwei prämiert wurden. Für die Erzählung »Historia de pollito Belleza« erhielt sie den Juan Rulfo-Preis von Radio France Internationale. Seit 1997 unterrichtet sie Kreatives Schreiben an Schulen. Seit einigen Jahren schreibt sie auch Drehbücher für das Fernsehen.

Weitere Werke: *Completamente solo* (2000, Erzählungen), *Aparte del Principio de la realidad* (1998, Roman), *Un fragmento de la vida de Irene S.* (2000, Roman).

Die vorliegende Erzählung »Versengter Eukalyptus« ist der Anthologie *pequeñas resistencias 3* (Ed. Páginas de Espuma, Madrid 2004) entnommen.

Übersetzung: Peter Schwaar

© Patricia Suárez

Iván Thays

1968 in Lima, Peru, geboren. Studium der Literatur und Linguistik an der Universidad Católica. Er leitete sieben Jahre lang die umstrittene Literatursendung »Vano oficio« im peruanischen Fernsehen. Sein Blog »Moleskine Literario« hat Kultstatus. Journalist und Schriftsteller.

Zu seinen Publikationen zählen die Erzählungen *Las fotografías de Frances Farmer* (1992) und die Romane *Escena de caza* (1995), *El viaje interior* (1999); *La disciplina de la vanidad* (2000). Sein letzter Roman *Un lugar llamado Oreja de Perro* war 2008 ›finalista‹ des Premio Herralde de Novela.

Die vorliegende Erzählung »Lindbergh« ist der Anthologie *B '39. Antología de cuento latinoamericano* (Ediciones B, Bogotá, 2007) entnommen.

Übersetzung: Petra Strien-Bourmer

© Iván Thays

David Toscana

1961 in Monterrey, Mexiko, geboren. Diplomingenieur. Er arbeitete einige Jahre in Ciudad Juárez, bis er sich ganz auf das Schreiben konzentrierte. Seine ersten Texte erschienen 1990. Schon 1994 erhielt er ein Stipendium des Internationalen Iowa Writing Programms, 2003 war er Gast des DAAD Berliner Künstlerprogramms. Sein Werk wurde in 13 Sprachen übersetzt.

David Toscana vertritt einen »aus der Ordnung geratenen Realismus«, also eine eigene Art der Rebellion gegen den ›magischen Realismus‹. Seine Romane u. a.: *Endstation Tula* (Krüger Verlag, Frankfurt am Main 1998), *El último lector* (2005), *El ejército iluminado* (2006, Premio Casa de las Américas in Havanna und Premio A. Artaud in Mexiko) und *Las puentes de Königsberg* (2009).

Die vorliegende Erzählung »Der Neue« ist dem Erzählband *Lontananza* (Ed. J. Mortiz, México D.F. 1997) entnommen.

Übersetzung: Willy Zurbrüggen

© David Toscana

Henry Trujillo

1965 in Mercedes, Uruguay, geboren. Studierte Soziologie und unterrichtet an der Universidad de la República, Montevideo. Seine Kurzromane *Torquator* (1993) und *El vigilante* (1995) weckten sogleich die Aufmerksamkeit der Leser und der literarischen Kritik. Der Autor publizierte weitere Romane (u. a. *La persecución*, 1999; *Ojos de caballo*, 2003) sowie Erzählbände (u. a. *Gato que aparece en la noche*, 1996). Seine Erzählungen werden oft in die Nachfolge von Horacio Quiroga gerückt. *Torquator* wurde 2003 von Aldo Caray unter dem Titel »La espera« verfilmt und erhielt einen Preis auf dem 18. Filmfestival von Triest.

Die vorliegende Erzählung »Der Ameisenhaufen« ist dem Band *El fuego y otros relatos* (Ed. De la Banda Oriental, Montevideo 2001) entnommen.

Übersetzung: Hanna Grzimek

© Henry Trujillo

Antonio Ungar

1974 in Bogotá, Kolumbien, geboren. Übte verschiedene Tätigkeiten in Kolumbien, England, Mexiko, Spanien und Palästina aus. Journalist und Schriftsteller. 2005 war er Gast des Internationalen Iowa Writing Program; für seine journalistischen Arbeiten erhielt er 2006 den Nationalpreis Simón Bolívar. Seine Reportagen erscheinen in vielen internationalen Zeitschriften und Zeitungen.

Bislang publizierte er zwei Erzählbände und drei Romane, *Miranda* folgt 2010.

Die vorliegende Erzählung »Rein hypothetisch« ist der von Francis Ford Coppola herausgegebenen Zeitschrift *Zoetrope: All Story, The Latin-American Issue* (Spring 2009) entnommen.

Übersetzung: Matthias D. Borgmann

© Antonio Ungar

Juan Gabriel Vásquez

1973 in Bogotá, Kolumbien, geboren. Von 1996 bis 1998 lebte er in Paris und studierte dort lateinamerikanische Literatur an der Sorbonne. Danach lebte er ein Jahr in Belgien und seit Ende 1999 in Barcelona. Er arbeitet als Übersetzer und Journalist. Bislang erschienen der Erzählband *Los amantes de Todos los Santos* (2001) und der erste Roman, *Los informantes* (2004). Dieser verhalf dem Autor sogleich zu internationalem Ruhm (mehrere Übersetzungen, dt. *Die Informanten*, Schöffling & Co. Verlag, Frankfurt am Main 2010). *Historia secreta de Costaguana* folgte 2007.

Die vorliegende Erzählung »Der Doppelgänger« ist der Anthologie *B '39. Antología de cuento latinoamericano* (Ediciones B, Bogotá, 2007) entnommen.

Übersetzung: Susanne Lange

Alejandro Zambra

1975 in Santiago, Chile, geboren. Studium der Literatur; heute unterrichtet er das Fach an der Universität Diego Portales in Santiago, desgleichen publiziert er regelmäßig Literaturkritiken und kulturelle Artikel in der nationalen Presse. Bislang zwei Lyrikbände (*Bahía inútil*, 1998; *Mudanza*, 2003) und der Kurzroman *Bonsái* (2006), für den er den Preis der Kritik und den Nationalpreis für den besten Roman des Jahres 2006 erhielt, der in mehrere Sprachen übersetzt wurde. Seine Erzählungen erschienen in Anthologien und Zeitschriften in Lateinamerika, den USA und Europa.

Die vorliegende Erzählung »Die Geschichte eines Computers« ist der Zeitschrift *Letras libres* (Año VII, No.83, Madrid und México D. F. 2008) entnommen.

Übersetzung: Catalina Rojas Hauser

Slavko Zupcic

1970 in Valencia, Venezuela, geboren. Er ist Psychiater und Schriftsteller. Promotion 2003 in Barcelona, *Der Arzt und der Schriftsteller: Andreas Roeschlaub und Friedrich Wilhelm von Schelling*. Bislang publizierte er drei Erzählbände (*Dragi sol*, 1989; *Vinko Spolovtiva, quién te mató?* 1990; *583104: pizzas pizzas pizzas*, 1995) und die Romane *Barbie* (1995), *Tres novelas* (2006) sowie *Giuliana Labolita: el caso de Pepe Toledo* (2006) – Letzteres ein Kinderbuch. Seine Erzählungen erschienen in vielen Anthologien. Er arbeitet als Psychiater in Valencia, Spanien.

Die vorliegende Erzählung »Dienstags Versammlung« ist der Anthologie *B '39. Antología de cuento latinoamericano* (Ediciones B, Bogotá 2007) entnommen.

Übersetzung: Hanna Grzimek